'온즌,
세계경제를
인터넷하다

중국,
세계경제를
인터뷰하다

후수리 엮음 | 최지희 옮김

인터뷰에 참여한 주요 인물 소개

•

장클로드 트리셰 Jean-Claude Trichet 전 유럽중앙은행 총재

트리셰는 2003~2011년까지 유럽중앙은행 총재를 지냈으며, 현재 G-30금융개혁정책연구그룹 의장직을 수행하면서 세계금융 시스템과 투자 전략, 유로존 경제의 위기 등을 진단하고 있다.

헨리 폴슨 Henry Merrit Paulson Jr. 전 미국 재무장관

폴슨은 2006~2009년까지 미국 재무장관으로 재직했으며, 이전에는 유명 증권회사 골드만삭스의 CEO를 역임했다. 2011년 폴슨 연구소를 세워 미중 관계에 주목하면서 지속가능한 성장과 세계 환경보호에 관심을 기울이고 있다.

티머시 가이트너 Timothy Franz Geithner 전 미국 재무장관

가이트너는 폴슨에 이어 미국 재무장관직을 맡았으며, 최근 퇴임 후 미국외교협회 명예연구원직을 수행하고 있다. 그는 현재 2008 세계금융위기 당시를 회고하는 책을 쓸 예정임을 밝혔다.

에리크 베릴뢰프 Erik Berglöf 유럽부흥개발은행 수석 이코노미스트

베릴뢰프는 경제학자 출신으로 전환경제학, 재무계약, 기업지배구조, EU 개혁 등 다양한 글로벌 경제 이슈를 진단·연구하면서 유럽부흥개발은행의 특별고문직을 수행중이다.

룽 융투 龍永圖 전 대외무역경제합작부 수석 협상대표

룽융투는 세계 지도자들이 모여 아이디어와 공통 관심사를 찾아가는 보아오 포럼의 사무총장직을 수행하면서 주목받았다. 2004년 중국-유엔 간 파트너십 관계 구축과 유엔의 가치 실현을 위해 힘썼음을 인정받아 유엔특별훈장을 받기도 했다.

제임스 울펀슨 James David Wolfensohn 전 세계은행 총재

울펀슨은 1995~2005년까지 세계은행 총재직을 맡아 세계 발전 및 개발 문제, 예술 환경 조성과 관련해 다방면의 일을 수행했으며, 세계 문제와 관련 지식의 간여에 대한 중요성에 착안한 '지식 은행'이란 개념을 주창했다.

허야페이何亞非 전 주제네바 중국대사

허야페이는 중국의 '수석 외교통'으로 중국 정부 내 요직을 맡으면서 미중 관계를 비롯한 국제외교 관련 중요 사안을 담당했다. 2012년에 중국 국무원 교무판공실 부주임에 임명되었다.

로버트 졸릭Robert Bruce Zoellick 전 미국 무역대표부 대표

졸릭은 2001~2005년까지 미국 무역대표부 대표를 지냈으며, 이후 미 국무부 부장관, 세계은행 총재직을 거쳤다. 세계은행 총재 재직 시절 금본위제 복귀를 주장해 논쟁을 일으켰다.

다케나카 헤이조竹中平蔵 게이오기주쿠 대학교 경제학 교수

헤이조는 2013년 일본중앙은행 총재로 유력시되는 일본 내 주요 경제 인물이다. 고이즈미 내각 시절 금융·경제재정정책담당상을 지냈으며 아베 신조 총리의 경제 고문으로 알려져 있다.

저우샤오촨周小川 중국인민은행 총재

저우샤오촨은 경제시스템공학 연구와 관련 경험을 바탕으로 중국 경제 전반과 세계금융시장에 큰 영향을 미치고 있는 경제 엘리트다. 1998년 증권감독관리위원회 주석 재직시 상장회사의 불법 행위를 철저히 조사·처벌해 '가죽을 벗기는 사람'이란 별명을 얻었다.

이강易綱 중국인민은행 부총재

이강은 오랫동안 경제학자로서 활발한 학술활동을 벌었으며, 1997년부터 중국인민은행 화폐책위원회 부비서직을 맡으면서 2007년 부총재직까지 올랐다. 중국 경제에 대한 인플레이션 우려 등을 표하는 것을 비롯해 국제경제 관련 사안에 큰 영향력을 행사중이다.

우징롄吳敬璉 국무원 발전연구센터 연구원

우징롄은 중국 경제개혁에 큰 영향을 미친 경제학자 중 한 명으로 평가받고 있다. 종합적인 범위의 중국 경제 체제 개혁의 시급성 주장 등 과거 중국 경제개혁이 제대로 시행하지 못한 부분들에 대한 날카로운 분석을 지속적으로 펼치고 있는 인물이다.

가오상취안高尚全 중국경제체제개혁연구회 회장

가오상취안은 중국경제체제개혁연구회 회장직을 수행하면서 2004년 중국 경제개혁 논쟁에 주류 계층의 입장을 대변하기도 했다. 2008년 중국경제주간이 선정한 개혁개방에 공헌한 '경제 100인방' 명단에 이름을 올리기도 했다.

샤오야칭肖亞慶 전 차이나알코 사장

샤오야칭은 중국의 원자재 확보 전략에 불을 당긴 기업인 중 한 명으로서 중국알루미늄 그룹 차이나알코의 대표직을 맡아 공격적 투자와 인수 계획 사업을 추진했다.

리처드 홀브룩Richard Charles Albert Holbrooke 전 미국 아시아소사이어티 회장

홀브룩은 1977년 미 국무부 동아시아태평양담당 차관보, 1993년 주독 미국 대사, 1999년 유엔주재 미국 대사 등 미국 정부 내 주요 외교 업무를 맡아왔다. 2010년 아프가니스탄·파키스탄 대사직을 수행중 대동맥 파열로 세상을 떠났다.

도미니크 스트로스칸Dominique Strauss-Kahn 전 IMF 총재

스트로스칸은 1991~1993년까지 프랑스 산업부장관, 1997~1999년까지 프랑스 재무부장관직을 수행했으며 2007년에 IMF 총재가 되었다. 현재 총재직에서 물러난 그는 성추문, 이혼 관련 문제로 논란의 대상이 되었으며 자신을 '반은 인간, 반은 돼지'로 묘사한 책의 출간금지를 막고자 법정에 가처분소송을 내기도 했다.

존 헌츠먼Jon Huntsman Jr. 전 주중 미국대사

헌츠먼은 1992~1993년 주싱가포르 미국 대사, 2001~2003년 미국 무역대표부 부대표 등을 역임했으며 2009~2011년까지 주중 미국 대사로 활약했다. 오바마 대선 전략팀에서 롬니 대신 헌츠먼을 공화당의 유력 대선 후보로 생각했을 정도로 미국 정가에서 명망 있는 정치인으로 꼽힌다.

조지 소로스George Soros 소로스 펀드 매니지먼트 회장

소로스는 긴 말이 필요 없는, 20세기 최고의 투자전략가이자 금융계의 큰손으로 불린다. 무시무시한 환 투기를 통해 거액을 벌어들인 뒤 자선사업에 투자하는 것으로도 유명하다.

크리스티아나 피게레스Christiana Figueres 유엔기후변화협약 사무총장

피게레스는 호세 피게레스 코스타리카 대통령의 딸로 1995년부터 기후변화협상에 참여해 그 능력을 꾸준히 인정받았으며 . 2012년에 기후변화 장관급회의 참석차 한국을 방문하기도 했다.

이고르 슈발로프Igor Shuvalov 러시아 제1부총리

슈발로프는 푸틴 러시아 대통령 임기 시절 에너지정책 보좌관을 맡았으며, 메드베데프 정부에서 러시아 제1부총리직에 임명되었다. 이후 러시아의 WTO 가입, 국영기업 매각 등을 통한 민영화 추진 등 러시아의 주요 경제 사업을 주도적으로 이끌었다.

금융위기가
세계를
바꾸다

유로화의
가치를 정하다

장클로드 트리셰 전 유럽중앙은행 총재와의 인터뷰

●

기자 후수리胡舒立 **시기** 2007년 11월 12일

미국의 서브프라임 사태로 여기저기서 불똥이 튀고 달러화 약세가 이어지자
국제금융시장의 판도가 바뀌었다. 트리셰 유럽중앙은행 총재는 인터뷰에서 유로화,
서브프라임 그리고 중국에 대해 이야기했다.

"유로화 금리를 4퍼센트로 동결한다!" 프랑크푸르트 시각으로 11월
8일 오후 2시 30분, 64세의 트리셰Jean-Claude Trichet 유럽중앙은행
European Central Bank, ECB 총재가 기자간담회에서 이같이 발표했다.

11월이면 트리셰 총재는 8년의 임기중에서 정확하게 4년을 넘기게 된
다. 전前 프랑스중앙은행 총재가 유럽중앙은행이라는 무대에서 활약하
는 모습이 시간이 지날수록 많은 사람의 주목을 끌었다. 『파이낸셜 타임
스』는 사설에서 "그린스펀을 대신할 만한 사람은 없다. 그러나 그린스펀
이 연방준비제도이사회Federal Reserve Board, FRB를 떠난 뒤 책임감 있는
유럽인이 전 세계 중앙은행 총재들의 장로가 되기 위해 힘쓸 것이다"라
고 말한 바 있다.

트리셰는 2005년 말부터 유럽중앙은행의 금리(이자율)를 지속적으로

인상해 인플레이션을 억제하는 통화정책을 선택했다. 그 결과 유럽 경제의 안정과 발전에 좋은 영향을 끼쳤다는 평가를 받았다. 2007년 8월 9일 서브프라임 사태가 갈수록 심각해지자 유럽중앙은행은 세계 각지의 중앙은행 가운데 가장 먼저 혼란에 빠진 금융시장에 거액의 자금을 투입했다. 신속하고 대담하며 적절한 조치를 취해 중앙은행이 든든한 버팀목이 되었음을 여실히 보여줬다. 9월에 유럽중앙은행은 계획했던 금리 인상을 취소하고 시장 추이를 지켜보기로 했다. 11월 초에 이르러 달러에 대한 유로화 가치가 계속 오르자 11월 7일 유로의 대對달러 교환비율이 1 대 1.4731로 최고치를 기록했다. FRB가 10월 31일에 실시한 금리 인하 조치로 외환시장이 크게 영향을 받았다. 이와 함께 국제유가도 연일 치솟아 인플레이션 압박이 한층 더 커졌다.

11월 8일, 유럽중앙은행이 새로운 결정을 내리는 시간이 다가왔다. 트리셰가 금리변동이 없다고 발표한 이날 오후 2시 45분, 런던 외환시장에서 유로화의 대달러 교환비율은 1대 1.4665로 변화가 그다지 없었다.

같은 날 유럽 주식시장은 소폭의 변동이 있었지만 미국 주식시장은 전날에 300여 포인트가 폭락한 다음 잠시 평정을 되찾았다. 월가의 대형 은행들이 서브프라임 모기지와 관련해 손실액이 수십 억 달러에 이른다는 소식이 잇따르자 (금융)시장에서는 유럽중앙은행이 보인 침착한 대처를 나침반으로 삼았다.

확실히 그랬다. 지금까지 유럽중앙은행은 HICP지수Harmonized index of consumer index, 조화소비자물가지수가 9월의 2.1퍼센트에서 10월의 2.6퍼센트로 급등한 것에 가장 주목했다. 만약 미국발 서브프라임 사태의 충격이 가시지 않는다면 유럽 경제는 금리 인상을 피하기 어려울 것이다.

트리셰 유럽중앙은행 총재는 중기물가가 상승세를 띠고 있는 것을 부인할 수 없다고 인정했다.

물론 금리를 동결한 것은 발표 직전에 이르자 비밀이라고 할 수도 없게 되었다. 이날 영국중앙은행은 유럽중앙은행에 앞서 파운드화의 금리를 고정한다고 발표했다. 유럽의 주요 경제국인 영국은 유로존Eurozone 국가는 아니지만 금리정책에서 유럽과 보조를 맞출 수밖에 없다.

트리셰가 금리 인상을 결심하지 못한 이유는 또 있지만 직접적으로 언급하지는 않았다. FRB가 2007년 여름 이후 금리를 잇달아 내리자 유로화에 대한 달러 가치가 하락했다. 만약 유럽과 미국 간에 금리 격차가 줄곧 확대되면 유로화 가치는 계속 높아질 것이다. 트리셰는 바로 이 점을 걱정했다. 2004년에 유로의 대달러 교환비율이 1 대 1.3이 되었을 때 트리셰가 유로화를 절상하는 것은 '잔인한 일'이라고 말한 것을 사람들은 익히 기억하고 있다. 트리셰는 11월 8일 금리를 동결하기로 결정한 뒤 기자간담회에서 "잔인한 조치는 언제나 환영받지 못한다"고 말했다.

'트리셰식의 경고'는 직접적이지는 않지만 상당히 단호하다. 그렇지만 대서양 저편의 벤 버냉키 FRB 의장은 아무 소식도 듣지 못한 듯했다. 같은 날 8일, 미 상원 청문회에 참석한 버냉키 의장은 한 주 전에 FRB가 금리를 인하한 뒤 서브프라임 위기가 몰아쳐 금융시장에서 오히려 어려움이 가중되었다고 말했다. 동시에 유가가 급등해 미국은 인플레이션 압박이 갈수록 세졌다. 경기둔화와 함께 인플레이션 압박이 커진 것은 버냉키 의장이 직면한 두 가지 난제다.

유럽과 미국 경제가 서로 다른 추세를 보이고 통화정책에서 서로 이견을 노출하는 상황에서 서브프라임 위기가 곳곳에서 터져나왔다. 그러

자 약세를 보인 달러화가 국제금융시장의 판도를 바꿔놓았다. 유럽중앙은행이 결정을 내린 날 밤, 독일 프랑크푸르트에서 인터뷰에 응한 트리셰는 유로화, 서브프라임 그리고 중국에 대해 이야기했다. 그는 11월 말 안에 중국을 방문할 예정이다. 물론 위안화의 환율을 논의하는 것이 이번 방문의 주된 목적 중 하나다.

잘못된 선택은 하지 않은 것만 못하다

_____ FRB가 10월 30일 달러 금리를 인하하기로 결정했고 앞으로 계속 인하할 가능성이 있습니다. 오늘 유럽중앙은행이 유로화 금리를 동결하기로 결정했는데 이유가 무엇입니까?

유럽중앙은행에서 경제 동향과 통화를 분석한 보고서에 의거해 오늘 회의에서 금리를 동결하기로 결정했습니다.

얼마 전 유럽중앙은행이 금리 문제를 놓고 한 차례 회의를 개최한 뒤 나온 새 정보를 종합해보면, 중기물가가 상승할 위험이 있습니다. 또 유로존에서 통화(유로화)가치와 대출이 꾸준히 증가하고 있습니다. 유럽중앙은행은 물가 상승의 리스크에 대처하고 통화를 안정시킬 책임이 있습니다. 유로존은 경제 상황이 기본적으로 양호한 안정세를 띠고 있으므로 중기에는 좋은 흐름을 보일 것으로 전망됩니다.

그렇지만 현재 금융시장에서 발생하고 있는 리스크를 다시 평가한 결과 불안정한 상황이 지속될 것 같습니다. 중기 통화정책의 핵심은 물가안정입니다. 이에 대처하기 위해서는 통화정책을 결정하기 전에 더 많은 정보를 종합적으로 분석할 필요가 있습니다.

_____ 금리를 결정하기 전에 (유가와 식료품가격을 포함한) 소비자물가지수를 고려했나요, 아니면 두 요소를 제외한 (핵심)소비자물가지수를 상정했나요? 또 그 밖에 중요한 요인은 무엇이라고 생각합니까?

우선 결정을 내리기 전에 고려해야 할 요소에 대해 이야기해보면, 우리는 비구속적인 방식을 선택합니다. 모든 요소가 고려 대상인데 여기에는 획득이 가능하고, 우리의 두 가지 기본 전략인 경제 분석과 통화 분석과 관련된 사실, 데이터, 정보가 모두 포함됩니다.

그렇지만 우리의 주된 목표와 임무는 중기물가 안정으로, 다시 말해 물가상승률을 2퍼센트 이하로 억제하는 것입니다. 우리가 이 목표를 달성할 수 있다는 신뢰성을 시장에 준다면 인플레이션을 억제할 수 있습니다.

_____ 유럽 경제를 어떻게 전망하십니까? 미국의 경기가 둔화된다고 해도 유럽은 견실한 성장을 지속할 수 있을 것으로 생각하십니까?

지금의 정보, 사실, 데이터에 따르면, 유로존이 잠재성장률에 가까운 성장세를 유지할 것으로 기본적으로 판단하고 있습니다. 즉 2퍼센트대 성장이 가능할 것입니다. 그렇지만 금융시장에서 혼란이 계속되고 실물경제에서 가격 변동에 따른 리스크repricing risk가 발생할 수 있음을 고려해야 합니다. 전반적으로 경제는 그 전망이 낙관적이나 불확실성은 여전히 높습니다.

_____ 인플레이션의 위험과 경기가 둔화할 위험이 동시에 잠복한 상황에서 어떻게 균형을 이룰 생각입니까?

우리는 두 가지 리스크를 취사선택해 균형을 맞춰갈 생각이 없습니다. 경제 변화 자체는 인플레이션이 발생하는 변수라고 생각합니다. 경제가 성장하면 물가 상승의 압박도 커질 것입니다. 반대로 경기가 하강하면 물가 상승의 압력도 줄어듭니다. 그렇지만 우리가 가진 나침반에는 바늘이 하나밖에 없습니다. 바로 중기물가 안정을 유지해야 하는 것입니다. 이것이 유럽연합이 유럽중앙은행에 맡긴 역할입니다.

_____ 유럽중앙은행은 독립성을 바탕으로 그런 결정을 내리는 것인가요? 중앙은행의 독립을 어떻게 정의할 수 있을까요? 독립성은 여러 요소가 균형을 이룬 결과인가요? 만약 그렇다면 어떤 요소가 있습니까? 또 그렇지 않다면 주요 정책의 목표는 무엇입니까?

독립적이라는 말은 유럽중앙은행이 외부의 어떤 간섭도 받지 않고 독자적으로 결정을 내린다는 뜻입니다. 바로 유럽연합조약Treaty on the European Union, 1991년 기존의 유럽공동체 회원국들에 의하여 로마조약을 개정하여 체결된 조약. 유럽연합의 설립을 규정하고 있다. 조약 체결지의 명칭을 따 Maastricht Treaty라고도 불린다에서 정한 것처럼 우리는 외부 지시에 따르지도 그리고 요청하지도 않습니다. 정부는 말할 것도 없고 어떤 기관도 우리에게 영향력을 행사할 수 없습니다.

물론 우리는 적극적인 민주사회에서 살고 있습니다. 따라서 다른 독립기관과 마찬가지로 사회적 책임을 져야 하고 유럽 시민이 의지할 수 있는 기반이 되어야 합니다. 아울러 유럽연합을 구성하는 13개 민주국가회원국현재는 27개 회원국임의 국민에게 책임을 져야 합니다.

세계금융시장이 출렁거리고 경제성장 전망도 낙관적이지 않다. 지금 상황에서 유럽중앙은행은 현 상태를 유지하며 다가올 변화에 대처하는 통화정책을 선택했다. 유럽연합조약에서는 유럽중앙은행에 독립성과 사명을 동시에 부여했다. 그중 가장 중요한 임무는 인플레이션을 억제하는 것이다. 이 때문에 국제유가와 곡물가격이 계속 오르는 상황에서 세계경기가 하강할 우려가 커지고 유럽 경제도 둔화될 조짐을 보이고 있다. 유럽중앙은행이 이번에 금리를 결정하는 회의를 개최하기 전에 금리 인하를 예측한 사람은 거의 없었다.

그동안 상승세를 띠던 원유가격과 곡물가격이 올해 하반기 이후에는 고공 행진을 거듭했다. 원유가격은 배럴당 80달러를 돌파한 뒤 쉼 없이 상승해 심리적 마지노선을 여러 차례 넘어 현재 90달러를 지났고, 100달러 선마저 돌파할 기세다. 곡물가격도 유가와 마찬가지로 맹렬한 기세로 상승하고 있다. 밀의 가격을 예로 들면, 시카고상품거래소의 12월 인도분 선물가격이 연초의 부셸bushel당 5달러에서 한 차례 9달러를 넘었다.

유가와 곡물가격이 급등하자 10월에 유로존의 인플레이션율이 연율로 계산할 때 2.6퍼센트를 기록해 유럽중앙은행이 설정한 인플레이션율의 한계선을 두 달 연속 돌파했다. 유럽중앙은행의 일관된 정책을 생각해보면 인플레이션율이 계속 이 같은 수준을 유지할 경우 금리 인상 가능성이 크게 높아진다. 사실 경기 하강의 위험이 커지지 않았다면 금리 인상이야말로 유럽중앙은행이 선택할 수 있는 최상의 카드다.

세계경제의 가장 중요한 엔진인 미국 경제의 성장이 눈에 띄게 둔화한 것도 부정할 수 없다. 2007년 9월 들어 주택신축률이 10.2퍼센트나

하락했으며, 1년 전체로 계산하면 119만 1000채로 14년 만에 최저 수준을 기록했다. 심지어 그린스펀 전 FRB 의장도 미국 경제의 쇠퇴 위험이 날로 커지고 있다고 우려했다.

유럽에서 나온 최신 데이터에 따르면, 지난 몇 년간 빠른 성장세를 보이던 유로존 경제가 둔화될 조짐마저 보이고 있다. 유럽경제연구센터 Zentrum für Europäische Wirtschaftsforschung, ZEW 투자신뢰지수가 10월에 −18.1로 하락해 사상 최저치를 기록했다. 프랑스의 소비자신뢰지수도 삼사분기에 큰 폭으로 하락했다. 이사분기의 전월 대비 경제성장률도 일사분기에 비해 눈에 띄게 떨어졌다.

10월에 IMF는 2008년 세계 각국의 경제성장률을 일제히 하향 조정한 예측보고서를 발표했다. 2007년과 2008년에 미국의 예상 경제성장률은 모두 1.9퍼센트인데 작년에는 2.9퍼센트였다. 앞으로 2년간 유럽연합의 예상 경제성장률 역시 작년의 2.8퍼센트에서 2.5와 2.1퍼센트로 하향 조정했다.

석유와 곡물가격이 지속적으로 상승하여 인플레이션의 압박이 커지는 것 외에도 경기가 둔화할 위험이 도사리고 있다. 금리를 인상하면 투자에 따른 이자부담이 커져 경제활동이 위축된다. 이 또한 유럽중앙은행이 바라는 바가 아니다. 유럽중앙은행은 진퇴양난에 몰리자 금리를 동결하고 추이를 지켜보기로 결정했다.

인플레이션 압박이 확대되는 것 외에, 유럽중앙은행이 금리를 인상하는 데 영향을 주는 주요인으로 유로화의 강세가 역외수출 및 지역경제에 불리하다는 점을 들 수 있다. 금리를 올리면 유로화 가치가 상승하여 유럽 국가의 해외수출이 타격을 입게 된다. 이들 국가 정치인의 입장에

서 보면, 유로화의 연이은 절상은 반드시 막아야 하는 당면 과제가 되었다. 2007년에만 벌써 달러에 대해 유로화가 7.7퍼센트 가까이 절상되었다. 경제성장에서 수출의존도가 큰 국가 입장에서, 이는 악몽과도 같은 일이다.

프랑스 정부는 유로화 절하를 줄곧 주장했다. 유로화가 장기간 오름세를 유지하자 프랑스가 수출에 큰 타격을 입었다. 9월 11일 유럽연합위원회는 프랑스의 경제성장 전망치를 2.4퍼센트에서 1.9퍼센트로 하향 조정했고, 2008년 프랑스의 경제성장 속도는 유로존 평균보다 낮을 것으로 예측했다.

환율 문제는 프랑스와 미국의 관계에도 영향을 끼칠 중요한 변수가 될 것이다. 11월 6일 사르코지 프랑스 대통령은 6년의 공백을 깨고 미국을 처음 방문했다. 이 방문에서 사르코지는 미국은 (수출시장보다 내수시장이 커서) 달러 약세가 필요하지 않으므로 지나치게 저평가된 달러에서 벗어날 것을 요청했다.

유럽연합 내부에서도 유로화 강세가 유럽연합 전체의 이익에 부합하는지에 대해 의견이 분분하다. 유럽중앙은행 회원국 중 프랑스와 이탈리아는 유로화 강세에 불만이 높다. 그렇지만 독일은 유로화 절상이 유럽 경제에 심각한 피해를 주지 않는다고 생각한다. 달러 표시로 거래되는 원유를 수입할 때마다 유로화 가치가 크면 비용 절감에 도움이 되기 때문이다.

각국 정부가 불만을 쏟아놓더라도 유럽중앙은행의 실제적 조치로 이어지지 않는다. 이런 상황에서 사르코지가 선두에 선 각국 정부는 화살을 유럽중앙은행으로 돌리며, 유럽중앙은행의 통화정책 결정 과정에 회

원국의 정부가 참여할 수 있는 권리를 요구하기 시작했다.

유럽노동조합연맹European Trade Union Confederation, ETUC도 이 대열에 참여했다. ETUC가 최근에 발표한 보고서 내용은 다음과 같다. "유럽중앙은행이 행동하지 않고 2001년처럼 관망하는 태도를 유지한다면, 유로존 경제가 뒷걸음쳐 불황에 빠질 수 있다. 경제성장률이 2퍼센트 밑으로 떨어지고 이 상태가 고착될 수 있다."

프랑스의 장 피에르 주예 유럽연합 담당 책임자도 유럽연합이 금리 협의를 위한 회의를 연 민감한 시기에, "유럽중앙은행은 유로화 강세와 고유가 같은 여러 요인을 동시에 고려해야 한다"고 지적했다.

내부 갈등과 함께 외부 요인도 유럽연합의 환율과 금리정책에 간접적으로 영향을 주고 있다. IMF의 통계에 따르면, 2007년 이사분기까지 세계 외환보유고에서 차지하는 달러의 비중은 2006년 사사분기의 64.6퍼센트에서 64.2퍼센트로 감소한 반면에, 유로화 비중은 25.9퍼센트에서 26.1퍼센트로 상승해 최고치를 기록했다. 그런데 이 추세는 현재도 계속되고 있다.

최근 몇 달 동안 각국의 중앙은행은 규모는 제각기 다르지만 달러 자산을 모두 매각했다. 유로존 경제가 안정되자 유로화가 강세를 띠었고, 달러는 계속 절하되자 달러 표시 자산가치가 대폭 하락했다. 각국 중앙은행의 입장에서 볼 때 외환보유의 안정성이든 외환보유액 구성의 다원화 전략의 관점이든 달러 자산의 축소가 필연적인 선택이 되었다. 달러의 보유 규모를 줄이는 상황에서 유로화가 합리적인 대체제가 되었다. 유로화에 대한 수요가 늘어나자 유로화가 자연히 강세를 띠었다.

이러한 상황에서도 유럽중앙은행은 타협하지 않았다. 프랑스중앙은행

에 재직할 때와 달리 트리셰는 지금 유로존의 물가 변동에 더욱 주목하고 있다. 유로존 회원국은 경제발전 수준이 각기 다르기 때문에 현재의 통화정책을 유지하면 일부 국가가 큰 손해를 입을 수 있다. 그러나 이 같은 사실은 유럽중앙은행이 고려하는 항목에서 우선순위가 아니다.

서브프라임 모기지와 세계금융위기

_____ 서브프라임 위기를 어떻게 평가하십니까? 서브프라임 사태가 금융 시스템의 안정과 유럽 경제 그리고 세계경제에 어떤 충격을 몰고 왔나요? 이번 위기는 이미 해결되었나요? 미국에 비해 유럽연합 회원국들은 상대적으로 어떤 피해를 입었나요?

현재 세계금융 시스템이 엄청난 조정을 겪으면서 지나친 반응이 나타나고 또 혼란과 불안이 심각합니다. 이는 세계금융 시스템이 지닌 위험성을 재평가하는 과정이죠. 중앙은행 입장에서 보면 이 같은 재평가가 어떻게 보면 시의적절하기도 합니다. 세계금융업계가 장기간에 걸쳐 위험성을 과소평가해왔기 때문입니다.

따라서 지금의 성장에 대해 경각심을 높이고 책임감 있게 소임을 다해야 합니다. 가장 큰 책임은 중기물가 안정과 금융시장의 정상적인 흐름을 유지하는 일입니다. 이것은 우리가 과거에 했고 현재 하고 있으며 앞으로도 해야 하는 일이죠.

유럽연합 각국의 경제가 어떤 영향을 받았는가라는 질문에 대답하려면, 유럽의 상황에 대해 말씀드려야 합니다. 우리는 지금 확보한 정보와 사실을 종합하여 여러 진행 상황을 예의 주시하고 있습니다. 경제성장률이 잠재성장률 수준이 될 것이며 또 이에 못 미칠 위험도 있다고 발표

한 바 있습니다.

_____ 서브프라임 사태가 터진 후 유럽중앙은행이 가장 먼저 금융시장에 유동성을 공급했습니다. 당시 판단의 근거가 무엇입니까? 금리 인하와 같이 좀 더 적극적인 조치를 취할 생각은 없으셨나요?

방금 말씀드린 것처럼 우리에겐 중요한 두 가지 책임이 있는데 뒤섞이면 안 됩니다. 첫 번째는 중기물가를 안정시키는 것으로 중앙은행이 통화정책을 결정하는 일입니다. 여기에는 금리가 포함됩니다. 금리의 적정 수준을 어느 정도로 맞춰야 하는지 반드시 고민해야 합니다. 두 번째 책임은 통화시장이 정상적으로 운영되도록 하는 것입니다. 바로 이 때문에 우리는 2007년 8월 9일 시장에 950억 유로를 풀었습니다. 당시 금융시장은 이미 비정상적인 모습을 보였고 공황에 가까운 충격으로 기능이 마비되었습니다.

중앙은행의 950억 유로는 사실 연리 4퍼센트인 콜자금으로 모두 우량 담보대출입니다. 다음 날 그러니까 8월 10일에 950억 유로가 전부 상환되었습니다. 그다음 똑같이 콜금리 4퍼센트로 650억 유로의 대출을 제공했습니다. 620억 유로도 다음 날 모두 상환되었습니다. 그뒤 같은 조건으로 시장에 자금을 풀었지만 규모는 크게 줄었습니다. 이런 방식으로 공황에 빠진 시장이 정상을 되찾도록 했습니다.

_____ 금융 시스템을 안정시킬 때 중앙은행은 어떤 역할을 하나요? 현재 대출이 감소하는 상황에서 금융시장을 안정시키고 동시에 인플레이션을 억제할 방도가 있을까요?

인플레이션 억제는 유럽연합조약에서 규정한 유럽중앙은행의 사명 중 가장 중요한 일입니다. 만약 물가 안정이 보장되기만 한다면 정해진 금리 수준에서 적절한 조치를 취해 금융시장을 정상화할 것입니다. 이 두 가지 책임은 전혀 충돌하지 않으며 모두 중앙은행의 주된 역할로 조금도 모호하지 않습니다. 우리는 두 가지 책임을 모두 짊어져야 합니다.

_____ 근래 몇 년 동안 세계적으로 유동성 과잉 현상이 나타났습니다. 이 현상은 앞으로 어떻게 발전할까요? 만약 서브프라임 위기가 줄어들거나 종결된다면 세계금융 시스템과 경제는 다시 어떤 어려움에 처하게 될까요? 또 중앙은행은 무엇을 할 수 있을까요?

중앙은행장들은 대체로 리스크에 대해 세계금융업계가 내린 판단이 반드시 정확한 것은 아니라고 생각합니다. 우리는 일찍이 이런 생각을 공개적으로 밝히기도 했죠. 이런 의미에서 보면, 지금 우리가 관심을 쏟고 있으며 엄청난 작업인 시장의 조정이 매우 중요합니다. 시장 조정은 세계경제가 현재 안고 있는 리스크에 대한 재평가와 함께 이뤄지고 있기 때문이죠. 위기에서 교훈을 얻어야 하며 세계금융 시스템의 많은 부분을 개선하여 더 큰 역할을 수행할 수 있도록 해야 합니다. 이 과정에서 우리는 민간경제든 공공 부문이든 어떤 것도 소홀히 할 수 없습니다. 모든 기관이 이번 위기에서 많은 교훈을 얻어 실천에 접목하도록 유도해야 한다고 생각합니다.

과제 중 하나는 시장이 더 투명해져야 한다는 것입니다. 민간기관, 시장 그리고 시장에서 파생된 각각의 금융기법이 그 대상이 됩니다.

추상적으로 말하면 그렇습니다. 하지만 눈앞의 현실에 부딪힐 때는 구

체적으로 교훈을 얻어야 합니다. 그런데 아직은 이르며 현재 진행형인 것 같습니다.

● 논평 ●

서브프라임 위기가 확산되는 가운데 위기의 근원지이자 최대 피해자인 미국에서 재난의 끝이 보이지 않는다. 최근 들어 월가의 대형 은행이 모두 서브프라임 사태로 손실액이 수십억 달러에 이른다는 사실이 드러났다. 그중 메릴린치가 79억 달러였으며, 시티은행은 삼사분기 적자가 65억 달러라고 발표했다. 그런데 발표 내용에 보유중인 서브프라임 모기지 자산이 포함되지 않아, 이를 합산하면 손실액이 100억 달러에 가까울 것으로 보인다. 모건스탠리가 최근 밝힌 금액은 37억 달러였다. 지금까지 메릴린치 CEO와 시티그룹의 CEO가 여론에 밀려 사임했고, 『뉴욕타임스』 역시 모건스탠리 CEO 존 맥John Mack의 후임자 인선을 거론하기 시작했다.

유럽중앙은행은 사태의 추이를 관망하고 있었다. 그렇지만 대서양 저편의 FRB는 매우 미묘한 입장이었으며 상황도 유럽중앙은행보다 훨씬 나빴다. 양측이 반反인플레이션에 대한 신념의 차이가 나기 때문만은 아니다.

유럽중앙은행은 FRB가 겪는 어려움이 없다. 금융시장의 혼란이 계속되고 부동산시장이 침체하여 경제적 타격이 어느 정도 미칠지 예상하기 힘들다. 이 때문에 FRB는 서브프라임 위기가 점차 확산되는 과정에서 금리를 계속 인하했다. 9월 이후 두 차례에 걸쳐 합계 75베이시스포인트

(1bp=0.01퍼센트)에 이르는 금리 인하를 단행했다.

유럽중앙은행과 FRB의 '구제금융' 방식이 다른 이유는 두 지역에서 위기의 성격이 크게 다르기 때문이다.

위기가 발생하자 은행 시스템에서 자금의 흐름이 전례 없이 위기에 몰렸다. 유럽중앙은행과 FRB는 신속하게 나서 은행 시스템에 유동성을 지속적으로 공급했지만, 지속적으로 효과가 나타나기 힘들었다. FRB가 금리를 인하하기에 앞서 자금을 공급하자 오히려 주가가 하락하는 현상까지 빚어졌다. 실효성 있는 금융정책이 나오기 전까지 시장에서는 '주먹구구식' 대책을 믿지 않아 신뢰가 점차 무너졌다. 리보LIBOR, 런던에서 우량 은행끼리 단기자금을 거래할 때 적용하는 금리 등 수많은 기준금리가 대출 수요의 증가로 급등했다.

은행 간에도 유동성이 부족해 대출이 원활하지 못했다. 시중은행의 부동산 대출 기준이 엄격해져 정상적인 부동산 대출 희망자도 자금을 융통하기가 어려워졌다. 통화공급과 신용대출이 움츠러들자 부동산시장에서 경기회복 속도가 느려졌고, 경제발전에도 영향을 주었다. 자산가치가 폭락하자 소비자의 신뢰도 무너지고 있다. FRB의 두 차례 금리 인하 조치는 이 같은 현상을 타개하기 위해서였다.

현재 유럽중앙은행과 마찬가지로 FRB 또한 두 가지 어려움을 겪고 있다. 식품과 에너지가격이 크게 상승해 인플레이션의 위험이 커졌으며, 서브프라임 사태로 경기침체의 위험성이 점차 드러났다. 그런데 두 난제 중 어느 것이 더 중요할까? 다른 점이 있다면 한 가지는 FRB가 결정하기가 훨씬 더 어렵다는 것이다.

FRB는 인플레이션 억제정책에서 전환해 경기를 부양하고 경제회복

을 이끄는 쪽으로 나가야 하는 것일까? 정책적인 관점에서 봤을 때 FRB 는 금리 인하에 마지못해 나섰다. FRB는 공개 성명에서 밝힌 대로 일관 된 원칙을 유지하려고 노력했다. 그렇지만 수많은 평론가는 월가와 각계 의 압력 때문에 FRB도 어쩔 수 없이 타협했다고 생각한다. FRB가 매번 금리 회의를 개최하기 전에 금리 인하에 대한 시장의 요구가 거셌고 이 는 그때마다 받아들여졌다.

사실 FRB는 실물경제에 닥칠 충격을 고려하지 않을 수 없었다. 10월 에 소비자신뢰지수가 2년 만에 최저치를 기록했다. 팔리지 않은 주택이 여전히 쌓였기 때문에 시중은행에서는 주택담보대출을 대폭 축소했다. 따라서 아무도 이번 부동산시장의 혼란이 언제까지 지속될지 알지 못했 다. 엎친 데 덮친 격으로 국제에너지가격이 연일 치솟았다. 11월 7일 뉴 욕상품거래소 12월 인도분 원유 선물가격이 배럴당 98.6두 달러까지 올 랐다. 미국에너지국의 보고서에 따르면, 지난 일정 기간 동안 세계 석유 수요의 증가 속도가 석유수출국기구Organization of Petroleum Exporting Countries, OPEC의 증가 속도를 훨씬 웃돌았다. 또 지역에서 정치적 리스 크가 커지고 원유의 정제 능력에 병목현상이 발생해 유가가 고공행진을 거듭했다. 에너지가격이 상승해 시장 상황을 바라보는 투자자들의 시름 이 깊어갔다. 게다가 추운 겨울이 닥치면 연료 수요가 크게 증가할 것이 다. 계절적 요인으로 지금 상황이 더욱 악화될 수 있다. 고유가가 지속되 면 원유의 정제비용도 압박이 커질 뿐만 아니라 가솔린가격까지 끌어올 린다.

이런저런 요인 때문에 FRB가 세 번째 금리 인하 조치를 취할 것이라 는 추측이 나돌았다. 이런 미묘한 시기에 FRB의 여러 이사가 공개 발언

의 형태로 금리 인하에 대한 기대를 낮추고자 했다. FRB의 프레더릭 미슈킨 이사는 "경제성장률이 하락할 위험이 인플레이션율이 상승할 위험과 대체로 균형을 이뤘다"라고 말하며, 미 연방공개시장위원회Federal Open Market Committee, FOMC가 지난 두 차례의 정책회의에서 양적완화 조치를 취해 경제성장률이 하락할 위험성을 상당히 낮췄다고 평가했다.

찰스 플로서 이사도 삼사분기 성장률인 3.8퍼센트에 비해 사사분기 성장률이 더 낮아질 수 있지만 그래도 1~1.5퍼센트 성장률은 유지할 수 있다고 말했다. 경제성장률이 예측보다 낮지 않다면 그 역시 금리 인하를 주장하지 않을 것이다. 제프리 래커 이사와 데니스 록하트 애틀랜타 FRB 총재도 의견이 비슷하다.

FRB 인사들도 잦은 금리 인하에 불안을 느끼고 있다. 이들이 말한 것처럼 금융시장의 상황이 더 악화될지 아니면 천천히 회복될지 좀 더 지켜볼 필요가 있다. 설사 악화된다고 하더라도 경제 운용의 관성에 따른 결과인지는 더 논의할 필요가 있다.

유럽중앙은행이든 FRB든 모두 거시적인 측면을 우선적으로 고려한다. 이는 금융시장에서의 반응과 차이가 있다. 금융시장은 자극적인 모든 정보에 즉각 반응을 보인다. 그렇지만 중앙은행은, 이러한 반응은 '일시적'이며 일단 충격이 사라지거나 새로운 호재가 나타나면 시장은 다시 제자리를 찾는다고 생각한다.

위기가 지나가면 미국과 유럽에서 금융시장에 대한 깊은 반성이 뒤따를 것으로 보인다. 금융시장이 개방되어 각국의 주식시장은 연쇄 효과가 갈수록 커지고 있다. 따라서 공황 심리가 확산되면 전 세계의 주식시장이 커다란 혼란을 겪을 가능성이 매우 크다.

금융시장의 회복에 대해 말할 때 트리셰는 위험을 재평가하는 과정은 유럽중앙은행에는 새로운 도전을 의미한다고 지적했다. 그는 유럽중앙은행은 리스크의 관리 능력을 강화하고 시장 투명성을 높이며, 신용평가기관 및 유동성 위험의 형태에 대한 관리를 강화하고, 특히 구조가 복잡한 금융상품에 관심을 기울여야 한다고 강조했다.

금융파생상품은 서브프라임 모기지론의 리스크를 분산시켰지만 동시에 밀접하게 연관된 리스크를 세계 곳곳으로 확산했다. 따라서 일단 위험이 드러나면 세계적으로 유례없는 파장을 일으킨다. 공황 심리의 확산, 염가 처분, 유동성 부족 등이 악순환의 고리를 만든다. 파생상품이 판매 대상을 찾지 못하면 가격이 폭락하고, 금융기관 중 특히 헤지펀드는 이론적인 리스크 통제 시스템이 갑자기 제 기능을 상실하게 된다. 서브프라임 모기지론에서 출발한 증권자산을 도대체 누가 얼마나 가지고 있는지 지금까지 FRB나 유럽중앙은행은 모두 전혀 아는 바가 없다.

트리셰가 투명성을 강조한 이유도 바로 이 때문인지 모른다. 투명성이 보장되면 투자자들이 마음의 준비가 되어 시장이 신뢰를 잃는 일이 발생하지 않는다. 그렇지만 말이 쉽지 행하기는 어려운 법이다. 세계경제와 금융이 갈수록 밀접해지고 교역 주체와 상품이 나날이 증가하고 복잡해지는 상황에서, 시장의 투명성을 높이는 일은 장기간에 걸친 어려운 과제가 될 것이다.

위안화와 유로화

──────── 지금 미국 경제가 둔화되자 중국과 다른 신흥경제국의 수요가 미국 수요의 감소분을 어느 정도 대체하고 있다는 평가가 있습

니다. 이에 동의하십니까?

유럽중앙은행을 포함해 모든 국제기구에서는 미국 경제가 둔화된다면 신흥경제국 중 특히 중국이 대표적으로 아시아 국가의 수요 증가로 수요 감소분을 크게 대체할 수 있다고 생각합니다. 그런데 이는 해당 국가의 업무상 가정입니다.

_____ 유럽연합에 대한 중국의 무역흑자가 2007년에도 계속 증가해 거의 미중 무역흑자 수준에 육박합니다. 중국과 유럽의 무역 현황을 어떻게 평가하며 앞으로 어떤 추세를 보일 것으로 전망하십니까?

중국의 저가 소비재 수입량이 빠른 속도로 증가하는 것은 크게 우려할 일이 아닙니다. 유럽의 소비자와 유럽 경제의 발전에 오히려 큰 도움이 됩니다. 저가 상품이 유입되면 소비자의 구매력이 증가합니다. 전에도 말한 것처럼 더 넓은 의미에서 생각해보면 잠재 인플레이션 압박이 더 낮을 경우 경제에 도움을 줄 것입니다.

유럽연합과 중국의 교역상품의 구성을 자세히 살펴보면, 양측의 비교 우위를 이해할 수 있습니다. 유럽연합이 중국과의 무역에서 적자가 발생하는 이유는 사실 유럽연합의 수입품 때문입니다. 주로 정보기술 제품(중국의 유럽연합 수출품 중 33퍼센트)과 의류(13.2퍼센트)입니다. 중국은 유럽연합 회원국에서 사용하는 두 제품의 주요 생산국입니다.

중국은 동시에 이 두 제품을 전 세계로 수출하는 국가입니다. 이는 국제 협력의 추세를 반영합니다. 다시 말해 노동력이 더 저렴한 중국으로 제품 생산이 이전되었다는 것입니다. 이른바 첨단 제품이라도 중국은 전자 부품의 조립과 같이 노동집약형 수출 산업에 상당 부분 집중할 것입니다.

재미있게도 전력과 비非전기 설비 및 교통시설재의 무역에서 유럽연합이 중국에 무역흑자를 실현했습니다. 이 제품들만 놓고 보면, 중국은 유럽연합의 2대 수출국이며 전체 대중 수출의 43퍼센트를 차지합니다. 이러한 사실은 유럽이 자본집약형 제품 생산에 우위가 있음을 말해줍니다.

　물론 중국산 제품이 유럽연합의 시장을 대부분 차지하여 유럽의 일부 제조업체와 노동자에게 끼친 피해를 간과할 수는 없습니다. 그렇지만 많은 기업이 유럽만의 비교 우위에 힘입어 활로를 찾기 시작했습니다. 혁신, 기술 경험이 풍부한 노동력, 기술 자체, 우수한 품질의 명품 브랜드 등을 예로 들 수 있습니다.

　──────── 중국의 대對유럽연합 무역흑자와 위안화의 대對유로화 환율은 어떤 상관관계가 있습니까? 위안화 환율에 대한 논쟁에 어떤 견해를 가지고 계십니까?

　우리는 중국과의 경쟁을 환영합니다. 그렇지만 공정하고 WTO 규정에 부합한 경쟁이어야 합니다. 가장 기본적인 조항은 불공정한 경쟁을 불허하는 것입니다. 예컨대 수출업체에 직간접적으로 (정부의) 보조금을 지급하거나 혹은 수출업체가 덤핑하는 것입니다. 저평가된 환율은 다른 국가의 제조업체에 부정적인 영향을 끼칩니다. 사실 2003년부터 유럽연합이 중국을 상대로 무역적자가 크게 증가한 것도 위안화가 유로화에 대해 절하된 것과 맞물려 있습니다. 중국이 2005년 7월에 환율 제도를 개혁해 달러에 대해 절상했지만 유로화에 대해서는 여전히 약세를 보이고 있습니다. 2005년부터 달러와 엔화에 대해 위안화 가치가 5~11퍼센트 절

상되었지만 유로화에 대해서는 오히려 8퍼센트나 절하되었습니다. 같은 기간에 유로존에서 중국의 무역흑자가 20퍼센트나 증가했습니다.

● 논평 ●

미국 경제가 힘을 잃고 일본 경제는 누적된 피로를 풀지 못한 상태에서 세계경제에서 아시아의 신흥시장, 특히 중국의 중요성이 유례없이 커졌다. 유럽 경제의 주요 동력인 수출 또한 중국을 대표로 하는 신흥시장과 산유국의 수입 증가에 크게 의존하고 있다.

중국이 세계경제에 서서히 편입하고 세계경제에서 차지하는 중국의 영향력이 날로 커짐에 따라, 중국과 다른 국가의 협력과 경쟁 심지어 마찰마저 자연히 증가했다. 중국은 이제 유럽의 수출을 이끄는 주요한 동력이기 때문에 위안화의 환율 문제는 중국과 유럽의 통상 관계에서 주요 이슈가 되었다.

솔직히 말해 트리셰는 경상수지 흑자가 엄청나게 발생하는 신흥경제국의 경우 반드시 그 나라의 통화를 절상해야 한다고 생각한다. 실제로 중국이 이런 압력을 가장 크게 받고 있다.

달러에 대한 중국 위안화의 절상 속도는 상대적으로 빠르다. 그렇지만 유로화에 대해 위안화는 금년에도 절하되었다. 따라서 일부 경제학자는 중국의 수출구조에서 대미 수출액과 증가 속도는 감소하고 유로존에 대한 수출은 증가할 것으로 추측한다. 이런 관점에서 보면, 중국은 수출에서 과거 어느 때보다 미국 경제가 하락하여 발생한 부정적인 영향을 어느 정도 대처할 수 있다. 그러나 또 다른 부분에서 위안화의 절상 압력

이 더욱 거세질 것이다.

10월 하순에 열린 G8정상회의에서 프랑스, 미국 등은 위안화의 절상 속도를 높일 것을 강력하게 요구했다. 사실 최근에 개최된 몇 차례 정상회의에서 회의에 참가한 국가의 주요 관심사는 크게 두 가지로 요약할 수 있다. 하나는 달러가 지나치게 저평가되어서는 안 된다는 것이고 또 하나는 위안화의 절상 요구다.

9월에 위안화의 실질유효환율이 환율개혁 이후 최고치를 갈아치웠는데, 명목환율과 인플레이션의 압박에서 비롯된 영향이 거셌다. 중국 무역상대국의 인플레이션율은 중국과 달리 여전히 낮은 수준이다. 뱅크오브아메리카Bank of America Corporation, BOA 중화권 경제 연구 및 전략 담당인 왕타오汪濤는 중국은 인플레이션이 빠르게 안정을 되찾고 심지어 내려갈 수도 있기 때문에 실질유효환율의 급격한 상승은 더 이상 없을 것이라고 말했다.

실제로 중국의 노동생산성이 빠르게 향상되고 경제가 급속하게 성장하기 때문에 명목환율의 조정에 이 부분을 반영하지 않으면 실질환율에 반영되어 결국 중국 내 물가 상승으로 이어질 것이다. 반대로 중국의 명목환율을 조정한다면 인플레이션 억제 효과를 기대할 수 있다.

위안화의 절상 속도에 대해 중국 내에서도 두 파로 나뉘어 전혀 다른 목소리를 낸다. 한쪽은 위안화가 매우 빨리 절상되어서는 안 되며, 지나치게 빠를 경우 경제에 큰 충격을 준다고 주장한다. 다른 한쪽은 위안화의 절상 폭을 높이는 것이 정부가 오랫동안 골머리를 앓았던 여러 문제를 한꺼번에 해결할 수 있는 최선의 선택이라고 여긴다. 통화 당국자의 최근 발언을 모아보면 중국은 계속 중국 내 상황에 맞춰 환율정책을 운

용할 것이다. 이는 외부 압력이 위안화 환율의 변동에 영향을 크게 미칠 수 없음을 의미한다. 통화 당국이 환율 안정을 위해 신중한 태도를 취하기 때문에 소폭 절상의 기조가 바뀌지는 않을 것이다.

트리셰 총재가 말한 대로 중국의 수출 상대국이 유럽으로 방향이 바뀌기 시작했지만 무역의 성장 방식은 여전히 부가가치가 낮은 '노동집약형' 제품 생산인 현실을 벗어나지 못했다. 미국 경제가 둔화되고 달러화의 가치가 떨어지면서 중국의 무역 상대국의 중요도에도 변화가 생겼다. 그러나 중국 스스로 상황을 조정하는 것이 더 유리할 것이다.

시티은행의 황이핑黃益平 수석 이코노미스트는 외부 리스크에 대처하는 최상의 방안은 국내 경제의 관리와 정책의 유연성을 높이는 것이라고 말했다. 중국은 순純수출에 대한 의존도를 낮추고 환율변동의 폭을 반드시 높여야 한다. 사실 외부 리스크가 없다고 하더라도 중국 경제가 고속 성장을 지속하기 위해서는 이 두 가지가 반드시 필요하다.

* 장환위張環宇·예웨이창葉偉强이 이 글에 도움을 주었다.

폴슨의
대답

헨리 폴슨 전 미국 재무장관과의 인터뷰

●

기자 후수리, 왕쉬王爍, 리신李昕 **시기** 2010년 4월 12일

> "전에는 상상도 못했던 일도 막상 해보면 그렇게 어렵지 않습니다.
> 다른 선택이 없기 때문이죠. 하지 않았을 때의 결과는 더욱 참혹합니다."
> 헨리 폴슨 전 미 재무장관의 말이다. 여기서 중국은 무엇을 배울 수 있을까?

5일 오후 베이징에 도착한 지 1시간이 지난 뒤, 헨리 폴슨Henry Merrit Paulson Jr.은 자신이 투숙한 둥팡쥔웨東方君悅 호텔에서 우리와 인터뷰를 가졌다.

폴슨이 2008년 12월 이후 중국을 처음 방문했으므로 그동안 시간이 많이 흘렀다. 그는 2006년까지 70차례 이상 중국을 방문했다. 그래서 그를 행크Hank(Henry의 애칭)라고 부르는 중국인도 상당히 많다.

보아오 포럼Boao Forum, 매년 4월 중국 하이난성의 보아오博鰲에서 개최되는 아시아 지역 비정부간 경제회의에 참석한다는 좋은 이유가 있었지만, 사람들은 그가 포럼 개최 4일 전에 베이징에 온 데는 다른 이유가 있을 것으로 추측했다. 4월 12일 후진타오 중국 국가주석은 미국의 수도인 워싱턴에서 열리는 세계핵안보정상회의에 참석할 예정이다. 미국은 그 전에 위안화 절

상과 관련해 중국에 양해를 구할 생각이 분명했다. 폴슨은 베이징에서 수일 동안 여러 중국 지도자를 만났다. 4월 7일 밤에는 폴슨이 재무장관 시절 금융위기를 해결하기 위해 중요한 파트너로 삼았던 티머시 가이트너 현 재무장관이 돌연 베이징을 방문했다. 두 사람을 연결하는 데는 상상력이 그다지 필요하지 않다.

그런데 폴슨이 주목을 받는 이유는 그와 버냉키 FRB 의장이 현재의 금융위기에 대처하기 위해 미국이 심혈을 기울이고 있는 것을 상징적으로 보여주기 때문이다. 폴슨을 이야기하면, 사람들은 그가 백악관에서 민주당의 낸시 펠로시 하원의장에게 한쪽 무릎을 꿇는 장면을 떠올릴 것이다. 양당 간에 벌어진 논쟁이 아무런 성과도 없이 끝난 뒤 매우 중요한 은행의 부실자산 구제 프로그램Troubled Asset Relief Program, TARP의 표결을 앞두고 폴슨이 꿇은 무릎은 그가 위기 가운데 기울인 (실용을 최상으로 여기는) 모든 노력을 그대로 대변한다. 폴슨은 이어 시가時價평가mark to market, 자산가치를 매입가가 아니라 시가로 평가하여 장부에 계상하는 일 회계준칙을 수정하는 것과 공매도의 금지를 지지했다. 심지어 투자은행에 직접 자금을 투입했다.

폴슨의 행적을 떠올리면 이는 상상도 못할 일이다. 그렇지만 폴슨은 막상 해보니 그리 어렵지 않았다고 말했다. 왜냐하면 다른 선택이 없었으며, 하지 않았을 경우 그 결과가 매우 참담하기 때문이었다.

폴슨에게 이번 위기에서 무엇을 배웠는지 물었다. 월가 출신에다 재무장관을 역임한 그가 위기의 한가운데서 자유시장의 원칙, 실용주의적인 선택과 모럴해저드와의 균형을 어떻게 이뤄 미국식 자본주의를 구제할 것인지 궁금했다. 또 위기가 잠시 소강 상태에 접어들었을 때 심각한

타격을 입은 미국식 자본주의에 폴슨이 새로운 의미를 부여할지도 알고 싶었다. 우리의 과제와 기대는 중국이 이번 위기에서 배울 경험 및 교훈과 밀접한 관련이 있다.

4월 5일, 베이징 둥팡쥔웨 호텔 17층 회의실에서 폴슨이 우리의 질문에 대답했다. 그의 답변이 백 퍼센트 만족스럽지는 않았지만 그래도 새겨들을 만한 가치가 충분했다.

위기의 정점

_____ 우리는 장관님이 쓰신 『벼랑 끝에서On The Brink』를 모두 읽었습니다. 오늘 중국어판이 출판됩니다. 3년 전에 인터뷰를 가진 이후 대부분의 시간 동안 위기 대처 방법에 골몰하신 것 같습니다. 그동안 무엇을 배웠는지 말씀해주실 수 있습니까?

처리해야 할 문제가 전에 없이 많았던, 정말 어렵고 힘든 시기였습니다. 이런 일들을 겪은 뒤 과거를 회상하며 기쁘게 이 일에 참여했습니다. 왜냐하면 금융시장에서 제가 경험한 것, 저의 성격, 그리고 관리 노하우가 상황을 개선하는 데 도움을 줄 수 있기 때문입니다. 이젠 다시는 이런 일을 겪지 않아도 되어 기쁩니다. 당시 벼랑 끝에서 또 다른 금융기관이 파산했다면 금융 시스템이 완전히 붕괴했을 수도 있습니다.

_____ 그렇게 될 것을 미리 알았더라도 재무장관직을 수락하셨을까요?

많은 사람이 같은 질문을 합니다. 가장 어려웠을 때 부시 대통령이 제게 "행크, 이 모든 것을 감사히 받아들여야 하네"라고 몇 번이나 말했습

니다. 이 말은 대통령과 제가 서로 신뢰를 쌓았을 때 위기가 닥친 게 다행이라는 뜻입니다. 그렇지 않고 모든 일을 새롭게 배워야 하는 대통령의 취임 초기에 위기가 발생했다면, 일이 심상치 않게 돌아갔을 것입니다.

─────────── 장관님은 시장을 신뢰한다고 스스로 말했습니다. 그렇지만 이번 위기 전에는 하지 않았을 일들을 어쩔 수 없이 하셨습니다. 공매도 금지를 찬성한 것이나 금융기관의 구제가 그렇습니다.

관리·감독이나 구속을 받지 않는 시장을 신뢰한 적은 한 번도 없습니다. 시장은 관리와 감독을 잘해야 한다고 줄곧 생각했습니다. 예를 들어 2001년에 엔론 사태사회적으로 큰 존경을 받던 에너지 회사 엔론이 회계 부정으로 자산과 이익 수치를 날조한 사실이 폭로되어 기업은 파산하고 엄청난 파장을 불러옴가 발생하자 옥슬리 법Sarbanes-Oxley Act, 엔론·월드컴 사건 등 대형 부정회계 사건이 잇달아 발생하자 기업회계와 재무보고의 투명성을 높이기 위해 미국에서 2002년에 제정한 법을 만들어 기업의 사기 행위를 방지하자고 호소한 바 있습니다. 사실 파산 위기에 몰린 금융기관을 구제하는 일을 받아들이기는 정말 어려웠습니다. 위험을 무릅쓴 사람들은 손실에 대해서도 반드시 책임을 져야 한다고 생각합니다. 그럼에도 구제 결정을 내린 이유는 다른 선택이 없었기 때문입니다. 그 어떤 것도 경제 붕괴보다는 낫습니다.

─────────── 만약 위기가 또 닥친다면 리먼브러더스를 파산시키실 것인지요?

에이, 기자님! 버냉키, 가이트너 그리고 제가 여러 차례 했던 말을 잊지 마세요. 당시 우리에게는 리먼브러더스를 구제할 권리가 없었습니다.

물론 어떤 사람들은 이를 믿지 않을 수 있지요. 그들은 미국은 이런 일을 할 수 있는 권력이 있다고 믿습니다. 그 권력이 무엇인지 모를지라도 말입니다.

2008년 10월 의회에서 TARP(부실자산 구제 프로그램)가 통과되기 전까지 미국의 관리·감독 체제는 시대에 매우 뒤떨어져 권한이 제한적이었습니다. 특히 긴급 권한이 없어 파산절차 외에는 리먼브러더스 같은 비은행권 금융기관을 청산할 방법이 없었습니다. FRB와 재무부 또한 직접 자금을 제공하거나 채무에 담보를 제공할 권한이 없었습니다.

리먼브러더스는 베어스턴스Bear Stearns나 AIG와 다릅니다. 책에서 언급한 것처럼 2008년 3월 파산 위기에 처했을 때 베어스턴스는 유동성 위기뿐만 아니라 부채가 자산을 초과하는 문제가 있었습니다. 당시 강력한 파워를 지닌 JP모건이 인수자로 나섰는데, JP모건은 자본금 문제를 해결할 능력이 있을 뿐만 아니라 베어스턴스가 거래할 때 담보를 제공할 수 있었습니다. 2008년 9월에 AIG도 유동성 위기를 맞았습니다. 그렇지만 계열사에 보험회사가 있었는데, 신용평가등급이 모기업과 독립되어 FRB가 제공하는 대출을 받을 수 있었습니다.

우리는 리먼브러더스를 인수할 기업을 열심히 찾았지만 끝내 찾지 못했습니다. 독자의 이해를 돕기 위해 간단히 말하면, 우리에게는 법률이 허락하는 범위 안에서는 문제를 해결할 만한 충분한 권력이 없었습니다. 저는 이 책에서 이미 저지른 많은 잘못과 앞으로 피하기를 바라는 잘못에 대해 상세히 묘사했습니다. 그러나 최대 문제점은 정확한 관리·감독 체계가 없고 이 문제를 처리할 만한 충분한 권한을 국가기관이 부여받지 못했다는 점입니다.

이번 위기를 잘 이해해야 합니다. 리먼브러더스는 병의 증세였지 병의 원인이 아니었습니다. 바로 그 주말에 우리는 리먼브러더스를 구제할 방안을 모색하고 있었는데 AIG와 메릴린치도 무너졌습니다. 장기간 쌓인 문제가 터진 것입니다. 우리는 리먼브러더스의 파산을 막기 위해 엄청난 노력을 기울였습니다. 그렇지만 영국 금융관리 당국이 반대하여 유일한 인수 희망자인 영국의 바클레이스 은행도 결국 놓치고 말았습니다.

만약 뱅크오브아메리카가 리먼을 인수했다면 메릴린치를 인수할 곳이 없었을 것입니다. 또 와코비아Wachovia와 워싱턴뮤추얼Washington Mutual 역시 지난한 시간을 보내고 있었습니다. 일이 터지고 나서 보니 리먼브러더스를 구제했다면 위기는 그날 발생하지 않았을 것입니다. 만약 TARP의 승인을 의회에 요청하지 않았다면 더 큰 위기가 나중에 발생했을 것입니다.

대통령 선거가 있는 해였고 의회가 곧 휴회하고 의원들도 빨리 집에 돌아가야 했습니다. 따라서 그들이 옳을지 모른다고 말하는 사람도 있습니다. 만약 리먼브러더스가 파산하지 않았다면 우리는 의회가 특별히 비준한 권한을 얻지 못했을 것입니다. 그러면 파산 위기에 내몰린 수많은 금융기관 중 다음 타자가 사지로 몰리게 되는 것은 시간문제일 뿐이었습니다.

● 논평 ●

금융위기가 확산되고 위기 대처 역시 계속되었다. 2008년 9월 리먼브러더스가 파산하기 전의 상황에 대해 폴슨은 새로 발간한 책에서 "머리

가 아프면 머리를 치료하고 발이 아프면 발을 치료하면서 그저 하루하루 살아갈 수밖에 없었다"라고 썼다.

리먼브러더스가 파산한 것은 이번 위기의 정점이자 전환점이었다. 세계금융 시스템을 흔들어놓았지만 이를 계기로 모든 이해 당사자가 시장이 신뢰를 회복할 수 있는 완벽한 대책이 필요하며, 기관마다 제각기 다른 방안으로 대처하는 방식은 더 이상 통하지 않는다는 사실을 깨달았다.

미국의 정치 시스템을 잘 모르는 사람은 왜 리먼브러더스를 구제하지 않았는지 이해가 잘 가지 않을 것이다. 국민의 세금으로 투자은행을 구제하는 일은 재무부와 FRB의 권한 밖이다. 2008년 3월, 파산 위기에 빠진 베어스턴스를 JP모건이 인수하는 것을 지원하기 위해 정부가 담보를 제공한 부분에 잠재적 손실이 있자 엄청난 파장이 일었다. 영국의 금융관리 당국이 마지막 순간에 바클레이스 은행의 리먼브러더스 인수 건을 부결한 뒤, 폴슨은 민간기업이 참여하지 않은 상황에서 정부가 단독으로 리먼브러더스를 구제할 수 없다고 밝혔다. 미국의 정치 게임은 이를 용납하지 못했다.

허용할 수 없었던 일도 한 달 만에 가능한 일로 변했다. 부시 대통령의 전폭적인 지원을 받으며 폴슨과 버냉키는 의회가 휴원하기 직전에 TARP 자금으로 7000억 달러를 확보한 것이다. 부실자산에 대한 구제 방식이 정부가 나서서 부실자산을 매입하는 것에서 금융기관에 직접 자금을 투입하는 방식으로 전환되었다. 이 방식은 그뒤 많이 바뀌었지만 금융시장이 점차 안정을 찾았다. 이 모든 것이 가능했던 것은 바로 리먼브러더스가 파산했기 때문이었다.

우리에게 주는 교훈

_____ 관리·감독기관에 어떤 권한을 부여해야 할까요?

2008년 6월과 7월 리먼브러더스가 파산하기 두 달 전에 제가 건의했습니다. 그렇지만 오바마 행정부는 이 권한을 얻기 위해 여전히 의회와 협상중이었습니다. 미 행정부는 의회로부터 위기에 대처하기 위한 권한을 부여받아 필요할 때 은행뿐만 아니라 도산 위기에 처한 다른 금융기관에도 개입할 수 있어야 합니다. 또 해당 금융기관을 법적인 파산절차 외의 다른 방식으로 처리해 위기가 금융 시스템과 경제 전체로 확산되는 것을 사전에 막아야 합니다.

_____ 이번 위기는 전체적으로 '대마불사' 신화의 전형적인 예라고 볼 수 있습니다. 특히 미국의 금융 시스템에서 이 문제를 어떻게 다루어야 할까요?

규모가 엄청나게 크고 복잡한 금융기관들이 잠재적인 위험을 안고 있을 때 (정부는) 다음의 몇 가지 일을 해야 한다고 생각합니다. 먼저 유동성과 자본금을 더욱 엄격하게 관리·감독해야 합니다. 그러나 가장 중요한 것은 제가 방금 말했던 것처럼, 규모나 업종에 상관없이 모든 기업에 대해 정부가 법정 파산절차 외에 다른 방식으로 처리할 수 있는 권한을 보유하는 것입니다. 그러면 납세자가 매번 지금처럼 이 기업들을 구제하지 않아도 됩니다.

이는 복잡한 일입니다. 따라서 경험이 많은 관리·감독자가 필요합니다. 사람은 죽기 전에 유언을 남기는 것처럼, 관리·감독자는 먼저 대형 금융기관들과 협의해 로드맵을 만들어야 합니다. 금융기관이 어떤 방향

으로 처리되기 원하는지를 기재한 유언을 남겨야 합니다. 관리·감독이 완벽할 수는 없습니다. 기업이 끝내 파산하면 이 기업을 처리할 방법이 있어야 합니다. 이렇게 하면 대마불사의 상황이 다시금 연출되는 것을 막을 수 있습니다.

—————— 금융위기가 한 나라에서 전 세계로 빠르게 확산되었습니다. 국제금융 시스템에 변화가 필요한 것이 아닌가요?

관리·감독이 아니라 국제 협력이 필요합니다. 전체적인 작업 말입니다. 먼저 자본금과 유동성을 더 엄격히 관리해야 합니다. 거래소에서 표준화된 신용파산스왑Credit Default Swap, CDS을 거래해 투명성을 높이는 것이지요. 비표준화된 CDS는 반드시 청산기관에 설명을 하고 더 많은 담보를 제공하도록 해야 합니다. 따라서 신용평가기관을 개혁하고 자산의 증권화 과정을 개혁해야 합니다.

미국뿐 아니라 세계 각국의 모든 관리·감독기관이 파산절차 외에 도산 위기에 몰린 금융기관을 청산할 권한이 있어야 한다는 것을 다시 한번 강조하고 싶습니다.

한편 정부의 정책 때문에 문제가 많이 발생하기도 합니다. 미국(정부)은 오래전부터 사람들에게 집을 사라고 권장했습니다. 자기 집이 생기는 것은 좋은 일입니다. 그렇지만 정도가 지나쳐 부동산가격의 거품이 발생했습니다. 미국은 부동산 부양정책을 다시 검토해야 합니다. 미국은 세계 불균형의 한 극단에 서 있습니다. 미국인은 저축을 너무 하지 않고 지나치게 소비합니다. 반면 다른 나라는 소비를 늘려야 합니다.

장기간 형성된 불균형은 오랜 시간이 걸려야 개선할 수 있습니다. 그

렇지만 미국은 과거에 정책 도구가 충분하지 않았고 효과적인 관리·감독 체계를 갖추지 못했습니다. 금융시장은 늘 관리·감독 시스템보다 앞서나갔기 때문에 금융시장에서 혁신이 일어나면 복잡성과 불투명성을 피할 수 없습니다. 규칙과 법률은 시장의 변화를 좇아가야 합니다. 이 때문에 재무장관 시절이나 리먼브러더스 문제가 불거지기 전에 전면적인 관리·감독 시스템을 구축해야 한다고 건의한 것입니다. 현재 많은 관리·감독기관이 동시에 개입하고 있지만 전체가 아니라 어느 한 문제에만 관심을 쏟고 있습니다.

● 논평 ●

리먼브러더스가 파산한 것이 세계를 강타한 까닭은 자본금이 수백억 달러이고 레버리지율(자기자본 대비 부채의 비율)이 30여 배로 그동안 1조 달러에 가까운 거래가 이뤄지고 있었지만 파산절차를 밟는 동안 모든 거래가 동결되었기 때문이다. 세계금융시장의 주요 투자자가 모두 피해를 입어 연쇄반응이 발생했다. 모든 사람이 자신의 거래 대상이 또 다른 리먼브러더스가 되지 않을까 우려해 누구와도 거래를 하지 않으려고 했던 것이다. 세계금융 시스템이라는 기어에 갑자기 쇠막대기가 끼어 시스템이 거의 정지했다.

대마불사란 무엇을 의미하는가? 예전에는 은행만 대규모 자산을 보유했기 때문에 은행계에서 쓰이던 말이다. 그러나 현재는 은행이 아니더라도 레버리지를 최대한 이용하는 금융기관에 대해 모두 사용되고 있다. 따라서 리먼브러더스와 같은 투자은행을 지칭할 수도 있고 헤지펀드

가 될 수도 있다. 10년 전 헤지펀드의 장기자본이 대표적인 예다.

폴슨이 제안한 것은 아무리 큰 기관이라도 파산할 수 있으며, 정부만 위기에 몰린 금융기관을 처리할 권한이 있고 법정 파산절차 외에 다른 방식으로 청산할 수 있다는 내용이다. 법정 파산절차 외의 방법이란, 정부가 권한을 행사하여 여러 형태의 담보를 제공하여 청산기관의 거래 포지션을 단계적으로 청산해 전체 금융 시스템의 마비를 막는 것이다. 이를 위해서는 최소한 두 가지를 대대적으로 개혁해야 한다. 첫째, 금융기관이 파산할 때 일반 기업의 법정 파산절차와 반드시 같을 필요는 없다. 둘째, 정부가 권한을 가지고 세금을 운용해 특별 청산 과정이 안정적이고 단계적으로 이행되도록 보장한다. 그렇지만 이 과정에서 손실이 발생할 가능성이 있다. 따라서 관련 법률이 제정되지 않는다면 어느 것도 시도할 수 없다.

인플레이션이 곧 닥친다

_____ 미국 경제의 앞날을 어떻게 전망하십니까?

미국 경제는 회복되고 있다고 생각합니다. 실업률은 여전히 높습니다. 그렇지만 금융시장과 금융 시스템이 현재 안정되었고 경제도 성장세로 돌아섰습니다. 부동산시장은 이미 대부분 바닥을 쳤기 때문에 시간이 흐르면 회복될 것입니다. 미국의 상황이 유럽보다 훨씬 좋다고 생각합니다.

월가에도 많은 변화가 나타났습니다. 그러나 유럽 금융기관의 개혁의 발걸음은 훨씬 더딥니다. 왜냐하면 자본금과 유동성을 관리·감독하는 데 필요한 환경을 개선해야 하기 때문입니다. 미 의회는 개혁법안을 아직 통과시키지 않았습니다. 그렇지만 지금 논의중인 방향이 맞기 때문

에 논의된 것 중 상당수가 법률로 제정될 것이라고 믿습니다. 제가 무슨 말을 들은 것은 아닙니다. 그래도 CDS(신용파산스왑), 파생상품, 평가기관에 대한 법률안이 통과될 것이라고 믿습니다. 미국은 금융시장을 더욱 엄격하게 관리·감독할 것이며, 자본금과 유동성에 더 높은 기준을 요구할 것입니다. 결국 관리·감독의 적용 대상은 우리가 원하는 대로 확대될 것입니다. 유럽은 이 같은 조치를 거부할 것입니다. 유럽 은행의 자본금은 미국 수준에 못 미칩니다.

_____ 미국 경제가 회복되고 있습니다. 그렇다면 위기가 발생한 이후 선택한 각종 구제정책이나 부양책의 출구 전략은 무엇입니까?

이 문제는 매우 중요합니다. 제가 시작한 구제 프로그램의 출구 전략이 현재 빠르게 시행되고 있습니다. 예를 들어 은행에 자본금을 투입한 계획의 경우, 은행은 자금을 스스로 조달해 정부에 상환하고 있습니다. FRB와 재무부가 함께 마련한 부실자산구제계획도 마찬가지입니다. 일부 정책은 출구 전략을 아직 시행하지 못했습니다. 예컨대 패니메이연방저당권협회Federal National Mortgage Association의 약칭. 미국의 주택구입 희망자들이 금융기관에서 대출을 쉽게 받을 수 있도록 금융기관에 자금을 대주는 정부지원기업으로 미국의 2대 모기지 업체와 프레디맥연방주택금융저당회사Federal Home Loan Mortgage Corporation의 약칭으로 미국의 2대 모기지 업체 중 하나의 출구 전략 시행은 시기상조입니다. FRB는 보유중인 패니메이와 프레디맥의 증권을 아직 매도하지 않았습니다. FRB가 언제 정책 변화가 있을지에 대해서는 논평하고 싶지 않습니다. 버냉키가 이런 문제를 해결하고 있기 때문에 미국에는 행운입니다. 그는 시작부터 이 일에 간여했던 사람입니다. 버냉키는 시

장을 이해하고 경제도 이해합니다. 그러므로 분명히 해결책을 찾아낼 것입니다.

─────── 인플레이션 상황이 더 악화되지 않을까요?

앞으로 몇 년간 미국 경제에 인플레이션이 발생할 확률은 낮습니다. 금융 시스템의 안정을 위해 시장에 투입된 자금은 전부 혹은 대부분이 5년 안에 회수됩니다. 사람들은 단기 재정적자가 엄청나다는 사실에 놀랄 것입니다. 왜냐하면 우리는 지금 심각한 경기침체기를 지나고 있으며, 그중 일부는 정부가 지출한 것이 아니라 금융기관의 자본금에 투자한 것이기 때문에 조만간 회복세로 돌아올 것입니다. 인플레이션은 앞으로 몇 년 안에 발생할 중요한 문제가 아닙니다.

정말 심각한 문제는 장기간 쌓인 재정적자입니다. 이 문제는 미국의 사회복지정책, 즉 사회보장, 의료보험, 공공의료보조금 제도 등과 밀접한 관련이 있습니다. 제가 미국에서도 말했지만 이는 세대 간의 문제입니다. 모든 부모는 자신을 희생해 자식들이 더 나은 삶을 살기를 희망합니다. 따라서 이 문제들은 충분히 해결할 수 있을 것이라고 믿습니다. 그렇지만 기다리는 시간이 길어질수록 돌아갈 여지가 줄어들고 다음 세대에게 더 큰 부담을 안겨줄 것입니다.

─────── 많은 중국인은 미국이 화폐를 찍어내 자신의 문제를 세계화한 뒤 해결하려 한다고 걱정합니다.

미 행정부와 FRB는 필요한 조치를 마련해 전체 시스템이 무너지지 않고 경제가 제자리를 찾을 수 있도록 했습니다. 출구 전략은 매우 중요하

며 버냉키는 이 일의 최고 적임자입니다. 따라서 저는 출구 전략을 걱정하지 않습니다. 사회복지 지출이 지나쳐 재정적자가 심각해지는 것이 더 걱정됩니다. 그렇지만 이는 단기간에 해야 할 일이 아니며 충분한 시간을 두고 이 문제를 해결해나가야 합니다.

_____ 미국이 이렇게 오래 거의 제로금리를 유지하는데, 다른 국가 특히 중국은 어떤 정책을 취해야 할까요?

중국과 마찬가지로 미국도 경기를 부양하고 금융위기에 대응하는 통화정책을 선택했습니다. 중국 입장에서도 미국이 위기에서 순조롭게 벗어날 수 있기를 원합니다. 미국의 경기회복은 중국 경제에 매우 중요합니다. 미국의 장기적인 과제는 저축이 매우 적고 소비가 지나치다는 점입니다. 만약 미국인이 소비를 조금 줄이고 저축을 조금 늘린다면 정말 좋은 일입니다. 그런데 미국은 아직까지 실천에 옮기지 못하고 있습니다.

● **논평** ●

미국이 달러를 남발해 세계가 미국의 문제를 해결하게 만든다는 생각은 중국 전문가들 사이에서는 일반적인 관점이다. 폴슨은 이 질문에 직접 대답하지 않았다. 그는 3단계로 나누어 답했다. 단기적으로 미국은 인플레이션 우려가 없다. 중기적으로 이번에 풀린 통화는 5년 안에 회수되기 때문에 별도의 인플레이션 압력이 발생하지 않는다. 장기적으로 재정적자의 문제가 심각하다. 그렇지만 지금 상황과 무슨 관계가 있는가?

이 답변은 일리가 있다. 그러나 중국 전문가의 우려를 불식할 수 있

을까?

중국 경제는 계속 앞으로 나아가야 한다

──────── 대규모 정부 투자에다 은행대출까지 대거 풀렸습니다. 지금 중국 경제는 건강하게 회복되고 있습니까?

2008년 12월 이후 처음 중국을 찾았습니다. 오기 전에 미국과 다른 나라들이 중국이 선택한 조치를 다행스러워하는 것을 보았습니다. 이번에 세계경기가 침체하는 상황에서 중국은 세계경제의 중요한 엔진이 되었습니다.

경기부양정책과 거액의 은행대출을 포함한 조치들이 부작용이 없을 수는 없습니다. 완벽한 일이란 없습니다. 부정적인 결과가 일부 나타날 수 있습니다. 예컨대 연해 도시의 부동산 거품이나 은행대출의 과잉, 정책성 대출과 상업성 대출의 구분이 모호한 것 등이 있습니다. 그렇지만 중국 정부의 정책 방향이 맞았고, 그 덕분에 우리가 모두 혜택을 받았다고 생각합니다.

──────── 일부 전문가는 중국이 20년 전에 겪은 일본의 전철을 밟을 수 있다고 말합니다. 이런 우려는 없습니까?

중국의 상황은 일본과 매우 다릅니다. 일본이 실수한 것이 중국에 반면교사가 될 수는 있습니다. 중국은 스스로 개혁의 길을 닦으며 시장경제로 전환하는 과정에서 놀라운 성과를 거두었습니다. 가장 큰 위험은 중국에 매우 유익했던 개혁을 지속하지 않거나 지나치게 천천히 추진하는 것이라고 생각합니다.

_____ 이번 위기가 지나가면 다른 어느 나라들보다 중국이 더 강대해질 것으로 일반적으로 생각합니다. 이 부분에 동의하십니까?

위기중에서도 중국 경제의 활약이 대단했습니다. 정책 결정자는 신속하게 조치를 취했고 그 방향이 정확했습니다. 저는 중장기적 관점에서 문제를 바라보는 편입니다. 중국이든 다른 국가든 사람들은 모두 이번 위기에서 타당한 교훈을 얻어야 합니다. 우리가 얻은 교훈은 금융개혁과 시장 체계가 제 기능을 잃었다는 것이 아닙니다. 사실 금융을 개혁하고 시장화한 덕분에 수많은 중국인과 세계의 다른 나라 사람들이 빈곤에서 벗어날 수 있었습니다.

미국이 얻은 교훈은 경제의 운용 방식에서 전환이 필요하다는 것입니다. 중국 경제가 위기에서도 이처럼 강력하게 힘을 발휘할 수 있어서 참 기뻤습니다. 앞으로 몇 년간 중국은 세계경제의 동력이 될 것입니다. 그렇지만 어느 나라도 경제발전이 순조롭기만 한 것은 아닙니다.

● 논평 ●

폴슨은 중국 정부가 2008년 말 '4조 위안'으로 상징되는 대규모 경기부양정책을 실시한 것을 잘 알고 있었다. 그는 자신의 위기를 해결하면서 생각의 전환까지 이뤄냈다. 공매도 금지를 지지한 것이다. 금융기관을 구제한 것은 그럴 수밖에 없었다. 그렇지 않았을 경우 더 나쁜 결과가 빚어지기 때문이었다. 부작용이 있지만 통제할 수 있는 것이었다.

그러나 많은 사람이 급한 나머지 선택한 임시방편과 장기적인 제도를 혼동했으나 폴슨은 그렇지 않았다. 그는 중국이 이번 위기에서 잘못된

교훈을 얻을 필요가 없으며, 시장 체제로 전환하는 것을 포기하거나 늦춰서도 안 된다고 강조했다. 한 나라가 경제성장을 얼마나 일구었고 얼마나 오래 지속했든 결국 어려움에 처할 때가 있음을 상기시켰다.

미중 협력의 방향

_____ 위기가 계속되는 동안 중국의 경제정책 결정자들과 긴밀한 관계를 유지했다고 책에서 여러 차례 언급했습니다. 그들이 어떤 좋은 제안을 했습니까? 중국과 협력하는 것이 위기를 해결하는 데 얼마나 도움이 되었습니까?

재무장관을 맡은 뒤 미중경제전략대화를 시작했습니다. 이로써 서로 이해와 신뢰가 증진될 수 있었습니다. 저는 중국 쪽 담당자와 대화를 자주 합니다. 미중 양국은 이해관계가 비슷합니다. 세계금융 시스템이 안정되는 것은 미국에 매우 중요하고 중국도 마찬가지입니다. 중국은 이 점에서 상당히 건설적인 입장을 유지하고 있습니다.

저는 중국의 왕치산王岐山 부총리를 안 지 꽤 오래되었습니다. 이 점도 당연히 도움이 컸습니다. 미국과 중국은 여러 부문에서 교류해왔습니다. 예를 들어 세계 정상회의를 개최할 때 부시 대통령은 G7로 할지 아니면 G20이 좋을지 결정해야 했습니다. G20으로 결정했는데 이것 역시 저의 제안이었습니다. 결정을 내리기 전에 자문을 구했던 첫 번째 국가 지도자가 바로 중국의 후진타오 주석이었습니다. 후진타오 주석은 찬성한다고 말했습니다. 그래서 중국이 중요성을 지닌 국가로서의 역할을 원한다는 사실을 알았습니다. 또 G7이 아니라 G20으로 개최하는 것이 옳다는 사실도 알게 되었죠.

_____ 위기가 발생하지 않으면 어떤 것도 의회의 벽을 넘지 못한다고 말씀하셨습니다. 그런데 중국의 재정정책 결정자는 이런 어려움이 없으며 '4조 위안'의 부양책을 말하면 그대로 실현됩니다. 혹시 부럽지 않습니까?

먼저 저는 매우 감격했습니다. 의회의 지원을 두 차례 받은 뒤 조치를 취해 금융 시스템의 붕괴를 막았습니다. 많은 사람이 지레 불가능하다고 말했죠. 첫 번째, 재무부에 '패니메이와 프레디맥'을 처리할 수 있는 절대적인 권한을 부여했습니다. 두 번째, TARP를 통해 7000억 달러의 구제금융을 시행할 수 있는 권한이 생겼습니다. 미국의 민주공화국 체제는 많은 장점이 있는 훌륭한 방식입니다. 물론 때때로 골머리를 아프게 할 때도 있습니다. 특히 힘들고 복잡한 개혁은 위기가 발생하기 전에는 의회에서 통과되기가 힘듭니다.

_____ 미국과 중국은 앞으로 어느 분야에서 경제협력을 전개하게 될까요?

미중 양국은 어떤 분야에서는 모두 이익을 얻을 수 있고 어떤 분야에서는 경쟁 관계에 놓입니다. 따라서 서로 다른 분야에 대해 솔직한 태도로 해결책을 찾아야 합니다. 미국과 중국은 각각 세계 최대의 선진국과 최대 개발도상국입니다. 세계의 발전과 국제무역, 투자 증가는 양국에 모두 유익합니다. 고립과 보호주의는 양측에 모두 해롭습니다. 두 나라는 주요 석유 수입국이자 에너지 소비 대국입니다. 따라서 청정에너지 기술을 발전시키고 응용해 석유를 대체하는 것이 양국 이익에 모두 들어맞습니다. 기후와 환경 역시 마찬가지입니다. 많은 의제에서 이미 국

가 간 경계가 존재하지 않습니다.

● 논평 ●

2006년 재무장관이 되기 전에 폴슨은 70여 차례 중국을 방문했다. 폴슨은 중국의 경제정책 결정자들과 잘 아는 사이로 많은 이와 친분을 쌓았다. 그의 책에서 가장 많이 등장하는 다른 나라란 바로 중국이며 왕치산 부총리와 저우샤오촨周小川 중앙은행장도 여러 차례 나온다. 폴슨이 재무장관 자리를 놓고 망설일 때 수락하라고 직접 권고한 사람도 이들이었다.

이 때문에 폴슨이 재무부의 수장이 되어 미중경제전략대화를 시작할 때, 사람들은 그가 장기간 쌓은 중국의 인적자본을 사용해 미중 간의 소통과 신뢰 관계를 구축할 최적의 기회를 만났다고 생각했다.

그뒤 수년이 지난 지금 평가해보면, 창설 당시의 기대와 달리 미중경제전략대화는 내세울 만한 성과가 별로 없었으며 현안을 해결하지 못해 많은 아쉬움을 남겼다. 중국은 2001년 WTO에 가입한 뒤 5년의 과도기가 끝나자 좀 더 발전된 대외 개방의 동력을 잃었다. 지난 3년간 미중경제전략대화에서 이 모습이 그대로 드러났다.

미중경제전략대화가 제 역할을 하지 못할 즈음 G20정상회의가 국제정치의 최고 무대에서 가장 큰 주목을 받았다. 중국중앙은행의 어느 인사가 말한 것처럼 과거에는 G7정상회의, G20재무장관·중앙은행총재회의는 있었지만 G20정상회의는 없었다. G20정상회의는 부시 대통령이 발의한 것으로, 세계금융위기의 해결책을 세계가 함께 모색하자는 데

그 뜻이 있다. 폴슨이 말한 내용에서 알 수 있듯이 자신이 제안했고 후진타오 주석의 지지를 얻어 G20정상회의가 열린 것이다.

위안화의 환율개혁

_____ 재무장관으로 재임할 때 중국을 환율조작국으로 지정하신 적이 없습니다. 그 이유가 무엇입니까? 오바마 정부는 중국을 환율조작국으로 지정할 가능성이 좀 더 클까요?

공적인 자리든 사적인 자리든 위안화가 탄력적인 환율 체계로 운용되는 것이 매우 중요하며, 이렇게 하는 것이 중국과 세계경제의 이익에 부합한다고 늘 말했습니다. 위안화와 환율이 자신의 상황을 유연하게 반영하면 조화로운 경제성장이 가능하며, 인플레이션과 부동산 거품을 더욱 효과적으로 억제할 수 있습니다. 또 더 많은 사회 구성원이 경제의 번영으로 혜택을 누릴 수 있습니다.

중국은 주권 국가입니다. 따라서 중국의 정책 결정자가 스스로 탄력적인 환율결정 시스템이 중국 자신에게 유익하다는 사실을 인식하기를 희망합니다. 이것도 중국이 지속적으로 개혁해나갈지 여부를 보여주는 지표입니다. 우리는 중국에 환율조작국이라는 딱지를 붙이고 싶지 않으며 개혁을 이어갈 것을 촉구할 뿐입니다.

_____ 중국이 이번에 환율조작국으로 지정이 될까요?

제가 추측할 문제는 아니에요. 이제는 재무장관이 아닙니다.

● 논평 ●

위안화의 환율개혁이 다시 시행되는 것은 일반적으로 시간문제라고 생각한다. 의견은 분분하지만 단지 이번 달인가, 이번 분기인가 아니면 하반기인가 등 시기적인 차이 뿐이다. 여기서 두 가지 사실에 주목해야 한다. 첫째, 중국 후진타오 주석이 4월 12일 미국 워싱턴에서 열리는 핵안보정상회의에 참석할 예정이다. 둘째, 가이트너 현 재무장관이 주요 무역 상대국의 환율에 대한 평가보고서를 의회에 제출하는 시기를 늦추겠다고 발표했다. 중국이 위안화의 환율을 조작했는지의 여부가 보고 내용 중 가장 관심을 끄는 부분이다. 재무부는 이번 조치로 중국의 정책 조정 여지가 더 커지기를 희망한다면서, 보고서의 제출 시기를 늦춘 이유를 공식적으로 밝혔다. 두 가지 사실에서 4월 12일 전까지 남은 시간 동안 중국이 환율개혁을 재개하도록 첫 번째 시간표를 제시한 것으로 해석할 수 있다.

그렇지만 보고서의 발표 시기를 늦춘 것은 위협의 뜻도 내포되어 있다. 이로써 사람들은 보고서의 내용이 부정적이라고 추측했다. 미 재무부는 6개월마다 의회에 관련 보고서를 제출한다. 환율조작국으로 지정된 국가는 무역제재를 받을 수 있다. 중국은 아직까지 환율조작국으로 지정된 적이 없다.

4월 7일 밤 인도 순방을 마친 가이트너 미 재무장관이 '놀랍게도' 베이징에 나타났으며, 4월 8일 왕치산 부총리와 회담을 가졌다. 왕치산 부총리와 환율 문제를 논의한 것 외에도 5월 하순에 베이징에서 열릴 제2차 미중경제전략대화 역시 두 사람의 주요 화제였을 것이다. 왕치산과 가이트너는 양국 대화에서 각각 경제 분야를 담당한다.

금융 개방

_____ 3년 전 인터뷰할 때는 재무장관이셨죠. 그때 중국은 금융업을 더 개방해야 한다고 말씀했습니다. 중국에서 기득권의 이익이 무척 커져 더 이상 통제할 수 없게 되기 전에 개방해야 한다는 것이었습니다. 그렇지만 이번 위기 이후 중국의 정책 결정자는 개방을 그다지 원하지 않는다는 사실이 분명하게 드러났습니다. 이들을 어떻게 설득할 작정이신가요?

금융시장의 개혁 역시 중국의 법률에 따라야 하는 것입니다. 중국은 자국의 금융기관을 관리하는 방식으로 합자기관이나 외자기관을 관리하려고 합니다. 이들은 모두 중국 시장에서 경영을 합니다. 탄력적인 환율 시스템은 중국과 다른 나라에 모두 유리합니다. 장기적으로 볼 때 규모가 큰 국가의 제품, 서비스, 무역은 모두 세계경제 체제로 융합되는데 개방적인 금융시장과 유연한 환율 시스템이 없다면 불가능합니다.

저의 논리는 더 효율적으로 자본을 배분하면 새로운 산업과 일자리를 창출하고, 성장을 이끄는 데 도움이 된다는 것입니다. 금융상품과 투자 기회가 다양해지면 중국인이 저축을 다양화하여 재테크를 하는 데도 도움이 됩니다. 더 많은 상품과 투자 기회, 저축 방식, 이자율도 그저 은행에 넣어둔 돈이라면 충분한 수익을 올리도록 해주지는 못합니다. 그래서 저는 중국이 금융시장을 점진적으로 개방해야 한다고 주장합니다.

중국이 금융시장을 개혁하고 은행과 기타 금융기관을 민영화하여 거두게 될 성과는 실로 놀라울 것입니다. 어느 시기에 이것을 이야기한다 하더라도 중국의 정책 결정자가 마련하는 장기 개혁 방향에는 변화가 없을 것입니다. 단지 템포의 차이가 있을 뿐이죠.

물론 기자님이 말한 대로 이번에 위기가 발생했을 때 왕치산 부총리
가 말했습니다. "행크, 우리 '선생님'한테 문제가 생겼네요"라고 저에게
말했습니다.

_____ 중국에는 선생님이 없어졌습니다.

(웃으며) 저처럼 시장에서 평생을 산 사람이 이 말을 들었을 때는 정신
이 번쩍 들었습니다. (왕치산은) 언제나 솔직한 사람입니다.

● 논평 ●

개혁에 매진해온 많은 사람이 중국이 이번 금융위기로 입을 경제적
피해는 제한적이지만 개혁개방정책이 입을 타격은 영향이 아주 심각하
다고 여긴다. 중국 경제성장의 내부적 동력은 경제자유화고, 외부 동력
은 대외 개방으로 국제 시스템에 편입하는 것이다. 금융위기 이후 두 가
지가 모두 어려워졌다. 국가의 간여가 대세를 이루고 또 고착화될 가능
성까지 보인다. 대외 개방 중 특히 금융의 대외 개방을 주장하는 목소리
는 금융위기의 소용돌이 속에서 사라졌다. 중국이 지난 30년 동안 자신
만의 길을 걸어왔지만 이 길에는 변수가 없었다. 변수가 발생한 원인은
'미국을 본보기로 삼았기' 때문이다.

이런 의미에서 '우리 선생님에게 문제가 생겼다'면 문제는 학생에게도
생긴 것이다. 위기 전과 그리고 위기 뒤에 폴슨을 인터뷰했다. 폴슨이
중국은 개혁개방을 지속해야 한다고 주장하는 논거와 논리에는 변화가
없었다. 좋게 말하면 한결같은 것이고, 나쁘게 말하면 했던 말을 또 하

는 것으로 새로운 내용이 없다. 새로운 것은 어디에 있을까?

자신을 스스로 어떻게 평가할까?

_____ 골드만삭스 CEO를 역임했고 금융위기를 겪었으며 베스트셀러 작가이십니다. 이제 다음 행보는 무엇입니까?

대부분의 시간을 자연보호, 환경, 에너지 분야에 쏟을 생각입니다. 지난 몇 년간 이 분야에 관심이 있었는데 이제 시간을 낼 수 있게 되었습니다. 예를 들어 중국에서 환경보호와 관련이 있는 대화 채널을 개설해 윈난雲南의 자연보호 사업에 참여했고, 자연보호위원회의 아태지역 이사회를 설립했습니다. 저는 환경과 에너지의 효율성 문제에 관심이 아주 많습니다. 이 분야에 많은 힘을 쏟을 생각이고 중국에 도움이 될 수 있기를 기대하고 있습니다.

_____ 투자은행의 경험을 방금 말씀하신 사업에도 적용할 수 있을까요? 투자은행업계로 다시 돌아오실 수 있을까요?

제 능력과 시장에서 경험한 것을 활용하면 다른 사람을 돕고 환경 문제를 해결하는 일을 일부 할 수 있을 것입니다. 만약 이 일들이 금융시장과 관련이 있다면 자연스러운 일이겠죠. 그렇지만 이 업계로 다시 돌아가지 않을 것입니다. 한마디 덧붙이면, 청정에너지 기술의 발전과 응용은 매우 중요하다고 생각합니다.

_____ 아직도 골드만삭스와 어떤 관계를 유지하시나요?

골드만삭스에서 32년 동안 일했던 시간은 좋은 기억으로 남았습니다.

그렇지만 워싱턴에서 재무장관으로 일하면서 연락을 모두 끊었고 모든 주식을 팔았습니다. 이제는 골드만삭스와 아무런 관련이 없습니다. 모든 금융기관이 잘되기를 바랍니다. 다만 어느 한 곳도 저와는 아무런 관련이 없습니다.

_____ 10점 만점이라면 1~10점까지 스스로 몇 점을 주겠습니까?

역사는 역사학자에 의해 쓰입니다. 투자은행에 몸담았든 재무장관을 하든 저는 최선을 다했습니다. 재무부에서 제가 손에 쥔 권력은 제한적이었고 방법도 부족한 상황에서 전례 없이 엄청난 위기를 맞았습니다. 그렇지만 우리가 내린 주요한 결정은 모두 옳았습니다.

시스템의 붕괴가 가져올 결과는 상상조차 하기 힘듭니다. 책에 썼듯이 리먼브러더스가 도산하고 AIG가 위태위태하던 시기에는 가장 견실하다는 기업마저 단기융자가 어려웠습니다. 이대로 계속되면 대기업이든 소기업이든 모두 자금 융통을 하지 못하고 제품을 사들이지 못하며, 공급업체에 대금을 지불하지 못하고 직원에게 월급도 주지 못하게 됩니다. 실업률이 25퍼센트까지 치솟을 수 있으며 대공황 시대로 돌아가 수백만 명이 일자리를 구하지 못하게 됩니다. 바로 이 같은 재난의 발생을 피할 수 있었습니다.

아시겠지만 미국에서 '구제금융'은 반감을 일으키는 말입니다. 93퍼센트의 미국인이 구제금융에 반대했습니다. 따라서 우리는 사람들에게 이 조치가 월가를 구제하기 위해서가 아니라 일반 미국인을 구제하기 위해서라는 사실을 설명했습니다. 저와 버냉키가 의회 청문회에서 권한을 부여해달라고 요청할 당시, 전체 금융 시스템이 이미 마비되었고 경제는

몇 개월째 급격한 하락세를 보였습니다. 의회가 우리에게 권한을 부여했지만 실제로 일어나지 않은 재난을 피할 수 있었다고 칭찬을 받을 수는 없습니다. 그래서 역사가 이를 심판해줄 것이라고 말한 것입니다.

● **논평** ●

"어려운 결정을 내려 재난을 피할 수 있었다고 해서 상을 받을 수는 없습니다. 수혜자들은 재난의 결과를 보지 못했기 때문입니다." 이 말은 중국의 상황에 더 걸맞아 보인다. 쉬운 결정을 내려 위기를 면했다고 해서 정부가 간여하는 방식이 필요 없다고 생각해서는 안 된다. 폴슨의 말처럼 역사가 이를 심판할 것이다!

효과적인 조치를 재빨리 취해 위기에 대응해야 한다

티머시 가이트너 전 미국 재무장관과의 인터뷰

●

기자 후수리, 예웨이창, 황산黃山, 왕쉬汪旭, 리쩡신李增新 **시기** 2010년 5월 31일

> "어떤 중국인은 미국이 중국의 성공을 불편하게 느낀다고 걱정합니다.
> 어떤 미국인은 중국은 미국이 손실을 입은 대가로 이득을 얻는다고 우려합니다.
> 그러나 우리는 그렇게 생각하지 않습니다."

반년 전쯤에 이스탄불에서 만난 적이 없었다면, 지금 문을 열고 들어오는 티머시 가이트너Timothy Franz Geithner와 엄청난 권력을 움켜쥔 미 재무장관이 같은 사람이라고 생각하기는 힘들 것이다.

젊고 말랐으며 거침없는 태도로 종종걸음을 걷는 가이트너는 사람들 사이에서 크게 눈에 띄는 사람이 아니다. 그렇지만 가이트너가 제75대 미 재무장관이 된 지도 어느새 18개월이 흘렀다. 경제회복을 최우선 과제로 여기는 오바마 행정부에서 가이트너는 대통령이 가장 먼저 찾는 조력자다.

5월 25일 저녁 제2차 미중경제전략대화가 베이징에서 막을 내린 뒤 우리는 베이징 둥팡쥔예 호텔의 귀빈실에서 가이트너를 인터뷰했다. 시간은 제한되었고 묻고 싶은 내용이 많아 서론은 생략하고 바로 질문에

들어갔다. 가이트너는 계속되는 질문에 바로바로 대답하면서 미중 관계, 유로화 위기, 미국의 관리·감독, '중국 모델', 그리스 위기의 '미국 음모론'에 대해 이야기했다. 인터뷰가 끝나자 가이트너가 악수를 하고 몸을 일으켜 떠나는데 예웨이창 기자가 재빨리 문 앞에서 마지막 질문을 던졌다.

진지한 분위기에서 다양한 주제로 인터뷰가 이뤄졌지만 시작은 재미있었다. 가이트너는 1981년 베이징 대학교에서 중국어를 배우던 시절의 경험을 다시 말했다. 어느 날 톈탄天壇 공원 부근을 돌아다니는데 어떤 중국인이 흥분한 모습으로 걸어와 그에게 어느 나라 사람인지 물었다.

"베이징대학교 기숙사 근처에서 '문화대혁명' 시기에 페인트로 '미국 타도'라는 구호를 써놓은 것을 봤어요. 그래서 잠시 망설였지만 그래도 미국에서 왔다고 말해줬죠. 나중에 그는 미국인도 중국인처럼 직접적이고 개방적이며 솔직하고 낙관적이라고 말했습니다."

가이트너는 이야기를 나누는 중에 미국 타도를 중국어로 인용했다. 이전에 그가 우리 명함을 보고 『차이신財新』을 중국어로 읽는데 발음이 정확했다.

헨리 폴슨 전임 재무장관이 업무 관계로 중국과 '인연을 맺었던' 것과 달리, 가이트너는 학생 때 중국을 접했다. 그의 부친인 피터 가이트너는 오랫동안 미국 내 국제기관의 외국 주재원으로 일했다. 그리고 포드 재단에서 28년간 일하며 초대 중국사무소장을 역임했다. 가족을 따라 가이트너는 아프리카에서 유년 시절을 보냈으며 아시아에서 중고등학교를 다녔다. 그리고 1983년 다트머스 대학을 졸업하기 전에 중국에 두 차례나 와서 중국어를 배웠다. 미국에서 학사·석사 과정을 밟을 때 전공 역

시 아시아 연구였다.

일찍이 중국과 접했지만 가이트너가 맡은 업무는 미국식 '중국통'이 걷는 길과는 거리가 멀었다. 1985년에 졸업한 뒤 키신저 협회Kissinger Associates, Inc.에서 3년간 일하고 바로 재무부에 들어가, 멕시코 위기, 아르헨티나 위기, 그리고 태국, 인도네시아에서 시작해 아시아 전체로 확산된 아시아 금융위기를 겪었다. 가이트너는 능력과 경험을 바탕으로 재무부에서 계속 승진해 국제금융·재정정책 부차관보, 국제담당 부차관보를 거쳐 1999년에 국제담당 차관이 되었다.

가이트너는 IMF에서 잠깐 근무했으며 2003년 11월 뉴욕연방준비은행장 자리가 공석이 되자 이 자리에 앉아 처음으로 월가 출신이 아닌 연방준비은행장이 되었다. 가이트너는 경제위기와 인연이 깊다. 2007년부터, 즉 그가 뉴욕연방준비은행장이 된 이후 미국의 금융위기가 시작됐다.

그 뒤의 일은 사람들이 잘 아는 사실이다. 가이트너는 버냉키 의장, 당시 폴슨 재무장관과 함께 미국의 금융위기 기간에 가장 중요한 경제정책의 결정자 3인방이었다. 2009년 1월 26일 가이트너는 폴슨의 뒤를 이어 오바마 정부의 재무장관으로 발탁되었다. 이로써 미국 정부가 내놓은 금융기관 구제 계획은 '가이트너 계획'으로 불리게 되었다.

『애틀랜틱』은 얼마 전, 가이트너의 직업 인생을 다룬 장편의 특집 기사를 실었다. 중요한 시기마다 최우선 임명 대상은 아니었지만 그가 매우 젊어 다른 사람들이 시기상조라고 여기는 중요한 자리에 임명되었고 결국 일을 가장 잘 수행했다.

가이트너는 인터뷰 장소를 떠나 공항으로 내달려 유럽으로 떠났다. 또 다른 위기를 맞은 유럽이 49세의 미 재무장관을 기다리고 있다.

"중미 양국이 모두 정부와 시장의 관계를 개혁하고 있다. 이는 정말 중요한 개혁으로 파급 효과가 엄청나다"

─────── 오늘 오전 중앙당학교中央黨學校에서 강연하신 데 대한 반응이 어땠나요? 일정이 이렇게 빡빡한데도 시간을 내 런민대 부속중학人大附屬中學 학생들과 농구 게임까지 한 이유가 무엇입니까?

학생들과 농구를 한 것은 경기장의 조명 시스템에 관심을 유도하기 위해서였죠. 런민대 부속중학 체육관의 조명 설비는 미국 아이오와 주의 한 기업에서 생산한 것입니다. 절전형 조명 기구를 생산하는 이 기업은 중국에서 영업이 빠르게 성장하고 있습니다. 보잉Boeing, 제너럴일렉트릭General Electric Company, 다우코닝Dow Corning, 캐터필러Caterpillar Inc. 등 다국적기업이나 미국 현지에 기반을 둔 소기업이 모두 중국과의 교역에서 수익을 얻고 있습니다.

제가 공산당 간부학교에 간 이유는 더욱 간단합니다. 중국의 고위 인사가 제게 미국 경제와 금융개혁에 관한 질문을 하도록 유도할 생각이었죠. 기자님이 그 자리에 있었는지는 모르겠네요. 저는 강연에 들어가자마자 미국이 혁신을 이끌어가는 과정에서 얻은 교훈과 경험에 대해 이야기했습니다. 열 가지 경험과 교훈이 담긴 목록을 예로 들었습니다. 물론 비공식적인 것입니다. 이러한 경험과 교훈을 종합해보면 중국이 현재 겪고 있는 어려움이 마음속에 떠오릅니다. 이런 경험과 교훈은 분명히 중국 공무원들에게도 매우 중요할 것입니다.

강연 마지막에 사람들에게 이야기 하나를 들려줬습니다. 역시 제가 중국에서 공부할 때의 일인데요. 톈탄 공원 부근의 한 시장을 지나가는데 한 사람이 흥분하여 다가와 제가 어느 나라 사람인지 물었습니다. 당

시 저는 잠깐 망설였습니다. 아시겠지만 그때가 1981년입니다. 베이징 대학교 기숙사에서 미국 타도라는 문혁 시대의 구호가 페인트로 칠해진 것을 보기까지 했습니다.

결국 전 미국에서 왔다고 말해주었습니다. 그러자 그는 미국인을 만나게 되어 기쁘며 미국인도 중국인처럼 직접적이고 개방적이며 솔직하고 낙관적이라는 사실을 알기를 바란다고 말했습니다. 우리에겐 공통점이 있다는 것은 좋은 이야기입니다. 대답이 너무 길었나요?

_____ 이번 미중경제전략대화에서 기대한 성과를 거두었습니까? 쌍방 간에 갈등은 없었습니까? 어떻게 원원할 수 있었나요?

미중경제전략대화를 시작한 지 겨우 1년밖에 되지 않았으므로 이제 시작했다고 할 수 있겠죠. 그렇지만 대화의 기본 정신을 생각하거나 토론 주제를 보면, 금융개혁에서 의료보건까지 또 기술정책에서 수출까지 정말 의미가 깊습니다. 그래서 저는 미중경제전략대화가 매우 효과적이라고 생각합니다.

미국 기업들은 중국에서 엄청난 성장 기회를 발견했습니다. 당연히 중국도 미국의 경제회복 과정에서 혜택을 입었습니다. 양국이 모두 세계 무대에서 강력한 의지를 품고 G20에 참가했습니다. 미국과 중국은 위기가 가장 심각하던 때에 선택해야 할 전략에 대해 분명한 공감대를 형성했으며, 세계가 이를 주목했습니다. 미중 양국이 힘을 합쳐 위기에 대응하는 것에서 많은 사람이 위안을 얻었습니다. 미중경제전략대화는 중요합니다. 우리가 이 시스템을 발전시켜나간다면 공동의 이익과 공동의 문제에 대해 이해가 한층 더 높아질 것입니다.

미중 양국의 몇 가지 문제를 둘러싼 갈등은 피할 수 없습니다. 그러나 어제 그리고 지금까지 줄곧 이야기한 것처럼 미중 양국 경제의 우수성은 상호 보완성이 뛰어납니다. 일부 중국인이, 미국이 중국의 성공을 불편해하는 것을 우려하며 또 일부 미국인이 중국은 미국의 손실을 대가로 이익을 얻는다는 사실을 걱정하고 있다는 걸 알고 있습니다. 그렇지만 우리는 그렇게 생각하지 않습니다. 우리의 생각은 양국의 우수함은 상호 보완성이 크다는 것입니다.

이 밖에도 미중 양국은 모두 정부와 시장의 관계를 개혁하고 있습니다. 이는 정말 중요한 개혁으로 그 파급 효과가 엄청납니다. 중국이 앞으로 어떤 방식을 선택할지 잘 모르겠습니다. 그렇지만 현재 변화하고 있는 것은 분명합니다.

_____ 이번 위기 뒤 이른바 중국 방식과 미국 방식에 대해 새롭게 생각을 하게 되었나요?

미국의 금융기관이 위험을 지나치게 무릅쓴 결과 엄청난 잘못을 저질렀으며 현재 이를 보완하기 위해 노력하고 있는 것은 분명한 사실입니다. 정부는 금융 시스템을 신속하게 보완했고 관리·감독 개혁안을 실행에 옮겼습니다. 개혁안은 거의 완성 단계에 들어섰습니다. 오바마 대통령의 금융개혁안의 중점은 금융기관이 지나친 위험을 떠안지 못하게 억제하는 것이며 전체 금융 시스템의 레버리지율을 낮추는 데 있습니다.

다시 원점으로 돌아와 이야기를 하면, 혁신을 위한 자금을 지원할 때 미국의 금융 시스템이 효과적이라고 믿기는 어렵습니다. 단적으로 예를 들어 이야기해보겠습니다. 이것은 사실 로런스 서머스 교수가 먼저 말한

것입니다. 당신이 중도에 학업을 포기한 대학생으로 차고에서 새로운 발명에 성공했습니다. 당신에게는 넥타이나 양복이 없어도 이 발명품으로 융자를 받아 사업을 시작할 수 있습니다. 이것이 바로 미국식 제도의 장점입니다. 우리는 이 장점을 계속 살려나갈 것입니다.

중국의 방식은 물론 다릅니다. 미국과 비교하면 중국은 현재 전혀 다른 발전단계며 미국의 교훈을 받아들일 수 있습니다. 그렇지만 미국의 방식은 언제나 한결같습니다. 미국에는 9000여 곳의 금융기관이 있습니다. 규모가 큰 것도 있지만 각양각색의 소규모 기관도 많습니다. 이 시장 구조는 매우 견고합니다. 채권시장, 주식시장, 자산증권화시장 등 미국의 자본시장은 거래가 매우 활발해 기업이 자금을 조달하는 데 크게 도움을 줍니다. 미국 기업은 또한 위험을 헤지할 수 있는 여러 혁신 방식이 있어서 자금을 조달할 수 있습니다. 이것이 바로 미국식 제도의 장점입니다.

세계금융개혁의 기본적인 발자취를 돌아보면, 다른 나라는 미국의 실수에서 교훈을 얻는 것과 동시에 미국의 강점을 배우려고 할 것입니다. 미국의 강점은 전면적인 정보 공개, 높은 수준의 회계기준, 효과적이고 균형잡힌 시스템과 투자자를 확실히 보호하는 것입니다. 아시는 대로 우리는 잘못을 범했습니다. 그렇지만 미국의 장점은 약점을 보완할 능력이 있다는 것입니다.

_____ 중국 경제가 성장하는 것에 대해 우려하시는 것은 없습니까? 과거 몇십 년 동안 신흥시장에서 위기가 몇 차례 발생했습니다. 혹자는 세계를 뒤흔들 만한 신흥시장의 다음 위기가 중국에서 발생할

것이라고 믿고 있습니다.

중국 지도층은 금융개혁과 점진적인 자유화 사이에서 균형잡는 일을 굉장히 잘 이해하고 있습니다. 이 문제를 조정할 때 인상적인 능력을 보여준 바 있습니다.

오늘 미중 간 대화에서 본 것처럼 미국측은 중국이 혁신을 이루고 기술을 발전시키는 과정에서 미국 기업에 불리한 방식을 선택하거나 차별 대우를 해서는 안 된다고 주장합니다. 여기서 말하는 미국 기업은 중국에서 사업을 영위하는 미국 기업뿐만 아니라 중국으로 수출하는 미국 기업도 포함합니다. 이 점은 우리에게 매우 중요합니다. 하룻밤 사이에 이 문제를 해결할 수는 없겠지만 큰 진전이 있었습니다. 중국은 중요한 정책을 조정하고 비차별 원칙에 모두 동의했으며 아울러 함께 노력하는 데 동의했습니다. 앞으로 몇 달 안에 진전이 있을 것입니다.

이 때문에 중앙당학교의 강연에서 미국 방식의 장단점을 열심히 소개했던 것입니다. 근본 문제는 다음과 같습니다. 혁신을 위해 경쟁을 장려하고 지적재산권을 보호하며, 금융 시스템이 인센티브를 제공하도록 하고 시장 진입자를 신규로 받아들이도록 하며 금리, 환율, 가격이 경제활동의 촉매가 되는 좋은 환경을 만들어줘야 합니다.

● 논평 ●

중앙당학교에서 강연하고 미국산 조명 시스템이 설치된 체육관에서 고등학생과 농구를 함으로써 가이트너의 '인문적' 목적이 무엇인지 분명히 드러났다. 바로 앞으로 몇 년 안에 국제 무대에 올라서기를 희망하는

중국 지도자와 접촉하고 중국에서 가장 전망이 밝은 젊은이들과 접촉한 것이다.

가이트너는 중앙당학교 학생들에게 미국의 성공 경험과 교훈을 다음과 같이 소개했다. 1) 혁신을 장려하고 지적재산권을 보호한다. 2) 국내외를 가리지 않고 경쟁에 대해 개방적인 태도를 견지한다. 3) 소기업을 포함한 신규시장 진입자에게 개방적이다. 4) 저축이 생산효율이 가장 높은 투자활동과 전망이 가장 밝은 혁신활동으로 연결되도록 한다. 5) 창조력과 도전 정신을 강조하는 교육 체계를 운영한다. 6) 정부가 기초과학에 대규모 투자를 하며, 사회는 실패에 대해 관용적인 태도를 보인다. 7) 시장, 가격 신호, 금리, 자본의 가격(시장이자율), 환율 등의 수단을 사용해 혁신을 장려한다. 8) 기득권이 있는 기업을 견제해 관리·감독과 인센티브 제도의 구조에 영향력을 행사하지 못하도록 한다.

가이트너를 인터뷰하기 전에 크리스티안 머크 주중駐中미국상공회의소 소장과 본지 기자가 만났다. 그는 미국이 중국 내 미국 기업이 당면한 중국의 비즈니스 환경 중 다음의 것들을 중요시한다고 말했다. 즉 정부 조달, 기술 이전 요구, 일부 업계가 외자를 사용하는 것에 대해 지속적으로 제한을 받고 있는 것 등이다. 존 프리스비 미중기업위원회 US-China Business Council 위원장 역시 비차별적인 조세우대정책과 연구개발 지원정책을 시행하는 한편 정부조달 사업에서 우선 구매 방식으로 혁신을 추진하지 않을 때 비로소 국제사회가 보편적으로 준수하는 준칙에 부합한다고 지적했다.

가이트너가 중앙당학교 학생들에게 미국의 경험을 들려줄 때 앞서 말한 것처럼 미국 기업의 의견을 간접적으로 전달했을 것으로 짐작된다.

7000억 달러에 이르는 구제금융안에서부터 전환점이 되었던 규모가 큰 은행에 요구한 '스트레스 테스트'에 이르기까지 가이트너가 개입하거나 진두지휘하면서 실행한 조치들 덕분에 현재 미국의 경제 상황은 유럽보다 나아졌다. 은행의 스트레스 테스트는 상징성이 큰 조치다. 1990년대에 미 재무부 소속의 평범한 공무원이었던 가이트너는 일본 재무성에 대해 일본 은행이 스트레스 테스트를 실시하도록 할 것을 제안한 적이 있다.

2010년 4월 본지는 가이트너의 전임이며 부시 행정부의 재무장관이었던 폴슨을 인터뷰했다. 폴슨은 왕치산 중국 부총리가 위기가 한창일 때 "우리 '선생님'에게 문제가 생겼다"라고 말했다고 전했다. 폴슨의 반응은 '이 이야기를 듣고 정신이 바짝 들었다'는 것이었다. 오바마 행정부가 출범한 이후 나타난 미국의 '겸손한' 태도는 가이트너가 중국의 경제계 인사들을 만날 때도 계속되었다. 그 이유는 물론 중국의 부상에 대해 경의를 표하는 것이며 다른 한편으로 가이트너가 아시아와 중국을 잘 이해하고 있기 때문이다. 중앙당학교에서 강연할 때 가이트너는 1980년대 초 두 번의 여름방학 때 베이징에 와서 공부했던 경험을 특별히 언급했다.

환율결정 시스템이든 '자주 혁신'이든 가이트너의 입장에서는 중국에 요구하지 않고 설득하는 편이 중국의 개혁을 실제로 이끄는 열쇠가 될 수 있다. 그래서 가이트너는 위안화의 환율개혁은 '중국의 선택에 달려 있다'는 식으로 표현했을 것이다.

가이트너는 중국을 평가할 때 언제나 매우 조심스러웠다. 그는 미국만 언급하여 중국의 일에 대해 '이래라저래라 한다'는 비난을 받지 않으

려고 했다.

가이트너가 이끄는 경제 분야 대화에서는 상당히 큰 성과를 거두었다. 미국측이 관심을 크게 보였던 중국의 자주 혁신 규정이 미국 기업을 차별 대우할 수 있다는 점에 대해, 중국측은 'WTO 정부조달위원회 7월 회의' 이전에 정부조달 합의 사항의 수정안을 제출하고 아울러 정부조달법에서 규정한 '국산 제품'의 인정 기준 초안에 대해 공개적으로 의견을 구하겠다고 약속했다.

"그리스의 국가부채위기가 궁극적으로 어떤 결과를 낳을지는 유럽의 정책 결정자들의 선택에 달려 있다"

＿＿＿＿＿＿＿ 그리스의 국가부채위기가 유로존 위기로 이어질까요?

그리스의 부채위기가 궁극적으로 어떤 결과를 낳을지는 유럽의 정책 결정자들의 선택에 달려 있습니다. 그들은 일련의 효과적인 재정개혁안과 금융구제안을 내놓았습니다. 그들은 정책 개혁으로 지속이 가능한 재정 수단을 회복시켜 경제성장을 촉진하려고 합니다. 또 일부 국가에 자금을 지원해 금융 시스템을 안정시킬 생각입니다. 지금 시장에서는 이 조치가 실제로 시행되기를 바라고 있습니다. 유럽은 이 계획들을 아주 신속하게 실시할 것으로 생각됩니다.

＿＿＿＿＿＿＿ 미국 은행이 유로존의 위기를 조장했다는 의견이 있고, 심지어 미국의 음모론을 주장하는 사람도 있습니다. 어떻게 생각하십니까?

이런 주장은 아무런 근거가 없고 근본 문제에서 다른 곳으로 그저 관

심을 돌리려는 데 의도가 있습니다. 현재 미국과 유럽은 아주 긴밀히 협력하고 있습니다. 미국이 금융 관리·감독개혁안을 마련하는 기간에 양측은 매우 긴밀하게 협의했습니다. 예를 들어 어떻게 하면 파생상품 시장을 양지로 보내 투명성을 높일 수 있을지 논의했습니다. 이 문제에 대해 미국과 유럽은 생각이 상당히 비슷합니다. 물론 우리는 독일이 지난주에 일방적으로 행동(독일이 유로존 국가의 국채, 독일 금융기관의 주식, CDS의 공매도를 단독적으로 금지한 것을 가리킴)한 것을 지지할 수 없습니다. 역사적으로 이런 조치는 효과가 없을 뿐만 아니라 시장에서 신뢰를 잃을 수 있습니다.

● 논평 ●

"만약 당신이 바주카포를 가지고 있고 사람들이 모두 이 사실을 안다면 아마 바주카포를 사용할 필요가 거의 없을 것입니다." 2008년 가을에 의회에서 패니메이와 프레디맥의 구제 승인을 요청할 당시 폴슨 전 미 재무장관이 한 말이다.

이 말은 나중에 발생한 미국의 금융위기에 맞지 않았고 현재 유럽의 부채위기에도 맞지 않다. 5월 10일 유럽연합위원회는 7500억 유로에 이르는 금융안정 계획을 발표했다. 이후 보름 정도 시간이 흘렀지만 투자자들은 여전히 유로존의 경제를 비관적으로 보며 유로화의 가치도 4년 만에 최저치를 기록했다. 7500억 유로라는 '바주카포'가 쓸모가 있을지는 아무도 자신하지 못한다.

가이트너는 미중경제전략대화를 마치고 5월 26일 런던에서 영국의 조

지 오스본 신임 재무장관과 만난 자리에서, "금융위기를 겪으며 배운 것은 재빨리 그리고 강력하게 대처해야 한다는 점입니다"라고 충고했다.

가이트너가 보기에 유럽연합의 금융안정 계획은 필수적인 '요소'를 다 담았지만 시장이 바라는 것은 '행동'이었다. 7500억 유로의 구제금융안이 발표된 뒤 유럽중앙은행은 각국의 중앙은행에서 그리스 채권을 사들이도록 요청했을 뿐이다. 구제금융안에서 4400억 유로 규모인 '특수 목적 법인Special Purpose Vehicle, 유동화 전문회사를 뜻함'이 어떤 식으로 운용될 것인지 정확하게 아는 사람은 아무도 없었다. 구제금융안에 따라 대출을 신청할 때 조건이 무엇이고 금리가 얼마인지 정확하게 알려진 것도 없었다. 따라서 투자자들은 구제금융안이 유럽의 부채위기 확산을 효과적으로 저지할 수 있는지 확신할 수 없었다.

이 모든 것에 정답이 들어 있다고 할지라도 이번에 부채위기에 빠진 유로존 국가가 재정지출을 줄이는 데 성공할 수 있을지는 여전히 미지수다. 7500억 유로의 바주카포의 힘을 빌려 그리스가 일시적으로 고비를 넘길 수는 있을 것이다. 그렇지만 아테네에서 거리 시위를 지켜보면 구조조정의 길이 멀고도 험난한 것임을 알 수 있다.

중국에만 '음모론'이 있는 것이 아니다. 5월 8일 그리스의 구제 여부를 논의하는 자리에서 유로 그룹의 의장인 장클로드 융커Jean-Claude Juncker 룩셈부르크 총리가 유로화 가치가 연일 하락하자 "세계 규모로 조직적인 공격을 해오고 있다"라며 책임을 외부로 돌렸다. 그렇지만 국제결제은행 The Bank for International Settlements, BIS이 발표한 최근 통계 수치에 따르면, 국제외환시장의 1일 교역액은 3조 2000억 달러이며 유로화 거래액은 이 중 3분의 1을 차지한다. 유로는 태국의 바트화와 달리 이 정도로 거대

한 시장을 형성하고 있는데 투자자들이 어떻게 마음대로 주무를 수 있겠는가?

문제의 씨앗은 유로존이 탄생한 그날에 뿌려졌다. 단일통화정책에 따르는 유로존 회원국은 재정과 조세 부과는 독립적으로 운용한다. 이번에 부채위기를 겪고 있는 유럽연합국은 자국의 경쟁력은 크게 뒤지면서도 단일통화 체제 내에서 안정적인 환율변동과 값싼 이자비용의 혜택을 여전히 누릴 수 있다. 그래서 지금까지 빚을 내어 살아온 것이다. 그런데 유럽연합에는 이를 통제할 제도가 없어 '무임승차자'에게 길을 열어준 셈이 되었다. 이것이 바로 부채위기가 깊어지고 유로화 가치가 계속 하락하는 주된 원인이다.

"시스템이 형성되면 기관 '실패(도산, 파산)'에 대처할 충분한 능력을 갖추게 된다"

_____ 이번 금융위기에서 무엇을 배웠습니까?

가장 기본적인 것은 금융 시스템에 리스크가 쌓였지만 (감독기관)이 조기에 개입해 위험을 통제할 수 없다는 교훈입니다. 그리고 금융 시스템이 튼튼하지 못해 충격을 흡수하지 못하면 재난에 가까운 손실이 발생할 수 있다는 점입니다. 비슷한 이야기로 위기가 확산될 때 강력한 구제금융 조치를 서둘러 공황이 닥치는 것을 막아야 합니다. 이는 정말 중요한 일입니다.

금융시장의 핵심 영역에서 레버리지율과 리스크의 규모를 통제하고 더 강력한 완충 지대, 더 두터운 자본 규모, 더 보수적인 융자 시스템을 확보해야 합니다. 이는 금융위기가 발생할 때마다 드러나는 전형적인 교

훈이죠. 그렇지만 잘못을 일단 저질러 세계가 엄청난 파장에 휩싸였을 때 정부는 반드시 신속하고 강력한 조치를 취해야 합니다.

미국과 중국은 신속한 조치에 대해 비슷한 생각을 하고 있다고 생각합니다. 가능한 빨리 필요한 수단을 모두 동원해 문제를 해결해야 한다는 것을 다시 한번 강조하고 싶습니다. 이렇게 해야 비용은 줄이고 문제는 더 빠르고 효과적으로 해결할 수 있습니다. 이와 반대로 탐색하면서 점차 단계를 높여가면 이 같은 효과를 기대할 수 없습니다. 이는 역사상 모든 금융위기가 남긴 가장 기본적인 교훈이자 위기 대처에 임하는 우리의 신조라고 생각합니다. 오바마 대통령이 취임한 이후 가장 강력하고 전면적인 조치를 신속하고 과감하게 채택하여 위기를 해결했습니다.

_____ 미국에서 현재 진행중인 금융개혁이 금융기관의 대마불사 풍토를 효과적으로 막을 수 있을 것으로 생각하십니까?

지금 각국에서 마련한 금융개혁 조치 중에서 미국의 금융개혁안이 리스크를 통제하고 '실패' 관리가 가능한 최상의 정책 틀입니다. 위기는 앞으로 또 닥치겠죠. 지금 선택한 조치로 하나의 시스템을 구축하면 금융기관이 '실패(도산, 파산)'할 때 충분히 대처할 능력을 갖추게 됩니다.

우리는 안정, 견고함과 이와 대비되는 혁신, 경쟁 사이에서 균형을 이뤄야 합니다. 과거에는 균형을 잡지 못했기 때문에 이번 위기가 무척 파괴적이었습니다. 금융개혁의 기본 방향은 더욱 견고한 시스템을 구축해 더 두터운 완충 지대를 만드는 것입니다. 이렇게 되면 앞으로 금융기관이 잘못을 저지르거나 세계경제가 하락 혹은 침체할 때, 금융 시스템은

스트레스를 감당하고 손실을 흡수하며 정부도 기업을 도산시킬 수 있게 됩니다. 그러면 세계의 실물경제가 타격을 입지 않을까 걱정할 필요가 없습니다.

이것이 세계금융 관리·감독 협의의 기조가 될 것으로 생각합니다. 이는 G20 원칙에도 부합합니다.

─────── 금융위기가 터진 뒤 일부 국가에서 보호주의가 대두되었습니다. 각국 정부는 어떤 방식으로 개방과 협력을 견지해나가야 할까요?

1930년대나 심지어 1970년대와 1980년대의 위기 상황과 비교할 때 이번에 위기가 발생한 이후 보호주의가 대두한 정도는 아주 미약합니다. 이번 위기의 중요한 특징 중 하나는, 보호주의에 반대하며 시장 개방을 견지하겠다고 각국이 서둘러 발표한 것입니다. 이는 매우 중요한 것으로 시장에서 신뢰를 회복하는 데 큰 도움이 됩니다.

● 논평 ●

'신속하고 강력한 조치'를 취하는 것은 말처럼 쉽지 않다. 정부의 구제안이 얼마나 강력해야 시장에서 신뢰를 회복할 정도로 강력할 수 있을까? 역사는 방향을 제시해줄 수 있지만 방법까지 알려주지는 않는다. 구제금융 조치의 '정도'를 알아내는 것은 미국 정부에 큰 도전 과제다.

2010년 5월 20일, 미 상원은 '2010년 미국금융안정재건법'을 가결했다. 이어서 미 하원이 2009년 12월에 통과시킨 '도드-프랭크 월가 개혁 및 소비자보호법'과 합치고 다시 양원에서 가결되기만 하면 바로 미 대

통령에게 이송한다. 그뒤 대통령이 서명하면 바로 발효된다.

의료개혁법안의 입법 과정과 다른 점은, 행정부가 원칙을 제시한 뒤 의회가 구체적인 조항을 마련하는 '중립적' 입장을 미 행정부가 더 이상 취하지 않은 것이다. 이번에는 백악관과 재무부, FRB가 법률 제정에 계속 영향력을 행사했다. 금융기관의 자본비율을 높이고 레버리지율을 낮추는 것과 관련해 양원에서 법률을 제정할 때의 핵심은 '시스템의 리스크'를 해소하고 함께 대마불사라는 모럴헤저드를 방지하는 데 있다.

양원의 법안은 지금도 상당한 차이가 있다. 상원의 법안을 보면 각 관리·감독기관의 책임자로 구성된 금융안정위원회가 구성된다. 이 '9인조 팀'이 기관별로 시스템의 리스크를 관리할 때 서로 책임지고 협력한다. 이에 따라 미 연방예금보험공사Federal Deposit Insurance Corporation, FDIC 등의 기관도 금융 시스템의 안정을 위협할 수 있는 기관에 자본금을 더 많이 요구하거나 스핀오프spinoff, 기업 경쟁력을 강화하기 위해 다각화된 기업이 한 사업을 독립적인 주체로 만드는 회사 분할을 뜻한다, 합병, 파산 및 청산할 수 있는 권한을 갖게 된다. 최종 법안에서는 전문적인 '자산재편기금'을 설립해 금융기관의 파산과 청산이 순차적으로 진행되도록 할 예정이다. 이를 위해 금융업계가 기금을 마련하되 다시는 납세자가 손실을 부담하지 않도록 한다는 것이다.

미국의 금융개혁안은 소비자보호위원회를 설립해 담보대출, 자동차, 소비대출, 신용카드 업무에 대해 구체적인 규정을 마련하고, 아울러 금융기관이 간단하고 쉬운 용어를 사용해 소비자에게 잠재적인 위험과 위약에 따른 책임을 고지하도록 할 예정이다. 이 기관은 법률을 위반한 약관을 폐지할 권한도 가진다.

가장 논쟁이 되는 부분은 금융파생상품에 대한 관리·감독 규정이다. 미 재무부가 마련한 지침에 따르면, 앞으로 금융파생상품은 제3의 중앙 결산 시스템에서 결산해야 하며, 매도자와 매수자는 모두 자금 규모에 대한 규칙을 정해 거래할 때마다 비율에 따라 보증금을 납부해야 한다. '볼커룰Volcker Rule, 미국 금융기관의 위험 투자를 제한하고, 대형화를 억제하기 위해 만든 금융기관 규제안 중 하나'에 따르면 앞으로 미국 금융기관의 '자전自轉거래'가 금지된다. 블랜치 링컨 농업위원회 위원장이 제안한 것인데 은행은 금융파생상품 담당 부서를 모기업에서 '분리'시켜야 한다. 현재 최종 법안에 볼커룰이 어떻게 적용될지를 놓고 양원의 주장이 서로 다르기 때문에 논쟁이 치열하다. 그렇지만 목적은 단 하나다. 바로 금융기관의 리스크 흡수와 레버리지율의 문제를 해결하는 것이다.

위기가 있을 때마다 보호무역주의가 고개를 들었다. 1930년에는 미 의회가 수입관세를 대폭 인상하는 법안을 통과시켰다. 그러자 국가 간 무역 전쟁이 발생했고 세계경제공황이 심화되었다. 이번에 위기가 발생한 이후 '바이 아메리칸Buy American Act, 미국산 제품 우선 구매' 규정이 7870억 달러의 경기부양 계획에 갑자기 모습을 드러냈다.

2008년 11월 첫 G20정상회의에 참가한 각국 정상은 12개월 내 무역 제한 조치를 다시 시행하지 않겠다고 약속했다. 그렇지만 런던에서 다시 만날 때가 되자 17개국이 47개의 무역제한 조치를 채택했다. 또 최종 기한을 여러 번 넘긴 도하라운드(도하개발어젠다) 협상이 아무런 진전을 보이지 못했다. 위기가 고조되자 세계화의 종말이 왔다고 예언하는 사람 조차 있다.

보호무역주의가 성행했지만 다행히 각국이 그것을 매우 앞세우려 하

지는 않았다. 세계은행이 5월 25일 발표한 보고서에 따르면, 경제가 점차 회복되자 2009년 사사분기부터 보호무역 관련 안건이 줄어들기 시작했다. 2010년 일사분기의 경우 세계 각국이 반反덤핑, 반反보조금, 특별 보호 안건 등 임시 수입제한 조치와 관련해 제소한 신규 소송 건수가 전년 동기 대비 20퍼센트 감소했다. 세계가 잠잠해지면 사람들은 아마 또다시 이를 반성하지 않을 것이다.

'새로운 위기' 속의
유럽

에리크 베릴뢰프 유럽부흥개발은행 수석 이코노미스트와의 인터뷰

●

기자 후수리 **시기** 2010년 7월 1일

유럽식 자본주의는 사회주의적 요소가 많다.
정부는 신속하게 국유화하는 방식으로 구제금융을 실현했다.

나는 2004년에 에리크 베릴뢰프Erik Berglöf를 알게 되었다. 스웨덴에서 미디어의 발전과 관련된 전문 심포지엄에 참여했을 때다. 스웨덴은 처음 간데다 이 나라의 지식인 사회와 재계가 굵직한 국제 문제에 어느 정도 큰 관심을 두는지 알게 되자 깊은 인상을 받았다. 뉴스 보도가 얼마나 어려우며 언제나 목숨을 걸 준비가 되어 있어야 한다고 말하는 러시아 기자의 이야기도 처음 들었다. 또 앵글로 색슨족의 전통적인 방식과 대륙(유럽)의 보도 방식에 대한 비교 분석도 새로웠다. 모든 것이 처음이었다.

중국의 보도 체제 전환에 대해 내가 이야기했던 것은 상대적으로 그렇게 새롭지 않았다. 나 스스로도 강연을 잘하지 못했다는 생각이 들었고 청중의 관심도 그리 크지 않았다. 한 스웨덴 사람만 일부러 나를 찾아와

뉴스 보도와 상관이 없는 전체 경제사회의 체제 변환에 대해 이런저런 이야기를 묻고 답했다. 그는 중국에 대해 연이어 정곡을 찌르는 질문을 던졌으며 상황도 상세히 알고 있었다. 이야기를 더 해보니 놀랍게도 나의 수많은 지인인 첸잉이錢穎一, 왕이장王一江, 리다오쿠이李稻葵, 바이중언白重恩 그리고 귀국을 준비중이지만 아직 정식으로 돌아오지 않은 우수한 미국 유학파 중국인 경제학자들을 모두 알고 있었다. 그리고 이들이 중국에 돌아와 일할 때 자신이 어떻게 후원할 것까지 고민하고 있었다.

이 스웨덴 사람은 바로 에리크 베릴뢰프이며 유럽 내 최고 수준의 전환轉換경제 전문가 중 한 명이다. 지리정치적인 요인 때문에 스웨덴은 러시아와 동유럽에 대한 연구를 매우 중시한다. 에리크는 1990년대 초에 경제학 박사학위를 취득한 뒤 연구 주제를 이 분야로 돌려 구소련, 동유럽의 경제 체제 전환의 전 과정을 조사했다. 나중에 관심 분야를 동유럽에서 중국으로 확장해 중국 경제의 체제 전환을 집중 연구했을 뿐만 아니라 중국 학계의 많은 인사와 교류 관계를 면밀히 다졌다. 우리가 서로 알게 되었을 때 에리크는 스웨덴 전환경제연구원 원장이자 스톡홀름 경제대학원의 교수였다. 그는 스웨덴 총리의 특별 경제고문을 역임하기도 했다.

2006년 1월부터 에리크는 유럽부흥개발은행European Bank for Reconstruction and Development, EBRD 수석 이코노미스트로 일했으며 이 은행 총재의 특별고문도 맡았다. 런던에 본부가 있는 유럽부흥개발은행은 1991년 1월에 설립되었다. 세계은행, 아시아개발은행과 유사한 국제적 '정책은행'으로 미국, 유럽연합 등 30여 개국의 주식을 보유하고 있다. 설립 목적은 중유럽 및 동유럽 국가가 시장경제로 전환하는 것을 지원하는 데 있다. 에리크가 전환경제학 전문가의 자격으로 이 은행의 수석 이코노

미스트에 임명되었으므로 실질적인 성과를 이루면 명성은 자연히 따라온다는 말이 정말 맞는 것 같다.

최근 몇 년간 내가 회의에 초청하거나 같이 회의에 참석하면서 에리크를 자주 만났다. 그러나 매번 바쁘게 만났다가 바쁘게 헤어졌다. 이번 세계금융위기 속에서 유럽은 한가롭지 못했으며, 특히 경제 체제를 전환한 동유럽 국가 중 선두 주자라고 불린 나라들이 하나같이 큰 충격을 받았다. 이번에 유럽에서 국가부채의 위기가 다시 발생하여 충격이 유로존과 유럽연합 전체로 빠르게 확산되었다. '포스트 금융위기' 시대가 안겨준 심리적인 충격은 위기 자체가 주는 경제적인 충격보다 훨씬 큰 듯하다. 이 모든 것을 어떻게 더 잘 이해할 수 있을까? 경제 체제를 전환한 국가들을 위기중에 어떻게 바라봐야 할까? 이런 질문을 안고 에리크를 떠올렸다.

도하에서 열린 회의에 참가했을 때 다행히 '다른 일'이 없어 이야기를 길게 나눌 수 있었다. 사전에 약속을 해놓은 덕택에 에리크는 먼저 런던에서 뉴욕으로 가서 공무를 본 다음 다시 도하로 날아와 회의에 참석한 뒤 투숙한 호텔에서 1시간 넘게 나와 대화를 나눴다. 에리크는 피곤해 보였다. 그러나 전문 분야 이야기가 나오자 피곤한 기운이 싹 가셨는지 흥미를 보였다. 이제 우리가 나눈 이야기를 특별히 발췌해 독자 여러분과 함께 나누고자 한다.

유로존은 앞으로 어디로 가야 하는가

_____ 이번 유로 위기에서 독립적인 통화정책의 허점이 많은 사람의 주목을 받았습니다. 이에 대한 생각을 듣고 싶습니다.

이는 확실히 유로존의 근본적인 문제로 우리는 선택의 갈림길에 놓여 있습니다. 유럽 내부에서 재정 협력을 강화할 것인가, 아니면 이러한 노력을 포기할 것인가? 포기할 경우 유로에 출구가 없을 수도 있습니다. 이것이 유럽이 직면한 심각한 문제입니다.

_____ 이 문제를 어떻게 보십니까? 유로존은 어떤 길로 나아가야 할까요?

제 생각에 유럽통합의 청사진에서 유로존은 매우 중요한 위치를 차지하고 있습니다. 따라서 유럽의 핵심 국가끼리 재정 협력을 강화하고 공공정책의 집행 범위를 확대해야 합니다.

_____ 그렇지만 국가마다 독립된 정치 제도가 있고 또 국가 간에 긴밀히 연계되어 있습니다. 따라서 말씀대로 실행하기는 정말 쉽지 않을 텐데요.

맞습니다. 유럽에서 다른 (작은) 국가는 인근 대국의 지도·정책 방향을 받아들일 수밖에 없습니다. 통화정책을 둘러싼 갈등은 여전하며 재정정책에 대한 견해 차이는 더욱 심각합니다. 왜냐하면 재정정책은 바로 사회 건설, 소득분배와 같은 핵심 문제와 직결되기 때문입니다. 따라서 제 말대로 시행하기란 정말 어려울 것입니다. 그렇지만 더 하나가 되는 유럽으로 가기 위한 유일한 출구라고 생각합니다.

_____ 유로 위기의 대가는 무엇입니까? 현재 위기가 발생한 원인은 다각도로 설명할 수 있습니다. 미국에서 이번 금융위기가 발생하지

않았다면 상황이 달라졌을까요?

그러면 유로 위기는 잠재되어 미래의 어떤 시점에 발생했을 것입니다. 물론 금융위기가 발생하면 이어서 재정 위기가 발생할 수 있는 것도 알고 있습니다. 대체로 심각한 금융위기가 발생할 때마다 재정 위기가 뒤따랐습니다. 이것이 바로 현재 유럽이 직면한 상황으로, 재정 능력이 취약한 국가부터 먼저 타격을 입었습니다. 위기 전으로 돌아가 재정 상황을 들여다보면 애초에는 상당히 지속가능했습니다. 그렇지만 균형재정에 대한 요구가 커지자 재정 위기를 몰고 왔습니다. 이 때문에 이 국가들이 엄청난 타격을 입게 된 것입니다. 위기가 발생하자 경기가 하강하고 생산성이 떨어지며 세수가 감소해 재정수입도 줄어들었습니다. 이는 모두 균형재정에 대한 요구의 확대로 나타난 결과입니다.

_____ 그렇다면 미국에서 금융위기가 발생하지 않았더라도 유럽에서 위기가 조만간 발생했겠네요?

그렇게 단언할 수 없습니다. 금융위기는 시장경제의 일부로 언제나 존재합니다. 만약 금융위기가 발생하지 않았다면 유로 위기가 이렇게 장시간 지속되지 않을 수도 있다고 생각합니다. 그렇지만 그리스와 다른 국가는 구분할 필요가 있습니다. 그리스의 재정 상태는 지속가능성이 상대적으로 취약했습니다. 반면 스페인과 포르투갈은 조정이 필요하지만 비교적 장기적으로 보면 성공적으로 위기를 극복할 수 있습니다. 그리스는 어쩌면 위기를 모면하기가 힘들 것입니다.

_____ 얼마 전 베이징에서 티머시 가이트너 미 재무장관을 인

터뷰했습니다. 그는 인터뷰를 마친 그날 밤 비행기를 타고 런던으로 날아간 다음 독일로 갔습니다. 유럽이 이번 위기를 해결하는 데 미국이 어떤 도움을 줄 수 있을까요?

이번 미 행정부는 부시 행정부 때보다 유럽에 훨씬 더 관심을 쏟고 있습니다. 그들은 세계경제에서 차지하는 유럽 경제의 중요성을 잘 인식하고 있습니다. 유럽은 세계 최대의 경제력을 지닌 지역으로 그 중요성은 말할 필요도 없습니다. 그러나 얼마 전까지 미국은 그렇게 생각하지 않았습니다. 그렇지만 미국이 무엇을 할 수 있을까요? 적극적으로 참여하기는 힘들 것입니다. 미국도 협력 과정에 참여했습니다. 3주 전에 경제가 더 안정되고 활기를 띠도록 미국이 통화스왑을 확대해주었습니다. 미국은 실제로 노력했습니다. 그렇지만 이는 기본적으로 유럽의 문제입니다.

능력에 맞는 복지정책

_____ 세계경제에 위기가 닥쳤을 때, 유럽의 정치가는 월가를 집중 공격했으며 '유럽 대륙식 자본주의'가 찬양을 받았습니다. 이번 유럽 위기로 유럽 대륙의 방식에도 문제가 있음을 보여주는 것 같습니다. 이에 대해 어떻게 생각하십니까?

약간 조롱이 섞인 질문인 것 같군요. 위기의 발단은 앵글로 색슨(영미) 방식에서 비롯되었으며 그 결과는 이미 드러났습니다. 상대적으로 유럽 대륙식이 유럽연합식 중에서 가장 뚜렷한 것 같지만 사실 유럽연합식과 유럽 대륙식은 전혀 다릅니다. 지금까지 통제를 완화하고 시장의 신호에 의존하던 방식을 점차 바꾸어 경제 중 특히 금융 분야에서 정부가 간섭을 확대할 것입니다. 아울러 경제의 완충 작용이 커지고 자본의 수요가

늘어날 것으로 봅니다. 이는 유럽 대륙식과 연관이 깊습니다. 이런 의미에서 보면, 위기는 유럽 대륙식에 대한 도전이 아니라 각국이 각기 다른 민주 제도를 운영하면서 단일통화 시스템으로 통합한 결과로 나타난 문제며 우리가 현재 목도하고 있습니다.

＿＿＿＿＿ 통화에 대해 어떤 생각을 하시는지 잘 알겠습니다. 유럽 대륙 방식에 대해 이야기하고 싶습니다. 유럽 대륙식 자본주의는 사회복지 수준이 높고 사회에서 평등을 추구하는 등 사회주의적 요소를 많이 담고 있습니다. 한편 정부는 신속하게 국유화하는 형태로 구제금융을 단행했습니다.

제가 방금 이야기했던 것이 바로 이 문제였습니다. 이번 위기가 남긴 교훈은 사회복지를 축소하거나 시장의 힘을 늘리라는 것이 아니라 오히려 정반대일 것입니다. 일부 국가는 재정 능력에 문제가 있다고 드러났는데, 그 원인은 사회복지의 비중이 높기 때문이 아니라 세수 대비로 사회복지에 대한 정부 지출이 지나치게 많았기 때문입니다. 그리스를 예로 들면, 조세수입이 기본적으로 적지만 정부 지출은 매우 많습니다. 그리스의 근본 문제는 국민이 세금의 납부를 원하지 않는다는 것입니다. 가난한 사람은 세금을 내지 못하고 많은 부자가 갈수록 세금을 내지 않습니다. 상당히 많은 부자가 갖은 수단으로 세금을 포탈하고 자산을 해외로 빼돌립니다. 이는 사회복지의 문제가 아니라 유럽 내에서 정책 협력의 문제입니다. 스칸디나비아 국가의 경제발전 수준은 양호합니다. 그렇지만 이번에 위기를 겪게 되었는데 그중 일부 국가는 주요한 수출국입니다. 유럽이 입은 타격에는 무역 쇼크도 포함합니다. 따라서 스웨덴과 같

은 많은 국가가 총생산액에서 큰 타격을 입었습니다. 그러나 이들 국가는 재빨리 그늘을 벗어났습니다. 근본 문제는 사회복지가 아닙니다.

_____ 이번 위기로 유럽 대륙 국가의 사회보장 제도가 영향을 받지는 않을까요?

선진국의 상황은 각기 다를 것 같습니다. 그렇지만 복지국가의 형태가 바뀔 조짐은 아직 보이지 않습니다. 물론 각국은 세계경제위기의 파고에 대처해야 하며 위기 때문에 발생한 자국의 재정 문제를 해결해나가야 할 것입니다. 그러나 이런 문제는 대부분 단기간 안에 조정될 수 있으므로 근본적인 문제라고 할 수 없습니다. 물론 자원의 제약이 있다면 시행에 옮기지 못할 것입니다.

_____ 복지국가 제도는 문제가 되지 않는다고 하셨는데요. 그렇다면 위기의 핵심은 무엇입니까?

제가 관찰한 바에 따르면, 어떻게 더 안전한 금융 시스템을 구축할 것인가의 문제와 상관없이 정부가 앞으로 금융 시스템에 영향을 줄 것입니다. 제가 백 퍼센트 자신 있게 말할 수는 없지만 분명히 추세가 이렇게 될 것입니다. 각국은 반드시 영향력을 키워야 합니다. 위기 전의 국제 협력의 흐름을 보면 거대 은행을 소유한 국가와 협력하려고 애썼습니다. 이들 국가가 거대 은행을 관리·감독했습니다. 그렇지만 현실은 거대 은행을 관장하는 국가가 오히려 영향력을 거의 행사하지 못했습니다. 지금의 추세를 보면 '속지주의 원칙'의 구속력이 약화되고 있습니다. 특히 유럽에서 거대 은행은 다국적으로 업무를 수행합니다. 그리고 거대 은행

을 보유한 국가가 관리·감독의 책임이 있지만 효과가 별로 없습니다. 그 결과 이 은행들의 해외시장 진출을 받아들인 국가는 은행 경영에 영향을 받게 되면서 이들 은행의 관리와 감독에 더욱 신경을 쓰게 됩니다. 이런 세계 규모의 계획도 G20정상회의 과정의 일부분이라고 말하지만, 사실 각국에 더 많은 권한을 쥐어주어 자국 소재 은행을 통제하도록 한 것입니다. 따라서 이는 국제 공조의 문제이지, 각국이 정책 성명을 발표해 소득분배, 시민의 복지를 다루는 문제가 아닙니다. 개별 국가의 금융 시스템이 국경을 넘어 영향을 끼치는 것에 착안해 금융 시스템을 통제하고자 공동으로 노력하는 문제인 것입니다.

체제 전환의 어려움

_____ 동유럽 체제 전환의 전문가로서 이번 위기가 동유럽에 끼친 영향에 대해 이야기해주실 수 있습니까?

이 지역은 유럽의 기타 지역과 또 다릅니다. 전체적으로 동유럽 국가는 수출의존도가 매우 높습니다. 따라서 금융위기로 입은 가장 큰 타격은 무역량이 크게 감소했다는 것입니다. 평균 생산액을 고려한다면 이 지역의 중요성을 간과할 수 없습니다. 그중에서도 러시아가 가장 핵심인데요. 러시아는 G20 중에서 이번에 가장 큰 타격을 입은 국가입니다.

이는 어쨌든 실물경제이며 무역이 큰 타격을 입었습니다. 금융산업에서 동유럽 국가는 외국계 은행에 대한 의존도가 매우 높습니다. 다시 자금의 흐름을 살펴보면 신흥 국가는 자금의 외부 유출이 가장 적고 아시아나 라틴아메리카 지역은 해외 유출이 더 많습니다. 동유럽은 크게 개방된 국가들로 무역 시스템이 취약합니다. 그러나 금융위기에 대한 저항

력은 상대적으로 양호한 편입니다. 물론 각국마다 차이가 있죠. 폴란드는 위기를 잘 견뎌내 경제가 후퇴하지 않았습니다. 폴란드의 국내 경제는 탄탄하며 무역이 주는 충격에 대한 저항력도 강한 편이며 재정도 흑자입니다. 그 덕분에 폴란드는 글로벌 위기를 맞았어도 강인한 적응력을 보일 수 있었습니다. 헝가리는 예외로 재정이 빈약하고 부채가 많아 장기간 대규모 재정적자의 어려움을 겪었습니다. 세계금융위기가 닥치자 헝가리는 동유럽에서 가장 취약한 국가가 되었습니다. 어쩔 수 없이 IMF와 유럽연합에 자금 지원을 요청해 자국 경제를 안정시켰습니다. 현재 헝가리는 부채가 여전히 많습니다. 그렇지만 다른 동유럽 국가보다 앞서서 재정구조를 조정했으며 단기간 내에 많은 일을 해냈습니다. 만약 국제사회의 지원이 없었다면 헝가리는 위기를 극복하지 못했을 것입니다.

_____ 유럽연합 회원국과 비회원국 간에 어떤 차이가 있었나요?

유로존 회원국인 크로아티아와 슬로바키아를 예로 들어 보겠습니다. 위기가 발생했을 때 양국 모두 무역에 타격을 받았습니다. 특히 슬로바키아는 자동차산업의 규모가 커 이번 위기로 심각한 타격을 받았지만 빠르게 회복했습니다. 이 국가들의 경제는 전통적인 V자형 곡선을 그렸습니다. 경기의 하락 폭이 큰 만큼 회복도 빨랐습니다. 그런데 다른 나라의 경우는 경기 하락 폭은 컸지만 회복은 느렸습니다. 유럽연합 회원국과 비회원국이 모두 이 경우에 속합니다. 그러나 전반적으로 볼 때 유럽연합 회원국들은 위기를 간신히 넘길 듯합니다.

예컨대 폴란드와 체코가 상황이 좋은 편입니다. 체코의 금융정책은

상당히 균형이 잡혀 있습니다. 글로벌 위기가 확산될 때 체코는 은행 시스템을 구조조정하여 위기에 대처하고자 했습니다. 체코는 "우리는 유로존 가입을 서두르지 않을 것이며, 장기 목표를 이루어나갈 것이다. 앞으로 5년 내에는 가입하지 않을 것이다"라고 천명했습니다. 이렇게 민간기업이 끊임없이 시장에 진출하고 현지에서 통화시장을 구축했지만 유로화에 의존하지 않았습니다. 이들은 새로운 시장에 자금을 투입한 결과 통화 리스크와 금리 리스크 등에 대처하는 데 도움을 주었습니다. 이로써 체코의 은행 시스템이 강력한 적응 능력을 지니게 되었습니다.

유사한 상황이 다른 유럽 국가에서도 발생했습니다. 2011년에 에스토니아가 유로존에 가입할 예정입니다. 그렇지만 유로존이 새로운 회원국을 맞이하기까지는 아직 긴 시간이 남아 있습니다. 유로존 가입을 기다리는 국가에 쉬운 일이 아닙니다. 다른 관점에서 보면 준비할 시간을 확보한 것입니다. 이번 위기가 준 또 다른 교훈은 충분히 준비가 되지 않았다면 성급하게 통화동맹에 가입해서는 안 된다는 것입니다. 그리스와 포르투갈의 예를 살펴보면, 아무런 준비 없이 혹은 거짓 자격으로 통화동맹에 가입할 경우 엄청난 대가를 치러야 하며 (국가의) 기초가 흔들리게 됨을 잘 알 수 있습니다. 동유럽은 준비를 잘해야 합니다. 동유럽은 유로존의 앞날에 회의적일 수 있습니다. 유로존이 재정정책과 통화정책에서 공조를 이룰 수 있을까요? 다른 상황이 발생하지는 않을까요? 물론 동유럽 사람들은 유로존 붕괴까지 생각할 수 있습니다.

_____ 러시아 경제를 어떻게 평가하십니까?
러시아는 유럽의 여러 나라와 다릅니다. 러시아 경제는 석유와 자연

자원에 대한 의존도가 매우 높고 제조업이 활발합니다. 그렇지만 러시아의 수출품은 정교하거나 품질이 뛰어난 공산품이 아닙니다. 따라서 다원화된 보통 유럽 국가와 다릅니다. 글로벌 위기로 큰 타격을 입었을 때 러시아는 다방면에서 타격을 입었고 석유가격과 자국의 금융 시스템 역시 예외가 아니었습니다. 민간은행은 대규모 민간저축을 예금으로 받지 못해 여기저기서 자금을 조달할 수밖에 없었습니다. 세계시장에서 찬바람을 맞은 러시아는 어쩔 수 없이 경영 방식을 근본적으로 개선해야 했으며 은행 시스템은 위기를 넘기지 못하고 이내 무너졌습니다. 또 러시아의 중소기업은 자금을 마련하기가 매우 어려웠습니다. 러시아는 정말 힘든 시간을 보낸 뒤 자신의 은행 시스템을 되돌아보게 되었습니다.

위기를 겪은 러시아의 주요 정책 결정자들은 지금 강력한 거시정책과 재정의 기틀이 필요하며, 장기적인 비축 계획을 세워 자원을 합리적으로 이용해야 한다고 생각합니다. 위기가 지나자 러시아는 심도 깊은 개혁에 대해 태도가 이전과 달라졌습니다. 면밀한 개혁과 경쟁력, 투명성에 대한 태도가 더 개방적으로 바뀌었으며 재정투자와 재원 사용에 대해 더욱 신중해졌습니다.

_____ 러시아는 시장경제 국가입니까, 아니면 아직 체제 변환의 초기라고 생각하십니까?

시장경제는 맞습니다. 그렇지만 몇몇 산업에 지나치게 의존하고 있기 때문에 매우 불완전한 시장경제입니다. 이는 선진국에서 보기 힘든 경우입니다. 따라서 러시아는 초급 단계입니다. 러시아는 앞으로 체제 전환

을 완성해나가야 합니다. 가격 개방, 무역 개방 등에서 상당한 진전이 있었지만 정부 체제 속에서 심도 있는 개혁과 청렴한 공무원 사회의 건설 등 아직도 갈 길이 멉니다.

_____ 러시아의 시장경제는 중국의 시장경제와 어떤 차이점과 유사점이 있습니까?

러시아와 중국은 경제 시스템이 완전히 다른 국가라 비교하기가 어렵습니다. 중국이 러시아와 다른 점은 경제가 다원화되었다는 것입니다. 물론 러시아의 경제도 다원화된 면이 있습니다. 그렇지만 러시아는 천연자원에 대한 의존도가 매우 높으며 경제구조도 중국과 아주 다릅니다. 이 밖에 시장기구(제도)에 대한 정부의 간섭과 정부 정책의 시행 역시 중국과 다릅니다. 러시아는 중국보다 더 전통적인 시장경제 방식을 운용하고 있습니다. 그러나 러시아보다 중국에서 시장경쟁이 더욱 과오가 컸습니다. 러시아와 달리 중국은 사유화 과정에서 새로운 기업이 쏟아져나왔습니다. 러시아의 사유화는 상층부에서 시작되었으며 많은 도시가 대기업 한 곳에 의존하는 문제가 여전합니다. 도시의 수많은 사람이 단 한 곳의 기업에 고용되어 있습니다. 이는 20여 년 전의 상황과 다를 바 없습니다. 이를 개선하기 위해 많은 노력을 기울여야 합니다. 우리와 현재 협력하고 있는 한 은행은 러시아 최대의 트럭 제조업체를 소유하고 있습니다. 이 기업은 직원이 5만 명가량으로 회사가 차지하는 면적은 맨해튼 정도입니다. 이 기업도 개혁을 시도해보았지만 어려움을 상당히 겪었습니다. 이런 기업은 사회 서비스, 교통 등 많은 부분을 독점하고 있습니다. 러시아 정부의 중점 과제 중 하나가 바로 이런 기업을 재편하는 것입

니다.

앞서 말한 트럭 제조기업은 아직 사유화가 완성되지 않았으며 정부가 인수해 관리하고 있습니다. 외국 투자처인 다임러에이지Daimler AG를 끌어들여 기업의 재편을 시행하고 있지만 여전히 국유기업의 성격을 띠고 있습니다. 만약 다임러에이지가 그 공장의 재편을 책임진다면, 정부와 민간경제 사이에서 경계가 되어 더 좋은 선택이 될 것입니다. 그렇지만 중국 역시 해결하기가 까다로운 비슷한 문제가 있습니다.

_____ 요즘 많은 사람이 '중국 방식'을 이야기합니다. 이에 대해 어떻게 생각하십니까?

중국은 제가 이해하고 있는 여느 국가와 다릅니다. 만약 다른 나라가 중국 경제를 모방하려고 한다면 매우 어려울 것입니다. 중국 정부가 경제를 통제하는 수단은 다양합니다. 다른 시장경제 국가는 가능하면 간단한 방법으로 관리하려고 합니다. 그렇지만 중국은 업종뿐만 아니라 성 단위로 경제를 통제하려고 하는데 이는 매우 복잡한 일입니다. 물론 중국은 글로벌 위기에 맞서 특별한 성과를 이뤘습니다. 중국 정부는 과잉생산, 자산 버블이라는 엄청난 문제에 부딪혔습니다. 중국의 정부기관이 복잡한 것은 하루 이틀 만에 형성된 것이 아니기 때문입니다. 장기적으로 볼 때 중국 지도층은 정부 구조의 간소화를 정책 목표로 삼아 정부 운영의 효율성을 더욱 높여야 한다고 생각합니다.

_____ 현재 미국과 유럽이 차례로 위기를 겪고 있습니다. 다음 단계로 신흥경제국 가운데 잠재적인 위험을 안고 있는 나라가 있다고 생

각하십니까?

　위기가 발생한 뒤 유럽 경제는 전망이 낙관적이지 않고 투자자가 느끼는 매력도도 예전과 같지 않습니다. 대량의 자본이 신흥시장으로 몰려가자 새로운 문제가 발생하고 있습니다. 특히 단기자본이 신흥시장으로 들어오면서 불안 요소가 생겨났습니다. 신흥시장 국가는 유입한 자금을 활용하여 자국의 발전을 꾀할 수 있습니다. 그렇지만 금융 시스템에 불안정 요인이 증가했습니다. 따라서 신흥시장은 국내 발전을 도모하고 투자 중에서도 장기투자를 유치해야 합니다. 단기투자에서 얻을 수 있는 것은 한계가 있으며 외국인직접투자Foreign Direct Investment, FDI가 시급합니다. 이 분야에서 중국이 다른 신흥시장보다 더 잘하고 있습니다. 세계의 불균형에 대처하는 일이 우리가 직면한 진짜 도전 과제입니다. 자금이 적자 상태의 국가나 장기적으로 성장 잠재력이 큰 국가로 흐르도록 환경을 조성해야 합니다. 이것이 우리 임무라고 생각합니다.

중국은
세계의
무엇인가?

중국의 'WTO 가입' 담판은 이렇게 이루어졌다

룽융투 전 대외경제무역부 수석 협상대표와의 인터뷰

●

기자 후수리, 후비예胡碧野 **시기** 2001년 11월 5일

이번 APEC상하이회의에서 새로운 협상을
개시하는 명확한 태도를 보이며 정치적으로 담판을 추진했다.
지금처럼 새로운 협상 전망이 낙관적인 적도 없었다.

공통의 언어를 찾았을 때 비로소 대화가 시작된다

_____ 중국이 GATT 회원국의 지위를 회복하고 WTO에 가입
하기 위한 협상 과정은 길고도 지난했습니다. 정치적인 이유 때문이라고
이해해도 될까요?

그렇게 말할 수 있습니다. 중국이 GATT 회원국 지위를 '회복'하고
WTO에 '가입'하기 위한 협상은 개혁과 개방의 역사적 과정에서 이루어
졌습니다. 본래 중국이 GATT 회원국의 지위를 회복하는 것은 아주 쉬
운 일이어야 했습니다. 1971년에 타이완 대표가 GATT에서 축출된 뒤
당시 GATT의 총책임자(사무국장)가 우리에게 참여를 요청했습니다. 만
약 우리가 그때 GATT에 대해 충분히 이해했다면 GATT 회원국의 지위
를 회복하는 것은 아주 간단한 일입니다. 제네바 주재 중국 대사가

GATT 사무국장에게 중국이 가입을 희망한다는 편지 한 통을 보내고, 그다음 GATT에서 회의를 한 차례 열면 중국은 이미 GATT에 가입했을 일입니다.

그런데 중국은 가입하지 않았습니다. 역사적 환경이 조성되지 않은 상태였고 GATT의 회원국은 주로 선진국이었기 때문에, 중국은 GATT가 '부국富國 클럽'이라고 생각해 참가하지 않기로 결정했습니다. 1971년, 1972년이라면 '문화대혁명(문화대혁명은 1966~1976년에 일어났다)'이 아직 끝나지 않아 이런 결정은 아주 자연스러웠습니다.

10여 년의 시간이 흐른 1986년에 중국이 GATT에 가입을 신청한 이유는 무엇일까요? 개혁개방을 추진하는 동안 중국 지도자가 끝내 가입하지 않으면 경제적인 손실이 클 것으로 판단했기 때문입니다. 중국은 GATT 회원국의 지위 회복을 정식으로 요청하기 전에 주로 방직품과 관련해 GATT와 협상을 시작했습니다. 당시 세계 방직품 협정은 '쿼터'를 중국에 할당하려고 했는데 중국은 방직품이 전체 수출액의 3분의 1을 차지했습니다. 만약 GATT의 세계 방직품 협상에 참여하지 않았다면 중국은 세계 방직품 쿼터에서 자기 몫을 조금도 확보하지 못했을 것입니다. 그래서 중국은 1983년 방직품 협상에 참가해 세계 방직품 쿼터의 일부를 획득했습니다. 그뒤 5년 동안 중국의 방직품 수출이 2배로 늘어나 많은 이익을 얻었습니다.

따라서 당시 당중앙공산당 중앙위원회이 GATT 회원국의 지위를 회복하기로 결정한 것은 중국이 대외 개방을 한 후 필요에 따라 이뤄진 것이라고 말할 수 있습니다.

_____ 1987년에 협상을 순조롭게 시작했지만 후에 우여곡절도 많았던 것으로 기억합니다.

협상의 시작은 순조로웠다고 말할 수 있습니다. GATT를 주도하는 회원국은 미국과 일부 서방 선진국입니다. GATT는 경제와 무역 관련 조직이지만 누구를 GATT 회원국으로 받아들일지 결정할 때 정치적으로 많이 고려합니다. 중국과 협상 시작이 비교적 순조로웠던 이유는 크게 두 가지입니다. 하나는 당시 미국의 최대 적수였던 구소련이 아직 해체되지 않았고, 경제 체제와 관련이 있는 어떠한 개혁도 시행하지 않았습니다. 그렇지만 중국은 1978년에 개혁을 시작한 지 수년이 흘렀고, 서구권에서는 중국의 개혁 과정을 긍정적으로 평가했습니다. 여러 면에서 GATT 회원국의 요구 수준을 충족시키지는 못했지만 중국을 받아들이기로 한 것입니다.

그러나 1989년의 '6·4 천안문 사태' 이후 미국을 필두로 서방 선진국들이 중국과의 협상을 중단했습니다. 지금에야 말하지만 중국이 WTO에 가입하기까지 무려 15년이 걸렸습니다. 실제 협상 기간은 약 13년이며 중간에 2년가량 중단되었다가 1991년 하반기에 협상이 재개되었습니다.

이때 중국은 GATT 회원국의 지위 회복을 국제외교 정상화와 경제적 지위 회복을 위한 발판으로 생각했을 뿐만 아니라, 서구권이 중국을 고립시키고 제재를 가하는 주요 정치적 수단을 제거하는 방법으로 삼았습니다. 당시 당중앙 지도자 동지덩샤오핑鄧小平가 직접 주관했고 리펑李鵬 총리가 전면에 나서 GATT의 모든 회원국 정상에게 서신을 보냈습니다. 중국이 GATT 회원국의 지위를 회복하기 위한 협상은 이런 배경에서 재개되었습니다.

모든 협상 과정에서 정치적 요소가 끊임없이 영향을 주었습니다. 이 때문에 협상 기술이 고도로 요구되는 무역 담판은 고위 관리가 정치적으로 추진할 때가 많습니다. 이는 국제무역 협상의 불문율 중 하나입니다.

예컨대 당시 협상의 첫 단계에서 부딪힌 최대 난관은 중국이 시장경제를 운영한다고 인정하지 않은 것입니다. 나중에 샤오핑 동지가 사회주의라는 조건하에서 시장경제를 영위할 수 있다고 제안했습니다. 이 때문에 당시 우리 대표단은 사고의 큰 전환이 있었습니다. 이 일이 있은 뒤 우리와 외국 협상대표 간에 공통의 언어를 찾았고 진정한 대화가 시작되었습니다.

협상 장소에는 소수만 참여하고 다수는 커피를 마시며 기다렸다

_____ 과거 협상 과정에서 최대 맞수는 미국이었습니다. 미중 담판이 왜 그렇게 유독 힘들까요?

미중 협상이 정말 어려웠던 이유는, 제 생각에 우선 미국이 막강한 경제력을 바탕으로 제멋대로 굴었고, 협상에서 지위가 매우 높았기 때문입니다. 미국이 해마다 열리는 GATT 협상에 임하는 방식과 태도를 보면, '내가 1, 2, 3, 4가 필요하므로 너는 그렇게 하도록 해' 혹은 '이 문제는 협상의 여지가 없다'라는 식이었습니다. 미국은 여러 GATT 협상에서 자신의 목적을 달성했습니다. 따라서 미국인은 협상이 게임의 일종이라고 생각할 수 있습니다.

공교롭게도 이런 방식은 중국에 통하지 않았습니다. 협상 초기는 실제로 협상이 아니라 협상 태도를 놓고 진행됩니다. 미국이 5~6년의 시간을 보낸 뒤에야 협상에서 평등한 지위를 요구하는 중국의 태도에 적

응하게 되었습니다. 몇 년 동안 거둔 큰 성과 중 하나는 동등한 관점에서 중국을 대해야 한다는 것을 외국인에게 각인시킨 것입니다. 힘든 노력 끝에 얻은 성과로 정말로 쉽지 않았습니다.

예를 들어 미국의 한 협상대표가 있었습니다. 실명은 거론하지 않겠습니다. 우리는 서로 마음에 들었습니다. 그는 대표에서 사임한 다음 제게 좋은 이야기를 많이 해줬습니다. 그렇지만 협상할 때는 첨예하게 대립하였습니다. 지금도 후회스러운 일이 있는데, 한번은 제 사무실에서 협상을 하다가 그가 한 말에 매우 화가 나서 그를 내쫓은 것입니다. 그는 미국의 육류 검사기관에서 합격 판정을 내린 육류는 무조건적으로 받아들이라고 요구한 것입니다. 그러면 우리는 왜 상품 검사기관이 필요한가라고 따졌습니다. 중국은 주권국가로서 미국산 고기는 반드시 검사해야 한다고 말했습니다. 그러자 그는 검사할 필요가 없으며 중국 시장에서 유통되는 고기는 미국에서 모두 불합격된다고 말했습니다. 저는 화가 나서 제 사무실에서 나가는 게 좋겠다고 제안했습니다.

개인적으로 전임 미 협상대표는 담판할 때 저의 적수에서 좋은 친구가 되었습니다. 결국 그들도 자기 나라의 이익을 대표할 뿐이며 우리 역시 마찬가지입니다.

_____ '태도를 문제삼았던' 것은 첫걸음일 뿐이라고 보는데 그 뒤 실제로 협상에서 어떤 갈등이 있었나요?

가장 중요한 것은 당연히 실질적인 협상입니다. 미국인의 실질적인 요구가 가장 많을 것입니다. 이것은 이해하기가 어렵지 않습니다. 소국小國은 요구 사항이 적습니다. 예를 들어 우리와 아이슬란드 대표단과의 협

상은 대개 한 시간 정도면 끝납니다. 왜 그럴까요? 아이슬란드는 산업구
조가 단순한 어류 수출 대국입니다. 아이슬란드 대사는 어류에 대한 몇
가지 관세 문제만 해결되면 협상이 끝난다고 제게 말했습니다. 제네바에
서 날씨가 좋은 날 새벽에 아이슬란드 대사와 담판하던 생각이 나는군
요. 아이슬란드 대사가 "이것이 저의 요구 사항입니다"라고 말했습니다.
전체 요구 내용이 종이 한 장도 되지 않았습니다. 한번 보니 위쪽에 나
열된 어류종과 중국에서 생산하는 어류종이 거의 겹치지 않아 중국 어
업에 별로 영향을 주지 않을 것 같았습니다. 그래서 요구 사항에 동의한
다고 말하자 한 시간 만에 협상이 끝나고 바로 서명했습니다.

미국은 다릅니다. 미국 무역대표가 미국의 경제구조와 수출구조는 모
두 완벽하고 중국의 6000여 수출입 세번tariff heading, 관세율표에 분류된 상
품 번호에 모두 관심 있으므로 "품목 하나마다 협상해야 한다"라고 말했
습니다.

말도 안 되는 이야기입니다. 미국의 경제력이 아무리 막강해도 6000여
종의 상품이 모두 경쟁력이 있지는 않습니다. 아이슬란드산 어류 몇 가
지를 예로 들면 미국산 제품도 이만한 경쟁력을 갖췄을까요? 미국과의
협상에서 첫 번째 단계는 바로 '전면적인 협상' 요구를 거절하는 것입니
다. 하나씩 제외하고 나면 4000여 종이 남습니다. 이 4000여 종의 상품
에다 미국이 가장 관심을 두는 은행, 보험, 통신, 프랜차이즈, 법률 서비
스를 더하면 지루한 협상이 예상됩니다.

물론 미국은 마치 WTO의 모든 회원국을 '대표'하는 국가라는 태도
로 협상에 나섭니다. 사실 많은 회원국이 미국의 지도적 지위를 인정합
니다. 130여 회원국 중 30여 회원국만 중국과 협상을 갖는 이유이기도

합니다. 협상을 하지 않는 나머지 100여 개국은 사실 미국의 입장이 자신들을 충분히 대변해준다고 믿습니다.

WTO 협상은 회원국이 일정한 경제력을 갖춰야 진행됩니다. 미국과 방글라데시가 힘들게 WTO 협상을 했다는 이야기는 없습니다. 과거의 GATT 건물에는 커피를 마시는 널찍한 공간이 있었는데 주위는 모두 회의실이었습니다. 회의실 안에서는 미국과 유럽연합, 일본과 유럽연합, 미국과 캐나다 이런 식으로 개별 협상을 진행합니다. WTO의 다른 회원국 중 특히 경제 규모가 작은 국가의 대표는 기본적으로 커피실에서 커피를 마시며 협상 결과를 기다립니다. 이는 GATT 협상의 광경으로 소수는 담판에 나서고 다수는 커피를 마시는 것입니다.

이런 의미에서 GATT나 WTO는 불평등한 곳으로 한 국가가 경제력이 없으면 실제 협상에 참여할 수 없습니다. 그렇지만 또 다른 의미에서 매우 공평합니다. GATT의 '무조건적인 최혜국대우 원칙'에 따라 미국과 캐나다, 미국과 유럽연합이 작은 방에서 협상한 결과는 모든 회원국에 전적으로 그리고 무조건적으로 적용되기 때문입니다. 만약 미국이 힘든 협상을 거친 뒤 일본 자동차에 부과하는 관세를 결정했다면, 미 대표가 회의실에서 의기양양하게 걸어나와 미국이 관세를 얼마에서 얼마로 낮추기로 일본과 합의했다고 밝힐 것입니다. 그러면 밖에서 커피를 마시던 모든 회원국 대표가 갈채를 보낼 것입니다. 왜냐하면 이 조건은 자국에도 적용되기 때문입니다. WTO의 게임 규칙은 바로 이렇습니다.

미국이 중국과 협상을 한다는 것은 어떤 의미에서 WTO 회원국 대다수가 중국과 협상을 한다는 뜻입니다. 따라서 미국과의 협상이 복잡하고 힘든 것 역시 당연합니다. 그녀(미국의 무역협상대표)가 협상의 타결을

진정으로 원하는 것을 알고 있었습니다. 4시 반부터 7시 반까지 3시간이면 최종 문건이 전부 작성되고 모두 해결할 수 있었습니다.

_____ 1999년 11월 15일, 미국과 중국이 협상을 타결하기 전의 6일 동안 진행한 담판에서 치열한 장면이 연출되었다고 들었습니다. 당시 미국측은 언제든 자리를 박차고 나갈 준비를 했다는데요. 그때 일을 소개해주실 수 있나요? 상황이 어떻게 전환되었나요?

그 며칠 동안 있었던 담판은 정말이지 접전의 연속이었습니다. 한순간 희망이 보이다가도 일순간 사라졌죠. 미국 협상대표의 연기 실력은 대단했습니다. 나중에 전 미국인의 연기가 끝내준다고 말했습니다. 저는 미국 대표와 오랜 기간 협상을 해봐서 미국인이 쇼를 할 때 사용하는 기교를 잘 알고 있습니다. 특히 여성 협상대표가 그렇습니다. 저는 그들이 이번 협상을 반드시 성사시키려고 하는 것을 알고 있었습니다. 미국측은 1999년 4월 한 차례 기회를 잃어 후회막급이었죠.

_____ 1999년 4월 주룽지朱鎔基 총리가 미국을 방문했을 때 미국측과 WTO 협상을 타결하지 못했습니다. 나중에 미국을 떠나 캐나다로 함께 가셨죠. 클린턴 대통령이 아주 후회하며 다시 미국으로 돌아와 협상을 계속했으면 했다는 말이 있던데요.

그렇습니다. 미국측이 미중 협상 목록을 발표하자 미국 기업들의 반응이 대단했습니다. 미국측도 협상 결과가 좋다고 생각했습니다. 그런데 주룽지 총리가 방미訪美해 클린턴 대통령과 회담할 때 클린턴 대통령은 "정말 미안합니다. 저는 협상이 잘되었다고 생각합니다. 그렇지만 이번

에 서명할 수 없습니다"라고 말했습니다. 미국 협상대표단에서 이 소식을 듣고 많은 사람이 울었습니다. 윗선에서 내린 정치적인 결단으로 협상이 결렬되었습니다. 그래서 그들이 우리보다 훨씬 더 실망했습니다.

_____ 1999년 4월 원래는 타결되었을 협상에 대해 미 최고위층에서 왜 반대 결정을 내렸을까요?

클린턴 대통령이 미중 협상 결과에 대해 판단을 잘못했기 때문입니다. 그는 의회가 지지하지 않을 것으로 생각했습니다. 나중에 재계와 의회가 모두 지지하는 것을 알고 난 뒤 클린턴 대통령은 크게 후회했습니다. 우리가 미국을 아직 떠나지 않았을 때 클린턴 대통령이 주룽지 총리에게 전화해 협상단은 남아서 마지막 손질을 한 뒤 타결짓자고 말했습니다. 주룽지 총리는 미국인은 협상을 타결짓고 싶으면 바로 서명하고 또 결렬시키고 싶으면 결렬시키고, 세상에 이럴 수는 없다고 말했습니다. 그리고 다시 이야기하고 싶으면 베이징에 와서 하라고 말했습니다.

미국인은 저를 좇아 캐나다까지 왔습니다. 우리가 캐나다를 떠나기 전에 미 무역대표는 베이징에서의 협상 시기를 확정하고 싶다고 두 번이나 제게 전화했습니다. 그녀는 우리가 베이징에 먼저 도착하면 그다음 날 오겠다고 말했습니다. 저는 시차 문제도 있으니 우리에게 쉴 시간을 좀 달라고 말했습니다. 그러자 그녀는 이 일이 매우 급하다고 말했습니다. 우리가 베이징에 돌아온 이튿날 미국 협상대표단이 도착했습니다.

11월이 지나자 그들은 더 강력한 협상 팀을 구성해 고압적인 방식으로 더 많은 것을 빼앗고자 했습니다. 우리는 그들이 안절부절못한다는 것을 알고 있었습니다. 4월의 협상 내용으로도 충분히 그들 요구를 만족

시킬 수 있었습니다. 따라서 더 이상 새로운 양보를 할 생각이 조금도 없었습니다.

_____ 당시 중국측은 미국의 수를 다 읽고 준비를 모두 해놨군요.

그렇지만 우리도 협상을 타결하고 싶었습니다. 당중앙은 미중 관계라는 큰 구도에서 상황을 주시하고 있었습니다. 5월에 유고슬라비아 주재 중국대사관이 폭격을 받은 뒤1999년 유고슬라비아에 나토가 공격을 감행한 코소보 분쟁 당시 중국대사관을 오폭해 최소 3명이 사망한 사건 미중 관계가 경색되어 양국 모두 전환점이 필요했습니다. 미중 관계는 양측 모두에게 매우 중요했습니다. 두 나라가 WTO 협상을 타결한다면 미중 관계의 전환점이 될 수 있었습니다.

저는 장(쩌민) 주석과 중앙의 다른 지도자들도 협상 타결로 미중 관계가 경색된 난국을 돌파할 생각이라고 이해했습니다. 미중 관계라는 전략적 구도에서 중국은 협상 타결을 원했습니다. 그렇지만 타결될 협상안은 반드시 서로 윈윈할 수 있어야 합니다. 미국측은 마지막까지 4월의 협상안보다 훨씬 더 무리한 요구 사항을 들고 나왔지만 우리는 하나씩 하나씩 제거해나갔습니다. 그러나 미국은 새로운 것을 얻어내야 4월에 이 협상안을 받아들이지 못했던 이유를 설명할 수 있다고 생각했습니다. 그래서 더욱 강경한 태도를 보였습니다. 그들의 연기는 마지막 순간까지 계속되었습니다.

11월 14일 저녁 7시 이후 미국 협상대표단이 모두 사라졌습니다. 우리는 핸드폰으로 또 호텔로 전화를 해도 그들을 찾을 수 없었습니다. 유일

하게 연결된 한 차례 전화에서 지금 모두 쉬고 싶다며 일부는 바에 술을 마시러갔고 일부는 쇼핑을 나갔으며, 다음 날 아침 미국행 비행기에 오를 계획이라고 말했습니다. 또 그들은 전화 통화에서 의전 담당자에게 부탁해 인원이 많으므로 차량 에스코트를 해줄 것과 공항에서 일정 정도 예우를 해달라고 요청했습니다. 이런 정황을 종합하면 그들은 정말 내일 떠날 생각이었습니다.

그날 밤 11시, 저는 미국의 주중 대리 대사(당시 미국 대사는 미국에 가 있었음)에게 전화를 걸었습니다. 저는 세계가 주목하는 협상을 한 뒤 양측이 한 번 만나 적어도 언론에 협상 결과를 어떻게 보도할지 상의하는 것이 상식이 아닌가라고 말했습니다. 1시간가량 지난 다음 미 무역대표가 제게 전화해 출발 전에 한 번은 볼 필요가 있다고 말했습니다. 그러자 저는 "좋습니다. 몇 시에 볼까요?"라고 물었고 그녀는 "4시 반이 어떨까요?"라고 말했습니다.

새벽 4시 반이라니 속으로 웃었습니다. 만약 진짜 떠날 생각이면, 10시 비행기에 오를 사람들이 왜 4시 반에 우리를 만날까? 7~8시에 잠깐 만나 30분 정도면 끝나지 않겠는가라는 생각이 들었습니다. 그래서 매우 이른 것이 아닌지 물었습니다. 그러자 그녀는 이르지 않다며 자기들은 미국 시간에 익숙하다고 대답했습니다.

저는 그녀가 이번에는 정말 협상을 타결할 생각임을 알았습니다. 4시 반에서 7시 반까지 3시간이면 최후 문건을 모두 작성하고 해결할 수 있을 만큼 충분한 시간입니다. 저는 재빨리 상부에 보고했습니다. 협상이 성공할 가능성이 크다는 생각이 들었습니다. 4시 반에 가보니 과연 미국측은 협상 문건을 남김없이 준비해놓았습니다. 그다음 우리가 한 장

한 장 대조 확인한 결과 일곱 가지 문제가 마지막으로 남았습니다. 그녀는 일곱 가지 항목은 중국측이 반드시 받아들여야 하며, 만약 받아들여지지 않는다면 앞서 협의한 수십 장에서 100여 장에 이르는 합의 사항이 무효가 되고 협상은 실패로 끝난다고 말했습니다. 저는 "미안합니다. 협상이 타결되려면 이 일곱 가지 항목을 제외해야 합니다"라고 말했습니다. 일곱 가지 항목은 미국이 지난 며칠간의 협상 과정에서 강한 압박을 가해 해결하려고 했던 문제였습니다.

저는 상부에 상황 보고를 했는데 바로 결정이 나왔습니다. 마지막 순간에 주룽지 총리가 협상 장소에 나타났습니다. 최근에 인터넷에서 제가 미중 협상이 진행되던 마지막 순간의 세세한 내막을 누설했다는 이야기가 떠돌았습니다. 사실 당시 홍콩 신문이 '주룽지 총리 협상 현장에 나타나다'로 헤드라인을 뽑았습니다. 전 아무것도 이야기하지 않았습니다. 주 총리가 협상 자리에 나와 협상을 끝냈다는 사실을 전 세계가 알고 있습니다. 주룽지 총리는 협상 기술이 매우 뛰어납니다. 주 총리는 도착하자 바로 제게 "룽융투龍永圖, 더 이상 말하지 말고 무슨 문제가 있는지 확인해 서면으로 보여주게. 이 문제들은 자네가 내게 이미 여러 번 이야기해 내막을 잘 알고 있네. 하지만 내가 알고 싶은 것은 문제가 무엇인가네. 딱 한 장으로 정리해 오게"라고 말했습니다. 전 일곱 가지 문제를 적었습니다. 주룽지 총리는 귀국 일정을 변경한다면 미국측과 협상을 하겠다고 말했습니다. 그 말이 끝나자마자 미국측은 일정 변경에 대해서는 아무런 언질도 없이 바로 왔습니다. 사실 그날 비행기는 예약도 하지 않았습니다. 주룽지 총리는 길게 말하지 않고 "일곱 가지 문제 중두 가지는 양보할 수 있습니다. 나머지는 그쪽에서 양보해야 합니다. 이

를 받아들인다면 지금 바로 서명하겠습니다. 저는 당신과 협상하러 온 것이 아니라 결정하러 온 것입니다"라고 말했습니다. 5 대 2는 나쁘지 않을 것입니다. 또 양보할 두 가지 사항 역시 특별히 문제가 되지 않습니다. 그렇지만 저는 협상대표이며 우리는 일곱 가지 문제를 마지노선으로 수년을 끌어왔습니다. 따라서 양보 자체가 일단 달갑지 않은 것이죠. 물론 모두 알다시피 협상은 타협의 예술입니다. 미국측은 두 가지 양보를 받아내자 기뻐서 어쩔 줄 몰랐습니다. 그들은 우리가 일곱 가지 문제 모두 양보하지 않아 체면이 깎일까 걱정하고 있었습니다. 실제로 체면을 생각해 퇴로를 열어주어 협상이 타결될 수 있었습니다. 그래서 미국측은 바로 수락했습니다.

_____ 그렇다면 주룽지 총리가 두 가지를 양보해 다섯 가지와 맞바꿨고 전체 미중 협상 타결이 가능했다는 이야기네요.

중요한 것은 미중 간 협상 타결이 전반적인 미중 관계의 전환점이 되었다는 점입니다. 주룽지 총리도 스스로 온 것이 아니며 장 주석의 뜻이고, 정치국 상무위원회의 결정이었다고 말했습니다. 일곱 가지 항목에서 두 가지를 양보한 일도 개인적으로 결정한 것이 아니라 최고 지도층의 정치적인 결정입니다. 이처럼 협상이 결정적인 시기에 이르면 정치 지도자가 전체 구도에서 고도의 전략적 결정을 내리는 것이 필수적입니다.

다년간 협상 일선에서 경험을 통해 깨달은 사실은 미중 협상이든, 중국-유럽 협상이든, 아니면 다른 모든 나라의 협상이든 결정적 시기에는 정치 지도자의 결단이 없으면 협상이 진전되기가 힘들다는 것입니다. 이것은 무역 협상의 불문율이자 몇 년간 무역 협상을 진행하면서 배운 중

요한 교훈입니다.

_____ 일곱 가지 사항 중 양보한 두 가지란 보험과 금융업 아닙니까?

아닙니다. 우리는 보험과 금융 분야에서 어떤 양보도 하지 않았습니다.

"중국과 유럽연합의 협상은 유럽연합이 스스로 강대국이라고 생각하는 자존심을 세울 수 있었다"

_____ 방금 말씀하신 미중 담판은 15년간을 끈 협상에서 가장 힘든 사건이었습니다. 손에 땀을 쥐는 역경의 순간을 수도 없이 겪자 사람들은 이제 중국이 1999년 안에 WTO에 가입할 수 있을 것이라고 생각했습니다. 그러나 바로 유럽연합과의 협상이 기다리고 있었습니다. 왜 이렇게 또 다른 좌절이 있었나요?

국제 관계는 아주 미묘합니다. 미국은 경제력이 막강하고 제멋대로입니다. 하지만 유럽연합도 15개현재는 27개국임 회원국의 경제 규모를 모두 합치면 미국보다 크다고 생각합니다. 따라서 절대로 등한시할 수 없는 상대입니다. 중국은 유럽연합과 먼저 협상을 타결해 미국과의 협상으로 이어지기를 줄곧 바랐습니다. 그러나 유럽연합의 15개 회원국은 각기 다른 목소리를 내기 때문에 15개국의 입장을 조율하기가 매우 어렵습니다. 유럽연합 대표단의 몇몇 인사는 자기들과 먼저 협상을 타결하기는 정치적으로 힘들다고 귀띔하기도 했습니다. 저도 그들의 고충을 잘 압니다. 그래서 먼저 미국과 협상해 타결되자 바로 유럽연합과도 타결을 지었습니다. 왜냐하면 유럽연합이 제시한 요구가 미국의 요구 사항과 기본적으

로 비슷하기 때문입니다. WTO의 규칙이란 다음과 같습니다. WTO의 시장 개방 요구가 아무리 거세다고 해도 가장 강력한 협상 상대가 담판한 결과가 나오면 다른 불만스런 점은 없다는 것입니다.

그렇지만 마지막에 가서 유럽연합과 미국이 서로 비교하기 시작했습니다. 유럽연합 대표는 우리에게 예컨대 저녁 만찬에서 미국인을 초청해 먹던 메뉴와 똑같이 자기들에게 한번 더 내놓을 수 없는 것처럼 유럽연합은 자기만의 요구 사항이 있다고 말했습니다. 중국과 유럽연합의 협상은 스스로 강대국으로 생각하는 유럽연합의 자존심을 세워주는 과정이었습니다. 물론 유럽연합의 구체적인 문제는 우리가 해결해야 했습니다. 유럽연합과의 협상은 몇 달 걸렸는데 대부분 유럽연합의 특수한 문제를 해결하는 데 소요되었습니다.

_____ 유럽연합과 협상이 끝났는데도 1년 이상 더 끈 이유가 무엇입니까?

유럽연합과 협상이 끝나고 다자간 협상 과정에 들어갔습니다. 중국과 30여 개국이 양자 간 시장진입 허용 협상을 진행했기 때문입니다. WTO 규정에 따라 30여 개의 협상 타결 내용을 종합해 하나의 합의안을 만들게 됩니다. 중국이 WTO에 가입할 때는 37개 합의 사항이 아니라 하나의 합의안이 있을 뿐입니다. 합의안을 종합해 하나로 묶는 과정에서 기술적인 업무를 많이 수행해야 합니다. 예를 들어 우리와 콜롬비아는 커피에 대한 관세를 15퍼센트로 정하는 데 합의했고 브라질과는 12퍼센트에 합의했습니다. 그렇다면 WTO 규정에 따라 전체 합의안에 들어갈 내용은 가장 좋은 협상 결과를 선택해야 합니다. 이것은 복잡한 일입니다.

또 중국이 10여 년 동안 해온 협상의 결과를 종합해 하나의 보고서를 만들어야 했습니다. 15년 동안 무엇에 대해 협상을 진행했고 중국이 어떤 약속을 했으며 외국측은 어떤 문제를 제기했는지 등의 내용이 담긴 이 보고서는 중국이 WTO에 가입하는 법률 문건입니다. 법률 문건의 초안을 작성하는 과정에서도 어려움이 컸습니다.

시작할 당시에 우리는 미국, 유럽연합과의 협상이 끝났으니 문건 작성이 순조로울 것으로 예상했습니다. 하지만 실제로 그렇게 순조롭지만은 않았습니다. 상대국 탓도 있었지만 우리 잘못도 있었습니다. 상대국 탓을 하자면, 서방은 중국을 신뢰하지 않아 중국이 약속을 이행할지 계속 의심했습니다. 그래서 많은 변호사로 구성된 팀이 발족해 발생 가능한 법률적인 허점을 사전에 막아 중국이 앞으로 합의 사항을 약속한 대로 이행하도록 했습니다.

우리 내부의 문제를 들여다보면 법적 인식이 실제로 부족합니다. 예를 들어 중국인은 '원칙적으로 동의한다'는 말을 자주 씁니다. 그런데 무엇에 대해 동의하는가? 이것에 대해서는 언급하지 않을 때가 많습니다. 예컨대 대외무역 경영권을 개방하는 문제에서 우리는 '중국은 3년 안에 대외무역 경영권을 전면 개방하는 데 원칙적으로 동의합니다'라고 말합니다. 마지막에 법률 문건의 기초를 잡을 때 상대는 3년 내 개방을 하는데, 지금은 개방하지 않다가 3년이 지나 갑자기 개방하는 식은 안 됩니다. 첫해 무엇을 개방하고 두 번째 해에 무엇을 개방하며 세 번째 해에 또 무엇을 개방할지 말씀해보세요. '개방 기준은 무엇입니까? 외자기업을 어떻게 개방할 것입니까? 국유기업은 어떻게 개방하고 민간기업은 어떻게 개방할 것입니까?'라고 말할 것입니다. 상대는 이를 명문화하여 기

록으로 남기려 할 것입니다. 따라서 나중에 전체 법률 문건의 초안을 작성하는 과정에서도 많은 시간을 소요했습니다.

제 생각에 가장 근본적인 문제는 그들이 우리를 신뢰하지 않는다는 점이었습니다. 그들은 중국이 WTO 협상 과정에서 약속을 이렇게 많이 했는데 과연 이를 제대로 이행할지 계속 의심합니다. 지금까지 이런 의심은 계속되고 있을 것입니다.

"중요한 순간에 눈물을 흘리지 않는다. 중차대한 순간이 오면 좀 더 이성적으로 판단하게 되는 것 같다"

_____ 15년에 걸친 협상은 정말 어렵고 힘든 과정이었습니다. 검은 머리가 백발이 된 셈입니다. 1992년부터 GATT 회원국 지위 회복 협상의 사무국장을 맡았고 나중에는 WTO 가입 협상 수석대표가 되셨습니다. 그간 WTO 가입을 둘러싼 논쟁이 끊이지 않았는데요. 룽 대표가 맡은 역할에 대해 어떤 사람은 '민족의 영웅'이라고 말하고 또 어떤 사람은 '매국노'라고 합니다. 두 가지 평가가 아주 극단적입니다. 이에 대해 어떻게 생각하십니까?

방금 말씀하신 평가가 극단적이라고 할 수 있습니다. 개인적으로는 반드시 해야 할 일을 했을 뿐입니다. 우리가 한 일에 대해 평가가 갈리는 이유는 대부분 상황에 대한 이해가 부족하기 때문입니다. 오랜 역사적 관점에서 바라보면 우리가 한 일의 공헌도는 매우 제한적입니다. 우리를 향한 오해는 시간이 지나면 점차 사라질 것입니다. 지금까지 개인적으로 평정심을 잘 유지하고 있습니다. 역사상 수많은 일이 그랬던 것처럼 어떤 것이든 나중에 하나의 결론이 내려질 것입니다. 처음에는 명확하게

판단하지 못했다고 하더라도 역사가 공정한 평가를 할 것입니다.

_____ 보도에 따르면, 15년 동안의 협상 과정에서 몇 번이나 눈물을 흘렸다고 하던데 사실입니까?

저는 원래 눈물이 많지 않습니다. 협상하면서 한 번 유일하게 울었던 것은 2000년 초 유럽연합 대사와 협상하던 때였습니다. 이 유럽연합 대사는 유명한 중국통이자 제 친구로 자기 민족이 아주 우월하다고 여기는 전형적인 유럽인이었습니다. 당시 미중 협상은 이미 타결되었고 중국과 유럽연합의 협상도 소소한 몇 가지 문제만 남기고 거의 마지막에 이르렀습니다. 유럽 대사는 저와 협상할 때 갑자기 매우 강경한 수단을 선택했습니다. 그는 중국이 어떤 문제에 대한 요구를 받아들이지 않는다면, 유럽연합은 중국의 WTO 가입을 지지할 수 없다고 말했습니다. 저는 겁주는 소리라는 것을 알았습니다. 친구인데 왜 그런 말을 해야 할까요?

제가 스트레스를 가장 많이 받은 때는 미중 간 협상이 타결이 되었을 때가 아니라 협상 타결 이후였습니다. 중국 전역과 전 세계가 중국이 WTO에 빨리 가입하기를 기대하고 있었습니다. 제가 스트레스를 가장 많이 받은 때는 1999년 말에서 2001년 9월까지 제네바에서 협상이 전면 타결되던 때입니다. 기대치가 없었을 때는 스트레스도 없었습니다. 당시 당중앙은 전체 협상 과정에서 서두르지 않으며 조건이 갖춰지면 일은 자연히 성사되는 법이라며 순리대로 하면 된다고 했습니다. 전 우리의 협상 진행 속도에 자신감이 아주 컸습니다. 정말 조급함을 느낀 때는 1999년 11월에 미중 협상이 타결된 이후입니다. 당시 중국의 모든 인민

이 바라고 있었고 당중앙도 기대가 컸습니다. 만약 빠른 시일 내에 문제를 해결하지 못한다면 어떻게 해명할 수 있겠습니까?

그렇지만 일이 차일피일 미뤄져 1999년에 시작한 것이 나중에 보니 2000년이 되었습니다. 게다가 사람들에게 함부로 말해서는 안 되는 일이 많고 아무 데나 가서 무슨 일이 생겼다고 이야기할 수 없었습니다. 그래서 당시 전 정서적으로 매우 불안했습니다. 어떤 일을 급히 이루고자 하지만 중대한 전환과 우여곡절이 발생하면 마음이 급해지는 것과 비슷합니다.

유럽연합 대사의 말을 들은 날 밤, 한잠도 못 잤습니다. 원래 다음 날 대외경제무역대 학생들에게 보고하기로 약속한 상태였습니다. 그렇지만 혈압이 갑자기 높아져 학생들에게 미안하다고 말했습니다. 그리고 오늘 보고를 할 수 없다고 말하고 전날 있었던 일을 알려주면서 눈물을 흘렸습니다. 이는 심리적인 압박을 해소하지 못해 나온 것이었습니다.

그렇지만 전 가장 중요한 시점, 예를 들어 모두 알고 있는 가장 중요한 시점에서 눈물을 흘린 적이 한 번도 없습니다. 1994년 말에 이르러 우리는 막판에 힘을 냈습니다. 저와 동료들은 최선의 노력을 기울여 중국이 WTO 창설 회원국이 되기를 바랐습니다. 당시 저는 마음속으로 중국이 GATT의 원 체약국이었으므로 WTO의 창설 회원국도 되어야 한다고 생각했습니다. 그리고 WTO의 옵서버 자리에 앉은 지도 매우 오래되었습니다. 당시 GATT와 WTO가 회의를 열 때마다 저는 참가하기가 싫었습니다. 더 이상 옵서버 자리에 앉기 싫었고 이런 '대우'를 받기가 싫었습니다. WTO와 GATT의 회원국 대표가 모두 말을 마치면 비로소 발언 기회를 얻게 됩니다. 이는 대국大國의 대표로서 참기 힘든 수모였습니다.

사실 1994년에 중국은 가입 가능성이 매우 높았습니다. 그러나 중국 내 일부 부처 간에 조율이 원활하지 못했고, 중국이 WTO에 가입하는 것에 대한 인식이 부족하여 옥신각신하며 서로 발목을 잡았습니다. 예를 들어 협상을 시작할 때 상황은 좋았습니다. 오스트레일리아와 뉴질랜드 대표는 중국을 계속 지지하겠지만 중국이 양모의 수입쿼터 문제를 해결해줄 것을 희망한다고 말했습니다. 당시 상부에서는 우리에게 매년 16만 9000톤의 양모 수입이 가능하다고 지침을 내려 주었습니다. 그런데 오스트레일리아와 뉴질랜드는 18만 톤을 요구했습니다. 그들은 중국이 18만 톤에 동의한다면 오스트레일리아와 뉴질랜드는 중국을 전적으로 지지할 것이라고 했습니다. 오스트레일리아와 뉴질랜드는 서방국가입니다. 만약 서방국가들의 협상 진영에 분열이 발생한다면 중국이 GATT 회원국의 지위를 회복할 가능성이 더욱 높아집니다. 그래서 저는 그들이 말한 18만 톤에 동의하려고 했습니다. 그런데 대표단의 다른 사람들과 상의했을 때 그들은 가능성을 모두 차단했습니다. 어쩔 수 없이 16만 9000톤을 기준으로 협상을 진행하며 오스트레일리아와 뉴질랜드의 요구를 거절했습니다. 그러자 오스트레일리아와 뉴질랜드는 미국 측에 서서 매우 강경한 태도로 협상에 임했습니다. 안타까운 사실은 1994년에 중국은 양모 18만 톤의 요구 수준을 훨씬 초과한 31만 톤을 실제로 수입했습니다. 당시는 관리가 허술했습니다. '일반무역 수입' '가공무역 수입' 그리고 다른 무역 형식의 수입이 아주 많았지만, 관리가 분산되어 각기 자기 쪽만 신경썼습니다. 전국적으로 매년 어느 정도 양모를 수입하는지 분명한 개념이 없었습니다. 그래서 정체불명의 숫자인 16만 9000톤의 쿼터가 나오게 된 것입니다. 그렇지만 오스트레일리아와 뉴질

랜드는 자국에서 매년 얼마나 수출하는지 알고 있었으며 당시에 중국이 매년 평균 22만 톤을 수입한다는 사실도 잘 알고 있었습니다. 따라서 18만 톤은 결코 지나친 요구가 아니었습니다. 이런 상황에서 당시 중국의 전체 경제 관리 시스템 중 특히 수입 관리 체제에 큰 문제가 있고 개혁할 곳이 무척 많다는 생각이 들었습니다.

1994년 막판 힘내기가 아직 시작되지 않았을 때, 내부 협력과 관리 체계에 큰 문제가 있었습니다. 그래서 실망감이 컸습니다. 실망한 사람 중 특히 저 같은 사람은 울지 않습니다.

그런 다음 1999년 11월 신문에서 미중 협상이 타결되자 제가 울음을 터뜨렸다는 기사를 읽었습니다. 이것은 오보입니다. 저는 감동했을 때 울지 않습니다. 울 일이 뭐 있겠습니까! 협상이 최종 타결되었을 때 머릿속에 들었던 생각은 협상이 타결된 일이 아니라 어떤 문제를 다시 협상해야 좋을까에 대한 고민이었습니다. 아쉬움이 많았습니다. 그래서 조인식에 참여하지 않았지만 계속 협상 조문을 생각하고 있었습니다. 저는 승리의 희열을 느낀 적이 없어 더 눈물이 나오지 않았던 것입니다. 텔레비전에서 보시면 알겠지만 그날 저는 웃음조차 나오지 않았습니다. 당시 저는 계속 협상 세부 항목을 계속 생각하면서 어느 부분을 더 분명히 정해야 좋을까 고민하고 있었기 때문입니다. 저는 책임감이 강한 사람으로 완벽주의를 추구합니다.

어떤 사람은 9월에 협상이 완전히 끝나자 제가 울었다고 말했습니다. 이번에도 틀렸습니다. 그때 역시 저는 얼굴에 웃음기라고는 전혀 없었습니다. 외국인이 제게 술을 권할 때 예의상 그저 미소만 지었습니다. 전 무거운 짐을 벗어 홀가분했고 드디어 끝났다는 생각이 들었습니다. 감격

스러운 기분이 전혀 들지 않았으므로 눈물은 말할 필요도 없습니다. 「울지 말아요, 롱융투」라는 제목의 기사를 인터넷에서 가끔 보았습니다. 울기는 누가 웁니까? 그렇다고 제가 감정 없는 사람이 아닙니다. 전 감정이 풍부합니다. 드라마를 보다가 울 때도 있습니다. 그렇지만 중요한 순간에는 눈물을 흘리지 않습니다. 중차대한 순간이 되면 좀 더 이성적으로 판단하게 되는 것 같습니다.

_____ 최근 WTO 가입 전후에 이뤄진 법률 개정 작업과 관련해 우리가 인터뷰를 한 적이 있습니다. 이 부분에 대해 하실 말씀이 있나요?

중국의 대외경제무역 법률 체계에서 가장 문제가 되는 것이 투명성입니다. 과거에는 흔히 내부 문건이라고 부르는 것이 많았습니다. 이제 과거에 만든 수많은 내부 문건을 정리해, 폐기할 것은 폐기하고 공개할 것은 공개하거나 개정한 뒤 공개해야 합니다. 이것은 WTO에 가입할 당시 약속한 사항 중 하나입니다.

두 번째 문제는 WTO에 가입한 이후, 예전에는 없던 법률이 새로 제정되어야 한다는 것입니다. 예를 들어 반덤핑법, 반보조금법, 보장에 관한 법률 조항이 있습니다. 이것과 관련해 국내 법률을 제정해야 자국의 이익을 보호할 수 있습니다. WTO 협정에 따르면, WTO 규정은 회원국에 그대로 적용되지 않습니다. 회원국이 WTO의 해당 조항을 자국의 '국내법'으로 전환하면 이에 따라 비로소 자국에서 시행하게 됩니다.

_____ 얼마 전에 상하이에서 막을 내린 APEC 회의를 어떻게

평가하십니까? 이번 회의가 앞으로 도하에서 열릴 WTO 각료 회의에 긍정적인 영향을 줄 수 있을까요?

이번 APEC 회의는 세계경제가 어렵고 WTO 역시 힘든 상황일 때 개최되었습니다. WTO의 차기 협상이 진행될지 여부는 신경제 현상goldilocks, 경제가 높은 성장을 이루고 있더라도 물가 상승이 없는 상태이 출현한 이후 게임의 법칙을 새로 정하는 것과 관련 있습니다. 또 WTO가 사람들의 신뢰를 회복하는 것과 관련이 깊습니다. 1999년 시애틀 회의가 실패하여 다자간 무역 체제에 큰 충격을 안겼습니다. 위상이 날로 하락하는 WTO를 어떻게 구제할 수 있을까요? 또 세계적으로 블록경제가 발전하는 것은 세계무역 체제에 대한 도전입니다. 이러한 상황에서 블록경제와 다자간 무역 체제 사이의 관계를 어떻게 잘 조율할 수 있을까요? 이는 중요한 문제입니다. 이번 상하이 APEC 회의에서는 차기 협상을 제안하는 것에 대해 명확한 입장을 밝혔습니다. 정치적으로 차기 협상을 추진하겠다는 것입니다. 차기 협상의 미래가 이렇게 밝은 적은 없습니다. APEC 회의가 크게 기여했습니다.

세계은행은 어떻게
중국에 영향을 끼치나?

제임스 울펀슨 전 세계은행 총재와의 인터뷰

●

기자 후수리, 애너 케이Anna Kaye **시기** 2002년 7월 5일

"지금 우리가 다루는 과제들은
중국 정부가 보기에 우리가 공헌할 수 있고,
또 우리 스스로 공헌이 가능하다고 여기는 분야입니다."

인터뷰를 한 해인 2002년 69세를 맞은 제임스 울펀슨James David Wolfensohn은 오스트레일리아에서 태어나 시드니 대학교와 하버드 대학교를 졸업한 뒤 하버드대 경영대학원에서 MBA를 취득했다. 1980년 전까지 울펀슨은 샐러먼브러더스Salomon Brothers 이사, 투자은행부 팀장, 슈로더스Schroders plc, 영국의 투자신탁회사 부회장, 집행이사, 헨리슈로더 은행 총재를 역임했다. 1980년 울펀슨은 제임스·D·울펀슨 투자회사를 설립해 회장 겸 CEO로 활약했다. 1995년 3월 클린턴 미 대통령은 울펀슨을 세계은행 총재로 지명했다. 1999년에는 세계은행 집행이사회에서 만장일치로 세계은행 총재를 연임하게 되었다. 임기는 2005년까지였다.

세계 최대의 개발 원조기관인 세계은행은 중국의 개혁개방을 지지하고 적극 참여했다. 20여 년 동안 세계은행은 중국에 모두 350여 억 달

러 규모의 장기 건설자금을 제공했다. 이 밖에도 양측은 기술 원조를 위한 대출, 부문별 조사 연구 등의 방식으로 중국이 중요한 경제 분야에서 개혁을 시행하도록 지원했다.

제임스 울펀슨 세계은행 총재는 1999년 '전면 발전 계획'을 발표했다. 울펀슨은 세계은행이 지금까지의 단순한 자금 지원 방식에서 벗어나 인류사회의 발전, 체제, 기구 등 더욱 포괄적인 문제에 관심을 쏟으면서 발전에 대한 더욱 전면적인 틀이 필요하다고 생각했다. 각국은 스스로 발전 계획을 수립해야 하며 정부, 원조기관, 시민사회, 민간기업, 기타 참여자가 모두 노력하고 지원하는 것이 필요하다. 전면 발전 계획을 시행할 때 세계은행은 다음 몇 가지에 집중한다.

1) 구조: 좋은 거버넌스good governance, 책임성, 투명성, 형평성, 이해관계자의 참여 및 관료들의 윤리적 행태가 확보되는 이상적인 거버넌스와 청렴한 정부, 효과적인 법률과 사법 체계, 질서정연하며 관리·감독을 받는 금융 시스템, 사회보장제도와 사회계획

2) 물질적인 면: 급수와 오수 처리, 에너지, 도로, 교통과 통신, 환경과 문화 문제

3) 구체적인 전략: 농촌과 도시, 민간 부문에 주력

2000 회계연도부터 중국에 대한 세계은행의 대출 약속 규모가 현저히 감소했다. 6월 30일로 끝난 2002 회계연도에 세계은행이 중국에 약속한 대출액은 5억 6300만 달러에 불과했다. 1990년 국제사회가 강하게 압박했음에도 불구하고 세계은행은 중국에 6억 달러가 넘는 연차관

soft loan, 상환 기간이 길고 금리가 낮은 차관을 제공했다.

대출액이 감소하게 된 이유는 무엇일까? 중국의 발전단계에 대해 세계은행이 내린 판단과 나아가 대對중국 지원 전략에 변화가 생긴 것일까? 최근 들어 세계은행은 '지식은행'으로서의 역할을 강조했다. 그렇다면 중국에서 이런 역할을 어떻게 수행할 수 있을까? 대출은행과 지식은행은 양자 간에 균형을 유지할 수 있을까? 이런 문제를 주제로 세계은행 중국대표부, 재무부 그리고 일부 대출담당 부서 등 많은 인사와 인터뷰했다. 그리고 5월 28일 중국을 방문한 제임스 울펀슨 세계은행 총재와 중국과 관련된 더 광범위한 문제에 대해 인터뷰했다.

_____ 이번에 중국을 방문하는 동안 어떤 느낌을 받으셨나요?

방문 기간에 중국이 올바른 방향으로 가고 있다는 생각이 들었습니다. 발전 방향에 대해 이의를 제기하는 것을 거의 듣지 못했습니다. 사람들은 정책이 시행될 수 있는지, 시행 속도가 빠른지, 성공적으로 시행되고 있는지에 초점을 두고 논쟁을 벌였습니다. 제 생각에 이 문제는 차기 정부에 주어진 과제입니다. 현 지도자는 방향을 확정하는 데 아주 뛰어난 모습을 보였습니다. 중국이 WTO에 가입하고 금융 시스템을 개혁하고 있으며 공공 부문과 민간 부문에서 문화를 바꾸고 부패를 척결하는 데 커다란 성과를 거두었습니다. 그렇지만 교육, 남녀평등, 에이즈 등의 문제에서 발걸음을 서둘러야 한다고 생각합니다. 이런 문제에는 그들도 스스로 진척 속도가 빠르지 않다고 인정했습니다.

중국에서는 두 가지를 유념해야 합니다. 하나는 규모이고 또 하나는 시간입니다. 중국은 인구가 100만 명인 작은 국가가 아닙니다. 중국의

복잡하고 유구한 역사를 감안해 중국이 지금 필요한 것은 정해진 방향으로 동요하지 말고 계속 추진해나가는 것이라고 생각합니다. 실제로 이렇게 하기란 쉽지 않습니다. 현재의 지도자가 완수할 수 있는 일이 아니며 차기 지도자가 계속 이어가야 할 사업입니다. 그러나 저는 중국인에게 한 가지 정신이 깃들어 있다는 느낌을 받았습니다. 1976년부터 지금까지 변화를 이룬 것을 돌이켜보면 중국이 거둔 성과가 얼마나 큰지 인정할 수밖에 없습니다.

_____ 우리는 세계은행의 역할이 변화하고 있음에 주목합니다. 1990년대 이후 중국에서 세계은행이 맡은 역할은 대출은행에서 지식은행으로 점차 전환했습니다. 세계은행의 대對중국 전략에 변화가 있는지 말씀해주실 수 있나요?

우리는 중국에서 모두 360억 달러 규모로 240여 개 프로젝트를 전개했습니다. 과거 세계은행은 국제개발협회International Development Association, IDA를 통해 융자, 즉 무이자대출을 제공하는 일을 주로 했습니다. 이제 중국은 더 이상 가난한 나라가 아닙니다. 중국은 수천억 달러의 외환을 보유하고 있어 경제력이 막강합니다. IDA의 규정에 따르면, 우리는 IDA 자금을 지속적으로 제공하지 못합니다. 이것은 세계은행의 결정이 아니라 주주들가맹국이 내린 결정입니다. 우리는 세계은행의 대출금과 다른 기관의 기부금을 통합하는 작업을 시도하고 있습니다. 이렇게 되면 장기대출의 전체 (이자)비용은 2~3퍼센트까지 절감할수 있습니다.

그렇지만 대출이 중국의 진정한 문제가 아닙니다. 저는 지금 중국과

세계은행의 관계는 서로 존중하는 새로운 단계로 발전했다고 생각합니다. 때때로 중국 정부는 우리가 하는 일이 대단하다고 말하지만, 제가 보기에 중국 정부가 우리보다 더 많은 것을 알고 있다고 생각하는 것 같습니다. 지금 우리가 다루는 과제들은, 중국 정부가 생각할 때 세계은행이 공헌할 수 있고 또 우리도 스스로 공헌이 가능하다고 여기는 분야입니다. 세계은행과 국제금융기관(세계은행이 책임지며 민간 부문의 투자와 발전을 촉진시키는 기관)이 참여하는 금융개혁, 교육, 보건 및 농촌 개발 등에 집중함으로써 우리와 중국 정부는 뛰어난 성과를 같이 거두고 수천만 명에게 혜택을 줄 수 있었습니다. 현재 우리는 농업과 농촌의 신용대출 문제를 다시 연구하고 있습니다.

우리에게 중국 업무의 또 다른 중요한 이점은 여기에서는 모든 일이 대규모로 진행된다는 것입니다. 10만 명 수준이 아니라 수천만 명에게 혜택이 돌아가는 일이기 때문에, 조직 방식과 진척 상황이 모두 소규모 프로젝트와 비교가 되지 않습니다. 여기서 배운 것을 활용하여 다른 나라를 도울 생각을 하면 정말 신명이 납니다.

대규모 프로젝트는 어떻게 관리해야 할까요? 새로운 관계를 맺기 위해서는 첫째, 중국 정부는 우리가 큰 공헌을 할 수 있다고 생각해야 합니다. 둘째, 우리는 확실하게 공헌할 수 있어야 합니다. 셋째, 서로 배울 점을 찾아야 합니다. 이를 기반으로 새로운 관계를 형성해야 합니다. 저는 이렇게 되어야 한다고 생각합니다.

_____ 세계은행이 중국에서 해야 하는 우선 과제는 무엇입니까?
딱 하나를 꼽을 수는 없습니다. 그래도 교육, 농촌 발전, 금융개혁, 거

버넌스 개혁이 가장 중요하다고 생각합니다. 저 개인적으로는 보건 분야의 몇몇 문제 중 특히 에이즈에 관심이 큽니다. 우리는 이 부분에서 중국 정부와 협력할 수 있습니다. 다만 정부의 역할과 상호 보완이 필요합니다. 말이 나온 김에 이야기를 하면, 우리는 인프라 지원 프로젝트를 계획하고 있습니다. 세계은행의 중국 프로젝트는 아주 다양한데 그중 75퍼센트가 서부 지역에 집중되어 있습니다. 업무를 구분하는 핵심이 무엇인지 묻는다면 4분의 3이 빈곤 지역이라면 대답이 될 것입니다. 우리는 상황을 크게 개선할 수 있는 영역을 찾고 있지, 여기서 찔끔 저기서 찔끔 일하지 않습니다.

_____ 방금 말씀하신 거버넌스 개혁은 공공 거버넌스를 말씀하십니까, 아니면 기업활동 자체입니까? 양자 간에 어떤 관계가 있습니까?

두 측면이 많은 부분에서 긴밀히 연결되어 있다고 생각합니다. 국가의 은행금융 시스템에서 사회의 운영 방식에 이르기까지 이것들은 서로 긴밀히 연관되어 있습니다. 중국의 정부기관은 참으로 다양합니다……. 중국과 같은 큰 나라는 정부의 역량을 어떻게 강화할 수 있을지 고민해야 합니다. 특히 권한이 지방으로 분산되고 전자정부 등 기술의 발전으로 업무 방식이 크게 변화하는 상황에서 이런 엄청난 기회를 어떻게 활용할 수 있을지 말입니다. 전자정부가 정착되면 투명성을 크게 높일 수 있고, 정부기관도 인력을 감축할 수 있습니다. 그러나 중국에서 이런 것은 하루아침에 이루어질 일이 아닙니다.

국유은행 역시 마찬가지입니다. 중국의 4대 국유은행에 제각기 20만 ~30만 명의 직원이 일한다고 들었습니다. 이는 심각한 문제입니다. 민

간 부문도 마찬가지로 엄청난 도전에 직면해 있습니다. 회계 기준, 투명성, 운영 규칙, 주주에 대한 책임……. 과거 중국에는 이런 문제가 없었습니다. 정부가 직접 지배하고 관리자를 임명하며 어떤 책임도 사실 지지 않았습니다. 은행 관리자들은 자신이 누구에 대해 책임을 져야 할지 알지도 못했습니다. 일부 국유기업은 여전히 이렇습니다. 이런 모든 것이 바꿔야 할 부분입니다. 저는 베이징에 있는 국가회계대학에서 세 부류의 사람을 교육해야 한다고 말한 적이 있습니다. 먼저 회계사를 교육하고 다음은 거래처를 교육하고 마지막으로 이사회 구성원을 교육해야 합니다……. 엄청난 일을 수행해야 하는 것입니다.

우리는 지금 전 세계 규모 가운데 5분의 1을 바꾸는 일에 대해 이야기를 나누고 있습니다. 이는 엄청난 도전입니다. 그러나 이 과정에서 정부가 사물을 대하는 방식이 변화하고 있는 데 바른 기준을 적용하고 있다고 생각합니다. 중국은 훌륭한 법률을 제정할 수 있습니다. 그렇지만 법률을 제정한 이후 사법 개혁이 반드시 뒤따라야 합니다. 좋은 법관, 좋은 변호사, 좋은 클라이언트가 없이 단지 좋은 법률 조문에만 의존한다면 공정한 사회를 건설할 수 없습니다. 시작을 잘하고 그다음 각 분야에서 함께 움직여야 합니다. 이렇게 되려면 중국 지도자들이 200세까지 살아야 모든 일이 완수되는 것을 볼 수 있을 것입니다.

"모든 사람이 신용사회를 건설하는 데 책임을 떠맡아야 한다. 각 기업의 경영인과 시민이 모두 책임이 있으며, 소수의 관리·감독기관에 이 책임을 모조리 전가해서는 안 된다"

_____ 세계은행은 왜 이렇게 중국의 금융개혁에 관심을 둡니

까? 중국에서 위기가 발생할 가능성이 있거나 세계경제에 엄청난 파장을 몰고 올 것으로 예상해서입니까?

아닙니다. 우리가 관심을 갖는 이유는 중국 총리가 이 문제를 중요한 과제로 선정했기 때문입니다. 은행의 부실대출비율이 26퍼센트가 되면 바로 행동에 들어갈 것입니다. 이것은 제가 한 말이 아니라 중국 총리가 한 말입니다. 중국은 금융권을 정비하고 관리를 강화하며 소규모 신규 은행이 출발할 때부터 바른 기준으로 운영되도록 지원해야 합니다. 점진적으로 이를 추진해가면서 시스템의 전체 차원에서 부실대출을 정리해나가야 합니다. 그러려면 시간이 필요합니다. 미국의 저축대부조합 savings and loan association, S&L도 이 문제에 부딪혔습니다. 그러나 막강한 실력을 바탕으로 아주 재빨리 문제를 해결해나갔고 부실채권을 묶어 판매하는 방식으로 정리했습니다.

_____ 중국이 광범위한 은행 개혁을 추진중인데 세계은행은 여기서 어떤 역할을 하게 됩니까?

우리는 현재 관리·감독층을 대상으로 업무를 추진하고 있지만 일부 은행에 투자를 하기도 합니다. 국제금융회사는 다수의 소형 은행에 투자하고 사람을 파견해 이사회에 들어가게 했습니다. 아울러 해외에서 사용하는 기법을 들여와 현지에서 어떻게 더 잘할 수 있는지 소개하기도 했습니다. 따라서 우리는 관리·감독과 투자의 두 업무를 동시에 진행하고 있습니다.

_____ 전前 투자 은행가이자 세계은행 총재로서 중국에서 자

본시장을 육성하는 데 제안하실 말씀이 있나요? 성장과 관리·감독 사이에 균형점을 찾을 수 있을까요?

시장에 속임수가 팽배하고 효과적인 관리·감독이 이루어지지 않으면 안 됩니다. 그것은 매우 위험한 일입니다. 중국 정부는 효과적인 보고 제도와 기업의 지배 구조 개선 등을 포함해 관리·감독의 틀을 짜려고 시도하고 있습니다. 또 이 틀이 순조롭게 자리잡도록 속도를 조절하고 있습니다. 정부는 부패에 대해 중대 조치를 단행했고, 현재 활동하는 회계사를 교육해 규칙을 지키는 회계사들로 양성하기를 희망합니다. 중국은 하나의 틀을 만들고 신용을 지키도록 격려해야 합니다.

그러나 한 가지 지적하고 싶은 점이 있습니다. 시스템이 잘 갖춰진 나라에서 놀랄 만한 사건이 발생할 때도 있습니다. 예를 들어 1980년대 미국 S&L의 위기나 최근에 발생한 엔론의 파산이 그렇습니다. 따라서 사람들이 규칙에 따라 일을 할 것이라고 절대적으로 확신할 수는 없습니다. 우리에게 필요한 것은 강력하고 독립적인 관리·감독기구를 설립하는 것입니다.

여기서 문화의 중요성을 다시 한번 강조하고 싶습니다. 모든 사람이 신용사회를 구축하는 일에 책임을 져야 합니다. 각 기업의 경영인과 시민 각자가 모두 책임이 있으며, 소수의 관리·감독기관에 이 책임을 모조리 전가해서는 안 됩니다. 뿌리내린 문화를 바꾸고 새로운 문화를 받아들이는 데는 시간이 걸리므로 모두 이 과정에 참여해야 합니다. 이런 일은 시간이 필요합니다. 그렇지만 신용 문화를 이루는 일은 실현이 가능하다고 생각합니다. 한 국가가 국제 기준을 따라가면 이런 문화가 뿌리내리는 데 도움이 됩니다.

"국유자산을 민영화할 때 투명성을 확보하고, 널리 공개해 조사를 받을 수 있도록 해야 한니다. 이렇게 하면 자기 사람을 데려다 앉히는 정실情實 자본주의를 피할 수 있다"

_____ 중국이 '정실자본주의crony capitalism'식 발전의 함정에 빠지지 않을까 우려하는 중국인이 현재 많습니다. 어떻게 해야 이러한 문제가 발생하지 않거나 나아가 극복할 수 있을까요?

먼저 최고 지도자가 이런 소망을 가져야 한다고 생각합니다. 다시 말해 중요한 문제에서 부패의 발생을 막는 것입니다. 아시아 경제위기에서 볼 때 불행히도 정부가 기업과 밀착해 부패가 발생하는 것을 보았습니다. 따라서 부패 발생을 미연에 방지하려면 지도층의 결심이 필요합니다. 둘째, 국유자산을 민영화할 때 투명성을 확보하고, 널리 공개해 조사를 받을 수 있도록 해야 합니다. 이렇게 하면 자기 사람을 데려다 앉히는 정실자본주의를 피할 수 있습니다.

국유기업의 개혁 과정에서 가장 큰 문제는 민영화를 실현한 뒤에도 유착 관계가 계속된다는 점입니다. 러시아와 일부 동유럽 국가에도 이러한 현상이 있습니다. 그러나 이 문제는 동유럽 국가에 국한되지 않으며 동남아 금융위기의 원인이기도 했습니다. 한국의 김대중 대통령은 '정경유착이 문제의 근원이다'라고 말한 적이 있습니다. 김 대통령은 일부 정치가와 기업가 사이의 관계를 지적했고 또 그들과 일부 금융기관과의 관계도 지적했습니다. 이러한 위험성은 확실히 존재합니다. 여기에서 언론의 감시 기능이 매우 중요합니다. 이와 더불어 국민이 자신의 생각을 표현할 수 있는 환경도 중요합니다.

_____ 중국에서 이런 상황이 발생하지 않을 수 있나요?

신흥국은 전통적으로 투명성이 보장되지 않았기 때문에 쉽지 않을 것으로 생각합니다. 그러나 최근 중국의 최고 지도자가 이 정책을 정확히 전달하는 것을 보았습니다. 정책이 말로 표현되고 현실로 실현될 때까지 시간이 필요합니다. 우리는 하루 만에 한 사람을 바꾸고 1년 만에 한 국가를 바꿀 수 없음을 알아야 합니다. 시간과 인내심이 필요합니다. 또 사람들에게 이 과정이 현재 시작되었다고 알려야 합니다. 왜냐하면 많은 사람의 생각이 바뀌어야 하기 때문입니다.

중국에 대한 이야기는 잠시 미루고 일부 동유럽 국가에서 발생했던 상황을 생각해봅시다. 그 당시 이 국가들이 선전한 이론은 모두 옳았습니다. 하지만 실천 과정에서 잘못을 많이 저질렀습니다. 10년이 지난 뒤 러시아의 푸틴 총리는 과두 체제를 힘써 바로잡았고 잘못을 고쳐나갔습니다. 이는 절대 하룻밤 사이에 가능한 일이 아니므로 일관된 방식을 취해야 합니다. 중국도 이러한 과정이 필요하다고 생각합니다. 현 국가주석과 총리뿐만 아니라 차기 주석, 차차기 주석, 차차차기 주석이 모두 변화와 개혁의 길을 견지해나가야 합니다.

일반적으로 한 사회에서 부패 문제는 최고위층에 국한되지 않고 사회 전반의 모든 차원에서 발생합니다. 부유한 국가에서도 부패가 발생하며 개발도상국에서도 부패가 문제가 됩니다. 부패는 개발도상국만의 문제가 아닙니다. 이 문제에서 벗어나려면 국가와 사회가 근본적으로 변화해야 합니다. 사람들이 법치국가의 개념을 이해해야 합니다. 바른 일을 했을 때 비로소 모든 사람에게 최대의 이익이 돌아오게 됩니다.

_____ 아시아 금융위기가 발생하기 전에 세계은행은 아시아가 여러 분야에서 기적을 이룬 것에 대해 찬사를 보냈습니다. 그런데 비슷하게도 최근 세계은행은 중국이 경제 분야에서 실시한 많은 개혁과 그 성과에 찬사를 보내고 있습니다. 그런데 지금이 결론을 내릴 때인가요? 어떤 변수가 지금까지의 성공을 무위로 돌릴 수 있나요? 중국이 다른 아시아 국가와 유사한 운명을 맞게 될까요? 많은 전문가가 농촌 발전, 소득 격차, 부실대출 등 사회 발전 분야에 대해 크게 우려하고 있습니다. 이에 대해 어떤 견해를 갖고 계시나요? 중국의 앞날을 어떻게 예측하십니까?

이 문제에 대답하려면 많은 부분을 고려해야겠네요. 먼저 중국은 13억 인구의 경제 국가로 시작부터 엄청난 빈부 격차가 있었음을 알아야 합니다. 그런데 이미 2억 5000만 명이 빈곤에서 벗어났습니다. 제가 처음 중국에 온 때가 1976년이었습니다. 1976년과 비교하면 지금의 중국은 예전과 완전히 달라졌습니다. 지난번 중국에 온 것이 6년 전인데 그때와 비교해서 또 엄청나게 변화하였습니다. 따라서 중국이 분명히 성장했음을 인정해야 합니다. 일부 비판적인 사람도 중국이 나아지지 않았다고 말할 수는 없을 것입니다. 6퍼센트든, 7퍼센트든 아니면 8퍼센트든 어떤 기준이라고 하더라도 엄청난 발전입니다.

그렇다고 이것이 모든 문제가 해결되었다고 반드시 의미하지는 않습니다. 중국의 국가 지도자가 문제점을 지적했습니다. 부실대출, 소외, 빈곤 여성의 증가, 에이즈, 수자원 분포의 남북 간 불균형, 동·서부 발전의 불균형 등이 그것입니다. 중국은 현재 많은 문제에 직면해 있습니다. 이 말은 비난의 소리가 아니라 사실을 관찰한 것이며 이를 직시해야 합니

다. 저도 이런 문제를 관찰했습니다. 이런 문제들은 더 이상 비밀이 아닙니다. 바로 가까운 곳에 있습니다. 맞습니다. 중국은 정해진 시간 안에 목표를 실현하지 못할 수도 있으며 따라서 모든 일이 순조로울 수는 없습니다. 만약 모든 것이 순조롭게 진행된다면 세계 어느 나라도 성공한 적이 없는 정말 놀라운 일입니다. 따라서 앞으로 나아갈 길에 분명히 어려움이 있을 것입니다. 하지만 중요한 사실은 중국이 긴박감을 느끼고 이 문제를 대거 해결하고 있다는 점입니다. 저는 중국이 앞으로 나아갈 방향을 분명히 제시했고, 또 충분히 파악했다고 말하고 싶습니다. 이 일은 현재의 지도자가 완수할 수 있는 임무가 아니라 차기 지도자가 완수해야 할 임무입니다.

* 관칭官靑이 이 글에 도움을 주었다.

새로운 구도하에서의
중국의 역할 외

허야페이 전 주제네바 대사 겸 스위스 소재
기타 국제기구 중국 대표와의 인터뷰

●

기자 후수리 시기 2010년 5월 31일

금융위기 이후 세계(경제)구조에 확실히 큰 변화가 발생했으며,
조정 속도는 과거 어느 때보다 빨랐다. 각국은 중국이 무엇을 생각하는지
그리고 어떤 역할을 할 것인지 촉각을 곤두세웠다.

최근 몇 년간 공적이거나 사적인 자리에서 허야페이何亞非를 몇 번 만
났는데 생각이 정말 괜찮은 외교관이라는 느낌이 들었다. 나중에 중국
외교부 미주 및 대양주 국장에서 승진해 먼저 외교부 차관보를 맡은 다
음, 2년 전에는 외교부 부부장(차관)에 올라 미주 및 대양주, 국제, 군축,
의전, 대 홍콩·마카오·타이완 업무를 담당했다. 저우원중周文重 주미 대
사가 귀국하기 전에 후임 대사로 허야페이가 내정되었다는 소문이 있었
으나 인사 결과는 예상과 달랐다. 2010년 3월 허야페이는 외교부 부부
장직을 떠나 주제네바 사무처 주재 중국 대사 겸 스위스 소재 기타 국제
기구의 중국 대표로 임명되었다.

어디에 있든 허야페이는 중국에서 가장 실력 있고 중요한 외교관으로
인정받는다. 외교 경력만 보면 그는 아프리카, 미국, 유럽 연수 등을 통

해 짧은 기간 일했을 뿐이다. 이번에 허야페이가 유럽에 온 지 얼마 되지 않은 시기에 그리스를 포함한 유럽에서 (재정)위기가 발생했다. 유럽이 다시 논란의 중심에 선 것이다. 55세의 허야페이 신임 대사는 이번에 초미의 관심사를 몸소 체험하게 되었다.

내가 허야페이를 가장 최근에 만났을 때는 2월 스위스 다보스에서였다. 그는 리커창李克强 부총리의 수행원으로 왔다. 이번에는 도하에서 만났다. 허야페이는 5월 30일에 열린 첫 번째 대회에서 G8과 G20를 언급해 주목을 받았다. 이어 하버드 대학교의 에드윈 쿠퍼 교수가 내게 허야페이에 대해 물었을 때 그를 칭찬해마지않았다.

나는 허야페이를 찾아가 국제 구조, 새로운 직책, 유럽의 상황 등 다양한 주제에 걸쳐 그의 견해를 들었다. 우리는 도하 회의장이 있는 쉐라톤 호텔 7층 엘리베이터 앞 소파에서 마치 담소를 나누는 것처럼 인터뷰를 진행했다. 허야페이는 먼저 새로 맡은 일에 대해 이야기했다. "제네바에서의 업무는 매우 중요합니다. 제네바에는 경제·사회 발전과 관련이 있는 국제기구가 많습니다. 세계보건기구World Health Organization, WHO · 국제난민기구International Refugee Organization, IRO · 세계지적재산권기구World Intellectual Property Organization, WIPO · 국제전기통신연합International Telecommunication Union, ITU이 대표적 예입니다. 이들이 다루는 의제는 국가경제와 국민 생활의 곳곳에 영향을 줍니다. 때로는 이들 기구가 그렇게 이상적이지는 않습니다. 하지만 모든 국제기구는 사실 규칙 제정과 같이 매우 중요한 역할을 담당합니다. 조직이 있으면 모두 규칙을 제정하는데, 앞으로 수십 년이 지나면 바로 이 규칙들이 전체 국제 시스템의 중요한 구성 요소가 됩니다. 그렇기 때문에 중국은 적극적이면서 전면적

으로 또 깊이 참여할 필요가 있습니다. 우리는 이를 위해 노력했지만 앞으로 더 노력해야 합니다. 제네바에 와보니 책임이 막중하고 또 영광스러운 자리라는 생각이 들었습니다."

허야페이는 제네바가 유럽의 중심에 있고 스위스도 국제금융 중심 국가라는 사실을 언급했다. 금융 외에 과거에는 잘 알지 못했던 (건재, 강철, 임목 등의) 원자재 상품 거래를 포함해 최대 거래인도 스위스에 있다. 스위스는 허브로서 중요한 역할을 하며 정보도 비교적 많다. "우리는 스위스가 유럽의 중심에 있고 각 분야에서 정보가 많다는 점을 활용할 수 있습니다. 그래서 한 국가의 경제발전과 각 분야에 필요한 내용을 참고하고 또 연구 조사할 수 있습니다. 제네바에서 근무한 지 3개월가량 지났는데 참 좋습니다."

나는 허야페이가 30일 오전 다보스포럼 즉 '세계재건 정상회의'에서 했던 발언을 언급했다. 모두 새로운 국제 지형 속에서 중국이 무엇을 해야 할지 궁금했다. 우리는 이 점에 주목할 필요가 있다. 그래서 허야페이에게 청해 이야기를 나누었다. 허야페이는 금융위기 이후 세계경제구조에 실제로 엄청난 변화가 발생했으며 과거보다 더 빠른 속도로 조정이 이루어진다고 재빨리 대답했다. 모두 중국 정부가 무슨 생각을 하는지, 그리고 어떤 역할을 할지 큰 관심을 보였다. "회의에서도 강조했지만, 가장 중요한 문제는 사람들이 현행 시스템 자체를 신뢰하지 않으며 이런 시스템으로 왜 문제를 해결할 수 없는가라고 생각하는 것입니다. 이는 자연스러운 일입니다. 큰 위기를 한차례 겪고 나면 때때로 신뢰를 상실하기 마련입니다. 그래서 중국 총리가 여러 차례 말씀하신 것처럼 신뢰

가 긴요합니다. 우리는 스스로 만든 시스템을 신뢰해야 합니다. 이것이 첫째입니다.

둘째, 지금 관건은 중국인이 흔히 말하듯 서로 마음과 행동을 같이해야 합니다. 즉 한마음으로 협력하여 곤경을 헤쳐나가야 합니다. 이렇게 한다면 위기가 닥쳐도 쉽게 극복할 수 있습니다. 그런데 위기가 서서히 사라지자 각국이 고민하는 것이 점차 드러났습니다. 그런데 이것이 바로 국제 시스템이 직면한 현재의 중요한 문제입니다. 이번에 유럽의 부채위기가 이 정도까지 확산된 이유는 물론 시스템 자체에 모순이 있기 때문입니다. 또 다른 이유는 유럽연합의 주요 국가가 대응이 늦었기 때문입니다. 왜 대응이 늦었을까요? 난관을 함께 극복해야 하는 문제 앞에서 자국의 이익이 전체 국제사회의 이익과 긴밀히 연관되어 있다고 생각해야 하는데, 생각이 여기까지 미치지 못했던 것입니다. 셋째, 시스템을 개혁하고 조절하는 점진적인 작업이지 혁명적으로 추진하는 것이 아닙니다. 지금 우리는 유엔 체제를 전복하고 국제 시스템을 모두 뜯어고쳐 새로운 체제를 만들려고 해서는 안 됩니다. 지금은 개혁하고 개선해나가야 합니다. 물론 일부에서 개선의 발걸음이 빨라질 수는 있습니다. 그렇더라도 큰 파장을 몰고 와서는 안 됩니다."

점진적인 개혁인가 급진적인 개혁인가

_____ 개혁은 당연히 혁명이 아닙니다. 그렇지만 제가 묻고 싶은 것은 점진적인 개혁인가 아니면 급진적인 개혁인가입니다.

부분적으로 속도가 빨라질 수 있습니다. 그렇지만 전체적으로는 반드시 점진적이어야 합니다. 중국은 이것을 잘해왔습니다. 우리는 시스템의

참여자이며 건설자이자 개선자입니다. 우리는 시스템 속에서 개선할 점을 찾고 있습니다. 지난 30년의 개혁개방 과정을 돌아보면 중국의 개혁개방은 세계화가 빠르게 이루어진 것과 발걸음을 같이 해왔습니다. 다시 말해 중국은 세계화의 수혜자입니다. 이것은 중요한 사실입니다. 현재 세계화의 문제점이 많이 드러났지만 그렇다고 세계화 자체가 나쁜 것은 아닙니다.

_____ 제네바와 같이 세계화된 허브 도시에서 중국은 한편으로 세계화의 수혜자지만 또 한편으로 세계화가 처한 심각한 도전을 보게 됩니다. 그렇다면 중국은 세계화를 어떻게 대해야 할까요?

중국은 자신의 역할을 해야 한다고 생각합니다. 우리는 방향을 제시하고 행동에 나서야 합니다. 중국은 주요국들과 각 지역기구 그리고 다양한 체제와 함께 지금의 조정기가 최대한 빨리 끝나고 가장 좋은 효과를 낳도록 노력해야 합니다. 다시 말해 현재의 시스템이 사태 변화에 적응할 수 있도록 해야 하는 것입니다. 저는 회의에서 G20을 예로 들었습니다. 당시 주요국이 G7이나 G8이 아닌 G20을 선택한 이유가 무엇일까요? G20이 세계경제 시스템의 현황을 균형적으로 반영했기 때문입니다. G20이 선진국으로만 구성된 것이 아니라 선진국과 개발도상국의 비율이 상대적으로 균형을 이루고 있음은 척 보면 알 수 있습니다. 그러면 G20이 어떻게 정착할 수 있을까요? 이미 이 문제를 거론한 사람이 있습니다. 위기관리 방식으로 대처하여 장기적인 경제 제도로 전환해나가야 합니다. 이것이 쉬운 일은 아니지만 현재 모두 하고 있습니다. 어떤 분야에서 세계적 거시경제정책에 협력해야 한다면 G20은 유엔과 연계해야

정당성을 확보할 수 있습니다. 이것이 바로 리치아웃reach out을 요구하는 것입니다. G20은 국제사회의 다른 회원국과 보조를 함께해야 합니다. G20에는 당연히 20여 개의 회원국밖에 없기 때문입니다. 유엔에는 160~170여 개의 회원국이 있습니다. 따라서 우리는 다른 국가의 이익을 고려해야 하며 어떤 방식을 사용해 두 기관이 결합하도록 해야 합니다. 그래서 저는 회의에서 유엔이 주도적 역할을 해야 한다고 강조했습니다. 유엔은 국제 시스템의 핵심 기구입니다. 이 점이 중요합니다.

"유럽이 먼저 스스로 도왔을 때 다른 사람들도 도울 수 있다"

_____ 미주 및 대양주국에 계실 때 미국에서 위기가 심각했습니다. 이제 유럽에 오시니 유럽에서 경제위기가 발생했습니다. 유럽의 이번 위기를 어떻게 보십니까? 파급 효과를 어떻게 평가하십니까?

유럽의 이번 위기는 뿌리가 깊습니다. 제 생각에 크게 세 가지 문제가 있습니다. 첫째, 인구 구조 때문입니다. 고령화로 노년층에 대한 (정부의) 부담이 큽니다. 다시 말해 정부 지출에서 노년층을 지원하기 위한 지출액이 무려 50퍼센트에 이릅니다. 둘째, 복지 제도 때문입니다. 유럽은 사회보장이 잘되어 있습니다. 그런데 경제발전 정도가 이를 뒷받침해주지 못해 어려움이 발생했습니다. 또 유럽은 경제발전 속도가 빠르지 않을 것입니다. 셋째, 유럽연합과 함께 유로존이 발전하면서 단일통화를 사용하게 되었습니다. 그러나 재정정책은 상대적으로 통일되지 않았습니다. 이 세 요인으로 위기가 발생했습니다. 따라서 유럽의 위기는 심층적인 문제입니다. 부채 위기는 최근 몇 달 사이에 발생한 것이 아니라 예전에도 있었습니다.

그렇다면 왜 지금 갑자기 위기가 발생했을까요? 여기에는 여러 이유가 있습니다. 사람들은 심층적인 문제가 해결되지 못했고 유럽의 발전이 지속되지 않는 것을 보았습니다. 유럽은 유럽만의 어려움이 있습니다. 유럽의 정치 제도는 선거에 의해 이뤄집니다. 유럽의 정치 지도자가 몇 가지 결정을 내리고 그리고 앞서 말한 문제점을 개선하는 것은 정치적으로 힘든 일이며 국민이 반대할 수 있습니다. 예를 들어 인구, 이민, 개방 등의 문제는 해결하기가 어렵습니다. 복지예산을 적절히 삭감하고 조정하기도 힘듭니다. 경제발전을 빠르게 추진하고 경제정책을 조정하기도 어렵습니다. 유럽연합은 정책 공조를 하고 있습니다. 규정에 따라 재정을 튼튼히 하고 예산에서도 협력을 강화해야 합니다. 이를 시행하기는 어렵고, 국민들은 너나없이 거리로 뛰쳐나갔습니다. 그래서 정치 지도자가 이런 결정을 내리고 실천에 옮기기란 정말 힘든 일입니다. 제가 회의에서 더욱 적극적인 모습을 보일 때는 사람들에게 유럽에 대한 지원을 호소할 때입니다. 유럽에서 위기가 계속된다면 세계경제의 성장에 악영향을 끼칠 수 있기 때문입니다. 세계경제가 성장하지 않으면 중국에도 좋지 않고, 아시아에도 좋지 않으며 아프리카에도 좋지 않고 어느 누구에게도 좋지 않습니다. 그래서 이런 관점에서 보면 우리는 모두 유럽을 도와야 합니다. 그렇지만 유럽이 먼저 스스로 도왔을 때 다른 사람도 도울 수 있습니다.

_____ 결과적으로 위기를 잘 극복할 수 있을까요? 아니면 한동안 더 지켜봐야 할까요? (허야페이는 지금은 단언하기가 힘들다고 말했다. 해결의 길이 보이며 해결책도 있지만 정치적으로 결단을 내릴 만한 배짱이 있어

야 한다.)

문제의 핵심은 역시 유럽인 자신입니다. 이런 심층적인 문제를 잘 생각하면 해결 방법이 보일 것입니다. 그다음 강력한 조치로 나서면 됩니다. 그렇게 하지 않는다면 문제가 지지부진하게 계속될 것입니다. 유럽은 와해되지 않고 유로도 사라지지 않을 것입니다. 그렇지만 문제를 질질 끌면 계속 쌓여 다음번에 더 심각한 문제가 발생할 것입니다.

중국에 닥친 위기의 영향에 대해서 허야페이는 유럽이 큰 수출시장이므로 표면적으로 수출이 타격을 입었다고 말했다. 또 세계경제의 회복에 부정적인 영향을 끼친 점이 가장 크다고 말했다. 국제사회가 금융위기와 경기침체를 또 한차례 겪는 일은 더 이상 감당하기가 어렵기 때문이다. 허야페이는 이번의 유럽 위기 이후 '더블 딥double dip, 경기침체 뒤 잠시 회복기를 보이다가 다시 침체에 빠지는 이중 침체 현상'은 발생하지 않을 것으로 생각했다. 세계의 다른 지역이 성장하고 있고 유럽의 실물경제 또한 성장하면서 회복하고 있기 때문이다. 이번 위기의 원인 중 하나는 사람들의 신뢰 문제였다.

"여러분 스스로 내부의 심층적인 문제를 해결하지 못한다면 우리 쪽 시장도 비관적이다, 귀 국가의 경제가 성장하고 있지만 우리는 당신을 신뢰하지 못한다, 이것이 문제입니다. 이는 바로 유럽이 정말 조치를 취할 수 있는지 지켜보는 것입니다."

중국과 미국의 경제적 긴장

로버트 졸릭 전 미국 무역대표부 대표와의 인터뷰

●

기자 왕쉬, 장원하오張文豪 **시기** 2002년 4월 20일

미국의 무역대표가 미국의 수입 철강에 대한 관세 부과,
중국의 WTO 약속 이행, 세계무역자유화 뉴라운드 협상 및
동아시아 FTA의 전망에 대해 자신의 생각을 털어놓았다.

로버트 졸릭Robert Bruce Zoellick은 베테랑 외교가이자 무역 협상 전문가
다. 1980년대 말과 1990년대 초에 졸릭은 부시 행정부에서 국무부 차관
보로 일하며 경제와 농업 관련 업무를 담당했다. 미국 정부를 대표해
NAFTA, GATT 우루과이라운드 협상에 참가했고 APEC 창설에 기여했
다. 1992년 백악관 비서실 차장과 대통령 보좌관을 역임했다.

1993년에 조지 부시 대통령이 퇴임하자, 졸릭은 정부를 떠나 미국의
최대 모기지대출 전문 금융회사인 패니메이의 상임 부회장, 미국의 해
군 학교인 존 엠 올린의 국가 안보 강좌 교수, 하버드 대학교 벨퍼Belfer
과학 및 국제관계센터 연구원 및 투자은행인 골드만삭스의 고위급 국제
고문으로 일했다.

조시 부시 대통령의 아들인 조지 W. 부시 대통령이 백악관에 입성하

자 졸릭은 2001년 1월 정부로 돌아와 미국의 제13대 무역대표가 되었다. 미 무역대표는 미국 대통령의 무역정책고문과 미국 정부의 대외무역 협상대표를 겸한다.

4월 8일, 미 무역대표부의 로버트 졸릭 대표가 동아시아 4개국 순방 길에 올라 베이징을 방문했다. 바로 전에는 인도네시아를 방문했다. 졸릭이 이번에 중국을 방문한 일은 시기적으로 특수성이 있다. 즉 중국이 WTO에 가입한 이후 그가 처음 중국을 방문한 것이며, 미 행정부가 3월 초 철강의 수입관세율을 인상한다고 발표해 중국을 비롯해 대미 철강 수출국들의 강력한 반발이 있은 뒤 이뤄진 힘든 방문길이었다.

중국에서는 미국이 철강 관세를 인상한 일에 대해 '중국이 제소한 첫 번째 WTO 분쟁'으로 다루자는 여론도 크게 일었다. 중국 입장에서 보면, WTO에 가입하여 세계자유무역 체제에 편입해가는 과정에서 WTO의 분쟁 해결 절차에 따라 미국의 보호무역주의 색채가 농후한 이번 조치에 대응하고, 자국의 이익을 어떻게 보호할 것인가가 중요한 과제였다. 미국 입장에서는 철강의 수입관세 인상이라는 보호무역주의 성격이 명백한 조치 때문에 무역 상대국이 화가 단단히 난 상태에서, 자유무역과 세계화의 선봉으로서 상대국들의 분노를 누그러뜨려 2003년에 있을 새로운 세계무역자유화 협상에 부정적인 영향을 끼치지 않도록 해야 했다.

4월 9일, 졸릭 대표는 중국 대외경제무역합작부 마슈훙馬秀紅 부부장(차관)과 회담을 가졌다. 주제는 철강의 관세였지만 회담 결과는 분명히 낙관적이지 않다. 다음 날 졸릭은 베이징을 떠나 일본으로 간다. 일본은 미국의 수입 철강의 관세율 인상에 대해 반발이 가장 거센 나라다. 중

국을 떠나기 전에 일정에 변동이 많았던 기자간담회는 결국 열리지 않았다.

우리는 4월 9일 오후 베이징국제클럽호텔에서 졸릭을 인터뷰했다.

미국의 수입 철강 관세 인상과 중국에 대한 영향

_____ 중국 국민은 WTO에 가입하면 자유무역 체제에 편입해 경제가 장기적으로 번영한다는 이야기를 들었습니다. 이 때문에 중국인은 WTO에 가입한 뒤 발생하는 단기적인 고통은 감내하고자 합니다. 그런데 미국 정부가 최근 철강 제품의 관세를 대폭 올리겠다고 결정하자 중국인들이 어리둥절해졌습니다. 미국이 철강에 대한 관세를 대폭 인상하는 것은 미국의 자유무역정책상의 변화를 의미합니까? 중국 국민은 WTO에 가입하기 위해 단기적인 고통을 감내했는데, 과연 그럴 필요가 있는지 의문을 품지 않을까요?

먼저 철강 제품 관세의 상승으로 중국이 입을 영향은 미미합니다. 오늘 아침 중국 대외무역경제합작부 인사와 만나서도 이야기했지만, 중국이 미국에 수출하는 철강 제품 중 이번에 영향을 받는 품목은 이 제품의 전체 대미 수출의 37~38퍼센트 정도입니다. 2001년 수출액을 기준으로 계산하면 2억 400만 달러입니다.

2001년에 중국의 대미 수출액이 1030억 달러라는 사실을 고려하면, 2억 400만 달러의 수출액이 주는 영향은 아주 작아 0.2퍼센트에 불과합니다. 미국이 철강 관세율을 높이자 파장이 일파만파로 번졌습니다. 그러나 사람들이 더 넓은 경제적 시야로 이번 문제를 바라보면 좋겠습니다.

둘째, 더 중요한 원인은 WTO 협정에 보호 조항이 들어 있다는 것입니다. 미국은 수입이 급증해 국내 산업이 실제로 타격을 입을 때 임시 조치를 선택할 수 있습니다. 부시 대통령은 미국 철강업계의 숨통을 틔워준 것이지 영구적으로 관세를 인상한 것이 아닙니다. 철강업계에 대한 특별 보호 기한은 3년에 불과합니다. 또 우리는 정기적인 평가를 거쳐 3년 안에도 해마다 낮춰나갈 수 있습니다.

셋째, 이번에 철강업계에 보호 조치를 발동한 이유는 미국 경제가 비교적 개방된 편이기 때문입니다. 2001년 미국의 수입액은 1조 달러에 이르렀습니다. 수입이 급증한다면 미국은 이를 조정할 수 있습니다. WTO 협정에서 회원국이 보호 조치를 선택할 수 있도록 허락한 이유가 바로 이 때문입니다. 물론 이 조치는 일시적이어야 합니다.

솔직히 말해 미국은 상당수 국가에 가장 크고 중요한 시장입니다. 만약 미국 경제가 둔화하면 다른 나라에 모두 충격을 안겨줄 것입니다. 2001년에 미국의 무역적자가 4370억 달러였습니다. 이는 미국에도 엄청난 규모입니다. 지금 세계경제의 상황을 보면, 달러화 강세, 미국 경제의 회복이 미진한 것, 일본과 유럽 등 주요 선진국의 경제침체 등을 꼽을 수 있습니다. 이런 상황에서 미국은 임시 조치와 방법을 동원해 관련 산업(철강)이 숨쉴 수 있게 해줘야 합니다.

우리만 이렇게 한 것이 아닙니다. 사실 세계적으로 20개 보호 조항이 현재 시행되고 있습니다. 시행중인 국가는 한국, 브라질, 아르헨티나, 일본입니다. 따라서 저는 중국 국민이 이번 조치가 WTO 협정의 일부라고 이해해주기를 희망합니다. 미국의 조치가 문제가 된다면 WTO에 조정을 신청할 수 있습니다.

—————— 그러니까 미국이 철강 관세를 인상해도 중국 등 다른 나라가 받을 손실이 제한적이라는 말씀이죠? 그렇다고 이것 자체가 관세율을 인상한 합리적인 이유가 될 수 없습니다. 어느 사설에서 철강에 대한 관세를 인상한 것은 부시 행정부가 국내에서 정치적으로 타협한 결과 내린 결정이라고 지적했습니다.

솔직히 말해 이 두 측면을 종합한 것입니다. 물론 어느 나라도 보호 조항을 과도하게 사용해서는 안 됩니다. 그렇지만 현재 미국의 철강 기업 중 30퍼센트가 파산 위기에 몰려 있습니다. 생산성이 매우 높은 기업도 적자를 면하기가 어렵습니다. 이 때문에 미국이 보호 조항을 가동한 것입니다. 달러화 강세가 지속되는 것도 이 기업들의 어려움을 가중시켰습니다. 세 번째 원인은 개인적인 생각이지만, 국제 철강 시장은 어느 때든 각국 정부의 조정과 간섭 아래에 있는 점이라고 생각합니다.

일본의 5대 철강 기업을 예로 들겠습니다. 1970년에서 1998년까지 무려 28년 동안 5대 기업의 시장점유율 변동 폭은 매년 1퍼센트 포인트도 되지 않습니다. 이것이 자유시장입니까? 또 미국의 이번 철강 제품 관세 인상에 대해 유럽연합의 반발이 가장 큽니다. 그렇지만 500억 달러를 투입해 유럽의 철강산업을 구제한 것도 바로 유럽연합이었습니다. 기회만 있으면 수출자율규제협정Voluntary Restraint Agreement, VRA: 수출입국이 양자 협상을 한 후 수출국이 자발적이고 주동적으로 특정한 수출상품에 대해 수량 제한을 실시하는 것을 시행한 것도 그들입니다.

WTO에 가입한 중국에도 중요한 부분이 있습니다. 오늘 중국사회과학원의 학자들에게도 이 문제를 제기했는데요. WTO의 일부 전문 조항에 따르면 관련 국가가 상대국의 불공정 무역 행위를 타깃으로 반덤핑

관세나 반보조금 관세를 부과할 수 있습니다. 이 조항은 타국의 정상 무역 간섭 행위를 자국이 방지할 조치를 허락하는 규정입니다. 중국은 이러한 도전을 갈수록 많이 받을 것입니다. 그 대상도 선진국이 아니라 개발도상국입니다. 특히 방직품에서 그럴 것입니다. 아시겠지만 방직품은 관련 쿼터가 2004년 말에 모두 해제되었습니다. 솔직히 방직품 분야에서 중국과 경쟁할 수 있는 나라는 많지 않습니다.

미국은 대對중 무역에서 800억 달러의 적자가 발생했습니다. 저는 경제학을 오랫동안 공부했습니다. 단순히 무역에서 국가 간 균형을 찾자고 이야기하는 것이 아닙니다. 이것은 심각한 문제입니다. 미국 시장은 중국에 개방되어야 합니다. 그러나 무역 관계에서는 공정성을 지켜야 합니다. 사실 중국 시장으로의 진입 문제는 정말 여러 문제가 얽히고설켜 있습니다.

_____ 미국은 철강 관세 추가 부과에 대한 다른 나라의 불만을 어떻게 잠재울 생각입니까? 혹시 WTO의 분쟁 해결 절차가 시작되기를 기다리는 것인가요?

우선 다른 나라의 분노는 기자님이 말한 것처럼 그렇게 크지 않습니다. 유럽연합의 목소리가 가장 크게 들립니다. 그렇지만 제가 방금 말했던 것처럼 유럽측도 철강산업이나 다른 산업에서 그렇게 깨끗하지는 않습니다. 예를 들어 유럽연합은 바이오 기술을 사용한 미국산 농산품의 수입을 거절했습니다. 이것은 WTO 협정을 명백히 위반한 것입니다.

또 이번의 철강 관세 인상에서 미국과 FTA를 체결한 국가와 함께 개발도상국 중 대다수가 관세를 면제받았습니다. 중국이 면제를 받지 못

한 이유는, 미국의 법률에 따르면 면제 대상을 선정할 때 WTO 회원국 (중국은 이 조건에 해당함)의 여부뿐만 아니라 일반특혜관세 제도 Generalized System of Preferences, GSP: 개발도상국이 선진국에 특정 상품을 수출할 때 받는 특별대우로 수입관세를 낮게 책정하는 것의 대상국인지도 고려하기 때문입니다. 중국은 이 명단에서 제외되었습니다. 그렇지만 이미 앞서 말한 대로 중국이 미국에 수출하는 철강 제품 중 62~63퍼센트가 이번 철강 관세의 인상 대상이 아닙니다.

만약 다른 나라가 미국의 (무역)정책에 불만이 있다면 WTO에 제소할 수 있습니다. WTO의 분쟁해결기구가 나서게 될 것입니다. 만약 분쟁해결기구가 미국의 조치가 부당하다고 최종 판정을 내리면 우리는 WTO의 절차와 규칙에 따라 적절하게 대응할 것입니다. 이것이 정상적인 해결 방식입니다.

_____ 미국은 철강에 대한 관세로 다른 나라가 입은 손실을 배상하는 것을 고려한 적이 있습니까?

우리는 일부 국가와 협상하기로 이미 약속했습니다. 이 밖에도 우리는 예외 절차를 고려하고 있습니다. 중국측에 예외 절차가 어떻게 진행되는지 설명해 중국도 신청하도록 했습니다. 예외 절차는 미국에 수출하는 철강 제품 중 미국 철강업계가 생산하지 않는 품목이거나 경쟁이 치열하지 않으며 다른 경로로 수입할 수 없는 제품 등에 적용됩니다. 우리는 일부 국가와 리밸런싱rebalancing을 논의했습니다. 다시 말해, 다른 분야에서 관세를 인하할지 (이로써 보상하는 일을) 논의했습니다. 그렇지만 현재로서는 어떤 진전이 있었다고 말할 수 없습니다.

● 논평 ●

부시 미 대통령이 3월 5일 미국무역법 201조에 따라 철강 제품 수입 관세를 8~30퍼센트로 인상한다고 발표했다. 미국은 주요 수입 철강 제품에 대해 3년의 관세할당 제한을 시행하거나 8~30퍼센트의 관세를 차등 부과하는 방식을 시행할 예정이다. 이는 미국이 철강 수입에 대해 지금까지 가장 강도 높은 무역 제한 조치를 발동한 경우다.

미국이 1974년에 제정한 무역법 201조에 따르면, 국내 산업이 수입 증가로 실제로 피해를 입거나 위협을 받을 때 미 국제무역위원회International Trade Commission, ITC에 구제 조치를 시행할 것을 요구할 수 있다. ITC는 수입 증가로 실제 손실을 입었는지 책임지고 조사한다. 만약 위원회가 긍정적으로 결론을 내렸다면, 대통령에게 긴급 구제 조치의 시행을 권고할 수 있다. 그러면 미국 대통령은 구제 조치 시행 여부를 결정한다.

미국의 반덤핑법, 반보조금법과 달리 201조는 수출국이 불공정한 무역 행위를 했는지 여부를 조사하지 않아도 된다. 그러나 국내 업종이 손해를 입었는지에 대해서는 심도 있게 조사해 실제로 손실이 발생했고 수입 증가가 손실의 직접적인 원인임을 입증할 것을 요구한다. 201조는 미국에서 통상적으로 사용되는 반덤핑법, 반보조금법에 비하면 더 임의적이다. 왜냐하면 수출국의 입장을 고려할 필요가 없으며, 수출국이 불공정 거래를 했는지 조사할 필요도 없기 때문이다.

미국의 이번 철강에 대한 수입관세의 인상 대상은 10개 품목으로 관세가 8~30퍼센트 인상되며 3월 20일부터 시행한다. 평면압연철강과 다른 철강 제품이 주요한 대상이며 브라질, 일본, 한국, 러시아, 중국, 독일, 터키, 프랑스, 오스트레일리아, 네덜란드 등이 관세 인상 대상국이

다. 캐나다, 멕시코, 이스라엘, 요르단 등은 관세를 면제받았다.

3월 12일, 중국 대외경제무역부 스광성石廣生 부장은 미국은 수입 철강에 대한 관세 인상으로 WTO 협정을 위반했다고 밝혔다. 3월 14일, 중국은 미국의 철강 보호 조치에 대해 협상할 것을 정식으로 제안했다. 유럽연합, 브라질, 한국, 일본 등도 같은 요구를 했다.

4월 9일, 중국 대외경제무역부 마슈훙 부부장은 중국을 방문한 졸릭 미 무역대표와 만난 자리에서, 미국은 중국을 201 철강 제품 보호 조치 대상국에서 제외하고 중국에 배상해야 한다고 밝혔다. 마 부부장은 중국은 세계 2위의 철강 순수입국으로, 1996년에서 2000년까지 미국에 수출한 철강 제품은 미국의 전체 철강 수입에서 차지하는 비중이 3퍼센트에도 미치지 않는다고 지적했다. 그리고 미국은 중국을 개발도상국으로 분류해 201조 국가에서 제외해야 하며 동시에 중국에 상응하는 배상을 해야 한다고 강조했다.

또 마 부부장은 중국이 WTO의 보장 조치를 합의함에 따라 3월 22일 미국과 양자 협상을 진행했다고 밝혔다. 중국은 양자 협상에서 201조 문제를 해결할 수 있기를 희망했다. 보장 조치의 합의는 시간적으로 제약이 있기 때문에 양자 협상이 결렬된다면 중국은 WTO 규정에 따라 다른 해결 수단을 찾아 자국의 이익을 보호할 것이다.

4월 11일과 12일에 중국과 유럽연합, 일본, 한국, 스위스, 노르웨이 등 6개국이 제네바에서 '201 철강 긴급수입제한 조치'를 놓고 미국측과 협상했으며, 철강 수입을 제한하는 보호주의 조치를 즉각 중단할 것을 요구했다. 중국 대표단은 성명에서 WTO의 관련 규정에 따라 진일보한 조치를 취할 권리가 있다고 지적했다.

만약 이번 협상에서 협상의 요구를 제안한 뒤 60일 이내에 분쟁이 해결되지 않으면 6개국은 WTO 전문가팀의 조직을 요구할 것이다. 유럽연합은 첫 번째 제소국으로 2002년 5월 6일 WTO 전문가팀의 구성을 요구했다.

중국의 WTO 약속 이행

_____ 중국의 WTO 약속 이행 상황을 어떻게 평가하십니까?

중국은 시작이 좋았습니다. 하지만 아직 모든 약속을 이행하지 않았습니다. 예를 들어 농산품과 화학 비료에 부과되는 관세율 쿼터표tariff free quota, 무관세 쿼터라고도 함. 관세 할당의 일종으로 쿼터에 미달하는 수입 물량에 대해서는 수입관세가 제로임의 발표가 늦어지고 보험 분야도 일부 요구가 이행되지 않았습니다. 이 밖에도 중국우정郵政관리국이 특급 우편업에 대한 새로운 규정을 내놓았는데, 우리가 보기에 오히려 후퇴했다고 생각해 현재 중국측과 협상중입니다.

전체적으로 중국은 WTO 약속을 잘 이행하고 있으나 백 퍼센트는 아닙니다. 이행 속도를 좀 더 높여야 합니다. 이렇게 하는 것이 매우 어렵다는 것도 잘 알고 있습니다. 전 중국의 정부 인사 중 절대다수가 약속 이행을 희망한다고 믿고 있습니다. 문제가 발행할 때마다 관료주의나 지방보호주의가 드러나지 않은 적이 거의 없습니다. 미국 입장에서는 중국측과 잘 협력해 이 과제를 잘 수행하는 것이 비판적 태도를 취하는 것보다 훨씬 낫습니다.

_____ 미 의회가 중국에 항구적인 정상무역관계permanent

normal trade relations, PNTR 지위를 부여하는 법안을 심의중이며, 중국의 WTO 가입 합의의 이행 상황을 엄격히 감독하는 절차를 정했다고 들었습니다. 이 절차는 어떻게 이뤄집니까? 예를 들어 미국과 중국의 무역 관리 공무원이 중국이 WTO에 가입한 이후 약속을 이행하는 동안 발생한 문제에 대해 몇 차례나 협상을 했습니까?

정확한 횟수는 알지 못합니다. 그렇지만 미국 정부는 중국 정부가 약속한 사항을 관련 부처에 내려 보내 계속 감시하도록 했습니다. 이 부서들은 매월 정기적으로 회의를 엽니다. 물론 정부 차원이 아니라 전문가 차원에서 진행합니다. 오늘과 내일 제 동료들은 중국 대외경제무역부 공무원들과 함께 중국의 WTO 약속 이행이 현재 이뤄지지 않은 부분을 공동으로 평가합니다.

_____ 미국 무역대표부에서 최근 각국의 무역 장벽을 검토한 보고서를 발표했습니다. 미국 입장에서 중국의 가장 큰 무역 장벽이 무엇이라고 생각하십니까?

우리는 무역 장벽이 있다고 생각하는 부분을 보고서에서 나열했습니다. 그중 일부는 중국이 아직 이행하지 않은 WTO 약속으로 이미 언급했습니다. 이 밖에 우리가 크게 관심을 갖는 분야는 비관세장벽입니다. 관세율은 낮췄지만 중국의 일부 부처와 위원회가 새 방법을 고안해 수입을 막는 형태입니다. 농업 분야에서 비교적 자주 보이는 방식은 위생 검역 기준을 내세워 수입을 막는 것입니다.

이번에 저는 중국측과 금융 서비스 시장을 개방할 필요성에 대해 논의했습니다. 금융 서비스 시장을 개방하면 중국에 그 자체로 도움이 됩

니다. 왜냐하면 중국은 효율성이 뛰어난 자본 중개자가 필요합니다. 그렇게 되면 자국의 저축과 외국의 투자가 가장 창조력이 있는 곳이나 용도로 흘러가게 됩니다.

_____ 다국적기업이 중국에서 경영할 때 가장 어려운 점이 무엇이라고 생각하십니까?

중국은 여전히 정확하고 투명한 규칙을 제정할 필요가 있습니다. 이렇게 되지 않는다면 부패와 권력 남용 현상이 발생해 결국 행정의 효율성을 떨어뜨립니다. 중국에서 활동하는 기업은 셀 수 없이 많은 정부기관과 접촉해야 합니다. 물론 미 행정부도 층층이 수많은 기관이 있습니다. 그러나 수직 구조인 중국의 수많은 정부기관이 개혁과 개방을 저해할 때가 종종 있습니다.

미국 상공업계 관계자와 저는 중국이 현재 올바른 방향으로 계속 발전해간다고 생각하고 있음을 전하고 싶네요. 하지만 중국은 여기에 머물러서는 안 되며 자본시장이든, 농업이든 또 서비스업이든 건설적인 시장을 창출하기 위해 힘써야 합니다. 예를 들어 중국은 지적재산권의 보호 문제가 심각합니다. 번화가 곳곳에 해적판 CD가 널려 있습니다. 현대 산업은 지식과 정보 서비스에 대한 의존도가 갈수록 커집니다. 지적재산권의 보호에 힘쓰지 않는다면 투자자를 유치하는 데 큰 장애가 될 것입니다.

중국이 WTO에 가입할 때 한 약속에 대해 미국은 엄격하고 제도화된 틀에서 정부와 기업이 함께 감독하는 조치를 시행했다. 미 하원은 중국에 항구적인 정상 무역 관계 지위를 부여하는 법안을 통과시키고 중국이 WTO 가입시 합의한 사항의 이행에 대한 감독 시스템을 확립했다. 주요 내용을 보면, 미 무역대표는 중국이 WTO에 가입할 때 체결한 다자간 협정(의정서) 중에서 특별히 중국에 대해 규정한 연도별 무역정책 심의 방식을 책임진다. 그리고 매년 의회에 중국의 WTO 가입시 약속(다자간, 양자 간 포함) 이행 상황 보고서를 제출하고 정책적인 제안을 한다.

미 상무부는 중국이 WTO 합의 사항을 이행하는 데 대해 감독을 강화하는 주요 조치를 발표했다.

1) 중국 업무를 담당하는 차관보급 보좌관과 12명의 무역 전문가로 구성된 긴급 대응 팀을 구성해 중국의 WTO 합의 사항 이행을 책임지고 감독한다.

2) 중국이 보조금을 지원하는 것을 감시하기 위한 전문 조사팀을 구성해 중국이 WTO 가입 약속을 이행하도록 한다. 시장 진입 문제의 조사 절차를 신속히 마련한다. 예를 들어 90일 내에 분쟁이 해결되지 않으면 다음 조치를 고려한다.

3) 기존의 반덤핑 감독 시스템하에서 중국산 수입 제품과 중국에 수출한 제품의 상황을 면밀히 살피고 중국산 수입 제품이 급증하는 잠재적인 위협 상황에 대비해 미리 반덤핑 조치에 나선다.

미 의회는 회계감사원Government Accountability Office, GAO 산하에 장기 업무 팀을 배치해 중국이 WTO 가입 10개월 내 그리고 1년 뒤 중국의 합의 이행 상황, 약속 기준, 개정된 국내 법률 및 시행령과 WTO 협정의 일치 여부에 대해 심의하기로 했다. 여기에는 중국의 약속 이행 여부와 약속을 불이행해 (미국) 기업들이 겪는 애로 사항이 포함된다. 아울러 미 정부가 중국의 WTO 약속 이행 상황을 감독하기 위해 취한 조치(미 무역법, WTO 분쟁 해결 기구 이용 등 포함)의 효과가 어떠한지도 심사한다.

미국 기업들은 상공회의소와 업종별 조직을 통해 중국이 통신 서비스, 자동차, 금융보험, 정보기술, 석유화학, 의약, 바이오 등 핵심 영역에서의 합의와 관계가 있는 허가증, 시장 진입, 쿼터 관리, 법률 집행 등의 문제를 밀접하게 실태 조사하여 미 정부 당국과 정보를 교환한다.

세계무역자유화 뉴라운드 협상

_____ 새롭게 시작되는 WTO 무역 협상에서 미국의 목표는 무엇입니까?

우리의 최우선 목표는 개발도상국과 비슷합니다. 미국은 화물, 서비스, 농산물 시장에 진입하는 문제에 관심이 큽니다. 분야마다 다른 방식을 선택합니다. 예를 들어 농업 분야는 관세를 인하하고, 수출보조금을 철폐하며, 왜곡이 심한 업종별 지원의 축소 등의 방식을 채택합니다. 그런데 서비스업은 많은 분야에서 투자와 국경 없는 서비스를 실현하며, 공산품은 비관세 장벽을 극복하는 것이 필요합니다.

이러한 의미에서 우리 입장은 유럽연합, 일본과 다릅니다. 그들은 차기 협상에서 투자와 경쟁정책을 포함하는 대단히 포괄적인 일정표대로

실행되기를 원합니다. 그러나 우리 계획은 그렇게 광범위하지 않으며 개발도상국과 비슷합니다.

중국은 WTO에 가입한 뒤 다른 회원국과 함께 차기 협상에 참여하게 됩니다. 중국의 평균 관세율은 미국보다 여전히 높습니다. 미국의 관세율 가중 평균치는 2퍼센트 수준입니다. 중국과 다른 나라는 많은 품목에서 관세를 낮춰야 합니다. 저는 중국이 도하라운드에서 중요한 역할을 할 것으로 믿습니다. 미국이 도하라운드에서 입장을 확정할 때 중국측과 더 긴밀하게 교류할 필요가 있습니다. 중국은 개발도상국을 향해, 개방은 한 나라가 선택하는 개발 전략의 중요한 이정표라는 입장을 표명했습니다.

_____ 미 무역대표로서 현재까지 마련한 일정 중에서 무엇이 가장 중요합니까?

앞으로 몇 달 안에 가장 긴요한 일은 신속협상권Trade promotion authority, TPA을 미 의회로부터 부여받는 것입니다. 그렇게 되면 미 행정부는 다른 국가와 무역협정을 더 빨리 맺을 수 있으며 뒤이어 의회에 승인을 요청할 수 있습니다. TPA를 부여하면 미 의회는 협정을 승인하거나 부결할 수 있지 개정할 수는 없습니다. 의회가 정부에 부여한 TPA는 8년 전에 만료되었습니다. 이번에 하원에서 발의안이 아주 힘들게 통과되었는데 이제 상원의 심의와 표결만 남아있습니다.

좀 더 범위를 넓혀 이야기한다면, 우리는 미국이 무역 강대국의 자리를 지킬 수 있도록 노력해야 합니다. 여기에는 세계 규모의 협상, 지역 협상, 양자 협상 등 다양한 형태에서 노력이 필요합니다. TPA를 부여받

으면 이런 협정을 체결하는 데 도움이 될 것입니다.

2001년은 저로서는 성과가 컸던 한 해였습니다. WTO가 도하에서 뉴라운드 협상을 시작하기로 확정하여 1999년 시애틀에서 맛본 실패를 만회했습니다. 중국은 마침내 WTO 회원국이 되었습니다. 미국과 요르단의 FTA가 미 의회에서 승인되었으며, 베트남과는 시장 개방과 관련해 양자 간 합의에 도달했습니다. 또 미국은 싱가포르, 칠레와 FTA 양자 협상을 시작하였습니다. 두 협상이 금년 안에 마무리되기를 바라고 있습니다. 미국은 또 미주 FTA(FTAA) 협상을 시작했습니다. FTAA에는 아메리카 대륙의 34개국이 참여합니다. 이런 것들은 모두 각자 자기 위치에서 무역 강대국으로서의 미국이라는 자리를 유지하려는 노력입니다.

모든 국가의 가장 근본적인 문제는 시장 개방 기조를 유지하는 것이 어렵다는 점입니다. 전통적으로 시장을 봉쇄하려는 보호무역주의자들은 늘 잘 뭉치는 이익집단이었습니다. 반대로 시장 개방의 장점은 확장성이며, 일반적으로 소비자에게만 개방의 혜택이 돌아갑니다. 따라서 자유무역은 정치적으로 강력한 도전을 받습니다.

_____ 9·11 테러 사건 이후 미국의 무역정책은 반테러 전략과 어느 정도 협력하고 있습니까?

재미있는 질문이네요. 미국의 무역정책은 그대로입니다. 그러나 9·11 사태 이후 부시 대통령이나 저나 모두 장기적인 테러 위협에 대응하기 위해 미국이 시장을 개방했다고 설명했습니다. 빈곤 국가의 국민에게 경제적으로 희망을 주는 일은 매우 중요합니다. 그렇다고 빈곤이 테러리즘을 낳는다는 뜻은 아닙니다. 이런 주장은 가난한 사람을 모욕하는 것입니

다. 세계의 수많은 빈민이 이 때문에 폭력의 길을 가는 것은 아닙니다. 그러나 한 사회가 경제적으로 어렵고 분열할 위기가 있다면 사람들은 희망을 잃어 테러리즘이 자랄 수 있는 온상이 될 수 있습니다. 이 때문에 며칠 전 저는 인도네시아를 방문했습니다. 미국은 지금 인도네시아의 경제 발전을 돕고 있습니다. 1997년에 발생한 아시아 금융위기 이후 인도네시아의 민주화와 경제개혁이 실행되고 있는지는 매우 중요한 문제입니다.

이런 의미에서 부시 대통령과 제 생각은 다음과 같습니다. 반테러 전쟁과 미국의 대외무역정책은 과거 냉전시대와 마찬가지로 중요한 관련성이 있습니다. 어떤 사람은 경제정책과 안보정책은 별개라고 주장합니다. 예컨대 제2차 세계대전이 끝난 뒤 시행된 마셜플랜을 생각해보십시오. 그들이 틀렸다는 것을 알 수 있습니다. 마셜플랜은 제2차 대전 이후 미국이 서유럽 국가의 재건을 도운 중요한 계획입니다. 실제로 세계은행, IMF, GATT 등 주요 국제기구는 경제와 관련된 기회와 희망을 만들어내기 위해 설립되었다고 생각합니다. 바로 이 때문에 중국이 WTO에 가입하여 국제무역 체제에 편입한 일이 역사적인 사건으로 기록되는 것입니다. 저는 중국 국민이 앞으로 오랫동안 이 혜택을 누릴 수 있을 것이라고 믿습니다.

● 논평 ●

2001년 11월 14일, 도하라운드가 3년 기한의 뉴라운드 세계무역 협상을 시작하기로 결정했다. 각국 장관이 공동성명을 발표했는데 구체적인 내용은 다음과 같다.

1) 중국과 타이완이 WTO 가입을 위한 모든 절차를 완수한 것을 환영한다.

2) 비非무역 분쟁 특히, 농산품 무역에 관한 이견에 관심을 표시한다.

3) 2003년 제5차 각료급 회의에서 의견 일치를 이룬 뒤 투자, 경쟁 규칙, 정부 조달의 투명성, 무역 절차의 간소화 등에 대해 협상을 개시한다.

4) 반덤핑 조항의 제정과 시행에 대해 논의한다.

5) 모든 협상은 2005년 1월 1일 전까지 마무리짓는다.

농산품 수출국과 개발도상국의 압력을 받아 유럽연합은 결국 농산품 시장을 개방하고 모든 형태의 수출보조금 제도를 폐지하기로 동의했다. 대신 개발도상국은 환경보호, 인구, 동식물, 건강 보호를 협상 의제로 포함하는 데 동의했다. 해외(외국) 투자, 경쟁정책, 정부 조달의 투명성 등도 토론 대상이다.

유럽연합은 뉴라운드 무역 협상에 대해 계속 적극적인 태도를 보였다. 농업과 서비스업 등에서 협상을 지속할 것을 지지하는 것 외에도 무역 관련 투자, 환경, 경쟁 등을 의제로 모두 받아들이려고 했다. 유럽연합과 일본은 전면적인 협상을 주장했다.

한편 미국은 개발도상국을 설득해 비농산품(공산품)의 시장 진입과 정부 정책의 투명성, 서비스 무역, 무역 절차의 간소화로 무역 시스템을 강화하는 것 등에 대해 협상하기를 희망한다. 미국이 제안한 것에는 공산품의 시장 진입, 무역 (절차의) 간소화, 농업과 어업, 서비스 무역, 기술 지원, 무역 및 지속가능한 발전이 들어있다.

개발도상국은 뉴라운드 협상에 대해 냉담한 태도를 보이고 있다. 개발도상국은 기존의 합의 이행 상황을 못마땅하게 생각한다. 이들 국가

는 우루과이라운드에서 합의한 각 사항을 효과적으로 이행할 것을 더 강조한다. 농산품 무역과 서비스 무역 협상 외에 새로운 협상 의제를 상정하는 것에 반대하고, 기존 합의의 이행 심의, 서비스 무역, 전자상거래, 지적재산권에 관심을 갖자고 주장한다.

최종적으로 도하라운드는 뉴라운드 세계무역 협상이 2003년 제5차 WTO 각료급 회담에서 각국이 진일보한 컨센서스를 이룬 뒤 다시 시작하기로 확정했다. 수많은 개발도상국이 준비할 시간이 더 필요하다는 요구를 받아들인 결과이다.

중국의 GMO 농산물 관리 방법

—————————— 중국은 최근 새로운 GMOgenetically modified organism, 유전자변형농산물 관리 방법을 발표했습니다. 이것이 미국의 관련 농산품의 (대對중) 수출에 어떤 영향을 줄까요? 어떻게 생각하십니까?

이 문제는 어떻게 집행되는가에 달려 있습니다. 현재 관심사는 콩입니다. 그런데 다른 농산품도 비슷한 문제가 있습니다. 부시 대통령과 미 행정부는, 중국에서 관리 방법을 처음 발표했을 때 관련 농산품은 특정한 절차를 거친 뒤에야 수입 승인을 받을 수 있다고 요구한 점에 주목하고 있습니다. 그렇지만 이런 절차는 구체적으로 발표된 게 아직 없습니다. 미국의 농산품 수출업체가 현재 있지도 않은 절차를 만족시킬 수는 없습니다. 우리는 현재 중국측과 과도기적 조치를 어떻게 설정할지 협의하면서 중국이 관련 절차를 매듭짓기를 기다리고 있습니다.

만약 중국이 미국측이 제시한 건강 증서 같은 것을 받아들인다면, GMO 농산물 관련 규정을 최종적으로 어떻게 시행할 것인가라는 문제

만 남습니다. 우리는 이미 중국측과 협상을 시작했습니다. 우리는 과학적인 방식을 선택하고자 하며, 무역에 걸림돌이 되는 방식으로 해결할 생각이 없습니다. 유럽연합국가와 같은 일부 국가는 이른바 건강 표준을 도입해 농산품이 인체 건강에 전혀 해가 되지 않는데도 농산품 수입을 막았습니다. 유럽연합은 수입품이 자신의 건강 표준에 부합하더라도 현재 수입 승인을 모두 금지했습니다.

우리는 중국측과 협력해 이러한 문제를 해결하기를 희망합니다. 아프리카, 라틴아메리카 또는 아시아든 영양이 부족한 상태에 놓인 수억 명의 인류에게 바이오 기술이 발전하는 것은 매우 중요하기 때문입니다. 마찬가지로 바이오 기술을 이용해 병충해에 강한 새로운 품종을 개발하고 화학비료의 사용량을 줄여 환경을 개선하는 일도 중요합니다. 지금 사람들이 하는 것과 수세기 전부터 시행한 교잡 기술은 실제로는 다를 바가 별로 없습니다. 문제는 농작물의 유전자를 개량해 마찬가지로 원하는 결과를 얻었다는 것입니다. 현재 유전자 기술을 응용하는 것에 대해 많이 우려하고 있습니다. 그렇지만 저는 이 기술이 인류에게 엄청난 이익을 가져다줄 것으로 생각합니다.

● 논평 ●

2001년 6월, 중국 정부가 '유전자변형농산물 안전 관리 규정'을 발표했다. 그러나 이 정책의 세부 내용에 대해서는 공표가 늦어져 몇 달간 중국의 콩 수입이 감소하는 결과가 발생했다. 이 규정은 유전자변형농산물에 대한 중국의 기술적인 관리 규칙으로, 수입산 유전자변형농산

물뿐만 아니라 중국산 판매 제품까지 모두 관리 대상이다. 일부 국가의 입장에서 보면 이 규정은 일종의 기술 장벽이 될 수 있다.

중국은 매년 약 1500만 톤의 콩을 생산하지만 수요는 2100만 톤으로, 최근 콩 수입량이 연평균 20~30퍼센트씩 증가하고 있다. 중국 세관의 통계에 따르면, 2001년 1월~6월에 중국의 콩 수입이 작년 동기 대비로 69.2퍼센트나 증가해 597만 톤을 넘었다. 그중 약 4분의 3이 미국산 콩이었다. 현재 미국의 유전자 변형 콩의 1년 생산량은 5500여 만 톤으로 전체 유전자 변형 콩 생산량의 70퍼센트에 이른다.

2002년 1월 7일, 중국은 이어서 '유전자변형농산물 수입의 안전 관리 방법' 규정을 발표했다. 중국에 유전자변형농산물을 수출하는 기업은 모두 중국 농업부에 신청해 해당 제품이 인체와 가축 그리고 환경에 무해하다는 증명서를 발급받아야 한다. 중국 농업부에 270일 안에 신청을 받고 결정을 내리는 권한이 주어졌다. 매년 두 차례(3월과 9월)만 안전 증명서를 신청할 수 있다. 만약 유전자변형농산물을 수입할 때 국무원의 농업행정 부서가 발급한 안전 증명서와 함께 관련 허가 문서가 없다면 수출국으로 반품되거나 소각 처리된다. 이뿐만 아니라 GMO 콩의 검역도 출발지인 미국이 아니라 콩 수출 대상 지역, 즉 중국 내에서 시행한다.

1월 20일, 중국 농업부 산하 유전자변형농산물 판공실 인사는 해당 농산물의 검역에서 정성定性 분석은 하되 정량定量 분석은 하지 않겠다고 밝혔다. 즉 검측기에 유전자 변형 성분이 검출되면 유전자변형농산물로 구분하여 안전 증명서를 신청해야 한다.

2월 19일, 다선의 미 상원의원 2명이 중국은 새로운 GMO 규정을 시

행하기 전에 12개월에서 15개월간 유예 기간을 두어 농업 무역이 (정부의) 간섭을 받지 않도록 해야 한다고 말했다. 2월 21일 부시 미 대통령은 방중 기간에 장쩌민 국가주석과 만나 유전자변형농산물에 대한 중국의 관리·감독 규정을 언급하며 좀 더 유연하게 시행해줄 것을 요청했다.

2월 말 대외경제무역부의 마슈훙 부부장을 단장으로, 대외경제무역부, 농업부, 국가검역총국 관리로 구성된 중국 대표단이 미국 무역대표부의 앨런 존슨 농업협상 수석대표가 이끄는 미 대표단과 베이징에서 협상을 진행했다. 3월 7일 양국은 '완화'된 임시 조치에 합의했다.

3월 11일 중국 농업부는 제190호 공시를 발표했다. 중국에 유전자변형농산품을 수출하는 해외 기업은 안전 증명서를 신청할 수 있으며, 중국이나 제3국의 관련 기관이 발행한 효력 있는 안전 평가 문서가 있으면 농업부 유전자변형농산물 안전관리 판공실에 '임시 증명서'를 신청할 수 있다. 농업부는 '심사 합격자'에게 30일 내에 임시 증명서를 발급한다. 수입상은 해외 기업이 취득한 임시 증명서로 검역 신고를 할 수 있으며 유전자변형농산물 마크 관리 방법 규정에 따라 인증 마크를 취득한다. 이 조치의 유효기간은 2002년 12월 20일까지다. 임시 조치는 심사 확인 기간을 270일에서 30일로 단축했다.

WTO의 미겔 멘도자 사무부국장은 최근 『차이징』과의 인터뷰에서 유전자변형농산품 수입에 대해 중국이 발동한 제한 조치는 양자 간 문제이자 WTO 모델의 가치관과도 관련이 있다고 말했다.

"특히 농업 협상에서 위생 검역 규정, 환경 문제 등과 관련이 있습니다. 이런 문제는 논쟁이 많이 발생하며 갈등이 심각합니다. 유럽 국가의 생각과

개발도상국의 생각이 또 다릅니다. 유전자변형농산물 식품이 건강에 미치는 영향을 포함해 관련 문제를 모두 정확히 해둘 필요가 있습니다. 저는 아직까지 이 문제의 최종적인 대답을 보지 못했습니다."

동아시아 FTA의 전망

_____ 중국, 일본과 한국은 동아시아 FTA의 체결을 희망한다고 밝혔습니다. 일전에 인도네시아에서 아세안 국가끼리 경제 교류가 더 많이 이뤄지기를 바란다고 말씀하셨는데요. 동아시아의 경제 교류에 대해 어떻게 전망하십니까? 다른 경제 블록과 서로 경쟁할까요?

인도네시아에서 가진 기자간담회에서 중국이 아세안에 FTA의 체결을 제안한 것에 자극받아 미국이 아세안 국가와 더욱 긴밀한 경제 관계를 구축하려는 의도가 있지 않은가라는 질문이 있었습니다. 그때 저는 아니라고 대답했습니다. 다른 FTA도 체결되기를 권장합니다. 미국은 생각이 편협한 국가가 아닙니다. 미국이 어떤 국가와 좋은 무역 관계를 유지하고 있는데, 다른 나라가 그 나라와 경제 교류를 해서는 안 된다고 생각하지 않습니다. 실제로 저는 정반대로 생각합니다. 세계경제는 지금 미국과의 무역에 지나치게 의존하고 있습니다. 미국의 무역적자는 이미 4370억 달러에 이릅니다. 만약 동아시아 국가와 나아가 세계경제의 단일화가 가속화되면 세계경제가 더욱 건강해질 것입니다.

미국은 세계에서 외국인이 직접투자를 가장 많이 한 국가입니다. 개발도상국 중에서 중국이 유치한 외국인 직접투자는 규모가 엄청납니다. 그렇지만 아세안 국가는 중국보다 규모가 훨씬 작습니다. 특히 1997년에 아시아 금융위기가 발생한 이후 두드러집니다. 우리는 아세안 국가가

경제가 발전하는 데 도움을 줄 수 있기를 바랍니다. 그러면 이 국가들이 정치적인 문제를 해결하는 데 도움이 될 것입니다. 제 말은 아세안 국가가 FTA를 체결해 상호 간의 장벽을 낮출 수 있다면 외국인 투자를 유치하는데 더 큰 매력이 있다는 뜻입니다2003년 1월에 ASEAN 10개 회원국 중 싱가포르, 말레이시아, 인도네시아, 타이, 브루나이, 필리핀의 6개국이 참여한 아세안 자유무역지대가 출범했다. 미래의 투자자가 바라는 것은 단일 국가가 아니라 5억의 소비자가 있는 거대한 시장이기 때문입니다.

이 생각은 중국을 겨냥한 것이 아니며 다만 이 국가들이 중국과 경쟁하도록 돕는 것입니다. 미국은 중국, 아세안, 라틴아메리카와 건강한 무역 관계를 유지하기를 희망합니다. 미국의 GDP가 세계 GDP에서 차지하는 비중은 20~25퍼센트 정도입니다. 우리는 한 국가와만 교역을 하는 것이 아니라 세계를 무대로 교역하기를 기대합니다.

● **논평** ●

일찍이 1992년에 아세안 6개국(태국, 말레이시아, 싱가포르, 인도네시아, 필리핀, 브루나이)이 아세안자유무역협정ASEAN Free Trade Area, AFTA를 체결하기로 했으며 2010년까지 역내 교역에서 수입관세를 모두 철폐하기로 계획했다.

1997년에 점화된 아시아 금융위기로 각국 경제가 엄청난 타격을 입었고 고속 성장의 시대가 종말을 맞았다. 인도네시아, 필리핀 등에서는 정치 혼란, 경제침체와 더불어 외자 유치에도 어려움을 겪었다. 특히 작년부터 시작된 세계경제의 성장 둔화로 미국 시장과 전자 제품의 수출의

존도가 높은 아세안 국가가 직격탄을 맞았다. 싱가포르는 건국 이래 가장 심각한 침체기를 맞았고, 인도네시아와 필리핀도 경제성장률이 크게 둔화되었다. 이런 상황에서 아세안 국가의 지도자들이 더욱 적극적인 태도로 역내 협력에 나섰고, 더욱 긴밀히 협력하여 난관을 함께 헤쳐나가기를 기대했다. 동남아시아 국가의 지도자들은 올해 무역과 투자시장을 한층 더 개방하고, 아세안 내에서 무역 서비스업의 개방 협상을 가속화하기로 모두 동의했다. 동시에 서로 인정하는 전문 서비스업 분야의 조정과 관련된 협상을 시작해 권역 내에서 경제협력이 심도 깊게 이뤄지도록 했다.

아세안 회원국이 10개국으로 확대되자 인구가 5억 3000만 명이 되었다. 1999년 통계에 따르면, 아세안 10개국의 GDP는 6750억 달러였다. AFTA는 성장이 안정적이고 규모가 크며 잠재력이 높은 시장으로 갈수록 회원국 각자의 주목을 받고 있다.

권역 내 경제협력이 강화됨에 따라 아세안 국가의 경우 AFTA는 하위 경제 연합으로 남고 동시에 동아시아라는 대규모 경제권에 편입해야 좀 더 많은 발전 기회가 있음을 인식했다. 만약 아세안과 한·중·일의 '10+3' 구도가 더 큰 역할을 발휘하고 동아시아 FTA를 구축한다면, 13개 국가와 20억 인구의 광대한 시장을 바탕으로 외부의 도전에 더 효과적으로 대응할 수 있을 것이다.

현재 동북아 3개국은 아세안 국가와 협력을 강화할 의지를 이미 표명했다. 아세안과 한·중·일은 이미 통화스와프서로 다른 통화를 약정된 환율에 따라 일정한 시점에서 상호 교환하는 외환거래 협정을 맺었다. 2000년 제4차 10+3 비공식 정상회의에서 모리 요시로森喜朗 일본 총리는, 일본은 아세안 국가

가 첨단 정보 산업과 신경제 산업을 발전시키는 데 150억 달러를 제공하겠다고 밝혔다. 한국의 김대중 대통령도 아세안에 1억 6470만 달러를 지원하겠다고 선언했다. 얼마 전 주룽지朱鎔基 중국 총리와 아세안 지도자가 10년 안에 중국－아세안 FTA를 구축하기로 한 협정에 서명했다.

사람들은 동아시아가 10+3 FTA를 성공적으로 체결할 수 있을지 여부는 한·중·일 3국의 참여 정도와 미국의 반대 여부에 달려 있다고 생각한다. 만약 한·중·일 3개국이 소극적인 태도를 보이고 미국이 공개적으로 반대한다면, 동아시아 FTA가 성사될 가능성은 낮다. 따라서 동아시아 FTA가 미국에 무역 장벽이 되지 않는다는 점을 미국인이 인식하도록 하는 일이 매우 중요하다.

＊ 관칭이 이 글에 도움을 주었다.

제3장

일본의
반성

일본 개혁 분석 1

다케나카 헤이조 일본 게이오기주쿠 대학교 경제학 교수 겸 전 고이즈미 내각 고위 관리 등과의 인터뷰

●

기자 후수리, 린징林靖 **시기** 2006년 1월 23일

일본에서 '은행계의 차르'로 불리는 다케나카 헤이조 대신과 정부와 학계,
산업계의 개혁을 주도한 엘리트들이 본지와의 인터뷰에서 '잃어버린 10년'을
어떻게 종결했는지 그리고 경제 회복의 비밀이 무엇인지 이야기했다.

도쿄 도東京都 미나토 구港區는 각국 대사관과 유럽, 미국의 대기업이
몰려있는 곳으로 도쿄에서 땅값이 가장 비싼 지역으로 유명하다. 2005년
12월의 어느 일요일 오후, 미나토 구 아카사카赤坂에 있는 한적한 7층 빌
딩의 개인 사무실에서 다케나카 헤이조가 본지 기자와 인터뷰했다.

일본의 총무장관 겸 우정郵政민영화개혁 장관인 다케나카 헤이조竹中
平藏는 평소에 일정이 빡빡해 인터뷰 일정을 주말에 잡을 수밖에 없었
다. 우리는 깔끔한 그의 사무실에서 약 10분가량 기다렸다. 54세의 다
케나카 장관이 부리나케 달려와 "미안합니다"라고 하면서 긴 테이블의
반대쪽에 급히 앉았다. 그리고 바로 인터뷰를 시작했다. 그의 행동과 태
도를 보니 일본 언론에서 '정치인'의 분위기가 풍기지 않는다고 말했던
것처럼 정말 학자 같았다.

물론 다케나카는 학자며 5년간 집권 여당에서 개혁의 중책을 맡은 경력으로 사람들의 큰 주목을 받았다. 또 그와 인터뷰한 것은 「일본 경제의 회복 및 개혁의 해부」라고 제목을 붙인 인터뷰 시리즈에서 가장 중요한 부분이다. 다케나카와의 인터뷰는 2005년 12월 18일로 최종 확정되었다.

두 달 전인 10월 8일, 영국 『이코노미스트』에서 커버스토리와 특별 취재의 형식으로 「태양은 다시 떠오른다The Sun Also Rises」라는 제목으로 장편 기사를 내보냈다. 이 기사는 국제적으로 권위 있는 분석가의 관점에서 일본 경제는 안정과 회복으로 나아가고 있으며, 일본은 이미 그리고 현재 변혁의 길을 걷고 있다고 소개했다. 기사에 대해 사람들은 16년 전인 1989년과 반응이 비슷했다. 당시 『이코노미스트』의 커버스토리 제목은 「해는 다시 진다The Sun Also Sets」였다.

이 보도가 있기 전, 물론 그뒤에 더 늘어났지만 서구의 주요 언론 매체에서 일본 경제의 회복과 그 원인을 분석하는 기사를 대거 실었다. 즉 일본이 이미 시행했고 앞으로 추진할 구조 개혁이 주된 보도 내용이었다. '일본인이 돌아왔다' '일본의 여명' '태양이 마침내 떠올랐다' 등 눈에 확 들어오는 제목이 신문에 자주 출현했다.

여론에 호응했는지 다케나카를 인터뷰하기 일주일 전인 12월 14일 수요일에 일본 주식시장이 15000포인트를 돌파해 5년 만에 신기록을 달성했다. 같은 날 일본중앙은행이 발표한 조사 보고에 따르면, 일본 기업의 경기동향지수가 3분기 연속 상승세를 보였다. 한편 월요일에 일본 재무성이 발표한 '대내외 증권 투자 현황' 보고에 따르면, 2005년 1월~11월에 외국인 투자자가 일본 주식시장에 투자한 규모가 역사상 최고치를

기록했다. 이제 일본의 국내외에서 세계 2위의 경제 대국이 기력을 회복한 것은 다툼의 여지가 없는 사실이 되었다.

현재 권위 있는 평가기관의 각종 예측에 따르면, 일본은 앞으로 몇 년간 경제성장률이 2~3퍼센트는 될 것이다. 이 수치는 이상적인 성장 속도다. 일본 경제는 2003년 여름부터 회복세를 보이기 시작하여 엎치락뒤치락하며 2004년까지 느릿느릿 왔다. 그러나 2005년 8월부터 안정적인 회복세가 거스를 수 없는 추세가 되었다. 이 원인은 바로 5년간 이어온 흔들리지 않은 개혁이었다.

홍콩 금융권의 전문가이자 홍콩상하이은행HSBC 아시아투자유한공사(주식회사) 사장으로 취임한 스메이룬史美論 여사는 최근 일본을 일주일 동안 시찰한 뒤 느낀 점을 다음과 같이 말했다. "일본이 그토록 오랫동안 개혁을 지속한 결과 드디어 성과가 나기 시작했습니다."

여러 의미에서 중국인은 일본 경제에 주목할 필요가 있다. 세계 2위의 경제 대국인 일본의 회복 전망은 바로 세계경제 구도에 영향을 준다. 일본은 20여 년간 고속 성장을 이루어 '일본의 기적'으로 평가받았다. 그 뒤 10여 년의 경제침체를 겪으면서 '환자 일본'으로 불렸는데 그간의 교훈과 경험이 모두 중국이 대체로 참고할 만하다. '일본식 자본주의' '주거래 은행 제도' '우정 개혁' 등의 개념은 과거나 현재에도 중국에서 개혁을 추진하는 정책 결정자와 수행자에게 모두 계속 영향을 미치고 있다. 즉 일본의 방식이 중국과 고도의 연관성이 있음을 부인할 수 없다. 중국과 일본은 가까운 나라로 경제적으로 상호 의존도가 높지만 정치 관계는 현재 교착 상태다. 이 밖에도 여러 면에서 상관관계가 많다.

이 때문에 우리는 간단한 데이터나 결론에 만족하지 않고, 일본 경제

의 회복과 개혁에 대해 권위 있는 분석을 내리기를 더욱 희망했다. 장기간 추적해 조사한 것을 바탕으로 기자들이 2005년 10월과 12월 두 차례 일본을 방문하여 도쿄, 오사카 등지에서 정부, 기업, 학계 인사 10여 명을 인터뷰했다.

일본의 내각 인사를 인터뷰 대상으로 선정하기가 늘 그렇듯 어려웠다. 우리가 선택한 다케나카 장관은 일본 내각에서 핵심 경제 관리 중 한 사람이다. 일본의 '은행 황제'와 '일본 개혁의 집행인'으로 불려 인터뷰 시간을 잡기가 더욱 힘들었다. 이번에는 일본에서 인터뷰가 거의 끝나갈 무렵 성사되었다.

다행히 지난 두 달 동안 다른 인사들과 인터뷰를 한 덕에 더 실질적으로 질문을 준비할 수 있었다. 인터뷰 전에 일본어로 대화하고 현장 통역이 있으며 1시간 동안 인터뷰하기로 사전에 약속했다. 그렇지만 인터뷰 중간에 다케나카는 모르는 사이에 우리와 직접 영어로 대화해 더 많은 시간을 확보할 수 있었다. 덕분에 준비해간 질문의 대답을 모두 들을 수 있었다.

2001년 4월 다케나카가 재정경제정책을 주관하는 장관으로 임명되어 일본 국내에서 큰 반향을 일으켰었다는 소식을 들었다.

다케나카는 학자 출신으로 무당無黨파 인사다. 1973년 일본의 명문인 히토쓰바시一橋 대학교 경제학과를 졸업한 뒤 일본개발은행과 대장성大藏省, 일본의 과거 중앙 행정기관으로 2001년 중앙성청 개편으로 사라짐에서 연구원으로 일했으며, 1989년에 하버드 대학교 객좌(교환) 부교수로 초빙되었다. 그는 1990년대부터 게이오기주쿠 대학교 경제학 교수로 강단에 섰다. 이처럼 민간인 신분과 학자적인 배경을 바탕으로 갑자기 내각에 진출한

사람은 일본 정계에서 찾기가 힘들다. 당시 자민당 내에서 정치적 기반이 전혀 없던 고이즈미 총리가 이런 선택을 한 것도 더욱 의외였다.

그러나 정계에 진출한 뒤 5년간 다케나카 장관은 일본이 개혁하는 과정에서 가장 중요한 정책 수행자였으며, 굳은 신념을 바탕으로 한발 한발 성공적으로 개혁을 이끌어냈다. 일본 경제재정장관에서 재정경제정책 겸 금융장관과 현재 총무장관 겸 우정민영화개혁 장관이 되기까지 다케나카 장관의 정치 여정에는 몇 차례 위기가 있었다. 그가 내건 강경한 개혁 조치에 반발한 반대파의 공격이 수차례나 있었기 때문이다. 고이즈미 총리는 압력을 받았지만 세 차례 내각 개편을 단행하면서도 다케나카 장관을 여전히 중용했고 매번 개혁의 일선에 그를 앉혔다.

다케나카와의 인터뷰는 순조로웠다. 경제학자이자 일본 개혁의 선봉인 다케나카는 기자가 사전에 정성껏 준비한 모든 질문에 거의 막힘없이 대답했으며 직접 느낀 바와 이론적인 성찰까지 드러냈다. 인터뷰가 끝날 무렵 다케나카가 속마음을 비쳤다. "저는 전문가이자 경제학자로서 국가의 정책 결정에 공헌할 수 있어 행복합니다. 앞으로도 이러한 공헌을 할 수 있기를 원합니다." 경제학자 다나카 나오키田中直毅는 우리에게 다음과 같이 말했다. "우리는 통화학파도, 제도학파도 아니며 전통적인 주기週期 이론 학자도 아닙니다. 그렇지만 우리는 2003년에 이미 일본 경제가 회복할 것을 정확하게 읽어냈습니다."

60세인 다나카 나오키는 일본에서 명성이 아주 높은 경제학자 중 한 사람이다. 명성대로 다나카 이사장은 솔직하고 거침없이 자기 생각을 표현했다. 그가 이사장을 맡은 일본 21세기정책연구소는 정책 연구로 유명하다. 다나카 이사장도 현재 일본 정부의 경제고문 중 한 사람이다.

가토 히로시加藤寬 교수는 일본의 원로 경제학자로 게이오기주쿠 대학교에서 경제학 교수로 수년간 재직했다. 지금은 팔순이 가까운 나이임에도 명예교수다. 비교경제체제론과 공공경제 분석 전문가인 가토 교수는 1984년에 『우체국은행 무너질 수 있다』라는 제목의 책을 출간해 일본에서 처음 우정 개혁의 필요성을 제기했다. 유명한 저서로는 『공사公私 불분명 : 일본 멸망의 지름길』이 있는데, 출판 당시 큰 반응을 얻었다.

백발이 성성한 가토 교수와는 그의 사무실에서 인터뷰를 진행했다. 쩌렁쩌렁한 목소리로 쉴 새 없이 이야기하던 가토 교수는 약속한 한 시간이 끝나자 주동적으로 시간을 연장했다. 그가 가장 많은 시간을 할애한 화제는 일본의 우정 개혁이었다.

우리가 인터뷰한 또 다른 정부 관료인 와타나베 오사무渡邊修는 일본무역진흥기구Japan External Trade Organization, JETRO의 이사장이다. 다케나카 장관과 비교하면 65세의 와타나베 이사장이 '관료적인 분위기'가 더욱 물씬 풍겼다. 1953년에 도쿄 대학교를 졸업한 뒤 바로 공무원 시험에 합격해 줄곧 일본 정부에서 일했다. 통상산업사무부 차관까지 승진해 '부副장관'의 직함이 있다. 2002년까지 외자 유치를 전문적으로 담당하는 일본무역진흥회(훗날 진흥기구로 개칭함) 이사장을 역임했다.

일본의 유명 기업인 마루베니丸紅 주식회사(이하 마루베니)의 니시다 켄이치西田健一, 마쓰시타松下 전기주식회사이하 파나소닉, 2008년 10월 1일 이후 파나소닉주식회사로 바뀜의 쇼토쿠 유키오少德敬雄, 아사히朝日 맥주주식회사(이하 아사히맥주)의 세토 유조瀬戸雄三도 모두 현재 직함은 고문이지만 일이 년 전까지만 해도 회사의 요직을 맡았다. "2선으로 물러났기 때문에 더 솔직한 이야기를 할 수 있습니다." 상황을 잘 아는 일본의 어느 언론인

이 조언했다. 세 차례 인터뷰가 모두 상당히 순조로웠고 성과도 많았다. 우리는 또 후지필름주식회사(이하 후지필름) 고모리 시게타카古森重隆 회장 겸 CEO를 인터뷰했다.

최근 UFJBK(日聯銀行)를 인수한 일본의 최대 은행인 미쓰비시도쿄 UFJ(日聯)은행, 중국인들이 많이 들어본 일본 최대의 증권회사인 노무라 증권도 인터뷰 대상에 포함했다. 금융기관의 고위 인사를 인터뷰하기 위해 접촉하기는 어려웠다. 하지만 이번 일본행의 마지막에 바람대로 인터뷰가 이루어졌다.

이번 인터뷰를 준비하는 과정에서 우리는 쉬샤오녠許小年, 셰궈충謝國忠, 왕줜王君, 루레이陸磊 등 베이징과 홍콩의 경제학자들과 교류했다.

그래서 우리는 다케나카 장관과의 인터뷰를 핵심으로 삼고 더욱 폭넓은 배경, 소개, 분석, 논의를 서로 결합했다. 우리는 일본 경제와 개혁을 분석한 이 기사가 독자들이 심층적으로 사고하는 데 도움이 되기를 기대한다.

회복: 신뢰는 어디서 오는가

_____ 일본 경제의 회복을 어떻게 평가하십니까? 회복의 징후는 무엇입니까? 어떤 요인이 회복에 영향을 줍니까?

일본의 현재 경제 상황을 보면 회복하고 있다고 말할 수 있습니다. 일본의 잠재성장률은 2퍼센트 정도입니다. 회복의 동력은 개혁에 달렸습니다. 개혁은 수동적 개혁reactive reform과 주동적 개혁proactive reform 두 가지가 있습니다. 전형적이며 진정한 수동적 개혁은 부실자산을 처리할 때 나타납니다. 전형적인 주동적인 개혁은 사유화로서 '작은 정부'를 만드는

것입니다. 현재 우리는 수동적 개혁을 끝마쳤고 주동적 개혁은 진행중입니다. 만약 주동적 개혁에 박차를 가한다면 경제성장률이 2~3퍼센트에 이를 것입니다. 이것은 여전히 우리가 해야 할 임무입니다. 부실자산을 정리하던 중에 일본 경제가 회복하기 시작했습니다. 이제 주동적 개혁을 지속하면 현재 보이는 경제회복의 동력이 한층 더 커질 것입니다.

_____ 그렇다면 지금의 거시경제 흐름을 어떻게 평가하십니까? 실업률이 좋은 편은 아니지 않습니까?

실업률이 높은 편이라는 뜻입니까? 저는 많은 사람이 더 나은 일자리를 찾고 있으므로 일본의 실업률은 낮다고 생각합니다. 2006년 현재 실업률은 4.2~4.4퍼센트입니다. 인플레이션 요인을 제외하면 실질 실업률이 줄어들 것입니다. 그러면 전국 실업률이 3.5~4.0퍼센트가 됩니다. 완전고용 수준도 실업률이 3.5~4.0퍼센트입니다.

이 점을 고려하면 현재 실업률이 상당히 낮은 편이라고 말할 수 있습니다. 이것이 구조조정의 출발점입니다. 많은 사람이 더 나은 일자리를 찾으려고 합니다. 이를 두고 비자발적 실업이라고 할 수 없습니다. 사람들이 지금의 근무지를 떠나 더 나은 일자리를 찾고 싶어합니다. 지금 노동시장은 상황이 나쁘지 않습니다.

_____ 디플레이션이 계속되고 있습니다. 원인이 무엇입니까?

디플레이션은 금융 문제며 물가 하락으로 나타납니다. 일본에서 최근 몇 년간 물가가 하락한 이유는 세 가지입니다. 첫째, 실질 GDP 성장률이 낮고 총수요가 충분하지 않았으며 내수가 부족했기 때문입니다. 둘

째, 기술혁신의 속도가 빨랐기 때문입니다. 예를 들어, 컴퓨터 가격이 빠르게 떨어졌습니다. 또 경제의 세계화가 계속되어 일본은 중국에서 저가의 제품을 많이 수입했습니다. 셋째, 일본에 가장 중요한 것으로 시중은행이 대량의 부실자산을 안아 신용등급이 하락했으며 이전의 양호한 수준으로 회복되지 않았기 때문입니다. 그 결과 통화공급량이 매년 2퍼센트씩만 증가해 결국 물가 하락으로 이어졌습니다. 앞서 말한 첫 번째 문제는 이미 해결되었습니다. 두 번째 문제는 해결중인데, 이것은 비단 일본뿐 아니라 전 세계가 직면한 문제입니다. 일본이 시급하게 해결해야 할 문제는 세 번째로 바로 통화 공급을 늘리는 것입니다. 은행이 부실자산 문제를 해결한 뒤 대출 능력이 강화되고 신용 중개가 늘어나 문제를 해결하기 위한 환경이 조성되었습니다.

_____ 일본인은 1990년대를 '잃어버린 10년'이라고 부릅니다. 이것이 어떻게 된 일인지 설명해주실 수 있나요? 거품경제 붕괴 이후의 혼란한 상황을 말하는 것입니까?

아주 중요한 질문입니다. 1990년대 일본의 경제성장률은 평균 1퍼센트지만 1980년대는 4.5퍼센트로 1990년대가 경제성장률이 낮습니다. 먼저 1990년대에 경제성장률이 왜 그렇게 낮았는지 설명하겠습니다. 1989년 12월 29일, 도쿄 주식시장의 닛케이日經평균지수가 38915포인트로 치솟으면서 일본의 주식시가총액이 GNP의 1.6배가 되었습니다. 이를 정점으로 기나긴 하락세가 시작되었습니다. 사실 자산가격이 먼저 뻥튀기가 된 다음 다시 하락한 것인데 일본은 거품경제에 뒤이어 거품경제의 붕괴를 겪었습니다. 자산가격이 하락하고 기업이 대규모 대출금을 상환하지

못하자 은행이 부실자산을 대거 떠안게 되었습니다. 대차대조표상에서 부채가 자산(가액)을 초과하자 경제성장도 크게 둔화되었습니다.

따라서 일본에서 구조 개혁의 핵심은 거액의 부실자산을 처리하는 것으로 이는 일본 기업과 정부 자신의 대차대조표를 조정하는 것입니다. 현재 비로소 완전히 정리되었습니다. 경제성장률도 2~3퍼센트를 기록했습니다.

_____ 일본 경제가 장기간 침체한 이유가 무엇입니까?

매우 기본적인 질문입니다. 방금 말씀드린 대로 일본의 평균 경제성장률이 1990년대는 1퍼센트에 불과했습니다. 저는 성숙한 경제 국가인 일본의 잠재성장률이 2~3퍼센트는 되어야 한다고 판단합니다. 그렇다면 왜 장시간 경제성장이 둔화되었을까요? 이 문제는 어느 정도 대답하기가 쉽습니다. 왜냐하면 일본의 은행과 기업이 오랜 기간 자산보다 부채가 많은 재무 상태를 유지하고 있었기 때문입니다. 그래서 먼저 해야 할 일이 대차대조표(재무상태표)를 조정하는 것이었습니다. 은행 입장에서 대차대조표를 정리한다는 것은 부실자산을 처리하는 것을 의미합니다. 기업 입장에서는 대출(부채)을 줄이는 것입니다.

일본 경제는 이미 대차대조표 정리 작업을 기본적으로 마쳤습니다. 현재 우리는 전혀 새로운 출발점에 섰으며 경제를 한층 더 발전시킬 수 있을 것입니다.

_____ 일본 경제가 조기에 회복될 가능성은 없나요?

인도네시아, 한국, 태국도 1997년에 아시아 금융위기를 겪은 뒤 유사

한 상황이 발생했습니다. 이 국가들은 한 번 크게 떨어졌다 다시 크게 올라가는 이른바 V자형 회복을 경험했습니다. 위기가 발생한 뒤 어느 해는 경제가 10퍼센트나 곤두박질한 다음 급격한 V자형 회복이 나타났습니다. 그러나 일본의 상황은 이와 다릅니다. 일본은 과거 10여 년간 성장률이 마이너스 10퍼센트가 아니라 플러스 성장을 기록했습니다. 그렇지만 1퍼센트에 불과했습니다. 일본은 위기가 발생하지 않았습니다. 이 말은 풍자적인 의미도 많이 담고 있는데, 위기가 없었기 때문에 V자형 회복도 없었던 것입니다. 전 개인적으로 이렇게 생각합니다.

일본 경제는 크게 둔화했지만 한편으로 매우 안정적인 침체기를 겪었습니다. 어떤 의미에서 이는 매우 위험합니다. 일본에서 다른 나라와 같은 경제위기가 발생하지 않은 것은 한편으로 행운이지만 한편으로는 불행입니다. 여기에는 몇 가지 원인이 있습니다. 한국과 다른 나라의 경제를 일본과 비교해봅시다. 거시경제의 관점에서 일본은 국내 저축이 풍부해 정부의 재정적자정책을 떠받칠 수 있었던 것이 주된 이유입니다. 한국과 태국은 일본처럼 대규모 국내 저축이 없어 다른 나라에 자금을 요청할 수밖에 없었습니다. 그래서 금융위기와 함께 V자형 회복을 경험하게 된 것입니다. 일본은 국내 저축이 풍부해 유사한 위기가 발생하지 않은 것입니다. 우리의 곡선은 이렇습니다(직선을 그림). 1990년대에도 일본 경제는 직선 형태였습니다.

또 다른 원인은 파나소닉과 도요타 같이 일본 제조업체의 경쟁력이 여전히 막강했기 때문입니다. 우리는 잃어버린 10년이라는 말을 자주 사용합니다. 그렇지만 잃어버린 10년 중에도 파나소닉과 도요타는 수출이 여전히 늘었고 시장을 확보했습니다. 이들이 일본 경제를 떠받들고 지원했

습니다. 그래서 일본은 이렇게 하강하지 않았고(V자 그림의 아래 부분을 가리킴) V자형 회복도 없었던 것입니다.

_____ 말하자면 위기가 발생하지 않는 것이 일본에게 좋은 일은 아니었다. 그렇기 때문에 '풍자적 의미'가 있다고 말씀하신 것이군요. 만약 좀 더 빨리 개혁을 했다면 경제회복이 빨라졌을까요? 비용이 더 낮았을까요?

물론입니다. 저는 그렇게 생각합니다.

_____ 그렇지만 과거에 정치가들은 진정한 개혁을 왜 실시하지 않았나요? 5년 전에 고이즈미 총리가 집권한 뒤에야 진정한 개혁이 비로소 시작되었나요?

이 문제는 대답하기가 어렵네요. 한번 가정해봅시다. 일본이 동남아시아와 같은 위기를 맞았다면 많은 정치가와 일본 국민이 개혁의 중요성을 인식했을 것입니다. 그러나 일본에는 그런 위기가 없었습니다. 심지어 1990년대의 잃어버린 10년 중에도 일본 경제는 여전히 성장했습니다. 물론 성장률이 낮기는 했지만 어쨌든 성장하고 있었습니다. 이것이 대답입니다. 위기가 없었기 때문에 개혁에 대한 압력이 없었던 것이죠.

수술: 참을 수 없는 고통

되돌아보면 일본은 잃어버린 10년을 경험했고 2001년이 되어서야 마음을 다잡고 개혁을 결심했다. '오늘과 같은 일이 있을 줄 알았다면 그때 왜 그랬을까?'라는 후회가 컸다. 다케나카 장관은 종이와 펜을 꺼내 그

림을 그려가면서 이 과정을 설명했다. 그는 '위기가 없었다'는 것이 '매우 위험할 수 있음'을 인정했다.

먼저 수동적 개혁은 '개혁하지 않은 대가'를 치러야 한다는 말이다. 게다가 개혁은 여전히 매우 고통스러운 과정이다. 우리가 인터뷰한 기업가는 2001년 이후의 개혁 시기에 기업 내 최고 의사결정자였다. 그들이 경험한 일을 들으면 당시에 개혁이 얼마나 힘들고 어려웠는지 알 수 있다. "1990년대는 누구도 나서서 사태를 수습하지 못했습니다. 특히 1997년에 아시아 금융위기가 발생하자 일본의 수많은 기업이 위기에 휩쓸려 들어갔지만 누구 하나 제때 문제를 해결하지 못했습니다."

니시다 켄이치 고문이 말했다. 그의 기억에 따르면 일본의 최대 종합상사 중 하나며 자신이 몸담았던 마루베니는, 2001년 11월에 이르러서야 이듬해에 기업부채를 해결하는 데 착수하기로 큰 결심을 했다. 이 회계연도에 일본의 GDP는 0.4퍼센트 성장에 그쳤다. 2001년 12월, 마루베니는 대규모 투자에서 손실이 발생했으며 장부에 6000억 엔의 대출도 있었다. 과거에 후원하던 은행도 경영이 악화되어 마루베니에 도움을 줄 수 없었다. 2001년 12월 19일, 마루베니의 주가가 역사상 최저치인 58엔으로 곤두박질쳤다.

전무이사 중 한 사람이었던 니시다 고문은 당시 마루베니의 이사 7명이 모두 회사를 어떻게 회생시킬지를 놓고 밤을 새며 토론했다고 회상했다. 결국 이사회에서 힘든 결정을 내렸다. 회사의 자산가치가 크게 줄어드는 것을 아까워하지 않고 자산을 싼값에 대거 매각하여 부채를 상환하기로 했다. 동시에 50세가 넘은 직원을 조기에 퇴직시키고 회사에서는 58세에 준하여 퇴직금을 지불하기로 했다. 사장은 50퍼센트, 부사장 및

전무이사는 40퍼센트, 일반 직원은 10퍼센트 삭감하는 등 직원의 월급을 대폭 줄였다.

지금 와서 돌이켜보면 개혁의 방향이 옳았다. 5000여 명이 일하던 회사가 1000명 이상 구조조정을 했고 기업의 대차대조표가 깨끗해졌다. 마루베니는 파산의 운명에서 벗어나 발전 궤도에 다시 들어섰다. 2005년 10월, 마루베니의 주가가 600엔을 돌파해 당시의 최저가에서 10배나 뛰었다.

다케나카 장관이 1990년대에 일본 경제를 지탱했던 기업 중 하나라고 말했던 파나소닉은 마루베니보다 조금 늦게 움직였다. 쇼토쿠 유키오 전 파나소닉 부사장은, 경제 상황이 좋지 않았던 1990년대에도 파나소닉은 여전히 수익이 났고 재무 상태도 상당히 좋았지만 이것이 기업에는 가장 위험한 사실이었다고 말했다. 2000년 상반기에 세계적으로 IT 거품이 붕괴되자 파나소닉은 자신이 '뚱뚱하고 느린' 기업이 되었다는 사실을 비로소 깨달았다.

2002년 봄, 파나소닉의 상반기 손익계산서에 4000억 엔의 손실이 발생했다. 쇼토쿠 부사장은 파나소닉 역사상 최대의 손실이었다며 이 엄청난 손실이 바로 큰 도움이 되었다고 말했다.

이후 파나소닉을 개혁하는 수술이 시작되었다. 목표는 '가볍고 빠른' 기업이었다. 중복 건설된 회사의 수많은 공장이 문을 닫았다. 이를 위해 파나소닉은 상장된 다섯 곳의 자회사를 통합하여 파나소닉으로 재편했다. 업무가 중복된 14개 부서는 4개로 묶었고 과거에 직급이 다양했던 관리 구조를 5개 직급 체제로 개편했다.

가장 힘든 개혁은 인원 감축이었다. 파나소닉은 어쩔 수 없이 미국, 유

럽, 아시아 지역 공장의 문을 닫았고, 일본 현지에서 두 차례에 걸쳐 2만 명을 감원했다. 이는 일본 사회에 엄청난 파장을 몰고 왔다. 이제 파나소닉의 고문이 된 쇼토쿠 유키오 부사장이 다음과 같이 말했다. "이런 고통을 다시 겪지 않기를 모두 바랐습니다. 그렇지만 우리가 이렇게 하자 다른 가전 기업도 이 길에 동참했습니다."

회복: 구세주는 없다

일본 경제는 2003년 일사분기에 바닥을 쳤다. 2002 회계연도의 GDP 성장률은 0.1퍼센트였다. 그뒤 여름부터 경제가 회복세를 보였지만 오르락내리락해 세계 거시경제 전문가들이 대부분 비관적인 전망을 내놓았다.

다나카 나오키 교수는, 자신이 이끄는 21세기정책연구소가 2003년 여름부터 일본 경제가 회복하기 시작했음을 인정했다고 말했다. 당시 일본 기업은 재고가 많이 쌓였고 은행의 부실자산 문제가 심각했으며 통화 증가량도 2퍼센트가 되지 않았지만, 다나카 교수와 그의 동료들은 일본과 미국 통계의 각종 경제변수를 분석한 결과 자본시장에 새로운 흐름이 나타났다고 해석했다. "일본과 미국 투자자가 금융투자의 포트폴리오를 채권에서 주식으로 바꿨습니다. 우리가 만든 경제모형으로 이러한 현상을 분석한 결과 경제 회복이 시작되었습니다!"

이는 기업가가 기회를 놓치지 않고 재투자를 해야 할 시기다. 다나카 교수는 일본에서 투자가 경제회복을 이끌고 있는데 2003년은 설비투자가 직접적인 원동력이 되었다고 생각한다. 회복의 동력은 바로 개혁이었다. 중국의 경제학자인 쉬샤오녠은 기자에게 다음과 같이 말했다. "10년

이상 지속된 일본의 경기후퇴와 침체는 주기적인 문제가 아니라 구조적인 문제입니다."

일찍이 통산성 장관을 역임한 와타나베 오사무 이사장은 인터뷰에서 지금 회복세를 보이는 이유는 일본 기업이 지난 몇 년 동안 '세 가지 과잉에 관한 문제'를 이미 해결했기 때문이라고 말했다. 즉 생산(설비) 과잉, 고용 과잉, 부채 과잉이다. "기업 이윤율이 대폭 증가했고 기업들은 장기적인 구조조정을 마쳤습니다."

와타나베 오사무는 이것이 바로 신뢰할 수 있는 근거이며 2005년 8월부터 경제가 회복세를 탈 수 있었던 원인이라고 분석했다. 노무라 증권 금융경제연구소의 기우치 다카히데木内登英 수석 이코노미스트도 세 가지 과잉에 관한 문제에 동의했다. 그는 세 문제를 해결하는 과정에서 일본 기업이 부채 과잉과 생산 과잉을 먼저 해결하고 노동력의 과잉 문제는 그다음에 해결했다고 말했다.

실질적인 개혁은 2001년에서 2002년에 이르러 시작되었다. 기우치 수석연구원이 말했다. "2004년이 되자 일본 기업들이 채무 문제를 완전히 해결하여 대차대조표를 정리했습니다. 이때부터 여유 자금이 생기고 생산을 확대하게 되었습니다. 2004년에는 주로 설비투자를 늘렸고 2005년에는 고용을 대규모로 늘리고 임금을 올리자 내수가 증가했습니다. 경제가 안정적으로 회복된 것입니다."

그가 보기에 지난 몇 년간 일본 기업의 개혁은 '대'를 위해 '소'가 희생한 것이다. 회복 과정에서 정부 정책이 공헌한 정도에 대해 가우치 수석은, 정부는 간여하지 않았으며 민간기업이 스스로 개혁하도록 했다고 솔직하게 말했다.

"과거에 일본 정부는 자금을 풀어 공공 투자를 늘리는 방식으로 경제를 지탱해 기업의 구조조정이 늦어졌습니다. 2001년부터 이런 정책을 중단하자 GDP가 하락했습니다. 그러나 기업들의 사고방식이 바뀌어 스스로 문제를 해결해야 한다고 인식하게 되었습니다. 이런 의미에서 정부 정책이 공헌한 바가 적지 않습니다."

다나카 교수는 인터뷰에서 지난 15년 중 가장 중요한 교훈을 종합하며 다음과 같이 말했다. "과거에는 정부에 의존해서 회복해야 한다고 여겼습니다. 그렇지만 이제 우리는 정부가 필요없다는 사실을 알았습니다. 일본인의 의식에 변화가 발생한 것이죠."

이는 기우치 연구원과 약속이나 한 듯 생각이 같았다. 기우치 연구원은 두 요인 때문에 일본 경제가 현재 강한 회복세를 보인다고 분석했다. 첫째, 일본 기업들이 자본 투입을 크게 늘리고 생산력을 확대했다. 둘째, 일본 내수가 뚜렷하게 늘었다. 그는 2006년에 일본 경제의 실질성장률은 2.4퍼센트며 앞으로 몇 년간 2퍼센트대를 유지할 것으로 전망했다.

"이 정도라면 이상적인 성장입니다. 1980년대처럼 평균 성장률이 4.3 퍼센트라면 오히려 지나치게 과열된 것입니다."

현재 기우치 연구원은 사람들이 지난날을 잊고 지나치게 확장하지나 않을까 가장 우려했다. 그는 지금 주식시장은 과열된 기미가 있다고 본다. 그래서 일본중앙은행이 2006년에 제로금리를 중단하고 금리를 적당히 올려 경제가 안정적으로 성장하도록 해야 한다고 주장했다.

황금기: 기술의 승리

인터뷰를 할 때마다 우리는 이런 질문을 던졌다. "일본의 미래를 어떻

게 전망하십니까?" 백발이 성성한 가토 히로시는 이 질문에 대답할 때 가장 흥분한 것 같았다. 그는 일본 경제가 앞으로 10년 뒤 '황금기'를 맞이할 것으로 생각했다.

"일본은 황금기를 맞이할 저력이 있다고 생각합니다. 과거 민간(가계)으로 흘러간 자금이 40퍼센트나 잠겨 나라의 발전에 걸림돌이 되었습니다. 지금은 그중 절반이라도 민간에 돌려주면 큰 효과를 기대할 수 있습니다."

가토 히로시는 앞으로 있을 일본의 황금기는 1970년대의 번영과 크게 다를 것으로 전망했다. 이번 황금기는 첨단기술의 특징이 두드러지며 개혁 과정에서 제한을 풀고 경쟁을 도입한 덕택일 것이라는 설명이다. 일본은 최근 전기통신 사업의 인프라 건설에서 큰 진전이 있는데 전국적으로 광케이블을 깐 것이다. 앞으로 이삼 년 안에 각 가정에 들어올 수 있다. 이는 세계에서 광케이블의 보급이 가장 빠른 경우다. 동시에 최근의 구조조정과 개혁에 힘입어 일본 기업들이 연구 개발에 진력해 계속 성과를 냈다. 그 결과 기술이 더욱 선진화되었고 이 기술을 바탕으로 다른 나라와 협력할 수 있다. 예컨대 일본이 중국이나 한국의 제조업과 보완하며 발전해나가는 것이다. 가토 히토시는 다음과 같이 예측했다.

"따라서 앞으로 있을 황금기에는 모든 제품이 '메이드 인 재팬'이 아니라 일본은 기술을 대거 제공해 세계경제의 발전 토대가 될 것이다."

다나카 나오키 교수는 황금기라는 표현을 쓰지는 않았지만 일본의 기술 우위에 대해서는 가토 히토시와 생각이 거의 비슷하다. 다나카 교수는 기술의 우위를 유지할 수 있는 이유는 일본 기업은 차이를 인식하고 유연하게 조정하는 능력이 있기 때문이라고 분석했다. 중국이 WTO

에 가입하자 제조업에서 이윤 분배 구조를 바꿔놓았다. 처음에는 일본 기업 역시 불평하며 위안화의 절상을 기대했다. 그러나 2003년부터 일본 기업의 시각이 달라지면서 더 이상 제조업에서의 경쟁에 전력하지 않고 많은 자원을 연구 개발에 투입해 기술의 우위를 추구했다.

예를 들어 로봇과 자동화 시스템을 대거 사용해 일본 제조업의 임금 원가를 10퍼센트 이내로 통제했으며 3D 소프트웨어 기술로 제품을 디자인해 혁신 주기를 단축할 수 있었다. 다나카 교수는 연구개발에 많은 투자를 하고 연구개발에 힘쓰는 기업을 지원하는 일본의 제도 혁신이야말로 미래의 일본 경제가 발전하는 초석이라고 생각한다. 파나소닉은 힘든 회생 노력 끝에 전략을 조정했는데, 이는 학자들이 설명할 때 드는 좋은 예시다.

쇼토쿠 이사장은 파나소닉이 2003년부터 'V(승리)' 시리즈를 내놓기 시작했는데, 놀라운 가격, 블랙 케이스 기술, 남다른 스타일이 특징이라고 말했다. 블랙 케이스 기술은 제품의 제작이나 디자인에 엄청난 기술력이 필요하며 전 과정이 일체화된 것을 의미한다. 쇼토쿠 이사장은 일본이 신제품마다 이런 신기술을 이용하기 때문에 경쟁 기업이 쉽게 본을 떠 빠른 시간 안에 따라잡을 수는 없다고 말했다. 2005년까지 파나소닉은 가전, 사무기기, 전문가 용품에서 70~90종의 V 시리즈 제품을 출시했다.

파나소닉은 해외투자 전략도 수정했다. 예를 들어 파나소닉은 중국에서 일반 전기 제품을 생산해 중국의 경쟁 기업과 정면 승부를 하던 과거 방식에서 벗어나 첨단 제품을 생산하면서 동시에 중국의 동종업계에 부품과 주형鑄型을 판매했다. 그 결과 기술 우위로 시장을 점유할 수 있었

다. 쇼토쿠 이사장은 2006년 중화권에서 파나소닉의 판매액이 700억 위안에 이를 것이며, 그중 50~60퍼센트가 부품과 주형 판매액이라고 소개했다.

쇼토쿠 이사장은 파나소닉이 '덩치가 크고 느린' 기업에서 '가볍고 날 쌘' 기업으로 전환했으며 지금은 수익이 그다지 크지 않지만 발전 방향을 정확하게 알고 있다고 자신 있게 말했다.

일본 개혁 분석 2

다케나카 헤이조 일본 게이오기주쿠 대학교 경제학 교수 겸 전 고이즈미 내각의 고위 관리 등과의 인터뷰

●

기자 후수리, 린징 **시기** 2006년 1월 23일

"먼저 부실자산을 처리해야 합니다.
부실자산이 줄어들면 경제에 긍정적인 효과가 나타납니다.
그러면 경제가 살아나며, 둘은 매우 중요한 연동 관계를 형성하게 됩니다."

_____ 금융대신(장관)으로 계실 때 금융개혁을 주도하셨는데요. 금융개혁의 주요 성과가 무엇이라고 생각하십니까?

방금 대차대조표를 정리했다는 이야기를 했습니다. 은행 입장에서 대차대조표를 조정하는 일은 부실자산을 처리하는 것을 의미합니다. 3년 전 금융대신에 처음 임명되었을 때 시중은행이 부실자산을 처리해야 한다고 주장한 것이 자주 생각납니다. 당시 거의 모든 은행가, 정치가뿐만 아니라 심지어 언론에서도 이 개혁안을 반대했습니다. 부실자산을 처리하자고 주장하는 사람은 소수였지만 확고한 신념이 있었습니다. 그중 한명이 고이즈미 총리입니다.

정치적으로 보면 당시는 제게 상황이 무척 불리했습니다. 그렇지만 총리의 지원을 받아 개혁 조치는 결국 성과를 거두었습니다. 예를 들어 3년

전만 해도 전체 은행의 대출액 중 부실자산비율이 8.4퍼센트로 상당히 높은 수준이었습니다. 그렇지만 지금은 2.9퍼센트로 낮아졌습니다. 일본 금융시장은 이렇게 해서 정상화할 수 있었습니다. 3년 전 많은 언론에서 '금융위기'라는 말을 사용했으며 주요 은행이 파산할 수 있다고 보도했습니다. 현재 은행은 수익이 나고 있으며 금융시장이 안정되었고 주가가 상승했습니다. 따라서 부실자산을 처리한 정책은 성공적이었습니다.

_____ 일본의 주요 은행이 부실자산의 늪에서 빠져나온 것은 전 세계가 알고 있다고 생각합니다. 그렇다면 어떻게 빠져나올 수 있었나요? 주요 원인이 무엇입니까? 이를 분석해놓은 많은 글을 읽었습니다만 모두 경제가 회복되자 은행의 부실자산이 사라졌다고 말하고 있습니다. 과연 무엇이 먼저였습니까?

은행의 대차대조표와 거시경제와의 관계에 대해 질문한 것으로 이해하겠습니다. 경제학자의 관점에서 보면 대답은 간단합니다. 두 가지가 모두 중요합니다. 그러나 부실자산의 처리가 우선입니다. 부실자산이 줄어들면 경제에 긍정적인 효과가 나타납니다. 그러면 경제가 살아나며, 둘은 매우 중요한 연동 관계를 형성하게 됩니다. 한번 상상해보십시오. 만약 3년 전에 이 정책을 선택하지 않았다면 지금과 같이 경제가 회복할 수 있었을까요? 그렇지 않습니다. 모든 변화는 정부의 관련 정책에서 비롯된 것입니다.

_____ 과거 부실자산의 처리 과정에서 어떤 어려움이 있었습니까?

가장 힘들었던 점은 정책을 어떻게 시행하는가라는 문제였습니다. 우리는 시장 전망이 밝다는 기대를 심어줘야 했습니다. 시장 전망은 중요합니다. 전망이 흐려지기 시작하면 모든 것이 악화됩니다. 이것이 바로 악순환입니다. 따라서 선순환 구조를 만드는 것이 매우 중요합니다. 방금 부실자산과 거시경제 회복에서의 관계를 이야기했는데, 관건은 시장 전망을 밝게 만드는 것입니다. 이것이 가장 어려운 문제입니다. 개혁정책을 시행한 초기에 일부 언론에서 매우 부정적으로 보도했습니다. 다행히 일본은 시장이 상당히 건전해 대차대조표를 조정해야 할 필요성을 충분히 이해했습니다. 이런 관점이 확산되기 시작하면 정책과 시장, 시장과 정책 사이에 선순환 구조가 이루어집니다. 이 같은 선순환에는 변곡점이 있는데, 말하자면 정부가 3년 전에 (파산한) 은행에 공공자금을 투입한 일입니다.

_____ 그 외에 다른 어려움은 없었습니까?

긍정적인 충격이 있어야 하고 시장을 바른 방향으로 이끌어갈 필요가 있었습니다. 개혁 초기에는 정책 방향이 정확하다고 확신했습니다. 그렇지만 솔직히 말해 언제 효과가 나타날지는 예측하기가 어려웠죠. 2003년 정부가 은행에 자금을 투입해 일본 정부가 절박한 심정으로 시장 정상화에 진정으로 힘쓰고 있다는 신호를 보냈습니다. 이런 정보는 시장에 중요합니다. 이를 바탕으로 시장에서 긍정적인 피드백을 시작하게 됩니다. 이 때부터 주가가 오르기 시작하고 경제도 회복되기 시작했습니다. 시장에 정보를 열심히 주는 일은 중요합니다.

_____ 금융개혁이 이미 완성되었나요? 이번 개혁을 어떻게 평가하십니까?

개혁은 끝이 없습니다. 금융개혁에 대해 이야기하자면, 당시 제가 부실자산을 줄이자는 계획을 내놓았지만 그 대상은 주요 은행으로 한정했습니다. 일본에는 600곳의 지방은행과 소규모 은행이 있습니다. 그들도 더 많은 노력을 기울여 부실자산을 정리해야 합니다. 이것이 한 가지입니다.

또 주요 은행에 대해 이야기하면, 개혁의 일부가 끝났고 효과도 좋았습니다. 그렇지만 기업 지배 구조 등의 문제를 여전히 고민해야 합니다. 주요 은행의 지배 구조는 아직도 개선할 여지가 많습니다. 국제 기준으로 봤을 때 수익성이 높은 편은 아닙니다. 따라서 주요 은행의 지배 구조를 강화하는 것은 중요한 임무입니다. 이를 바탕으로 주요 은행이 수익을 늘리고 자산의 수익률을 높여야 합니다.

_____ 일본의 금융관리·감독 제도의 개혁에 대해 이야기해 주실 수 있나요?

저는 이제 금융대신이 아니며 금융관리·감독을 책임지는 금융청을 지휘하지도 않습니다. 3년 전에 재직했을 때는 관리·감독 시스템이 완비되지 않았습니다. 저는 새로운 관리·감독 기준을 제시한 뒤 이것으로 주요 은행을 엄격히 관리·감독했습니다. 이 노력은 지금도 계속되고 있습니다. 그렇지만 당시에 더 중요한 임무는 모든 은행의 지배 구조를 강화하는 것으로 방금 했던 이야기입니다. 지배 구조와 함께 시장에 의한 관리는 정부가 관리·감독하는 것보다 중요합니다. 정부의 관리·감독에

서 시장으로 중심이 옮겨간 것입니다. 지배 구조의 감독에서는 주주와 시장이 더욱 중요한 역할을 하게 될 것입니다. 요즘 추세가 이렇다고 생각합니다.

_____ 일본에는 '주거래은행제'가 있습니다. 현재 이 제도에 어떤 변화가 있나요?

주거래은행제는 오랫동안 변화가 계속 있었습니다. 대략 1980년대 말부터 주거래은행제에 변화가 시작되었습니다. 주거래은행제는 본질적으로 대행 제도이며 긍정적 역할을 해왔음을 부인할 수 없습니다. 따라서 잘만 운영되면 총대행비용을 절감할 수 있습니다. 그러나 일본에서 주거래은행제가 지나치게 변화했습니다. 미국과 유럽도 주거래은행제가 있습니다. 문제는 일본의 주거래은행제가 몹시 극단적이라서 대행비용에 예외가 발생했습니다. 물론 지금은 모두 정상화되어 일본은 미국, 유럽과 제도가 거의 비슷합니다.

은행계의 차르: 다케나카가 던진 비장의 카드

다케나카 장관은 인터뷰 내내 상당히 차분한 태도로 말을 이어갔다. 그렇지만 사람들은 지난 3년 동안 일본의 금융개혁 과정이 매우 험난했던 것을 잊지 못한다. 2001년 4월 경제재정장관으로 취임한 다케나카 대신은 다음 해 9월에 금융장관을 겸임하면서 은행계의 차르로 불렸다.

1989년에 일본 주식시장은 약 39000포인트의 최고점이 붕괴된 이후 1990년대에 일본 금융기관의 부실채권이 크게 증가했다. 1997년에 아시아 금융위기가 발생하자 상황이 한층 더 악화되었다. 지난 몇 년간 일본

의 역대 정부는 수차례 개혁을 시도하여 일련의 금융법을 제정했다. 즉 부실채권 담당기구를 신설해 은행의 부실자산 문제 등을 해결하고자 했다. 그러나 금융개혁 자체가 복잡하고 게다가 수많은 반대에 부딪히자 경제에 악영향을 끼칠까 우려했다. 결국 개혁 초기에 설정한 목표를 효과적으로 달성하지 못했고 오히려 문제만 더 악화되었다.

다케나카가 2002년 9월 금융장관을 겸임하게 되자 강경파의 목소리가 더욱 커졌다. 또 10월 7일 국회에서 연설한 것이 엄청난 파장을 일으켰다. 즉시 도쿄 증시가 연속 하락해 8700선이 무너졌고 일본 정계가 긴장했다. 자민당 내부에서는 다케나카 장관을 비난하는 목소리가 뒤를 이었고, 야당은 10월 24일 국회에 결의안을 제출해 다케나카의 정치적인 책임을 추궁하려고 했다. 그렇지만 일본 국민은 다케나카 장관의 편에 섰다. 2002년 10월 30일 도쿄TV가 여론조사를 실시한 결과 다케나카 장관을 지지하는 비율이 69퍼센트였다.

2002년 10월 말 다케나카는 예정대로 '금융재생 계획'을 내놓았다. 금융청도 금융재생 계획의 엄격한 집행을 위한 시간표를 발표했다. 즉 2004 회계연도까지 부실대출 문제를 해결해 일본의 금융 시스템과 금융 당국에 대한 국제사회의 신뢰를 회복하고자 했다.

이번 '다케나카 계획'에는 비장의 카드가 두 장 있다. 첫째, 미국의 재무회계 방식으로 금융기관의 자기자본비율을 계산하는 것이다. 이것은 일본이 예정 조세환급액을 자기자본에 셈해 넣는 기존의 방식을 버리고 이중 10퍼센트만 자기자본으로 포함하는 것을 의미한다. 둘째, 은행이 소유한 토지, 주식 혹은 채권이 '장부가격'으로 기입되지 않고 시장가격에 따라 자산가치를 결정한다. 이 계획에 따르면 일본의 금융기관

은 6조 엔의 자기자본금이 감소해 자기자본비율이 8퍼센트에 못 미치게 된다.

은행이 다케나카 계획에 따라 부실채권을 정리하도록 한 것은 권한과 책임이 균형을 이루는 해결 방법이었다. 은행은 자사의 부실채권에 대해 재무적인 책임을 져야 했다. 2000년 전까지 일본 정부는 우선주 구매를 승인하는 방식으로 대형 금융기관에 국고자금을 엄청나게 쏟아부었다. 다케나카 계획은 금융기관이 기한대로 수익 계획을 시행하지 않는다면 이사장이 물러나야 했다. 또 3년 연속 손실이 발생하면 정부가 우선주를 보통주로 전환하는 방안을 고려하며, 그러면 해당 금융기관의 관리에 참여하고 국유화의 대상으로 상황을 해석하게 된다.

이 개혁 조치는 일본 경제에 큰 충격을 주었으며 자본시장도 크게 동요했다. 기관투자자들은 잇달아 일본의 은행주식을 내다 팔았다. 2003년 3월에 이르러 일본의 주식시장은 8000포인트까지 떨어져 1983년 수준으로 돌아갔다.

위기가 발생한 당시 다케나카는 사람들의 마음을 안정시키는 조치를 취했다. 2003년 7월 일본의 간사이關西 지방에 소재한 리소나홀딩스 Resona Holdings가 파산 위기에 몰리자 정부에서 1조 9600억 엔을 투입해 시장에 긍정적인 신호를 보냈다.

이 밖에도 다케나카 장관은 예금보험 제도를 유연하게 시행했다. 일본의 예금보험 제도는 원래 최고 보장액을 1000만 엔으로 정했는데 1996년 이후 시행이 중단되었다. 2002년 4월 다케나카는 이 제도를 다시 부활했으며 보장액도 올려 당좌예금은 모두 보장하도록 개정했다. 이 정책은 주요 대규모 은행의 재무 상황이 기본적으로 개선된 2005년

3월까지 지속되었다.

2003년 8월 1일 일본 국회에서 다케나카에게 책임을 묻자는 야당의 해임안을 부결한 지 얼마 지나지 않았을 때, 일본 금융청은 미즈호파이낸셜그룹Mizuho Financial Group 등 정부가 주식을 소유한 15곳의 금융기관에 '경영 상황 개선 계획'을 작성하고 금융청의 심사를 받으라고 명령했다. 또 분기마다 금융청에 '이행 상황 보고서'를 제출할 것을 요구했다.

이 같은 계획이 발표되자 일본의 주요 금융기관이 잇달아 항의했다. 고이즈미 총리의 자민당 내 경선과 맞물려 다케나카의 퇴진을 요구하는 압력이 이곳저곳에서 더욱 커졌다.

2003년 9월 고이즈미 총리가 자민당 총재로 재선에 성공하자 바로 내각을 개편했지만, 다케나카를 중용해 개혁을 지속하도록 했다. 2004년 10월 일본 내각이 개편할 때 다케나카는 경제 재정 및 우정민영화 개혁 장관으로 임명되었다.

금융개혁의 발걸음도 계속되었다. 1993년부터 실질 수익이 전혀 없던 은행계가 2003년 말부터 적자에서 흑자로 반전했다. 2005년 3월에 이르러 일본 주요 은행의 부실자산비율이 2002년 3월의 8.4퍼센트에서 마침내 2.9퍼센트로 떨어졌다. 부실자산의 잔액도 2002년 3월의 43조 2000억 엔에서 2005년 3월에는 17조 7000억 엔까지 떨어져 58.6퍼센트나 감소했다.

2005년 10월에 일본 내각이 개편되었고, 다케나카는 다시 내각에 참여했다. 이번에 다케나카는 경제재정장관이라는 중책을 내려놓고 총무대신 겸 우정민영화개혁 장관으로 임명되었다.

충격 경험: 수술칼과 안전망

2002년 4월, 일본이 예금보험 제도를 부활하자 많은 일본의 예금주가 자산 운영이 견실한 은행으로 거래처를 변경했다. 당시 경영 상태가 가장 안정적이던 도쿄미쓰비시 은행이 이 과정에서 많은 수익을 얻었다.

이 은행의 가나리 노리미치金成憲道 부행장이 당시 상황을 다음과 같이 기억했다. 그때부터 도쿄미쓰비시 은행은 미즈호瑞穗와 미쓰이 스미토모三井住友 등 은행에서 보내온 대규모 저축을 받아 예금잔액이 몇 년 사이에 4배로 늘어 이전의 15조 엔에서 지금의 60조로 커졌다.

"2005년 3월부터 예금보험 제도를 조정하여 단일 은행에서 보증하는 상한선을 1000만 엔으로(무이자 부분은 제외) 변경했습니다. 그렇지만 금융 상황이 이미 비교적 안정되어 우리 은행만 해도 대규모 예금 이전 사태가 더 이상 발생하지 않았습니다."

노리미치 부행장의 말이다. 일본의 대형 금융기관 중 경영 상태가 가장 견실한 은행이던 도쿄미쓰비시 은행도 금융재생 계획의 대상이었지만, 충격적인 개혁으로 심각하게 타격을 받은 것은 아니다. 2004년 일본의 4위 은행인 UFJ는 대규모 부실자산을 어쩔 수 없이 처리하는 과정에서 많은 문제가 터져나왔다. 더군다나 재무제표를 조작한 혐의로 금융청의 조사를 받으며 존폐 위기에 놓여 도쿄미쓰비시 은행과 합병 협상을 강요당하기에 이르렀다.

2006년 1월 1일, 합병 뒤 정식으로 출범한 도쿄미쓰비시 은행은 총자산이 162조 7000억 엔(약 1조 4000억 달러)으로 세계 최대의 은행이 되었다. "다케나카 대신은 금융청의 전임 장관들과 확연히 다릅니다. 경제학에 정통했고 시장경제도 잘 이해합니다. 다케나카 대신은 적절한 시기에

적절한 자리에 올라 일본이 금융개혁의 성과를 이같이 거둘 수 있었습니다."

가나리 부행장이 말했다. 가나리 노리미치와 마찬가지로 우리가 인터뷰한 금융계 인사와 학자들이 모두 일본의 금융개혁 성과를 대체로 인정했다. 예를 들어 가토 히로시 교수는 부실자산의 정리를 미룬 것이 잃어버린 10년의 주된 교훈이었던 것처럼 부실자산을 일관성 있게 처리해 금융 시스템의 건전성을 확보하고 금융시장의 자금 배분 기능을 회복시킨 점은 일본이 개혁 과정에서 거둔 가장 중요한 성과라고 말했다.

중국에서 수년간 일했던 마루베니의 니시다 켄이치 특별고문도 중국이 일본의 경우에서 배워야 할 점을 다음과 같이 말했다.

"첫째가 부실채권의 정리로 이를 처리하지 않으면 은행도 발전하지 못합니다. 만약 은행의 체질 자체가 건강하지 못하면 기업에도 부정적인 영향을 끼칩니다. 부실채권을 처리하지 않으면 마치 '폭탄'을 짊어지고 길을 걷는 것과 마찬가지입니다."

가나리는 또 당시에 도쿄미쓰비시 은행이 부실채권을 처리한 방법을 몇 가지 소개했다. 사법 절차를 이용해 상환하기를 요구하기, 건실한 기업이 수익이 나는 업무를 재조정할 때 은행이 담보를 제공하며, 기업은 이윤이 발생하면 이를 상환하기, 문제 기업이 채무를 재조정할 때 은행이 협력해 일부 대출을 회수하기, 부실채권을 직접 회수하기 등등.

가나리는 부실자산의 처리 과정에서 '안정망'을 특별히 강조했다. 그는 일본이 부실자산을 성공적으로 처리할 수 있었던 이유는 안정망 때문이라고 생각했다. 중요한 시기에 정부는 공적 자금을 투입해 도산 위기에 몰린 민간 금융기관을 국유화했다. 그런 다음 실력 있는 기업이 출자해

다시 민영화했다. 일본이 설립한 '예금보험기관'과 '산업재생기구'가 모두 부실자산에서 비롯된 충격을 크게 줄이는 완충제 역할을 했다. 가나리가 다음과 같이 말했다.

"1997년 일본 홋카이도 지역의 최대 은행인 홋카이도다쿠쇼쿠拓殖 은행이 파산하면서 관련 기업이 함께 무너졌습니다. 그러자 지역경제 전체가 5년 내내 부진을 면치 못했습니다. 우리는 여기서 교훈을 얻었는데, 바로 정부가 왜 공적 자금을 투입해 일부 은행을 구제하고 재편한 다음 다시 매각해야하는가 입니다."

주거래은행제의 붕괴: 은행과 기업의 이익 공유 벨트 해제

인터뷰를 하기 위해 일본으로 떠나기 전에 베이징과 홍콩에서 만난 많은 전문가가 일본 주거래은행제의 변천에 대해 관심을 보였다. 세계은행 베이징사무소의 왕쥔 수석 이코노미스트가 물었다. "일본의 금융 시스템이 점진적으로 바뀌어 과거의 은행 중심제, 주거래은행제 방식에서 한발 더 높은 차원의 통합으로 나아갈까요?"

주거래은행제란 한 은행이 기업의 융자 업무를 도맡는 것을 뜻한다. 해당 기업이 다른 은행에서 대출을 받거나 다른 방식으로 융자를 할 경우에도 담당 은행이 책임지고 주선한다. 본지의 루레이 수석연구원이 다케나카의 견해에 동의했다.

"주거래은행제는 거래(융자)비용을 절감하는 장점이 확실히 있습니다. 그런데 일본의 주거래은행제는 극단으로 흐른 나머지 오히려 반대 방향으로 갔습니다. 은행과 기업이 주식을 교차 보유하고 또 은행끼리 주식을 교차 보유하여 완전한 이익 공유 관계가 형성되었습니다."

노무라 증권의 다카히데 구이치가 기자에게 다음과 같이 설명했다. 제2차 대전 이후 일본은 처음에는 정부가 주도하여 자금을 공급했다. 일본 정부는 자국의 예금자들에게 돈을 받아 철강, 석탄 등 특정 산업에 투자했다. 1960년대 이후 일본 정부는 이 기능을 민간은행으로 이양했다. 만약 은행이 시장 수요에 맞춰 자원을 배정했다면 이것은 좋은 일이다. 그런데 은행은 건물이나 토지와 같이 자신이 장악한 일부 산업에 자금을 지나치게 투입했다. 그런데 건물이나 부동산은 거품이 생기기 쉽다.

이 밖에도 일본이 '극단으로 치닫던' 주거래은행제하에서 과거에는 정부의 지시를 그대로 따랐다. 가토 히로시가 다음과 같이 말했다.

"은행이 정부의 뜻에 따라 대출을 실행했고 그렇게 산업을 이끌었습니다. 그 결과 기업이 무너지자 산업이 무너졌고 은행 역시 문제가 발생했죠. 사실 이것은 나쁜 일입니다. 통산성이 제정한 산업정책은 일본 경제에 크나큰 폐단을 남겼습니다."

일본의 주거래은행제는 최근 들어 실질적으로 변화가 발생했다. 특히 관련 법률에 따라 은행이 기업주식을 보유할 수 있는 한도가 자기자본 규모를 초과할 수 없게 되었다. 대차대조표를 개선하는 금융재생 과정에서 일본의 대규모 은행은 어쩔 수 없이 기업 주식을 대량 처분했다. 그 결과 기업에 대한 지배력과 영향력이 이미 예전과 같지 않다.

우리가 몇몇 기업가를 인터뷰했을 때 기업의 은행 의존도가 확연히 낮아지고 있는 것을 느낄 수 있었다. 아사히맥주의 세토 유조 전 이사장은 일본 경제가 10여 년을 후퇴하면서 얻은 최대 교훈 중 하나는 '기업은 반드시 자립해야 하고 남에게 의존해서는 안 된다'라고 말했다. "전에

는 주거래은행제가 있어 기업이 일정한 보호를 받았습니다. 그렇지만 기업의 발전도 제약을 받았습니다."

마루베니에서 전무이사를 지낸 니시다 켄이치 역시 이를 인정했다. "대출이 지나치게 많으면 기업 경영에 영향을 줄 수 있다는 사실을 과거에는 인식하지 못했습니다. 그러나 현재 마루베니는 대출이 2000억 엔으로 줄었습니다. 우리는 이제 더 이상 대출을 받지 않습니다."

다카히데 구이치는 주거래은행제가 계속 존재할 수는 있겠지만 기능이 계속 약화될 것으로 생각했다. "기업이 출자금융사나 회사채처럼 다른 융자 방식을 찾기 시작했습니다."

일본 개혁 분석 3

다케나카 헤이조 일본 게이오기주쿠 대학교 경제학 교수 겸 전 고이즈미 내각 고위 관리 등과의 인터뷰

●

기자 후수리, 린징 **시기** 2006년 1월 23일

"'작은 정부'란 '민간이 할 수 있는 일은 민간이 하도록 하는 것'입니다.
이 말의 또 다른 중요한 의미는 정부가 통제하는 자원이 줄어든다는 뜻입니다."

우정 개혁과 '작은 정부'가 목표

_____ 일본의 구조 개혁 현황과 함께 개인적인 평가 및 전망에 대해 듣고 싶습니다.

방금 일본 경제에 대해 설명했습니다. 거품경제가 붕괴한 뒤 대차대조표에서 부채가 자산을 초과했던 문제는 현재 이미 해결되었고 경제성장률도 2~3퍼센트로 회복했습니다. 그러나 앞으로 10년은 세계화가 진행되는 10년이며 일본의 인구 구조는 고령화가 더욱 진행될 것입니다. 일본 경제는 반드시 '공격적인 개혁,' 즉 주동적인 개혁을 실천해야 합니다.

만약 주동적인 개혁을 시행하지 못한다면, 일본 경제는 현재 일정한 수준으로 회복했지만 다시 후퇴할 수도 있습니다. 주동적인 개혁이란 인

구가 줄어드는 상황에서 정부는 가능한 한 작은 정부가 되어 효율을 높이고 일본 국민의 조세 부담을 줄이는 것입니다. 세금 부담이 지나치면 경제가 성장할 수 없습니다.

작은 정부란 '민간이 할 수 있는 일은 민간이 하도록 하는 것'입니다. 아시겠지만 우정민영화 개혁은 작은 정부를 지향한 개혁으로 참으로 중요합니다. 지금 일본은 우정 개혁 관련 법안이 가결되어 어느 정도 진전이 있었습니다. 다음 단계는 우정 개혁을 중심으로 정부의 직능을 축소하는 것으로 이는 더없이 중요한 일입니다.

————— 중국인은 일본의 우정 개혁을 잘 알지 못합니다. 왜 재편이라는 표현을 쓰셨나요? 개혁과 관련하여 중요성이 무엇인지 설명해주실 수 있습니까? 무엇 때문에 극심한 반대에 부딪혔나요?

먼저 작은 정부의 수립이 일본 경제의 미래를 내다볼 때 근본적으로 중요한 의제라는 사실을 다시 한번 말씀드리고 싶습니다. 중국인은 일본의 인구가 줄어드는 추세임을 상상하기가 힘들 것입니다. 총인구가 감소하고 평균 연령이 빠르게 고령화할 것입니다. 이런 상황에서 국민이 지는 부담이 이제 급격히 증가하게 됩니다. 의료비와 연금을 한번 생각해보십시오. 이 모든 것은 국민이 납부해야 하는 비용입니다. 따라서 일본 국민의 부담이 커질 것이며, 세금과 연금 납부의 압박도 급격히 늘어날 것입니다. 이런 상황을 고려했을 때 작은 정부를 이루는 것은 매우 중요합니다.

일본에서 우정은 정부기관의 하나로 27만 명의 공무원을 고용하고 있습니다. 우정 서비스에는 우편, 속달 서비스, 물류 운송 등이 포함됩니

다. 이런 서비스는 반드시 필요합니다. 그러나 사가와익스프레스Sagawa Express Tokyo 같은 민간기업이 충분히 커버할 수 있습니다. 이것이 한 가지 측면입니다. 일본에서 우정 업무의 또 다른 형태는 은행과 보험입니다. 같은 이치로 은행과 보험업 역시 민간기업이 경영할 수 있습니다. 따라서 일본에서 우정은 민영화할 수 있으며 또 해야 합니다. 민영화하여 27만 명을 감원하면 공무원이 30퍼센트 감소하는 것입니다. 이렇게 힘든 정부의 개혁을 이루어 작은 정부를 만들고자 합니다.

_____ 우정민영화의 직접적인 목표는 작은 정부 수립입니까?

다른 각도에서 다시 설명해보겠습니다. 일본에서 우정공사에 예금한 규모가 얼마나 큰지 아실 것입니다. 일본우정공사는 세계에서 가장 큰 금융기관으로 은행과 보험을 포함해 총자산이 340조 엔에 이릅니다. 340조 엔이 어느 정도인지 상상하실 수 있습니까? 현재 세계에서 예금액의 규모가 가장 큰 시중은행인 미즈호파이낸셜 그룹의 4배입니다.

현재 일본 국민의 예금액을 모두 더하면 1400조 엔이 됩니다. 그중 26퍼센트가 우체국에 예치되어 있습니다. 우정공사가 민영화되면 전체 가계자산the total household asset 중 정부에 맡긴 비중이 5퍼센트로 감소하게 됩니다. 이것은 작은 정부의 또 다른 중요한 함의로, 정부가 통제하는 자원의 비중이 줄어듦을 의미합니다. 따라서 일본우정공사의 민영화는 일본 경제에 매우 중요하며, 특히 작은 정부를 수립하는 데 더할 나위 없이 중요합니다.

_____ 우정 개혁이 이렇게 중요한데 개혁을 완수하기까지 왜

12년이나 걸렸나요? 속도를 높여 시간을 단축할 수는 없었습니까?

주로 정치적인 이유 때문입니다. 일본의 우정 시스템은 오랫동안 정치적으로 '우정족郵政族'이라고 불리는 일부 집단을 지원해왔습니다. 일본에는 2만 5000곳의 우체국이 있는데 우체국장은 자신이 지지하는 정치인이 선거에서 당선될 때까지 중요한 역할을 합니다. 정치적으로 이 사람들이 민영화를 극렬히 반대했습니다. 그들은 현재의 시스템을 유지해야 한다고 생각합니다. 바로 이 때문에 우정 개혁이 이렇게 힘들었고 지금까지 민영화가 거의 불가능했습니다. 고이즈미 총리가 4년 전에 취임했을 때 우정 개혁을 정치 일정에서 우선순위로 정했던 사실을 아실 것입니다. 이것은 정치 투쟁입니다.

_____ 고이즈미 총리가 2006년 9월에 사임한 뒤 개혁이 후퇴하지 않을까요?

이론적으로 가능한 일입니다. 하지만 우리는 민주사회에 살고 있습니다. 사람들은 정치적 변화에 대체로 큰 관심을 기울입니다. 또 근본적으로 일본 국민이 작은 정부가 필요한 것의 중요성을 이미 인식했습니다. 만약 정치가가 더 큰 정부를 원한다면 이는 국민의 조세 부담이 커짐을 의미합니다. 따라서 국민이 먼저 반개혁정책에 강력히 반발할 것으로 생각합니다. 이런 상황에서 민주적인 심의 시스템이 일본에서 효과를 발휘할 것입니다.

구조 개혁의 실체: 일본의 전통을 개혁하다

인터뷰를 하기 위해 일본을 찾은 때는 2005년 9월 이후였다. 이즈음

고이즈미 총리는 중의원을 해산한 정치적 도박으로 압도적인 승리를 거두었다. '고이즈미 파장'이 일본 열도를 덮었고 우정 개혁이 전폭적으로 국민의 지지를 받았다. 그렇지만 우정 개혁을 어떻게 이해할지는 중국인에게 여전히 어려운 문제였다. 다행히 우리는 일본에서 최초로 우정 개혁을 주장한, 저명한 경제학자인 가토 히로시 교수를 인터뷰했다. 『우체국 예금이 붕괴할 수 있다』는 가토 히로시가 1984년에 출판한 책이다. 그는 이렇게 회고했다. "당시 국회에서는 이 책을 비판하며 이런 터무니없는 일은 발생하지 않는다고 말했습니다."

가토 히로시는 일본에서 가장 먼저 구조 개혁과 우정 개혁을 주장한 경제학자로, 그의 저서인 『공사 불분명-일본 멸망의 지름길』 등은 일본 사회에 큰 경종을 울렸다. 고이즈미 총리와 다케나카 장관은 나이차가 열 살이지만 모두 가토 히로시의 제자다.

가토 히로시는 기억을 떠올리며 1977년 젊은 고이즈미 총리의 결혼식에 참석했을 때 자신이 쓴 책을 선물로 특별히 증정했다고 말했다. "고이즈미 총리는 결혼식이 끝날 때까지 손에서 제 책을 놓지 않았습니다."

가토 히로시는 자신의 저서와 주장이 나중에 총리 자리에 오른 고이즈미에게 직접적으로 영향을 주었다고 믿고 있다. 인터뷰에서 가토 히로시는 일본이 구조 개혁을 해야 하는 심층적인 이유를 설명했다.

"5년 전 고이즈미 총리가 선거에 참여하기에 앞서 구조 개혁이 무엇인지 제게 물었습니다. 전 구조 개혁은 일본의 전통을 바꾸는 것이라고 대답했죠."

일본은 메이지유신 뒤 줄곧 '부국강병'을 제창했다. 교통과 통신 네트워크는 핵심 인프라가 되어 전국적으로 확충되었다. 당시 우정 시스템의

창시자인 마에지마 히소카前島密가 영국을 방문했을 때 이 나라가 우정 사업과 우체국예금 제도가 모두 발달했다는 사실을 알았다. 국민이 장롱에 쌓아둔 자금을 한데 모아 군사력을 키우는 데 사용한 점에서 큰 영감을 얻은 것이다. 귀국 후 마에지마는 전국적인 네트워크를 구축한 다음 우체국예금 제도를 실시했다. 가토 히로시가 말했다. "메이지유신으로 많은 개혁이 있었지만, 군국주의 방식이며 군정軍政이 중심이었습니다."

제2차 대전에서 패배하여 일본 군국주의가 막을 내렸지만 '큰 정부'의 형태는 여전히 존재했다. 관료 집단은 국가 건설에 자금을 사용해야 한다고 주장해 '공공사업'을 많이 벌였다. 이 과정에서 정치가들이 부패에 연루되기도 했다. 거품경제가 붕괴하자 뼈아픈 시간이 기다리고 있었다. 일본은 정부의 몸집을 줄이고 지방 분권을 시행해 민간에서 할 수 있는 일은 민간이 담당하도록 했어야 했다. 가토 히로시는 이렇게 하는 것이 정부 구조 개혁의 실체라고 생각했다. 개혁 과정의 핵심은 바로 우정 개혁이다.

우정 개혁의 더딘 걸음: 점진적 방안

일본 정부에서 우정사업부는 규모가 큰 정부기관으로 원래 우정성으로 불렸다. 고이즈미 총리는 1992년 미야자와 기이치宮澤喜一 정부 시절에 우정장관에 오른 적이 있다. 당시 고이즈미 총리는 우정 개혁을 주창했지만 바로 거부되었다.

일본의 우정 공무원은 전체 정부 인력의 30퍼센트에 이르며 예금 수신액은 일본 가계저축의 4분의 1로 규모가 엄청나다. 따라서 우정 개혁

의 의의는 실제로 중대하며 행동으로 옮기기가 매우 어렵다. 우리가 인터뷰했던 일본의 전문가들은 우정 개혁은 엄청난 기득권과 충돌할 뿐만 아니라 중앙정부의 권력과도 관련이 있다고 말했다.

다케나카 장관이 언급한 우정족은 반대 세력 중 하나일 뿐이다. 사실 정부의 이익 자체가 우체국 저축 부문의 민영화로 심각한 타격을 받을 수 있다. 거액의 우체국 저축 금융자산은 사용할 때 국회를 거칠 필요가 없으며, 재정투융자에 관한 예산 심의만 통과하면 바로 집행할 수 있기 때문이다. 가토 히로시가 말했다. "의회를 통과할 필요가 없으므로 관료들이 마음대로 주무를 수 있습니다."

바로 이 때문에 우정 개혁의 필요성은 분명히 있었지만 1990년대에는 조금도 진척이 없었다. 가토 히로시가 풍자적으로 말했다.

"관료들은 수많은 '특수 법인'을 설립해 퇴직한 뒤 갈 곳을 미리 정해 놓았습니다. 모두 대동단결해 자신의 퇴임 이후를 준비했습니다. 그래서 구조 개혁을 할 수 없었습니다. 공공사업은 관료들이 퇴직했을 때 최상의 대비책이었습니다."

일본은 1998년 '중앙성청개혁기본법'을 제정하여 우정성을 총무성 우정사업청으로 축소하고 2003년 4월에는 우정공사로 개편했다. 2004년 말이 되자 우정공사는 직원이 27만 1000명이고, 우체국이 2만 4700곳이며 총자산이 404조 엔(약 3조 6000억 달러)이었다. 그중 우체국 예금잔액이 220조 엔(약 1조 9500만 달러)으로 일본의 4대 시중은행예금의 잔액 합계보다 많았다. 간이보험 부서의 자산은 120조 엔(약 1조 700만 달러)로 일본의 4대 생명보험회사 자산의 합계에 상당했다. 우정공사의 두 자산을 모두 합치면 340조 엔으로 그해 일본 GDP의 3분의 2에 달했다.

고이즈미 정부가 2005년 9월의 중의원 선거에서 거둔 압도적인 승리는 우정 개혁에 대한 일본 국민의 열망을 그대로 반영한 것이다. 그뒤 오랜 기간 가능성을 타진한 우정민영화 관련 법안이 통과되었다. 사실 이 개혁안도 상당히 점진적이었다.

일본 국회가 가결한 법안에는 우정민영화법안, 일본우정주식회사법안 등 6개 항목이 들어 있다. 이에 따르면, 2007년 4월 전까지 기존의 일본우정공사는 해산하고 하나의 국가지주회사를 설립하며 산하에 창구회사(우편), 우정사업회사(일본 전국에 산재한 2만 4700곳의 우체국 관리), 우정은행과 보험회사 등 4개 기관을 발족한다. 국가지주회사는 2017년 전까지 반드시 우정은행과 보험회사가 소유한 전체 지분을 매각해 민영화해야 한다.

"우정 개혁의 첫 번째 목표는 관료가 주도하고, 중앙집권적인 제도를 개혁하는 것입니다. 두 번째 목표는 공무원 27만 명을 줄여 공무원 개혁을 단행하는 것입니다. 세 번째 목표는 민간의 자금은 민간이 사용하도록 돌려주는 것입니다. 이 목표가 실현되면 민영화가 완성됩니다."

가토 히로시의 설명이다. 그는 또한 고이즈미 총리의 임기 안에 우정 개혁 외에도 공무원 개혁, 사회보장 제도의 개혁, 연금 개혁, 의료 개혁도 시행될 것이라고 소개했다. "이 같은 개혁을 시행하면 고이즈미 총리의 임기가 끝납니다. 차기 총리는 무엇을 할지 지켜봐야겠죠."

12년은 몹시 길다: 속도를 올릴 수는 없을까?

진행중인 금융재생 계획과 비교하면 일본의 우정 개혁은 12년의 시간이 소요된다. 제3자의 눈으로 보면 참으로 긴 세월이다. 우정 개혁이 일

본 경제에 어떤 영향을 미칠까? 다케나카 장관은 주동적 개혁으로 일본 경제의 회복에 더 큰 동력이 될 것이라고 주장했다. 그러나 12년의 긴 세월로 사람들은 많은 기대를 하지 않는다. 예를 들어 노무라 증권의 다카히데 구이치 수석 이코노미스트는 이번 개혁이 현 경제에는 별로 도움이 되지는 못할 것으로 전망했다.

"개혁에 박차를 가해야 했습니다. 민영화로 경제 효율을 높일 수 있습니다. 우정예금뿐만 아니라 우편 서비스, 보험도 마찬가지입니다. 만약 행동이 지나치게 느리면 직원들이 변화를 느낄 수 없습니다. 우정민영화에 반대하는 사람들이 무척 많았기 때문에 정부도 느린 행보를 선택할 수밖에 없었다고 생각합니다. 그렇지만 이 과정에서 3년마다 재평가를 하기 때문에 차기 정부가 민영화에 속도를 낼 것입니다."

다카히데 구이치는 현재 일본에는 정부예산의 통제를 벗어난 기관이 많다고도 지적했다. 이 기관들은 통상 우정예금에서 자동적으로 자금을 가져오기 때문에 운영 효율이 많이 떨어진다. 우정예금이 민영화하면 이런 정부 예산 외 기관은 반드시 금융시장과 부딪히게 된다. 비즈니스 활동에 수익이 나지 않는다면 융자비용이 매우 커질 수밖에 없다. 이처럼 시장이 지배하면 정부의 비즈니스 활동도 효율이 발생할 수 있다. 다카히데 구이치가 다음과 같이 말했다. "이 점이 다케나카 장관이 주도한 우정민영화에서 가장 중요한 부분이라고 생각합니다."

일본 개혁 분석 4

다케나카 헤이조 일본 게이오기주쿠 대학교 경제학 교수 겸 전 고이즈미 내각 고위 관리 등과의 인터뷰

●

기자 후수리, 린징 **시기** 2006년 1월 23일

"저실업률과 함께 은행의 신용대출이 주를 이루고
주식을 교차 보유하는 방식이
'일본식 자본주의'의 기본 요소는 아니라고 생각합니다."

일본식 자본주의의 정의

─────── 지난 15년 동안 일본 경제의 침체, 개혁, 회복을 경험하셨는데 일본식 자본주의에 대해 어떻게 생각하십니까?

재미있는 질문이군요. 일본식 자본주의의 기본 요소가 무엇일까요? 많은 사람이 낮은 실업률, 은행의 신용대출, 주식의 교차 보유라고 말할지도 모르겠습니다. 그렇지만 저는 이런 것들이 일본식 자본주의의 기본 요소라고 생각하지 않습니다. 주식의 교차 보유는 일본 경제와 경영사에 나타난 새로운 현상 중 하나입니다. 이는 1970년대 중반에 시작되었고 역사가 30년밖에 되지 않습니다. 주식의 교차 보유는 흥미로운 현상이지만 일본 경제의 기본 요소는 아닙니다. 예를 들어 일본은 전쟁 전에 교차 보유를 하지 않았습니다. 그러나 잠재적으로 경제가 고성장하

는 상황이라면 낮은 실업률, 은행의 신용대출이 주를 이루고, 주식을 교차 소유하는 것은 중요한 기능을 합니다.

일본식 자본주의의 기본 요소가 무엇인지 정의해야 한다면, 변화에 유연하고 환경과 경제 상황에 적응하는 것입니다. 저는 이것이 일본식 자본주의의 기본 요소라고 생각합니다. 예컨대 종신고용제는 전후에 나타난 현상입니다. 전쟁 전의 경제 환경은 크게 달라서 종신고용제가 당시의 일본 국민에게는 어떤 혜택도 주지 못했습니다. 달라진 환경에 적응하기 위해 일본은 계속 매우 유연하게 제도를 바꾸었습니다. 전 이것이 일본식 자본주의의 기본 요소라고 생각합니다. 우리는 지금 변화하고 있습니다.

_____ 방금 말씀하신 '유연성'과 '영미식(앵글로색슨) 자본주의'는 어떤 차이가 있나요?

영미식 자본주의의 기본 요소가 무엇이라고 정의하기는 힘듭니다. 예를 들어 일본의 잃어버린 10년이라고 흔히 말하는 1990년대에, 일본 국민은 변혁을 그렇게 열망했던 것은 아니었습니다. 이는 일본식 자본주의의 기본 요소와 반대되는 것입니다. 현재 우리는 변혁을 경험하고 있습니다. 이것이 바로 일본식 자본주의의 기본 요소입니다. 그러나 이런 일본식 자본주의를 영미식 자본주의라고 말하는 것은 아무런 의미가 없으며 사실을 오도하는 것입니다.

_____ 그러니까 이른바 다양한 방식의 자본주의는 본질적으로 차이가 없으며 실제로는 같은 틀이라는 말씀인가요?

바로 그 말입니다. 기자님은 '중국식 자본주의'를 정의할 수 있습니까? 어떤 의미에서 중국식 자본주의는 영미식 자본주의와 비슷합니다. 때로는 중국식 자본주의가 일본식 자본주의의 사례가 되기도 합니다. 따라서 단순하게 구분짓는다면 사람들이 오해할 수 있습니다. 전 그렇게 생각합니다.

외부의 시각과 내부의 시각: 일본식 자본주의의 초석과 해체

인터뷰를 진행하면서 경제학적 사고에 익숙한 정치가인 다케나카가 일본식 자본주의에 대해 많은 시간 고민했다는 느낌을 받았다. 예상외의 답변이 나왔지만 한편 일리가 있는 말이었다.

우리가 만난 중국과 홍콩의 수많은 경제학자는 대부분 일본식 자본주의라는 개념을 즐겨 사용했다. 특히 골드만삭스가오화高華의 쉬샤오녠 부이사장이 그랬다.

일본이 전후에 성가를 높이던 일본식 자본주의 방식이 왜 1980년대 후반에 돌연히 막을 내렸을까? 쉬샤오녠 부이사장은, 과거에는 일본이 종신고용제를 성공적인 사례라고 내세웠지만 지난 15년 동안 이 제도를 폐지하는 방향으로 발전했다고 말했다. 과거에 일본식인 주식의 교차 소유는 기업과 은행을 하나로 묶은 다음 통산성通産省이 일본 주식회사의 조타수가 되었다. 이 방식에 정말로 문제가 발생한 것일까? 이른바 일본식 자본주의는 동양의 집단주의 정신을 서구의 시장경제 틀 속에 담은 것이다. 이런 방식이 일정한 시기에는 성공할 수 있다. 하지만 경제가 발전함에 따라 포기해야 하는 것은 아닐까? 일본의 잃어버린 10년은 방식의 전환이 지나치게 느렸기 때문은 아닐까? 쉬샤오녠은 다음과 같

이 생각했다.

"다케나카 장관이 해야 할 일은 일본의 전통적인 초석을 모조리 깨부수는 것입니다."

외부 관찰자들이 보기에 다케나카 장관은 미국 방식의 영향을 많이 받은 경제학자다. 그가 앞장선 개혁 조치로 일본이 서구식 시스템과 비슷해졌다. 본지의 루레이 수석연구원은 이렇게 이해했다.

"다케나카 장관은 외부에서 말하는 일본식 자본주의를 인정하지 않습니다. 사실 그는 '일본 특색'이라는 제약을 받기가 싫었으며, 일본에서 완벽한 시장경제를 정착시키고 싶었던 것입니다."

인터뷰에서 일본 정부, 산업계, 학계 인사들이 모두 '일본식'이라는 표현을 사용해 일본 경제를 설명하는 경우는 드물었다. 가토 히로시는 구조 개혁은 일본의 전통을 개혁하는 것이라고 내내 강조했지만 일본식 자본주의의 개념에 대해서는 동의하지 않았다.

다카히데 구이치만 달랐다. 전체 인터뷰 대상 중에서 다카히데 구이치가 재직한 노무라 증권은 '비非일본화' 색채가 선명한 기업으로 홍보 책임자도 미국인이다. 다카히데 구이치는 당연히 영어로 인터뷰했고, 기자를 도우기 위해 영문 자료를 준비했는데 따라서 회사 업무에서 영어가 주로 쓰이는 것을 알 수 있었다. 바로 이 때문에 일본식 자본주의에 대한 다카히데 구이치의 생각은 외부 관찰자와 비슷할 수 있었다.

다카히데 구이치는 일본의 현행 제도는 전통적인 일본식 자본주의와 이미 차이가 크며 '영미식'에 가깝다고 인정했다. 다카히데 구이치는 영미 체제에서 중시하는 직접 융자가 일본 경제에서 많이 보이고 일본 기업이 거래 은행의 이익보다 주주의 이익에 더 신경쓰는 점이 반증이라고

말했다. 이 밖에 노동시장에도 변화가 발생했다. 정규직 직원이 반半정규직과 비정규직 직원으로 대체되었고 대규모 감원이 잇달았다. 이러한 추세는 바뀌지 않을 것이다.

"경제가 회복되자 일본 기업들이 정규직 직원을 늘리기 시작했습니다. 이러한 추세는 2006년까지 지속될 것으로 생각합니다. 그렇지만 일본의 노동 시장이 과거의 경직된 상태로 되돌아가는 것을 의미하지는 않습니다. 유연성이 유지될 것입니다."

다카히데 구이치가 말했다. 그는 '차이'의 개념을 특별히 언급했다. 다케나카 장관이 수립한 정책의 사상적 기반은 미국식이다. 미국식은 경쟁을 강조하고 차이를 인정하는 것이 특징이다. 일본 사회는 과거에 상당히 평등한 사회였다. 그러나 경제가 침체되자 사람들이 차이를 받아들이기 시작했고, 지역 간 경제적 차이와 직원 간 월급 차이도 받아들이게 되었다. "심지어 노동자는 구조조정을 거친 뒤 새로운 노동시장에 노출되었습니다. 일부는 회사에서 나가고 일부는 잘했다고 월급을 더 많이 받았습니다. 일본인들은 이러한 변화를 서서히 받아들이고 있습니다."

일본은 과거에 지역 간 경제력의 차이가 매우 작았으며, 정부는 거둔 세금으로 지방에 보조금을 지급했다. 다카히데 구이치가 말했다.

"앞으로 지역 간 격차가 확대될 수 있다고 생각합니다. 어쩌면 중국의 연해 지역과 내륙 지역처럼 변할 수도 있겠죠. 일본 경제는 영미식 자본주의를 받아들이고 있는 중입니다."

그럼에도 불구하고 미시적으로 보면 일본 문화와 전통의 힘이 여전히 위력을 발휘하고 있다. 기자가 일본 제조업계의 일부 대기업을 방문해 인터뷰했을 때 매번 전통의 힘이 얼마나 강력한지 느끼기도 했다. 가토

히로시는 현재 일본 기업들이 미국식 경영을 할지 아니면 일본식 경영을 유지할지 갈피를 못 잡고 있다고 기자에게 솔직하게 말했다.

가토 히로시는 직원의 근무 성적을 어떻게 평가하는가가 가장 큰 차이점이라고 강조했다. 미국식은 실적에 따라 평가하고, 일본식은 연공서열제다. 실제로 현재 많은 기업이 이 부분에서 망설이며 쉽사리 결정을 내리지 못하고 있다.

"현재 일본의 많은 기업이 위험한 시기를 이미 넘기고 안정기에 접어들었습니다. 그런데 기업의 20퍼센트만 실적에 따라 직원을 평가하며 나머지는 일본의 전통 방식을 따르고 있습니다."

예를 들어 일본에서 어느 기업의 엔지니어가 중요한 발명을 했다면 인센티브를 받을 수 있습니다. 그렇지만 그 액수는 크지 않으며 많이 받는다고 해도 미국에서 받는 인센티브의 20퍼센트 정도입니다. 이 사람은 미국과 비교하면 불만족스러울 수 있습니다. 그러나 일본 사회는 발명이란 모두 함께 노력한 결과며 개인의 역량이 전체를 대표하지는 않는다고 생각합니다. 가토 히로시의 말이다.

"따라서 일본의 의식 환경을 고려할 필요가 있습니다. 일본 기업도 조금씩 달라지고 있습니다."

_____ 중국과 일본의 경제 관계를 어떻게 평가하십니까?

중국 정부와 중국인은 모두 실용적이며 일본인 역시 매우 실용적입니다. 일본과 중국의 정치적 관계에 대한 논의가 있을 수 있습니다. 그렇지만 경제 관계는 상당히 좋으며 양국 경제는 서로 보완성이 뛰어나다고 생각합니다. 현재 양국이 협력하여 좋은 성과를 거두고 있습니다. 정치

적 문제를 해결하는 데는 어느 정도 시간이 필요합니다. 그러나 우리는 이 문제들을 반드시 해결해야 합니다. 양국 간에 현실적이고 실제적인 관계가 이미 형성되었기 때문입니다.

중국을 주목하다: 다른 선택이 없다

2005년 12월 13일, 말레이시아 쿠알라룸푸르에서 열린 동아시아 정상회담에서 일본의 고이즈미 총리는 다케나카 장관이 자신의 후임자가 될 수 있다고 말했다.

일본 정치 전문가들의 생각과 다른 이 이야기를 듣고 사람들이 깜짝 놀랐다. 정치 전문가들은, 2006년 9월에 고이즈미 총리의 임기가 끝나면 후임자는 아베 신조安倍晋三 현 관방장관이나 아소다로麻生太郎 현 외무장관, 타니가키 사다카즈谷垣禎一 현 재무장관, 후쿠다 야스오福田康夫 전 관방장관이 유력한 차기 총리 후보라고 생각했다. 이전에 고이즈미 총리는 자신의 후임자는 아베 신조 장관이 될 것이라고 말한 바 있다.

정치 전문가들은 정치 경력이 지극히 짧다는 이유로 다케나카에 대한 평가가 좋지 않다. 다케나카가 자민당의 일원이 되어 2004년 7월 참의원에 당선되었지만 파벌이 횡행한 자민당 내부에서 다케나카는 아무런 기반이 없다.

인터뷰가 끝나갈 무렵 다케나카 장관에게 2006년 가을에 있을 자민당 총재 경선에 참여할 예정인지 물었다. 그러자 그는 "당연히 아닙니다"라고 분명하게 이야기했다.

물론 앞으로 일본 정국이나 다케나카 자신의 정치 여정에 어떤 변화가 생길지는 알 수 없다. 우리는 제한된 시간 안에서 과거와 현재에 경제

개혁을 주도한 그리고 주도하고 있는 일본 장관을 인터뷰하면서 일본 국내의 경제 문제를 이야기하는 데 많은 시간을 할애했고 중일 경제 관계에 대한 질문은 맨 마지막으로 미뤘다.

12월 초에 인터뷰를 하기로 약속했을 때 다케나카는 비서를 통해 중일 관계에 대해서는 발언하지 않겠다고 사전에 설명했다. 그렇지만 중국 기자의 특별 인터뷰를 받아들인 것 자체가 다케나카가 중국을 중시하고 있음을 잘 보여준다. 또 질문에 대한 답변은 모두 미리 준비해둔 것이다.

중일 관계는 주로 중국과 일본의 경제 관계다. 사실 우리는 중국측 기자로 일본에서 인터뷰를 진행할 때 이 문제는 피할 수 없는 주제였다. 일본에서 인터뷰하는 기간에 이 문제를 놓고 많은 인터뷰 상대와 토론했다. 사람들의 생각이 완전히 일치하지 않으며 심지어 자기모순이 드러나기도 했다. 그렇지만 의견이 일치한 것은 중국을 주목한다는 점이다. 다케나카 장관도 마찬가지였다.

* 일본 니케이BP사社의 다하라 신지田原眞司 기자, 일본아시아경제연구소 와타리 마리코渡邊眞理子 연구원과 자오이휘趙逸獲, 커란루柯蘭如, 왕펑王豊, 황산이 이 글에 도움을 주었다.

중국이
'게임의 규칙'을
정할 수 있을까?

금리의 시장화 개혁은
어떻게 진행될까?

저우샤오촨 중국인민은행 총재와의 인터뷰

●

기자 후수리 **시기** 2004년 11월 15일

통화정책의 첫 번째 목표는 통화가치의 안정을 유지하는 것이며, 경제성장과 실업,
국제수지의 균형 등의 문제도 함께 고려해야 한다. 그런데 이런 목표들은
방향이 완전히 일치하지 않기 때문에 균형 속에서 취사선택해야 한다.

2008년 하반기부터 중국이 금리를 인상한다는 소문이 있다 없다를
반복하여 국내외 시장에서 사람들이 매번 신경이 곤두섰다. 날마다 예
상하는 가운데 중국인민은행 저우샤오촨 총재의 일거수일투족이 전에
없이 관심을 끌었다.

그러다가 2004년 10월 29일 중국인민은행이 금리를 조정한다고 발표
하자 시장이 크게 요동쳤다. 중국인민은행은 금리조정 시기를 어떻게
정할까? 금리의 시장화 개혁을 추진하는 이유는 무엇일까? 11월 8일 오
전 10시, 중국인민은행 본점 9층 사무실에서 저우샤오촨 총재가 기자와
의 특별 인터뷰에 응했다.

"시장경제에서는 거시(경기)조절정책이 일반적이라는 관점이 받아들여졌다"

─────── 중국인민은행이 10월 29일 금리를 인상했습니다. 9년 만의 금리 인상으로 크게 주목을 끌었는데요. 각계에서 반응이 서로 달랐습니다. 중앙은행 총재로서 금리를 조정한 배경과 정책 의도가 무엇인지 소개해 주실 수 있나요?

이번에 금리를 조정한 것은 거시(경기)조절이라는 큰 배경에서 나왔습니다. 이는 거시조절의 주된 방식이죠. 중국에서 거시경제를 운용할 때는 중국만의 특징이 있습니다. 예를 들어 일부 업종에서 투자의 과열 현상이 빚어진 원인은 매우 복잡합니다. 물가가 상승한 원인은 분명히 구조적인 요인에서 비롯됩니다. 곡물가격과 식품가격이 상승한 것이 주된 이유입니다. 상황이 복잡하고 각계 인사들이 생각이 다르겠지만 이번 거시조절 과정에서 국무원(행정부)은 금리정책이 갖는 레버리지 효과를 줄곧 강조했습니다. 2004년 들어 실제로 세 가지 단계를 밟았습니다.

첫째, 대출금리의 변동 폭을 확대하는 것입니다. 시중은행, 도시신용사城市信用社, 중국의 도시 주민이 자금을 모아 건립한 금융기관의 대출금리 변동 폭의 상한선을 기준금리의 1.3배에서 1.7배로 확대하고, 농촌신용사는 2배로 늘렸습니다. 이 정책은 2003년 말에 연구를 시작해 2004년 1월 1일이면 정식으로 실시됩니다.

둘째, 중앙은행의 재대출금리중앙은행이 시중은행에 대출할 때의 이자율와 재할인율을 조정하는 것입니다. 중앙은행의 재대출금리와 재할인율을 각각 0.63퍼센트 포인트와 0.27퍼센트 포인트씩 높였습니다. 동시에 조정된 재대출금리를 기존 재대출과 신규 재대출에 모두 적용했으며, 기존의 일부 정책성 재대출에 대해서는 특별히 면제 규정을 마련했습니다.

전체적으로 보면 과거에 신청한 재대출을 연장할 경우에는 새로운 금리를 적용해야 합니다. 그러나 대외에 홍보하는 과정에서 중앙은행이 재대출금리를 조정한 것을 특별히 강조하지 않았고, 중앙은행이 재대출 변동금리 제도를 시행한다는 사실을 강조했습니다. 이렇게 하면 재대출금리를 조정한 데 대한 민감한 반응을 누그러뜨릴 수 있습니다. 2004년 초부터 정책 연구를 시작해 3월 25일부터 시행했습니다.

셋째, 이번의 금리조정입니다. 10월 29일부터 금융기관의 1년 만기(정기)예금 및 대출 기준금리를 모두 0.27퍼센트 포인트 인상했습니다. 또 금융기관의 대출금리 상승 폭을 확대했으며, 시중은행의 대출금리에 대해서는 하한선을 관리합니다. 도농신용사 대출금리의 변동 상한선은 기준금리의 2.3배로 확대하고 금융기관의 예금금리가 떨어지는 것을 허용했습니다.

_____ 그렇다면 지금의 거시 동향을 어떻게 평가하십니까? 이미 그리고 충분하게 조정이 이뤄졌으므로 더 이상 거시조절을 해야 할 필요가 없다는 의견도 있습니다.

시장경제에서 거시조절은 보편적으로 받아들이는 방식이라고 말할 수 있습니다. 과거에는 거시조절로 문제를 단번에 해결하고 그다음부터 탄탄대로이기를 바라는 의견도 확실히 있었습니다. 그러나 이는 불가능합니다. 오랜 시간을 두고 조절이 이루어져야 합니다. 국제적인 요인만 보더라도 유가가 상승하고 필수 원자재의 가격이 오르는 등 일부 변화가 발생하면, 국제 해운시장에서 건조乾造 화물의 운송비 변동을 반영하는 발틱운임지수Baltic Dry Index, BDI가 상승하고 장기적으로 경제에 영향을

끼치게 됩니다.

따라서 경제정책은 환경의 변화와 영향에 따라 그에 상응하는 대책을 계속 담아야 합니다. 이런 의미에서 거시조절은 시장경제에서는 상시적인 작업입니다. 물론 조절의 방향과 강도는 경제 상황에 대한 해석에 따라 달라질 수 있습니다. 예를 들어 2004년 4월에는 조절의 강도가 비교적 셌고 그뒤에는 또 다를 것입니다. 오늘날 금리조정의 시기를 선택하는 것은 거시조절의 강도에 따라 나타나는 구체적인 현상입니다.

_____ 그렇지만 이번 금리 인상 시기에 대해 시장에서 의견이 전부 일치하지는 않았습니다.

금리조정 시기가 적합했는지에 대해 언론과 경제학자, 시장 전문가의 생각 제각기 달랐습니다. 첫째, 시기 선택이 뜻밖이라는 반응입니다. 둘째, 시기 선택이 나쁘지 않았고 정책 조합도 좋았다는 의견입니다. 셋째는 시기 선택이 적절치 못했다는 것입니다. 제 생각에 이번에 금리를 조정한 것은 일련의 거시조절 조치를 종합적으로 고려하고 국무원이 주최한 토지관리강화 화상전화회의 결과와 보조를 맞췄습니다.

_____ 금리의 조정 폭은 어떻습니까? 조정한 정도가 지나치게 작다는 의견도 있습니다. 개인적으로 어떻게 평가하십니까?

금리의 조정 폭 문제는 두 요소가 중요합니다. 하나는 예금과 대출의 기준금리를 소폭 인상해 금리정책의 실시 효과를 살피는 것입니다. 다른 하나는 소비자물가지수Consumer Price Index, CPI와 생산자물가지수Producer Price Index, PPI 및 경제 동향을 긴밀히 관찰하는 것입니다.

중국의 소비자물가지수는 계절에 따라 변화가 뚜렷합니다. 춘절중국의 설전에 상승하고 춘절이 끝나면 하락하기 시작합니다. 일반적으로 3~6월 소비자물가지수는 전 분기에 대비하면 하락합니다. 8월 이후부터 연말까지 소비자물가지수는 다시 상승합니다. 2003년 9월, 10월, 11월의 소비자물가지수는 강력한 상승세를 보였습니다. 올해 하반기의 소비자물가지수는 상반기보다 상승할 수 있는데 2003년에 비해 소폭 상승한다면 올 한해의 물가 상승 폭은 하락하게 됩니다.

따라서 물가 상승 폭이 줄어든 것과 경제가 안정되었는지의 두 요소를 종합적으로 고려합니다. 금리의 조정 폭이 지나치고 파장이 비교적 크다면 리스크가 발생할 가능성이 높습니다. 이 밖에도 모두 주목했듯이 9년 만에 처음 금리를 인상했기 때문에 심리적으로 충격이 컸을 것입니다.

"통화가치의 안정을 유지하는 것이 통화정책의 첫 번째 목표며 동시에 경제성장과 실업, 국제수지의 균형 등도 고려해야 한다"

──────── 금리를 조정하는 시기를 정하는 원칙은 무엇입니까? 금리가 자산시장에 미치는 영향을 고려합니까? 예를 들면 증권시장 말입니다.

현재 상장기업이 있는 업종, 시가총액, 신규 파이낸싱 규모 등의 지표를 보면, 중국의 자본시장은 거시경제를 충분히 반영하지 못합니다. 자본시장에서의 등락과 중국의 거시경제가 그렇게 긴밀하게 연동되지 않습니다. 또 자본시장은 자신만의 규칙이 있으며 일부 역사가 남긴 부담과 내재적 문제는 여전히 해결해야 합니다. 통화정책을 조정할 때 자본

시장을 고려하는 것은 당연합니다. 하지만 앞서 말한 여러 원인으로 정책을 수립할 때 현재는 거시경제적 요소를 더 많이 고려해야 합니다.

사실 미국처럼 성숙한 시장경제 국가는 통화정책과 자본시장의 관계가 그렇게 긴밀하지 않습니다. 그린스펀은 통화정책을 수행할 때 자산가격의 변화를 고려해야 하지만 정해진 규칙에 따라 미국의 통화정책을 수립하는 틀 속에 자본시장을 포함하기가 힘들다고 말한 적이 있습니다. 자본시장에 대해 FRB는 현재 두 부분에 집중하고 있습니다. 하나는 자본시장에 문제가 발생했을 때, 즉 이른바 붕괴가 가능한 상황에서 통화 당국이 유동성을 공급하는 것을 고려할 수 있습니다. 다른 하나는 자본시장에 거품이나 거품의 붕괴 현상이 발생했을 때 통화정책의 일부 방법을 사용하여 조정에 따른 고통을 줄일 수 있습니다.

_____ 그렇다면 금리를 조정할 때 부동산시장이라는 요소는 어떤 정책적인 위치를 차지합니까?

부동산시장, 거시경제 그리고 거시정책은 좀 더 긴밀해야 합니다. 그러나 저는 개인적으로 중국에서 현재의 부동산가격은 거시경제정책을 결정할 때 주요한 근거가 될 수 없다고 생각합니다. 왜냐하면 현재 부동산시장이 발전하는 과정에서 부동산 개혁이라는 특수한 요인이 도사리고 있기 때문입니다. 과거 몇 년 동안 부동산 개혁은 지역에 따라 일정 부분 불균형과 불완전한 형태로 나타났습니다.

최근 몇 년 동안 사람들이 점차 주택을 소유하면서 나타난 구조적인 변화로 전체 경제가 엄청난 변화를 겪었습니다. 마치 과거에 농촌에서 농가생산책임제농가에 생산량을 할당하고 그 성과에 따라 포상하거나 책임을 물었음

를 시행하자 공급자와 수요자가 적극성을 크게 발휘했으며 담보대출 제도가 생겨났던 것과 비슷합니다. 이 단계의 부동산시장은 비상 상황에 놓였고 정확하게 판단하기가 힘들어졌습니다. 따라서 단순히 주택가격지수만으로 거시 조절의 주요 근거로 삼을 수 없습니다.

어떤 통화정책을 선택할지 여부는 소비자물가지수와 생산자물가지수 같은 지표를 포함해 전체 거시경제의 동향에 달려 있습니다. 장기적으로 생산자물가지수는 소비자물가지수에 영향을 줄 수 있지만 그 영향이 줄어드는 것은 느리게 반영됩니다. 이 같은 현상에 대한 한 가지 설명은, 아시아 금융위기가 지나간 이후 중국에서 상품 생산 능력의 과잉 문제가 발생했다는 것입니다. 물론 생산이 넘쳐 (물가 상승의) 영향을 어느 정도 막아주기는 했지만 영원히 상쇄해 주기는 이론적으로 불가능합니다.

이 밖에도 우리는 노동비용(임금) 상승에 비교적 주목하고 있습니다. 최근에 사람들이 곧잘 이야기하는 '도시노동자民工의 부족 문제'는 사실은 가격(임금) 문제입니다. 2004년에 농민의 이익을 보호하기 위한 정책이 몇 가지 시행되었습니다. 그러자 경제학에서 말하는 스필오버spillover 현상이 일어나 임금이 상승한 결과 연해 도시 지역에서는 오히려 도시노동자가 부족해지는 현상이 발생했습니다. 거시조절을 할 때는 이러한 요인에 더 주목해야 합니다.

───────── 2004년 들어 예금증가율이 계속 둔화하고 있습니다. 안정적인 저축 수준을 유지하는 것이 중앙은행의 핵심 업무 중 하나인가요?

사실 예금증가율은 통화공급량의 증가율과 밀접한 관계가 있습니다. 만약 통화공급량이 2003년처럼 크게 증가한다면 예금도 빠르게 늘어날

것입니다. 그러나 2003년은 비교적 특수한 경우로 이라크전쟁과 사스 Severe Acute Respiratory Syndrome, SARS: 중증급성호흡기증후군가 발발해 다른 해와 단순 비교하기가 어렵습니다.

중앙은행은 2004년 상황과 지난 3~5년 평균치를 비교하여 계속 판단할 것입니다. 첫째, 2004년 예금증가율이 둔화된 것이 수습하기 어려울 정도로 체외體外순환통화가 순환 과정에서 지하경제로 빠져나감이 심각해졌거나 국민들이 저축은 하지 않고 소비만 하는 것을 의미하지는 않습니다. 둘째, 거시적으로 살펴보면 소비를 장려해야 합니다. 국민 수중에 있는 넓은 의미의 저축은 예금을 할 수도 있고 채권이나 주식 혹은 사업에 투자할 수 있습니다. 중국의 저축률은 계속 상승하고 있습니다. 더 이상 상승하면 불균형 상태가 되어 소비와 투자, 소비와 저축의 관계가 비정상적으로 바뀔 것입니다. 이러한 관점에서 예금증가율이 적절한 수준으로 하락하는 것은 그다지 심각한 문제가 되지 않습니다.

_____ 그렇다면 자금의 체외순환도 그렇게 큰 문제가 되지 않겠네요?

우리는 체외순환 문제에 주목하고 있습니다. 그러나 어느 정도 심각한지는 진지하게 분석해볼 필요가 있습니다. 세계 각국이 모두 합법적인 금융 시스템에서 이탈한 체외투자자금이 있습니다. 자금 보유자의 입장에서는 정상적인 선택입니다. 대출의 성격이 있는 체외순환에 대해서는 종합적으로 대응해야 합니다. 즉 금리정책도 필요하고 시장을 관리·감독하며 투자자를 대상으로 교육해야 합니다. 첫째, 음성적인 금융시장에서 대중을 상대로 해서는 안 되는 것이 무엇인지 분명히 알려줘야 합

니다. 둘째, 불법적인 (시세) 조작을 금지해야 합니다. 셋째, 리스크에 대한 대중의 인식을 높여야 합니다. 시장의 각 주체는 자금의 체외순환을 정확히 알아 무엇이 합법적인 사모私募펀드이고 무엇이 불법적인 자금 조달인지, 불법 조달 방식은 어떤 위험을 감수해야 하는지 올바로 인식하도록 교육하는 과정이 필요합니다. 다른 나라의 사례를 보면, (경제가 발전하는) 각기 다른 단계에서 나라마다 비슷한 현상이 발생했습니다.

_____ 미국이 금리를 인상한 것이 중국의 통화정책에 실제로 영향을 줄까요?

얼마 전까지 미국은 금리를 세 차례나 인상했습니다. 중국의 금리는 특별히 눈에 띄는 변화가 없습니다. 이는 중국이 여전히 국내 경제가 중요한 부분을 차지하는 국가임을 말해줍니다. 우리는 금리정책을 운용할 때 자본의 흐름을 가장 중요한 출발점으로 삼을 수 없습니다. 물론 자본의 흐름이 정책 결정에 영향을 주는 요인이기는 하지만 사람들이 상상하는 것만큼 영향이 크지 않습니다. 예를 들어 중국은 현재 외국환평형기금자국 통화의 대외 가치 안정과 투기적 외화의 유출·유입에 따른 악영향을 막기 위해 정부가 조성한 자금을 대비책으로 쓰는데, 이는 작은 나라는 감당할 수 없는 방식입니다. 그러나 중국같이 경제 규모가 큰 국가의 경우에는 조작이 이뤄지는 각 분야에서 모두 이에 대응할 수 있습니다. 헤지 방식 외에도 다른 정책 수단을 선택할 수 있으며 정책 수단 간에도 동태적으로 서로 전환할 수 있습니다.

_____ 현재의 거시 상황에서 분석할 때 중국은 앞으로 금리를

계속 소폭 인상하는 정책을 선택할까요?

　외부에서는 이렇게 예측하는 경우가 많습니다. 그렇지만 중국은 상황이 비교적 복잡합니다. 2003년은 이라크 전쟁이 발발하고 사스가 발생한 특별한 해라고 지금까지 여러 번 강조했습니다. 올해 사사분기에는 물가가 확실히 전년 동기대비로 하락할 것입니다. 물가의 하락 폭은 1차 산업의 원재료가격이 하락할 가능성과 혹은 생산자물가가 최종적으로 소비자물가나 노동비용(임금)으로 파급될지를 지켜봐야 합니다.

　_____ 현재 중국의 통화정책상 목표는 무엇입니까?

　통화정책의 첫 번째 목표는 통화가치의 안정을 유지하는 것이며, 경제성장과 실업, 국제수지 균형 등의 문제도 함께 고려해야 합니다. 그런데 이 목표들은 방향이 완전히 일치하지 않기 때문에 균형 속에서 취사선택해야 합니다. 우리는 개혁과 시장화가 끊임없이 진행되는 과정에 놓여 있고 부동산 개혁의 요소, 공공 서비스 가격 요소 등을 점차 지수에 포함함에 따라 중국의 중앙은행은 일부 성숙한 시장경제 국가들처럼 단순히 인플레이션 억제만을 통화정책의 목표로 삼을 수는 없습니다.

"예전에는 소기업 대출 타산이 맞지 않는다고 생각했다면, 금리를 상향 조정한 정책으로 시중은행에서 비용과 리스크를 커버할 수 있는 환경이 마련되었다"

　_____ 이번에 금리를 조정한 결과 금융기관이 사실상 타격을 입었다고 알고 있습니다. 금리의 변동 폭을 확대한 의도가 무엇입니까? 금리의 시장화를 위한 중요한 발걸음으로 이해해도 될까요?

그렇게 이해해도 됩니다. 금리의 시장화는 중국의 금융개혁에서 중요한 방향입니다. 개혁 초창기에 중국은 상품가격을 합리적으로 조정하는 데 치중했습니다. 1990년대 후반 이후는 생산요소 가격의 합리화를 강조하기 시작했습니다. 자금은 중요한 생산요소며 금리의 시장화는 줄곧 중요한 개혁 방향이었습니다. 15기 5중전회中全會: 중국공산당 15기 중앙위원회 제5차 전체회의의 줄임말. 이하 같음, 16차 당대회중국공산당 제16회 전국대표대회, 16기 3중전회에서 '금리의 시장화를 안정적으로 추진할 것'을 제시했습니다. 그러나 금리의 시장화 개혁은 적절한 시기를 선택해야 합니다. 앞서 말한 바와 같이 금년은 금리의 시장화 개혁에서 중요한 세 걸음을 내딛었습니다.

이번에 금리를 조정하여 농촌신용사의 대출금리 상한선을 기준금리의 2.3배로 확대해 논쟁이 일었습니다. 농촌신용사의 대출은 좀 더 탄력적으로 운용하도록 해야 한다는 주장이 있습니다. 농촌은 규모가 훨씬 작고 운영비용은 더 들어가며 대출 리스크도 중소기업보다 크기 때문입니다. 그러나 이번 조정에서 농촌신용사는 일반적으로 향진鄕鎭이 운영 단위며 부분적으로 독점 지위를 구가하며 효과적인 경쟁이 이루어지지 않기 때문에 금리가 갑자기 치솟을 수 있는 점도 고려했습니다.

전체적으로 예대預貸기준금리의 조정보다 이번에 금리의 시장화 개혁의 강도가 더 셌지만 정책의 효과가 어떨지는 좀 더 지켜볼 필요가 있습니다.

_____ 이번 금리조정에서 대출금리의 상한선을 개방한 조치가 주목할 만하다는 분석이 많습니다. 이런 조치가 나오게 된 배경에 대해

더 설명해주실 수 있을까요? 대출금리의 상한선을 개방한 이유가 무엇입니까?

대출금리의 상한선을 개방한 이유는 다음 몇 가지를 고려했기 때문입니다.

첫째, 대출금리가 위험 프리미엄을 더 효과적으로 방어할 수 있기를 기대했기 때문입니다. 위험 프리미엄은 중소기업과 민간기업이 겪고 있는 대출난을 효과적으로 해결할 수 있는 문제와 직접적으로 관련이 있습니다. 현재 일부 소규모 기업은 경영 상태가 좋지 않고 사회의 신용 체계도 건전하지 않아 소기업 대출금을 떼일 위험이 상대적으로 큽니다. 그런데 금융기관의 대출 수익만으로는 위험을 방어해주지 못합니다. 따라서 국유 독자獨資 형태의 시중은행, 주식제 시중은행, 도시의 시중은행이 모두 대형 프로젝트나 대기업에 대출을 집중했으며 소기업과 민간기업이 대상인 대출은 꺼려합니다. 이런 상황이 발생한 원인 중 하나는 대출가격(이자율) 결정을 규제했기 때문입니다. 시중은행이 중소기업, 특히 민간 중소기업에 더 많은 관심을 갖도록 하기 위해서는 대출금리가 위험프리미엄을 좀 더 효과적으로 커버할 수 있도록 해야 합니다.

둘째, 금융생태환경을 개선하는 것이 점진적인 과정임을 고려했습니다. 금융생태환경이 좋고 나쁨은 대출이 위험한 정도와 부실대출이 새로 나타나는 비율에 직접적으로 영향을 줍니다. 이 문제는 중국의 금융생태환경을 점진적으로 개선해야 하는 것이라고 생각합니다. 다시 말해 미시적 측면의 개혁은 기간이 상당히 지난 뒤에야 비로소 눈에 띄는 효과가 나타납니다. 금융생태환경을 하룻밤 사이에 완전히 개선할 수는 없기 때문에 대출을 실행할 때 위험 프리미엄을 커버해달라는 요구가 객

관적으로 볼 때 오랫동안 있었습니다. 금리로 대출 리스크를 커버하면 금융기관은 대출 손실을 이자 수익으로 메울 수 있습니다.

_____ 말씀중에 잠깐 끼어들겠습니다. 방금 금융생태환경을 배경으로 이 문제를 언급하셨는데, 이는 비교적 새로운 시각입니다. 말씀하신 금융생태환경이 의미하는 바가 구체적으로 무엇입니까? 금융생태환경을 개선한다는 것이 무슨 뜻입니까?

금융생태환경이란 미시적 측면의 금융환경으로 법률, 사회의 신용 체계, 회계와 회계감사 준칙, 중개서비스 체계, 기업 개혁의 진전 그리고 은행과 기업의 관계 등을 포괄합니다. 금융생태환경을 개선한다는 것은 다음 몇 가지가 대표적입니다.

첫째, 양질의 법률과 법 집행 시스템을 구축하는 것입니다. 법률 체계에서는 파산법이 가장 중요합니다. 파산법은 채권자가 법률 수단을 사용할 수 있는가와 관련된 것으로, 파산의 소訴를 제기하면 채무자의 마지노선을 제약할 수 있습니다. 아시아 금융위기 이후에 국제금융기관이 아시아 각국의 금융 상황을 평가할 때 참고한 중요한 기준 중 하나가 파산법이 완비되었는가의 여부였습니다.

둘째, 기업 고객의 시장화 개혁에 속도를 높이는 것입니다. 금융생태환경을 개선하기 위해서는 대상이 시중은행만으로는 안 되며 은행 고객까지 개선해야 합니다. 만약 국유기업을 제대로 개혁하지 않는다면, 중소기업과 민간기업은 자본이 부족하고 재무 상황이 좋지 않으며 신뢰가 중요하다는 것을 인식하지 못하게 됩니다. 그러면 시중은행의 대출 리스크가 지나치게 커집니다.

셋째, 사회 신용 시스템을 정비해야 합니다. 우리는 전국적으로 통용되는 신용조회 데이터베이스를 상하이에 구축할 계획입니다. 이를 기반으로 사회 신용 시스템 구축에 박차를 가할 것입니다. 그러나 사회 신용 시스템을 정비하기 위해서는 하드웨어, 소프트웨어, 서비스 부분의 발전 외에 신용 정보를 많이 축적해야 하기 때문에 어느 정도 시간이 필요합니다.

넷째, 회계감사, 회계, 정보공시 등의 기준을 강화해야 합니다. 이와 관련된 기준이 지나치게 느슨하면 거짓 서류를 내밀고 대출을 받는 사례가 끊이지 않습니다. 아시아 금융위기 이후 회계준칙의 중요성에 대해 공감대가 커졌습니다. 재정부는 회계준칙을 개선해 중국의 회계준칙이 국제 기준에 부합하도록 했지만 아직도 차이가 있습니다. 따라서 집행 과정에서 한층 더 개선할 필요가 있습니다.

다섯째, 중개기관이 지금보다 더 전문화된 서비스를 제공할 수 있어야 합니다. 변호사사무소, 회계사사무소, 평가기관, 등급심사기관 등의 서비스와 신뢰 수준은 금융생태환경을 구성하는 중요한 부분입니다. 중국에서 중개 업종이 성장하는 과정은 순탄치 못했으며, 일부 중개기관은 쉽게 매수당해 거짓 정보를 올리기도 했습니다. 따라서 전문화된 중개기관을 육성하고 발전시키는 일이 중국의 금융생태환경을 개선하는 데 중요하며 또 장기적인 임무입니다.

결론적으로 금융생태환경을 점진적으로 개선해나가야 하는 상황에서 신용대출 등 은행 업무의 위험 프리미엄은 여전히 클 것이며, 또 피할 수 없을 것입니다. 따라서 시장에서 금리를 결정하는 것이 필연적으로 요구됩니다.

_____ 금융생태환경 문제를 이해하면 왜 대출금리의 상한선을 완화했는지 이해하는 데 도움이 되겠네요. 이 부분에 대한 말씀을 좀 더 해주시겠습니까?

좋습니다. 방금 이야기했던 주제로 돌아오겠습니다. 대출금리의 상한선을 완화할 때 우리는 세 번째 부분인 중국의 시중은행이 대출 상품의 가격(이자율) 결정 능력 문제를 고려했습니다. 중국이 WTO에 가입한 뒤, 특히 2006년에 과도기가 끝나면 금융 산업에서 경쟁이 매우 치열해집니다. 그중 시중은행은 위안화 업무가 전면 개방되면 몇 가지 어려움에 부딪히게 됩니다. 첫째, 고수익 고객의 유치 경쟁. 둘째, 인재 경쟁. 셋째, 자주적인 가격 결정 능력의 경쟁입니다. 다시 말해 시중은행이 자산과 부채를 효과적으로 관리할 능력이 있는가의 여부입니다. 만약 시중은행이 자주적으로 가격(이자율)을 결정할 능력이 없다면 자산과 부채를 효과적으로 관리할 수 없습니다.

중국은 지금까지 정부에서 계속 금리를 관리했기 때문에 시중은행이 자주적으로 가격을 결정할 능력이 떨어집니다. 그래서 이 부분에 대해 경험이 없고 분야별로 기업이 약속을 어기는 상황과 발생 원인 등 체계적인 정보를 축적하지 못했습니다. 만약 대출이자의 변동 구간이 없다면 시중은행은 가격결정 능력에 대해 고민하지 않을 것입니다. 가격결정 문제를 고민할 필요가 없기 때문에 시중은행은 필요한 정보를 모으고 정리할 필요를 느끼지 못합니다. 자연히 자주적인 가격결정 능력을 갖추지 못할 것입니다. 이런 것이 상호작용을 합니다. 따라서 금리의 변동 폭을 점차 확대하면 시중은행이 자주적인 가격결정 능력을 키우게 되고 국제 경쟁력이 있는 금융기관으로 점차 발전하게 될 것입니다.

넷째, 결정한 대출금리의 수준은 (한 사회가) 자원을 배분할 때 나침반 역할을 하기 때문에 차별화를 실현하거나 일부 업종은 투자를 늘리고 일부 업종은 투자를 억제하기 위한 중요한 수단이 됩니다. 사회주의 시장경제에서는 자원의 배분이 고도화될 것을 요구합니다. 다시 말해 각기 다른 기업이 자신의 재무 상황과 리스크 상황에 맞춰 합리적으로 가격을 결정하기 때문에 가격이 달라지는 것입니다. 이는 금리의 시장화 개혁을 안정적으로 추진해하기 위한 중요한 목표이기도 합니다. 금융기관은 서로 다른 고객군을 분석하고 파악해야 합니다. '신新바젤협약'의 내부평가법Internal Rating-Based, IRB에서 요구하는 것도 내용이 비슷합니다. 가격(이자율)을 결정하고 대출을 실행할 때 차별화하고 업종별로 다르게 대응(완화 혹은 억제)하며 최적자원배분을 이루는 면에서 볼 때 중국의 금융기관은 취약점이 많습니다.

물론 이 문제를 둘러싼 논쟁도 있습니다. 일부에서는 시중은행에 대출가격(이자율) 결정권을 이미 쥐어주었지만 시중은행이 이를 효과적으로 사용하지 못한다고 생각합니다. 실제로 시중은행은 아직 IRB 데이터의 기반을 아직 완벽하게 구축하지 못해 위험가격의 결정 기능을 충분하게 활용하지 못합니다. 금리의 시장화가 전제조건으로 주어져야 점차 발전하게 됩니다.

_____ 대출금리의 상한선을 확대한 것이 시중은행이 경영 전략을 조정하는 데 도움을 주어 중소기업과 민간기업에 더욱 관심을 갖게 한다는 분석이 있습니다. 이렇게 봐도 무방할까요?

그렇게 말할 수 있습니다. 인민은행(중앙은행)이 앞으로 해야 할 일 중

하나는, 시중은행과 도농신용사가 스스로 데이터를 쌓고 스스로 발전 능력을 키워 관리를 잘하고 대출할 때 위험가격 결정을 잘해내도록 촉진하는 것입니다.

과거에 시중은행은 대부분 대기업이나 국가의 중점重點(인프라) 건설 사업에 초점을 맞추어 대출금리를 서로 낮추는 방식으로 경쟁했습니다. 그러나 중소기업과 민간기업으로 이루어진 거대한 잠재적 시장에 대해서는 관심이 부족했습니다. 현재 대출금리의 상한선이 확대되어 소기업 대출에 유리한 환경이 조성되었습니다. 예전에는 소기업에 대출을 해주면 수지가 맞지 않는다고 했다면, 지금은 금리 인상 정책으로 시중은행에 이런 비용과 위험을 커버할 수 있는 조건을 마련해줬습니다. 시중은행이 전략을 바꿀 수 있게 되었습니다. 예를 들어 소기업 신용대출 부서를 늘려 타깃 고객의 범위를 조정하는 것입니다. 물론 이것도 하나의 과정입니다. 소수의 대기업과 대형 프로젝트에만 몰리고 모두 가격(이자율) 출혈 경쟁만 한다면 국가 경제도 효과가 반드시 좋지만은 않습니다.

금융기관은 자신의 특성에 맞춰 중점적인 서비스 대상과 분야를 확정하고 리스크의 가격 결정과 리스크 통제 능력을 강화하며 자신의 경쟁 우위를 높이기 위해 힘쓸 수 있습니다. 여기서 당면 과제는 대출 고객에 대한 기본 정보를 축적하고 위험 등급을 분류하여 리스크 산출 기술을 개선하며 미래 발전을 위한 좋은 환경을 조성하는 것입니다.

_____ 대출금리의 상한선을 없앤 정책이 부동산시장과 그 밖에 다른 시장의 소비 대출에 영향을 줄까요?

시중은행은 현재 충분한 정보를 바탕으로 소비자신용대출의 리스크

를 판단하지 못한다고 생각합니다. 부동산 개혁을 시작한 지도 몇 년 안 되었고 차량 구매도 근래 몇 년 동안이며 지금까지 쌓은 정보도 충분하지 않습니다. 이 밖에도 경제가 주기적으로 파동이 일어나는 어려움을 아직 겪어보지 않아 기존 정보만으로는 리스크 가격 결정이 합리적인지 판단하지 못합니다. 현재 적어도 표면적으로만 보면 담보대출이 돈벌이가 됩니다. 왜냐하면 경제주기를 경험하지 않았고 위약률이 낮으며 담보물을 처분하는 경우도 드뭅니다.

예를 들어 미국은 1930년대에 경제대공황을 겪은 뒤 담보물의 상당 부분이 은행으로 넘어갔습니다. 은행은 어쩔 수 없이 많은 주택을 소유한 다음 천천히 매각했습니다. 경제주기를 겪는 과정에서 미국 은행은 중장기적으로 위험이 증가하는 것을 어떻게 계산해야 할지 점차 알게 되었습니다. 우리는 아직 이런 단계를 거치지 않았으며 가까운 시일 안에 발생할 것 같지도 않습니다. 그러나 이런 사실을 고민하기 시작해야 합니다. 물론 다른 나라의 상황을 거울로 삼으면 된다고 말할 수도 있습니다. 하지만 지속적인 개혁 과정에 있는 중국이 그렇게 단순하게 가져다쓸 수는 없을 것입니다.

"예금금리를 인하한 정책 의도는 시중은행이 주동적으로 부채를 관리하도록 촉진하며, 지나치게 빨리 성장함에 따르는 리스크를 통제하고 자기자본비율이라는 안전판을 더욱 견고히 하는 데 있다"

_____ 예금금리를 내릴 수 있도록 한 데 대해 현재 각계의 반응이 다릅니다. 어떻게 이해해야 할까요?

사람들이 이번 예금금리의 인하 정책을 잘 이해하지 못하고 있습니

다. 어떤 사람은 예금금리 인하와 시중은행의 소액예금 (보관) 수수료를 연결하여 이해하는데 이는 오해입니다. 예금금리를 인하한 정책 의도는 시중은행이 주도적으로 부채를 관리하도록 촉진하며, 지나치게 빨리 성장함에 따르는 리스크를 통제하여 자기자본비율이라는 안전판을 더욱 견고히 하는 데 있습니다.

최근 들어 시중은행의 자산 증가 속도가 빨라져 연평균 성장률이 20퍼센트 정도에 이르며, 일부는 심지어 40~50퍼센트에 육박합니다(이는 M2 총통화가 빠르게 늘어나는 것과 일정한 관계가 있고 GDP에서 M2가 차지하는 비율이 지나치게 높은 문제와도 관련이 있다). 자산이 너무 빠르게 늘어나면 자본금이 충분한가의 문제가 발생할 수 있습니다. 현재 은행감독위원회는 시중은행이 앞으로 3년 안에 1988년의 신바젤협약에서 규정한 자기자본비율을 충족시키고, 점차 신바젤협약의 관련 규정을 잠정적으로 준수할 것을 요구했습니다. 중등 규모의 몇몇 은행은 상장과 함께 첫 번째 주식을 발행한 지 얼마 지나지 않아 증자를 하거나 전환사채를 발행했습니다. 자산이 팽창하는 속도가 매우 빨라 자기자본비율이 하락했고 조세로 납부할 부분을 떼고 나면 부족한 자본금을 보충하기에는 수익이 부족하기 때문에 증자나 서브프라임 채권을 발행해야 했습니다.

시중은행은 자기자본비율을 신바젤협약 기준에 맞추기 위해 두 가지 선택을 할 수 있습니다. 하나는 리스크가 작은 자산 업무를 수행하는 것으로, 예를 들면 채권을 사들이거나 다른 은행에게 대출을 해주는 일입니다. 그렇지만 이런 업무는 예대마진이 무척 작아 수익이 보잘것없습니다. 다른 하나는 주도적으로 부채를 관리하고 부채 규모를 통제해 자기규제를 실현하는 것입니다. 이것은 이번 금융의 거시조절에서 도달하

고자 하는 목표 중 하나입니다.

　　_____ 예금금리가 하락하면 시중은행이 주도적으로 부채를 관리해 자율 규제를 실현할 수 있다고 말씀하셨는데, 이를 경영 관념의 전환으로 볼 수 있을까요?

　　맞습니다. 금융의 거시조절에서 통화정책을 사용해 시중은행이 자산과 부채 규모가 급격히 팽창하고 있음을 알도록 하는 것은 좋은 방법이 아닙니다. 따라서 시중은행은 경영 방침을 근본적으로 전환해야 합니다. 과거에 다수의 시중은행이 예금은 많을수록 좋다고 생각해 고금리 예금 유치 마케팅, 제살 깎아먹기식의 경쟁까지 벌였습니다. 이렇게 해서 재무비용이 상승하고 부채가 급격히 늘어났으며 자산 규모가 지나치게 팽창했습니다. 그 결과 자산의 품질이 악화되고 자기자본비율이 하락한 것입니다. 예금이 늘어난다는 것은 대출도 많아져야 한다는 뜻인데, 대출이 늘어나기 위해서는 먼저 더 많은 자본이 필요합니다. 다음은 우량 고객이 고갈되는 한계를 극복해야 합니다. 다른 나라의 경우를 보면, 많은 시중은행이 특정한 단계에서 예금을 많이 유치하기보다 중간 업무非이자 수익활동를 개발하려는 것을 볼 수 있습니다.

　　_____ 일반적으로 은행에 예금이 과도하게 많은 문제를 어떻게 해결할 수 있을까요? 어떻게 해야 부채(예금)관리의 고도화를 이룰 수 있을까요?

　　시중은행으로 예금이 지나치게 많이 들어와 경영 압박이 커지는 문제를 해결하기 위한 세 가지 방법이 있습니다. 다른 나라에서도 많이 사용

하는 방법인데요. 첫째, 영업시간을 단축하는 것입니다. 둘째, 예금이나 관련 (은행)상품의 금리를 낮추는 것입니다. 예를 들면 홍콩 시중은행의 예대비율(대출/예금)은 현재 50퍼센트 정도입니다. 홍콩에서 개인이 대상인 위안화 업무가 허용되자 은행 간에도 위안화 예금금리의 차이가 커졌습니다. 물론 부채관리에는 다른 (은행)상품의 가격과 주 종목인 부채(대출)상품의 가격 간 관계도 포함됩니다.

예를 들어 중간 업무, 신용카드 업무의 가격결정과 몇 가지 전형적인 예금상품의 가격(이자율)은 모두 대체 관계입니다. 전체적으로 볼 때, 시중은행이 이런 조치에 나서는 것은 부채(예금)가 급속히 증가하는 것을 막아 자산과 부채관리의 고도화를 실현하기 위해서입니다.

세 번째는 다른 상품을 개발하는 것입니다. 이런 상품에 시중은행이 자본금을 꼭 늘릴 필요는 없습니다. 새로운 금융상품을 개발하는 목적은, 시중은행이 자산과 부채가 과도하게 늘어나 경영활동과 자본의 압박이 커지는 것을 완화하는 데 있습니다. 이를테면 자산증권화 업무가 있습니다. 이 예로 시중은행이 최근 국무원의 인가를 받아 펀드관리회사를 세우거나 펀드 업무를 취급할 수 있습니다. 이번에 시중은행의 예금금리 인하를 승인한 목적 중 하나는 시중은행이 새로운 업무를 개발하도록 유도하기 위해서입니다.

물론 예금금리를 인하한 것이 효과가 나기 위해서는 어느 정도 시간이 필요한데 이는 관리기관의 의지에 달려 있습니다. 지금 일부 금융기관은 예금금리를 바로 낮출 것으로 기대할 수 없으며 2004년 말이나 되어야 가능할 것입니다. 왜냐하면 관리·감독기관은 대개 연도별로 시중은행의 자기자본비율을 면밀히 심사하기 때문입니다. 물론 관리·감독기

관이 1988년의 신바젤협약의 자기자본비율을 지키는지 여부를 엄격히 심사하지 않는다면, 시중은행은 이 협약을 굳이 지키려고 하지 않을 것입니다.

_____ 중국은 자금 조달 구조에서 직접융자의 비중이 지나치게 낮으며 은행은 리스크가 매우 크다고 말씀하신 적이 있습니다. 이번에 예금금리를 인하한 것도 이 점을 고려한 것입니까?

정확합니다. 이번에 예금금리의 인하 정책을 내놓은 것은 현재 중국의 자금 조달 구조를 고려한 결과입니다. 즉 직접융자와 간접융자의 비율이 조화를 이루지 못했기 때문입니다. 중국의 많은 기업이 자본금이 충분하지 않아 은행대출에 지나치게 의존합니다. 그 결과 기업의 부채비율이 매우 높고 은행의 대출 리스크도 과도하게 커졌습니다. 아울러 선진적인 시장경제에서는 예금금리가 언제나 차이가 있었다는 것도 주목했습니다.

미국의 경우 연방기준금리가 5퍼센트였을 때 많은 대형 은행의 예금금리는 1퍼센트에 불과했지만, 이때에도 머니마켓펀드money market fund, MMF, 신용카드 상품, 재테크 상품을 판매했습니다. 이런 구성은 개인 고객에게 선택권을 주어 예금 외에 다른 금융상품을 선택하기를 기대한 것입니다. 따라서 이번의 예금금리 인하 정책은 실제로는 시중은행에 다양한 금융상품을 균형 있게 개발하도록 수단과 공간을 제공한 것입니다. 특히 펀드 상품을 중심으로 직접적인 자금 조달이 활성화하도록 촉진하는 것입니다. 결론적으로 자본시장 상품이 발전하도록 유도하는 것이 중국 금융개혁의 큰 방향입니다.

_____ 여기서 한 가지 묻고 싶습니다. 중국의 시중은행은 왜 조달할 때는 단기성 자금이고 운용은 장기화되는 문제점을 안고 있을까요? 이 문제는 주도적인 부채관리 문제와 관련이 있지 않나요?

그렇습니다. 주도적인 부채관리는 부채와 자산의 기간 구성과도 관련이 있습니다. 지금 중국의 시중은행들은 만기불일치의 문제가 심각한 편입니다. 예금의 경우, 예를 들어 당좌예금, 1년 만기 정기예금의 비중이 높지만 은행의 대출 기간은 이보다 더 깁니다. 혹은 은행이 단기예금 자금으로 장기채권을 구입하기도 합니다. 이번에 거시조절이 나오게 된 중요한 배경은, 중국 경제가 통화긴축의 어려움에서 벗어나자 바로 투자의 과열 현상이 발생한 것입니다. 우리는 투자가 과열된 상태에서 투자성 중장기대출가격(이자율)은 높고 동시에 단기대출가격(이자율)은 낮아야 한다고 생각합니다. 그래야 투자와 소비가 정상적인 비율을 유지할 수 있습니다.

중장기대출비용(이자율)이 상승할지 여부는 실제로는 기준 수익률 곡선에 의해 결정됩니다. 디플레이션이 발생할 때 중장기대출비용, 특히 중장기채권수익률은 단기채권수익률을 기초로 복리계산을 해 대략적으로 산출한 것입니다. 그리고 기본적으로 중장기대출의 추세에서 발생하는 프리미엄 요소는 고려하지 않았습니다. 따라서 중장기자금을 사용하도록 유도하는 결과를 낳았습니다. 디플레이션에서 이제 막 벗어났기 때문에 중단기대출에 대한 금리조정이 충분하지 않았고 금리의 기간구조 곡선term structure of interest rates, 일정한 시점에서 부동不同 기한 자금의 수익률과 기한이 도래한 것과의 관계를 나타내는 곡선이 여전히 평평했습니다. 이번에 금융에서 거시조절을 통해 시중은행이 부채의 기간 관리 시스템을 가능한

빨리 구축해 중장기부채 방식을 많이 활용하고, 중장기부채상품을 많이 개발해 수익률 곡선을 조정할 수 있기를 바랍니다. 장기부채상품의 가격이 단기부채상품의 가격보다 높아야 자산과 부채의 비율이 안정될 수 있습니다.

_____ 과거에 농촌신용사에서 시범적으로 금리를 인상한 적이 있지 않습니까? 이번 금리조정에서 예금금리의 인상을 허용하지 않은 이유가 무엇입니까?

사실 이번에 금리조정정책에서 예금금리를 상향 조정하지 않은 것은 여러 요소를 종합적으로 고려한 뒤 나온 결정입니다.

과거에 인민은행(중앙은행)에서 예금금리를 상향 조정하는 정책을 시범적으로 실시한 적이 있습니다. 전국 100여 개 시범 지역의 농촌신용사가 예금금리를 30퍼센트나 상향 조정했습니다. 농촌신용사를 지원하여 '3농三農: 농업, 농촌, 농민'에 더 많은 도움을 주려는 게 목적이었습니다. 당시는 우체국의 예금금리가 중앙은행의 금리보다 높아 농촌에서 예금을 유치할 때 경쟁력이 높았습니다. 농촌신용사는 우체국 예금과 경쟁하기 위해서 예금금리를 인상했습니다. 시범적으로 금리를 인상한 결과 일부 농촌신용사는 자금력이 강화되었지만 조달비용이 커져 또 다른 경영상의 어려움에 부딪혔습니다.

그 밖에 중국농업은행의 농촌 지점에서는 자기들도 3농을 위해 일하고 있는데 예금금리를 인상하지 못하는 것은 불공정한 경쟁이라고 생각했습니다. 그래서 이번에는 금리의 변동 폭을 확대했지만 예금금리를 상향 조정하지 않았습니다. 그렇지만 농촌신용사의 대출금리 상향 조정

폭을 2.3배로 확대했습니다.

_____ 이번 금리조정에서 상, 하한을 완화했고 중간의 금리 차(예대마진)는 변동이 없었는데, 이를 두고 업계를 보호하고 독점을 허용하는 행위라고 보는 시각도 있습니다. 이것에 대해 어떻게 생각하십니까?

금리 차의 정도는 한 나라의 금융생태환경 및 발전단계와 관련이 있습니다. 금리 차가 합리적인가의 여부는 경제발전 수준이 비슷한 국가와 비교해보아야 합니다. 현 단계에서 중국의 예대마진은 선진국과 비교하면 조금 높습니다. 그러나 브라질, 인도, 러시아 등 개발도상국과 전환경제 국가(파산법이 완비되지 않았고, 자본시장이 발달하지 않았으며 회계준칙이 완벽하지 않고 신뢰 체계가 제대로 구축되지 않은 국가)와 비교하면 매우 낮은 수준입니다.

한 국가의 예대금리 차이는 금융기관이 금융 리스크를 소화해낼 능력을 결정짓습니다. 특히 금융기관의 부실자산이 집중적으로 드러나는 불경기에 부실자산을 정리할 능력을 결정합니다. 최근 몇 년 동안 국유시중은행의 경영 상태가 호전되고 수익성도 향상되어 부실자산을 정리할 때 수익의 일부를 사용할 수 있습니다. 하지만 부실자산은 다수가 아시아 금융위기의 충격으로 드러난 것입니다. 시장경제는 주기적으로 파동을 겪기 때문에 예대금리 차이가 크고 작은지를 고려할 때, 경기가 상승하고 있을 때, 시중은행의 수익성이 뛰어나다는 사실에만 신경써서는 안 됩니다. 우리는 경기가 하락할 때 부실자산이 발생하고 정리할 물량이 많다는 중요한 사실도 필수적으로 고려해야 합니다. 예금과 대출의 금리 차가 합리적인지 판단할 때 완전한 경제주기에서 금융기관이 금융

리스크를 감당하는 능력의 평균값을 기준으로 삼아야 합니다.

금융기관이 예금을 유치하는 행위는 금융기관 자신의 재무 상태와 관련이 있습니다. 경영상 이미 문제가 발생한 금융기관은 이따금 높은 금리로 예금을 끌어들여 현금이 부족한 사실을 감추려고 합니다. 그렇지만 판세를 뒤집지 못할 뿐만 아니라 예금시장의 질서를 심각하게 어지럽히고 사회 불안정의 싹마저 틔웁니다. 금융기관의 자정 능력과 시장 시스템이 부과하는 제약의 두 가지 측면에서 보면, 이번 금리의 시장화 개혁은 상, 하한은 완화시키고 중간은 그대로 유지하는 방법을 채택했습니다. 개혁은 금융기관의 건전한 경영을 보호하는 중요한 조치입니다.

_____ 이번 정책에서 대출금리는 상한선을 두지 않고 예금금리는 하한선을 두지 않았습니다. 은행업의 전체 예대마진에 어떤 영향을 줄까요?

기준예대마진은 변하지 않았으며, 금리를 변동하면 변화가 드러날 것입니다. 시중은행은 단계적으로 반응할 것입니다. 이것은 제도적인 조치로 앞으로 점차 효과가 나타날 것입니다. 그러나 바로 조정하기는 쉽지 않으며 장기적으로 영향을 미칠 것입니다. 기회이자 훈련이 됩니다.

물가지수를 고려하면 실질예금금리가 마이너스이기 때문에 이번 금리 인상이 충분하지 못하다는 의견도 있습니다. 그러나 앞에서 분석한 것처럼 중국의 물가지수는 계절적인 변동이 크다는 특징이 있기 때문에 앞으로 이런 면을 생각해 금리를 조정해야 합니다. 또 소비와 투자의 조화로운 관계를 고려해 국내 소비가 확대되고 투자의 증가 속도가 적절히 완화되도록 해야 합니다. 더불어 직접투자와 간접투자 간의 비율에 신경

써서 직접투자가 증가하도록 해야 합니다. 이러한 요소들을 종합적으로 고려하면 현 단계에서 예대금리 차이를 축소하는 방법은 전체 은행계가 건강하게 발전하는 데 도움이 되지 않습니다. 최근 중장기적으로 건전한 발전을 지속할 수 있는지를 예측한 연구보고서에서는 지금의 금리 차가 낮은 편이라고 평가했습니다.

이번에 금리를 조정한 지 보름 정도 지났으므로 정책 효과는 좀 더 지켜보면서 연구해야 합니다. 또 우리는 각각의 금융기관이 이번 금리조정 정책을 잘 받아들이도록 하며, 특히 미시적 시스템의 개혁에 박차를 가하도록 적극 추진해야 합니다. 인민은행의 각 지점이 해야 할 중요한 업무는 통화정책의 전달 시스템에 더 큰 관심을 기울이고 연구하며, 시중은행과 기업, 국민이 금리정책의 조정을 어떻게 받아들이는지 연구하고 관찰하는 것입니다.

* 천후이잉陳彗穎, 예웨이창이 이 글에 도움을 주었다.

중국이 선택한
최상의 환율 제도
이강 중국인민은행 부총재 겸 국가외환국 국장과의 인터뷰

●

기자 후수리 시기 2010년 8월 1일

> "중국은 (화폐)시장의 수요와 공급을 기반으로,
> 통화바스켓을 참고해 조절하는 관리변동환율제를 시행합니다.
> 사실 이 방식은 현재 중국의 사회주의 시장경제 체제에서 최상의 선택입니다."

1995년 3월 나는 스탠퍼드 대학교가 봄방학에 들어갔을 때 중국에 귀국했다. 린이푸林毅夫의 집에서 열린 저녁 모임에서 이강易綱을 처음 만났다. 당시 이강은 37세로 춘절 전에 미국 인디애나 대학교의 종신교수직을 포기하고 린이푸와 함께 베이징 대학교 중국경제연구센터를 설립했다.

이강은 그때나 지금이나 한결같으며 심지어 외모조차 큰 변화가 없다. 그는 진실하고 솔직하며 겸손하고 진중해 일반인과 다를 바 없는 평범한 중국인 학자 같다. 입지전적인 인물인 린이푸와 달리 이강의 인생에는 우여곡절이 없어 보였다. 그러나 그 당시 나의 짧은 식견으로도 '이강이 쉬운 사람은 아니다'라는 사실을 알 수 있었다. 1980년대 말부터 1990년대 초 중국인이 미국의 좋은 대학에서 공부해 경제학 박사학위

를 따고 대학의 예비 종신교수에 들고 마침내 종신교수직을 얻는 일은 정말 쉽지 않았으며 사람들이 부러워하는 성공의 길이었다. 그럼에도 이 강은 자신이 얻은 것을 포기하고 귀국해 새롭게 시작했다. 그는 결단력이 있고 포부가 큰 사람이다. 온화하고 침착한 면 때문에 그가 평범한 사람으로 보이기도 하며, 그의 삶 가운데 분명 풍파도 있었을 테지만 이제 거센 파도가 지난 뒤 잠잠해졌을 뿐이다.

그뒤 이강은 학교를 떠나 중국인민은행에 들어갔다. 처음에는 통화정책위원회 사무부총장을 맡은 뒤 통화정책사 사장을 거쳤으며 마지막으로 총재 보좌역으로 승진한 다음, 부총재가 되었다. 2009년 7월에는 부총재 신분으로 외환관리국 국장도 맡았다. 우리는 지난 15년간 대화를 자주 나눴다. 나는 그의 글을 자주 읽고 연설도 들었으며, 그가 원래는 계획하지 않았던 길을 걸어가는 것을 보았다. 그러나 중앙은행 공무원, 나중에 중앙은행의 고위 관리가 된 이강이 바로 그때의 이강 교수임을 지금도 느낄 수 있다.

2010년 7월 베이징 금융가에 자리잡은 인민은행 빌딩 9층 사무실에서 우리는 긴 탁자에 둘러앉아 그와 이야기를 나누었다. 사람은 많은데 탁자가 조금 작아 오늘 인터뷰의 주인공인 이강이 스스로 탁자의 모서리에 앉았다.

52세의 중앙은행 부총재 겸 외환관리국 국장인 이강은 오늘날 세계 금융계가 주목하는 인물일 것이다. 하지만 그는 차분하고 온화하며 평범한 학자이기도 했다.

최종 목표와 시간표

_____ 2010년 6월 19일에 중국인민은행은 2005년의 환율개혁을 기초로 위안화의 환율결정 시스템을 더 한층 개혁하겠다고 발표했습니다. 이 시기에 환율개혁을 지속적으로 추진하는 이유가 무엇입니까? 지금까지 환율개혁의 성과는 어떠하다고 평가하십니까?

중국은 (화폐)시장에서의 수요와 공급을 기반으로 통화바스켓을 참고해 조절하는 관리변동환율제를 시행합니다. 사실 이 방식은 현재 중국의 사회주의 시장경제 체제에서 최상의 선택입니다. 왜 이것이 중국에 최상의 선택일까요? 환율 제도는 1994년부터 개혁이 시작되었습니다. 1994년 1월 1일, 중국은 단일환율로 통합한 다음 전체 외환시장을 열었습니다. 1994년부터 1996년까지 위안화가 상하로 변동하게 되자 약 5퍼센트 절상되어 달러 대 위안화 교환비율이 1 대 8.71에서 1 대 8.28이 되었습니다. 뒤이어 아시아 금융위기가 발생하자 바트(태국)와 원화(한국)가 크게 절하되었습니다. 그렇지만 중국은 위안화를 절하하지 않았습니다. 그래서 1997년부터 2005년까지 1달러에 8.28위안을 기본적으로 유지했습니다. 이는 우리가 이러한 신념을 포기했다고 말하는 것이 아닙니다. 오히려 신념을 지키면서 관리변동환율제가 여전히 중국의 국가 실정에 부합하다고 생각했기 때문입니다. 그러나 타성에 젖었다거나 이른바 '관성 의존path-dependence'이라고 말할 수 있을 것입니다. 사실을 토대로 말하면 이렇게 하기도 쉽지 않습니다. 결국 2005년 7월 21일에 환율개혁이 다시 시작되어 2005년에서 2008년까지 3년간 변화가 있었습니다.

이 기간 동안 위안화는 실제로 상하로 환율변동이 있었고 통화바스켓과 같은 방향으로 움직였습니다. 하지만 2008년에 또 일련의 사건이

발생했는데, 시작은 서브프라임 위기였습니다. 그뒤 베어스턴스가 파산하고, 2008년 9월 15일에 리먼브러더스가 무너지자 금융위기가 한층 더고조되었습니다. 그때 이후 위안화는 6.83위안 정도로 소폭의 변동을 유지했습니다. 그리고 6월 19일에 우리는 중국 환율 제도의 개혁을 또한 차례 추진했습니다.

지난 시간을 되돌아보면 우리는 일관된 방식을 유지한 것을 알 수 있습니다. 단지 위기나 다른 원인들로 이렇게 많은 일이 벌어진 것입니다. 그렇지만 지금의 선택 방향은 중국에 최상이며 앞으로도 견지해나갈 것입니다.

_____ 그렇다면 최종 목표는 무엇입니까?

우리의 최종 목표는 위안화가 교환이 가능한 통화convertible currency: 다른 통화나 금을 대가로 자유로이 매매될 수 있는 통화. 기축통화가 되는 것입니다. 14기 3중전회제14차 공산당대회 3차 중앙위원회 전체회의에서, 즉 1993년 가을에 이미 결정된 사안입니다.

_____ 그렇다면 위안화가 교환(환전) 가능 통화가 되는 것과 환율 사이에 무슨 관계가 있습니까? 자유변동환율이 되어야 자유로운 교환이 가능하다는 것입니까? 아니면 관리변동환율제에서도 자유태환이 가능합니까?

이 질문은 학문적인 색채가 강하군요. 일반적으로 교환 가능 통화가되기 위해서는 자유변동환율제가 정착되어야 합니다.

역사적으로 브레턴우즈 회의(협정)에서 금 1온스를 35달러로 고정해

달러와 금을 연동하고 또 다른 주요 통화는 달러에 연동했습니다. 실제로 이것은 고정환율 제도입니다. 그러나 1970년대에 브레턴우즈 체제가 붕괴된 이후 주요국이 환율을 금에 연계시키지 않자 고정환율 제도도 막을 내렸습니다. 교환 가능 통화가 되기 위해서는 이론적으로 변동환율제가 되어야 합니다. 변동환율제 자체는 통화의 자유로운 교환을 위한 안전장치입니다. 환율이 변동하면서 '교환의 가능성'을 보장하기 때문입니다. 만약 35달러가 영원히 금 1온스라면 달러를 금으로 교환하는 약속은 실제로는 실현이 불가능합니다. 환율이 변동하면 비로소 지속적으로 화폐 교환이 가능하게 됩니다.

극단적인 예로 홍콩 등지에서 시행하는 통화위원회 제도미국 달러화의 유입과 유출에 맞춰 자국의 통화량을 조절하여 환율을 일정하게 유지하는 제도가 있습니다. 이 제도는 특수한 방식으로 자체의 통화정책을 포기했습니다. 규모가 작고 완전히 개방된 경제체만 이 제도를 시행할 수 있습니다. 그러나 이러한 경제체는 예외로서 보편성이 없습니다. 일반적인 교환 가능 통화는 그 경제체의 환율 제도가 반드시 유연해야 합니다. 선진국이나 성숙한 신흥시장 국가는 최종적으로 통화정책의 독립성과 자유로운 자본 흐름을 허용할 수밖에 없습니다. 그렇다면 지속할 수 없는 것이 무엇일까요? 바로 고정환율입니다. 미국과 유로존이 그렇습니다. 달러와 유로화의 변동 폭은 비교적 큽니다. 이것은 시장행동에 따른 결과입니다.

_____ 그렇다면 위안화의 자유교환 목표는 언제쯤 실현될까요? 시간표가 있습니까?

자유교환에 대해 중국 정부측에서 정한 시간표는 없습니다. 그러나

IMF가 통계를 낸 적이 있는데요. 일반적으로 경상항목의 자유교환에서 자본항목의 자유교환으로 이어지기까지는 평균 7년에서 10년이 걸린다고 합니다. 중국은 1996년에 경상항목에서 자유교환을 실현했습니다.

그로부터 지금까지 15년이 흘렀으므로 국제 평균보다 훨씬 긴 시간입니다. 우리는 시간표를 짜지는 않았지만 다른 나라의 경우를 참조하면 대략적으로 판단을 내릴 수 있을 것입니다. 중국이 늦어진 이유는 나라가 규모가 크고 발전이 불균형하게 이뤄졌기 때문입니다. 이 문제는 더욱 복잡해져 공감대를 형성하는 데 큰 어려움이 있습니다.

_____ 위안화를 절상하라는 외부 압력이 거세다는 사실은 모두 알고 있습니다. 그런데 중국 경제는 자체로도 절상이 필요합니다. 종합적으로 볼 때 지금까지 위안화의 환율이 변동되지 않도록 한 이유가 무엇입니까?

일국의 통화환율이 변동되어 소기의 역할을 하는 것은 실질실효환율real effective exchange rate, 한 나라의 화폐가 교역 상대국의 화폐에 비해 어느 정도의 실질 구매력을 갖고 있는지를 나타낸 것입니다. 실제로 두 가지 방식으로 실질실효환율을 변동시킬 수 있습니다. 하나는 명목환율을 조정하는 방법입니다. 다른 하나는 국내 물가의 상승입니다. 절상 압력이 있어도 명목환율을 조정하지 않을 수 있습니다. 인플레이션도 실질실효환율을 조정하는 역할을 합니다.

사실 거센 압력을 받았던 지난 십여 년 동안 중국은 두 방법을 모두 사용했습니다. 명목환율을 조정했으며 동시에 가격에 반영하여 환율을 크게 조정했습니다. 생각해보세요. 최근 몇 년 사이에 집값이 얼마나 많

이 올랐습니까!

_____ 지금까지 몇 차례 환율개혁으로 위안화 절상에 대해 기대 심리가 많이 약화되었을까요? 인플레이션을 이용해 환율을 계속 조정해가야 하나요?

압력이 많이 줄었다고 할 수 있습니다. 지난 10년 동안 베이징, 상하이의 집값이 얼마나 많이 올랐습니까? 일반물가는 또 얼마나 올랐습니까? 물가 인상으로 환율의 불균형 문제를 조정할 수 있습니다. 10년 전에 달러를 위안화로 바꾸어 중국에서 집을 사면 이익이 얼마나 남았나요? 지금은 얼마 되지 않을 것입니다. 다른 자산의 가격도 비슷하게 조정되었습니다. 이것은 현재 위안화의 환율이 사실 10년 전보다 균형이 많이 잡혔음을 말해줍니다.

따라서 지금은 환율이 크게 변동될 가능성이 없고 유연한 환율 시스템을 유지할 수 있는 환경이 조성되었습니다. 그리고 합리적인 균형환율 수준에서 기본적으로 안정을 유지할 수 있습니다.

중앙은행은 질의응답 시간을 마련해 설명을 여러 번 했습니다. 어떤 일이든 좋은 점이 있으면 나쁜 점이 있기 마련입니다. 중국 경제가 노동생산성이 계속 향상되자 위안화의 절상이라는 전반적인 흐름이 나타났습니다. 이런 추세 속에서 위안화를 절상하면 인플레이션을 억제할 수 있습니다. 조금 절상하면 인플레이션율도 조금 낮아집니다. 만약 명목환율이 그대로라면 인플레이션율은 더 높아질 것입니다. 어떤 사람은 서민은 수입품을 사용하지 않으므로 위안화를 절상해도 그들에게 돌아오는 이점은 없다고 말합니다. 이것은 잘못된 생각입니다. 예를 들어 두

유나 중국에서 사용되는 콩은 절반 이상이 수입산입니다. 수많은 가구가 콩 제품을 먹고 콩깻묵으로 돼지를 키웁니다. 돼지고기를 안 먹는 사람이 몇이나 될까요? 만약 위안화가 절상이 안 된다면 콩, 두유, 콩깻묵 가격이 지금보다 20퍼센트 이상 비싸질 것입니다. 현재 이 제품의 국제가격이 크게 올랐지만 중국 내에서 가격 상승이 크지 않은 이유가 무엇일까요? 바로 위안화가 절상되었기 때문이며, 콩 가격은 기본적으로 달러로 계산합니다. 원유와 철광석의 경우도 마찬가지입니다. 사실 원유와 철광석은 중국의 수많은 가구에 영향을 줍니다. 위안화가 절상되면 먼저 수입형 인플레이션을 억제할 수 있습니다.

이외에도 많은 중국인이 해외여행을 하고 아이를 해외에 유학 보내는데 이 사람들도 혜택을 받을 수 있습니다. 수혜자는 분명히 '침묵하는 다수'가 될 것입니다. 그러나 피해자의 목소리가 큰 쪽은 주로 수출업종입니다. 그들은 하루하루 버티기가 힘들며 (위안화를 절상하면) 반드시 일자리를 잃게 될 것이라고 생각합니다.

2005년에 환율개혁이 있기 전에 관련 부처에서 기업의 외환매입가를 조사한 적이 있습니다. 조사한 결과에 따르면 국유기업의 외환매입가는 (1달러에) 8.11위안이며 민간기업은 8.07위안이었습니다. 외환매입가는 환율이 이 기준보다 낮으면 기업에 손실이 발생하는 것을 의미합니다. 만약 이것이 사실이라면, 2005년 환율개혁 첫날 위안화의 대對달러 교환비율이 8.11위안까지 치솟았는데 그러면 수출기업이 큰 손실이 발생해야 합니다. 그런데 환율개혁 이후 중국은 2005년에서 2008년까지 수출이 매년 20퍼센트를 초과해 30퍼센트에 가까운 성장을 기록했습니다. 다시 말해 환율을 조정한 것이 수출에 (악)영향을 주지 않았습니다. 수

출은 오히려 대폭 증가했고 산업이 성장하였으며, 기술이 발전하고 제품의 혁신과 세대교체가 이루어졌습니다. 중국 제품의 부가가치도 높아졌습니다. 이 모든 것이 이 기간에 발생한 일입니다.

따라서 우리는 이 문제를 동태적으로 바라봐야 합니다. 정부도 모든 수단을 동원해 정책적으로 유리한 여건을 만들어야 합니다. 예를 들어 헤지hedge수단, 외환선물先物 결제, 외환선물 수수 등의 방법을 제공해 수출입 기업이 리스크를 줄이는 데 도움을 주는 것입니다.

또 다른 논점이 있는데, 바로 환율을 절상하면 외환보유액에 손해가 발생한다는 것입니다. 위안화가 빠르게 절상되던 2007년에 어느 전문가가 외환보유액이 한 분기마다 항공모함 한 척에 해당하는 손실이 발생한다고 말했습니다. 지금 중국의 외환보유액은 2조 4500억 달러(약 16조 위안)입니다. 그는 위안화가 절상되었을 때 외환보유액을 위안화로 환산하면 줄어들기 때문에 손실이 발생한 것과 마찬가지라고 말했습니다. 사실 이 계산은 잘못되었습니다. 먼저 우리는 손실이 발생하지 않았습니다. 언제 손실이 발생할까요? 외화를 달러에서 위안화로 바꾸었을 때 비로소 손해가 발생합니다. 그렇지만 우리는 바꾸지 않았으므로 손해가 났다고 할 수 없습니다. 이런 계산법은 순전히 장부상 이루어진 것일 뿐입니다.

만약 그래도 장부 계산을 해야만 한다면 중국의 위안화 자산이 달러로 계산했을 때 얼마나 '이익'이 발생했는지도 함께 계산해야 합니다. 우리가 일부만 계산해봅시다. 중국의 금융자산과 부동산을 합치면 약 200조 위안(외환보유액의 10배 이상)입니다. 만약 위안화가 절상되었을 때 자산을 달러로 표기하면 적어도 항공모함 열 척의 수익을 거둘 것입니다. 물론 실제로 이런 일은 일어나지 않습니다.

_____ 맞습니다. 그 전문가는 위안화 자산을 계산하지 않았습니다. 또 중국인의 저축액도 절상될 수 있습니다.

그렇습니다. 그래서 전체로 이 문제를 봐야 합니다. 결론은 손실과 이익이 모두 실제로 발생하지 않았으며 서로 다른 통화로 계산한 시각적인 착각일 뿐입니다. 물론 미국의 인플레이션으로 중국의 외환보유액이 구매력이 떨어지는 경우에는 손실이라고 말할 수 있습니다. 그러나 최근 몇 년 동안 외환보유액의 수익률은 미국의 인플레이션율보다 높았습니다.

_____ 원래 묻고 싶었던 것이 있었습니다. 만약 환율이 비정상적이라면 자원과 환경에 부담을 주게 됩니다. 이것에 대해 자세히 이야기해주실 수 있을까요?

만약 명목환율이 왜곡되었다면 일련의 나쁜 결과가 발생합니다. 환율은 가격의 일종으로 환율이 왜곡되면 자원 배분이 반드시 왜곡됩니다. 우리는 일반적으로 내수 확대가 필요하다고 말합니다. 만약 환율이 잘못되었다면 수출로 돈을 벌기가 쉽습니다. 그러면 기업은 내수 쪽에 힘을 쏟지 않습니다. 환율 왜곡은 또 소비 확대에 불리하며 서비스업의 확대에도 불리합니다.

_____ 인플레이션 압력이 일자금리를 인상해야 한다는 주장이 있습니다. 인플레이션과 환율 레버리지(보유 외환의 구성 비율을 조정한 데 따르는 국제수지균형의 변동)는 상호 대체될 수 있습니까?

금리는 자금의 가격이고 환율은 일국의 통화가 다른 나라의 통화에 대해 갖는 비교값입니다. 금리와 환율이 서로 대체 관계를 이루어 역할

을 주고받는 것은 매우 제한적입니다. 이들은 균형점에서 얼마나 떨어져 있는가라는 문제가 있습니다. 이 논쟁은 끝이 없습니다. 왜냐하면 균형점이 과연 어디인지 아무도 모르기 때문입니다. 이론적으로는 수요와 공급이 균형점을 결정합니다. 가장 좋은 상황은 환율이 균형점이 가깝고 금리 역시 균형점에 가까운 것입니다.

만약 금리를 인상한다면 통화는 강세를 띠게 됩니다. 최근 많은 통화가 금리를 인상했지만 달러, 유로, 엔, 파운드는 금리를 인상하지 않았습니다. 이상적인 상태는 환율과 금리가 각자 자기 역할을 하는 것입니다. 기능이 서로 다르기 때문이죠.

_____ 장기적으로 고정환율을 사용해 어느 정도 왜곡이 발생했습니다. 이제 변동환율로 바꾸려고 하는 시점인데, 관념적인 문제를 제외하면 가장 큰 위협이 외환투기입니까?

그렇습니다. 그래서 우리는 이러한 리스크를 제거하기 위해 계속 노력해야 합니다. 시장의 역할이 점차 커짐에 따라 완전한 균형에 이르지는 못하더라도 외환투기가 적어도 '계륵'이 되게 할 수는 있습니다. 즉 투기세력이 '먹자니 맛이 없고 버리자니 아까운' 식으로 돈은 많이 벌지 못하게 하는 것입니다.

_____ 환율개혁이 가다 서다를 반복했는데 이것은 속도 조절을 위한 것입니까? 아니면 다소 지연되는 것입니까?

중국은 규모가 큰 개발도상국으로, 지난 30여 년 동안 인류 역사상 기적 같은 경제 발전을 이룩했습니다. 이런 의미에서 말하면, 중국은 거

시경제정책의 전환을 실현했습니다. 외국의 일부 전문가는 중국이 시장화가 되지 않았고 개혁이 미진하다고 생각합니다. 하지만 1994년 이후 중국은 고도성장을 지속했으며, 1994년에 인플레이션이 한 차례 발생한 이후 현재까지 지나친 인플레이션이 발생한 적이 없습니다.

종합적으로 보면 중국의 거시경제정책은 최상의 수준에 가깝습니다. 우리 정책이 가다 서다를 하여 환율개혁이 지연된다고 생각하는 사람이 있을지 모르겠습니다. 이것은 논의하고 반성해볼 만한 문제입니다. 하지만 거시경제정책은 전반적으로 매우 성공적이라고 말할 수 있습니다.

_____ 지금 이러한 때에 왜 환율의 신축성을 회복시키는 것입니까? 현재 시행하는 것이 리스크가 작기 때문입니까? 아니면 외부의 압박이 더 커졌다고 느끼기 때문입니까?

이런 결정은 국내 상황을 고려해 중국 정부가 자주적으로 내린 결정입니다. 세계금융위기로 환율이 한동안 안정되었다는 말을 방금 했는데요. 실제로 지금 위기가 완전히 지나갔다고 말할 수 없습니다. 예를 들면 2004년에 유럽발 국가부채위기가 또 발생했습니다. 그렇지만 위기가 고조되었을 때보다 전체적으로 상황이 많이 좋아졌습니다. 한편으로 위기가 사라지고 있습니다. 다른 한편으로 2003년에 성장률이 8.7퍼센트에서 9.1퍼센트로 증가했습니다. 미국, 유럽, 일본의 경제는 대부분 2010년에 회복할 것으로 예측하고 있습니다. 국내외 상황을 종합하고 중국의 입장에서 고려하면 조건이 갖춰진 지금 환율의 신축성을 회복시키는 것이 가장 좋다고 생각했습니다.

_____ 그렇지만 환율을 개혁하면 세계 규모의 불균형이 조정
될 때 어떤 역할을 한다고 평가하십니까?

해외 학자는 자신의 틀에서 분석하면서 (세계경제가) 다시 균형을 이룰
때 환율이 매우 중요한 요소라고 생각합니다. 역사적으로 봐도 환율은
사실 중요합니다. 하지만 환율이 결정적인 변수가 되지는 않습니다. 일본
과 독일의 경우를 보면 좀 더 확실해집니다. 엔화와 마르크화가 1970년
대와 1980년대에 절상되었지만 일본과 독일의 흑자는 바로 사라지지 않
았습니다. 이런 점은 중국의 경우에도 적용됩니다. 하지만 이 문제에서
가장 힘든 답변은 반대의 경우입니다. 위안화를 절상했지만 중국의 흑자
규모에는 전혀 영향을 주지 않은 상태 말입니다. 그렇다면 위안화를 절
상하여 이익을 얻었을 뿐이고 손해는 나지 않은 것 아닙니까? 한번 생각
해보십시오. 제가 절상을 하고 당신 쪽 물건을 사면 물건값이 모두 싸집
니다. 결과적으로 저 자신의 흑자도 감소하지 않았습니다. 그렇다면 절
상해서 편의만 누렸을 뿐 힘든 것이 없지 않습니까? 이 문제는 대답하기
가 참 어렵습니다.

어떻게 해야 '게임의 규칙'을 정할 수 있을까

_____ 중국이 게임의 규칙을 정할 수 있을까요?

이것은 무척 중요한 문제입니다. 우리는 국제 게임의 규칙을 정하는
과정에 참여해야 한다고 자주 이야기합니다. 이른바 국제통화 체제에서
누가 게임의 규칙을 정했습니까? 바로 미국 등 주요 선진국입니다. 그렇
다면 그들이 왜 게임의 규칙을 정할 수 있었나요? 달러 등 (외환)시장을
개방했고 세계금융시장에서도 주요 시장을 열었기 때문입니다. 그렇다

면 주식이든 채권이든 시장에서 게임의 규칙을 정하는 쪽은 당연히 미국과 유럽 등의 정부일 것입니다. 우리는 왜 게임의 규칙을 정하지 못할까요? 우리의 금융시장이 충분히 개방되어 있지 않기 때문입니다. 만약 중국 시장이 개방되었다면, 사람들이 중국 시장에 들어오기만 하면 중국의 통화 당국과 관리·감독 당국이 당연히 게임의 규칙 제정자가 됩니다. 이는 논쟁의 여지가 없습니다.

_____ 최근 이고르 슈발로프 러시아 제1부총리를 인터뷰했습니다. 그는 위안화가 조만간 기축통화가 될 것이며 루블이 잘 하면 지역통화가 될 것이라고 말했습니다. 어떻게 생각하십니까?

우리는 스스로 중국이 대단하다고 생각해서는 안 됩니다. 매우 자만해져 모든 것을 잊어버리는 것은 정말 위험합니다. 중국은 아직도 개발도상국이며 자신의 상황을 정확히 인식해야 합니다.

_____ 그럼 위안화가 기축통화가 될 수 없을까요? 국제적으로 이런 수요가 있나요?

그런 주장은 있는데, 반은 중국을 치켜세우는 말이고 반은 예측입니다. 우리는 겸손하고 신중해야 하며 조용히 때를 기다려야 합니다. 만약 다른 나라가 위안화를 기축통화로 선택한다면 우리도 막지 않을 것입니다. 이것이 시장의 수요입니다. 그렇지만 우리가 애를 써서 억지로 추진하지 않는 것이 최선의 선택이라고 생각합니다. 사람들이 부추긴다고 위안화가 진짜 기축통화에 가까워졌다고 생각해서는 안 됩니다. 여전히 갈 길이 멉니다.

_____ 한 나라의 통화가 기축통화가 되는 것은 시장이 자연스럽게 선택한 결과입니까 아니면 정부가 나서서 추진한 결과입니까 아니면 두 가지 모두입니까?

기축통화가 되려면 첫째, 해당 국가나 통화동맹국의 경제력이 기반이 됩니다. 둘째, 문화적으로 응집력과 호소력이 필요합니다. 셋째, 정치적 역량과 군사력이 갖춰져야 합니다.

경제력이 첫째이며 문화가 둘째입니다. 문화적 호소력도 매우 중요합니다. 핵심 가치관이 많은 국가와 지역에서 호소력의 크기를 결정합니다. 세계 수준에서 바라보면, 진정한 기축통화란 배후의 문화와 가치관이 영향을 미친 것입니다.

미국과 유럽의 회복 능력을 과소평가해서는 안 된다

_____ 몇 해 전에 금융위기가 심각했을 때 중국을 포함하여 일부 다른 나라 사람들이 미국을 지나치게 깎아내리고 유럽을 반대로 높이 샀습니다. 그런데 이번에 유럽에서 재정(부채)위기가 발생하자 '늙은 유럽'은 크게 이야기할 필요가 없다는 사실이 드러났습니다. 과거에 투자자들은 미국의 문제를 충분히 예측하지 못했습니다. 이제는 미국도 별것 아니라고 생각하는 것 같습니다.

중국이 외환보유액으로 투자하는 것에 대해 이야기해보겠습니다. 우리는 외환 보유의 다원화와 분산화를 지속적으로 추진하는데, 이 말은 통화의 종류와 자산의 두 가지 측면을 포괄한 것입니다. 통화의 종류에서는 달러, 유로, 엔, 파운드 그리고 신흥 국가의 통화를 대상으로 분산 투자를 합니다. 어떤 통화에 투자할지 결정한 다음, 그 통화로 채권을

매입할지 아니면 다른 (금융)자산을 살지 결정해야 합니다. 다시 말해 자산 구매를 분산하는 것입니다. 방금 말씀하신 질문으로 되돌아오면, 우리는 특별히 달러가 약세일 것이라고 생각했다가 또 유로가 약세일 것이라고 생각하지 않습니다. 이렇게 큰 판에서 단기간 안에 조정하기는 어렵습니다. 우리는 분산화의 원칙을 견지하는데 실제로는 자산 배분(포트폴리오)의 원칙입니다.

어떤 결정에 따라 이러한 자산 배분 원칙이 나왔을까요? 중국의 실물 경제를 고려하고 중국의 교역 비중에 맞추었으며 그다음으로 외국인직접투자의 비중과 결제 비중을 함께 고려해서 내린 결정입니다.

_____ 과거에는 중국의 외환보유액으로 구체적으로 투자하는 것에 대한 평가가 많지 않았습니다. 그런데 최근 '패니메이—프레디맥 Fannie Mae, Freddie Mac' 문제에 대해 연이어 입장 표명을 하고 있습니다. 이 문제가 왜 그렇게 중요한가요?

패니메이—프레디맥 문제가 중요한 이유는 두 기관이 미국의 부동산시장에서 핵심을 이루며 금융시장의 안정에 대단히 중요하기 때문입니다. 서브프라임 위기가 발생한 초기에 미국 정부는 두 기관을 매개로 위기를 극복하고자 했습니다. 그런데 위기가 악화되어 두 기관에도 문제가 발생하자 미국 정부가 패니메이와 프레디맥을 직접 관리했습니다. 현재 미국 재무부는 두 기관 주식의 약 80퍼센트를 보유한 최대 주주입니다. 이번에 패니메이와 프레디맥은 (증권)거래소의 관련 규정에 따라 상장이 폐지되었지만 채권에 대해서는 부정적인 영향을 끼치지 않았습니다.

최근 (국가)외환국에서 외화자산을 안전하고 효과적으로 관리하고 있

는가에 대해 사람들의 이해를 돕고자 그 같은 반응을 보인 것입니다. 중국의 외환보유액은 규모가 커서 당국의 일거수일투족이 시장에 영향을 끼칩니다. 우리는 한편으로 사람들에게 외환과 금융시장에 대한 지식을 점차 보급하고, 다른 한편으로 신중하고 안정적으로 방침을 전달해 시장에서 투기자들이 기회를 틈타 조작을 한다거나 금융시장의 안정에 해악을 끼치는 것을 막고자 합니다.

_____ 금융위기가 발생하자 유럽과 미국은 일련의 조정 과정을 거친 뒤 원상으로 복구되었습니다. 이들 국가의 회복 능력을 어떻게 평가하십니까?

그들의 회복 능력은 막강합니다. 우리는 절대로 미국과 유럽을 과소평가해서는 안 됩니다. 미국이 채택한 금융관리·감독개혁법은 '글라스 스티걸법Glass-Steagall Act: 1933년 미국에서 은행 개혁과 투기 규제를 목적으로 제정한 법. 핵심 내용은 상업은행과 투자은행의 업무를 엄격하게 분리함. 1999년에 폐지됨'과 클린턴 대통령이 서명한 '금융현대화법Gramm-Leach-Bliley Act, 상업은행과 투자은행의 분리 제도를 없애고 은행의 겸업을 허용함'을 잇는 새로운 이정표입니다. 지난 수십 년간의 역사, 특히 이번 금융위기를 반성하는 것입니다. 이 법률은 영국이 최근에 제정한 금융감독 틀의 로드맵이 더해졌으며, 아울러 G20금융안정이사회, IMF, 바젤위원회, 국제결제은행이 일련의 금융관리·감독 기준을 제정했습니다. 앞으로 10년, 심지어 더 오랫동안 사용될 국제금융관리·감독기준과 관리·감독 틀이 만들어진 것입니다. 이런 틀이 갖추어지자 미국과 유럽의 회복 능력이 막강해졌고 실제 회복속도도 상당히 빨랐습니다. 국제금융관리·감독 틀을 만들 때 유럽인도

상당히 공헌했습니다. 물론 미국에서 관리·감독개혁안이 가결되자 미국인이 선봉에 섰습니다.

_____ 최근에 마이클 에번스 골드만삭스 부회장과 잠깐 이야기를 나누었습니다. 에번스 부회장은 골드만삭스가 전략을 조정할 것이라고 말했습니다. 원래 월가 전체가 미국의 금융법안을 반대했습니다. 에번스 부회장이 골드만삭스는 (시장) 포지셔닝을 조정하고 금융개혁을 지지하겠다고 말했습니다. 또 사업규범위원회를 설립하여 조사하고 반성한 다음에 최종적으로 골드만삭스의 비즈니스 행태를 바꿀 구체적인 조치를 내놓을 것입니다. 이어 미국증권감독위원회와의 소송에 대해, 에번스 부회장은 안건마다 정치적 요소가 들어있지만 골드만삭스는 과실을 인정해야 한다고 말했습니다. 그의 말투를 보면 (재판 전에) 화해할 가능성이 있었습니다. 그러나 그는 화해한다고 모든 일이 끝나는 것이 아니며, 골드만삭스는 비즈니스를 계속 조정해야 한다고 강조했습니다. 그렇지만 다른 관점에서 볼 때 지금 미국 각계가 금융개혁안을 높게 평가하는데 추진 과정은 왜 그렇게 힘들까요? 공화당은 무엇 때문에 강력하게 반대합니까?

이해관계 때문에 추진하기가 어렵습니다. 이 법률에는 투자은행, 시중은행의 이익에 손실을 입히는 조항이 들어있습니다. 이미 많이 손질해 타협안이 나왔습니다. 결론적으로 저는 이 법률이 옳다고 생각합니다. 왜일까요? 이 법률이 빠르게 시행되는 것이 지지부진한 것보다 얼마나 낫습니까? 빨리 결정하지 않는다면 다름 아닌 불확실성입니다. 이 법률이 시행되면 발이 허공에서 내려와 땅에 닿은 것이며, 시장에서 안정

적으로 예측할 수 있고 시장이 정상적으로 운용될 수 있는 것을 의미합니다.

평화로운 마음으로 중국의 경제성장을 바라봐야 한다

_____ 거시 부분에 대해 다시 묻고 싶습니다. 현재 세계경제가 더블 딥에 빠질 가능성이 크다고 생각하십니까?

간단하게 대답하겠습니다. 전 더블 딥의 가능성이 낮다고 생각합니다. 그렇지만 정확한 대답은 더블 딥을 어떻게 정의하는가에 따라 달라집니다. 올해 미국의 경제성장률은 2.5~3.5퍼센트로 예측하는 것이 일반적입니다. 일본은 올해 플러스 성장을 할 것이고 심지어 2.5퍼센트보다 더 높을 것이라는 전망도 있습니다. 유럽도 0.5~1.5퍼센트 성장이 가능합니다. 이런 수치를 보면 더블 딥은 말이 안 됩니다. 물론 미국의 부동산과 취업 상황이 좋지 않아 불확실성이 큽니다.

_____ 지금 중국 경제가 하강할 가능성이 있습니까? 상반기에는 성장률이 11.1퍼센트였는데요.

중국의 경제성장률이 2004년에는 9퍼센트를 넘을 것으로 전망됩니다. 이 수치는 상당히 높습니다. 고성장을 해도 감정이 개입됩니다. 저는 평화의 마음이 많이 깃들기를 바랍니다. 그러면 중국은 오랫동안 경제성장이 지속될 수 있기 때문입니다. 중국은 실제로 세계 2위의 경제 대국이 되었습니다. 경제 규모가 날로 커지면서 성장률은 점차 낮아질 것입니다. 이것이 첫 번째입니다. 두 번째는 환경의 제약이 전례 없이 커지는 시기가 왔다는 사실입니다. 지하수, 공기, 탄소 배출 등등. 또 다른 하나

는 자원의 제약인데 에너지의 수입이 포함됩니다. 인류의 경제성장 법칙에 따라 앞으로 중국의 경제성장은 점차 둔화될 것입니다.

개혁개방 30여 년 동안 중국은 GDP의 연평균 성장률이 9.5퍼센트 이상이었습니다. 21세기의 첫 10년 동안 중국의 연평균성장률은 이미 10퍼센트를 넘어섰습니다. 두 번째 10년 동안 연평균성장률이 7~8퍼센트라면 높은 것이라고 생각합니다. 문제는 중국이 이런 고성장을 지속할 수 있는가입니다. 그다음 우리는 세 번째 10년을 바라보며 5~6퍼센트대의 성장률을 유지해야 합니다. 그러면 중국은 50년간 고속 성장을 실현하게 됩니다. 이 추세는 인류 역사상 유래가 없는 일입니다.

중국 경제의 문제는 성장의 질입니다. 우리가 지금 구조조정을 하고 성장 방식을 전환하려는 이유는 모두 성장의 질과 효과를 높이기 위해서입니다. 따라서 우리는 자신의 심적 태도를 좀 더 차분하게 유지해야 할 것입니다.

전체 개혁 추진의
의사일정
경제학자 우징롄, 왕딩딩, 가오상취안과의 좌담

●

기자 후수리 시기 2010년 4월 1일

"당정 지도자의 정치 업적 평가 시스템이나 토지와 자금에 시장 원리를 도입하든,
그리고 '양광재정陽光財政(투명한 재정)'을 시행하거나 공공 서비스의 균질을 이루든
정부의 방식 전환과 효과적인 관리가 필요합니다."

　　중국은 현재 갈림길에 서 있다. 경제성장의 방식 전환이란 갈림길뿐만
아니라 (국가) 전체 개혁의 갈림길에 이르렀다. 2009년 중국 경제가 금융
위기의 그림자에서 벗어나 예정대로 성장 목표를 달성했다. 그러나 오랫
동안 고高투자, 고高(에너지) 소모, 대규모 수출에 의존한 성장 방식이 전
에 없이 어려움을 겪고 있다.

　　한편으로 중국은 국민에게 일자리를 제공하고 (사회) 안정을 유지하기
위해 비교적 높은 경제성장률이 필요하다. 다른 한편으로 투자와 수출
에 지나치게 의존해 경제성장의 효율과 질에서 크게 개선되지 못했다.
또 중국 사회는 갈등이 겹겹이 쌓였으며 충돌이 끊이지 않는다. 그리고
행정 권력이 독점자가 되고 시장에 의한 (생산)요소 가격결정이 제대로
이루어지지 않는 현상, 권력의 지대 추구한 사회 안에서 누구에게도 귀속되지 않

은 이권인 경제적 지대를 차지하기 위해 경쟁적으로 자원을 낭비하는 현상로 사회에서 불공정과 갈등의 골이 더욱 깊어졌다.

더 심층적인 문제는 중국이 현재 현대화된 국가로 전환하는 중요한 시기라는 점이다. 경제, 정치, 사회 등 각 분야의 변혁은 반드시 함께 추진되어야 한다. 그러나 현대 국가로 나아가는 과정에 어떤 제도적인 장애가 있을까? 중국에서 장기적으로 지속가능한 발전을 제약하는 병목은 무엇일까? 중국의 경제성장 방식의 전환을 이끄는 길은 있을까? 정치, 사회 등 분야에서 개혁의 돌파구는 무엇일까? 이 문제들은 장기적으로 사회 안정과 관련될 뿐만 아니라 국민 각자의 삶에 직접적으로 영향을 미친다.

2010년 초, 샹산香山 자락은 꽃샘추위가 여전히 매서웠다. 본지 편집부에서 중국경제체제 개혁연구회의 가오상취안高尙全 명예회장, 경제학자인 우징롄吳敬璉, 왕딩딩汪丁丁 베이징대학교 교수를 초청해 중국의 경제(성장) 방식 전환과 개혁이라는 중요한 주제를 중심으로 범위와 깊이가 있는 좌담의 시간을 마련했다. 본지의 후수리 총편집장이 이번 좌담회의 사회를 맡았다.

이번 대화는 경제성장의 방식 전환, 인구정책, 노동력 공급, 국유기업의 포지셔닝(역할 재정립)과 개혁, 토지와 재정, 세무 등 체제 개혁, 민주·법치사회의 건설, 정부 시스템의 개혁 등 광범위한 의제에 대해 깊이 있게 토론했다.

'갈림길'에서 배회하면 안 된다

<u>사회자</u> 상당히 오랜 시간이 지난 뒤에야 정책 결정자들이 개혁의 긴

박성을 인식하게 되었습니다. 그런데 최근 몇 년 동안 전체적으로 개혁 에너지가 부족해 실제 큰 진전을 보지 못했습니다. 세계금융위기 이후 많은 사람이 중국이 개혁을 빨리 진행하지 않아 오히려 다행이라고 착 각했습니다. 사람들은 개혁을 진짜 했다면 유럽이나 미국처럼 문제가 커 졌을 것이라는 착각이죠. 금융위기가 개혁의 엔진이 되지 못했을 뿐만 아니라 개혁이 불필요한 근거도 된 것 같습니다. 이 점에 대해 모두 어떻 게 생각하십니까?

가오상취안 중국이 30년 동안 거둔 개혁개방의 성과는 세계가 깜짝 놀란 것이었습니다. 최근에는 중앙정부가 교육, 보건, 사회보장 등에서 민생 개혁을 일부 추진했습니다. 그러나 전체적으로 개혁 성과가 고르지 못해 크게 네 가지 부조화가 발생했습니다. 첫째, 개혁이 개방에 뒤처졌 습니다. 둘째, 거시 개혁이 미시 개혁보다 뒤처졌습니다. 셋째, 정부 개혁 이 기업 개혁보다 뒤처졌습니다. 넷째, 정치 체제의 개혁이 경제개혁보다 뒤처졌습니다. 이러한 부조화로 심층적인 모순을 수없이 낳았습니다.

1980~1990년대의 중국은 국유기업의 개혁을 중심으로 시장경제로 진입하기 위한 미시적인 기초를 성공적으로 마련해 다른 분야의 체제 개혁을 이끌었습니다. 그러나 21세가 된 지금 국유경제의 비중은 많이 감소하였고, 중소형 국유기업의 구조 개혁도 기본적으로 완성되었습니 다. 현재는 국유기업의 개혁이 더 이상 다른 분야의 개혁을 이끌지 못합 니다.

현재 정부 개혁이 정체되었고 직능의 전환도 제대로 이뤄지지 못했습 니다. 그 결과 대량의 자원을 (정부가) 통제했고 동시에 미시경제의 운용

에도 직접 개입했습니다. 이러면 경제 전체가 건강하게 발전하는 데 치명적인 급소가 됩니다. 제가 보기에 중국 개혁의 다음 행보는 반드시 정부의 개혁이 중심이 되어야 합니다. 이래야 '개혁 전반에 영향을 줄' 수 있습니다.

지금 우리는 단연코 냉정해야 하며 우쭐해서는 안 됩니다. 어떤 사람이 G2라는 개념을 들고 나와 미국과 중국이 세계의 운명을 결정한다고 했습니다. 사실 이것은 잘못된 생각입니다. 또 '중국식 모델'이라는 말도 생겨났습니다. 모델이라는 개념은 정형화된 것으로 정형화란 사람들이 중국 방식을 배운다는 뜻입니다. 그렇지만 지금은 우리가 해결해야 할 문제가 많고 심도 있는 개혁의 길은 멀고도 험난합니다. 저는 중국식 모델이라는 말이 나타나 중국의 개혁에 악영향을 주는 것을 바라지 않습니다.

중국은 때를 기다려야지 경제의 규모만 보고 우리가 3위가 되었다, 일본을 제쳐 2위가 되어야 한다, 언제쯤 미국을 따라잡을 수 있을까라고 말해서는 안 됩니다. 더 중요한 것은 1인당 평균(소득)입니다. 1인당 평균으로 따지면 우리는 세계 105위며 빈부 격차가 심각합니다. 우리는 여전히 개발도상국임을 잊지 말아야 합니다. 국가통계국이 발표한 최신 자료에 따르면, 2009년 중국의 농촌에는 4000만 명에 가까운 빈곤 인구가 살고 있습니다. 농촌의 최저생활 보호 대상자만 4700여 만 명이고 도시의 최저생활 보호 대상자는 2300여 만 명입니다. 도시화와 산업화가 진전됨에 따라 지금 전국적으로 6000여 만 명의 농민이 경작할 땅을 빼앗겼습니다. 이 밖에도 중국에는 여기저기 떠돌아다니며 일거리를 찾는 1억 5000만의 농민공이 있습니다. 이들은 도시의 공공 서비스와 사회보장

제도의 혜택을 제대로 누리지 못합니다. 이렇게 어려움에 처한 사람을 모두 합치면 중국 전체 인구의 4분의 1이나 됩니다. 만약 어려운 사람들에게 경제발전과 개혁개방에 따른 성과를 제도적으로 나눠주지 못한다면, 사회 안정과 장기적으로 지속가능한 경제 발전을 저해할 것입니다.

우징롄 저는 현재 개혁의 동력이 부족한 원인이 개혁이 충분히 진척되지 않은 데 있다고 생각합니다. 10년 전 저는 영국 작가인 찰스 디킨스의 말을 인용해 당시 중국 개혁의 현실을 표현했습니다. "지금은 최고의 시대이자 최악의 시대다. 희망의 봄이 왔지만, 절망의 겨울이 계속되었다. 우리에겐 밝은 앞날이 있지만 또 희망이 묘연해지는 듯하다. 우리는 함께 천국을 향해 나아가지만, 모두 또 다른 방향을 향해 나아간다."

2000년에서 지금까지 10년의 시간이 흘렀습니다. 현재 중국의 앞날을 목표 지점으로 정하고 두 흐름, 즉 두 힘이 경주하고 있습니다. 법치를 기반으로 한 시장경제가 '정실자본주의' 혹은 '관료자본주의'와 나란히 경주하고 있는 것입니다. 지금 경기의 형세가 어떻습니까? 두 가지 모두 성과가 있어 승패를 가리기가 힘든 형국입니다.

따라서 중국은 두 가지 난제에 부딪혔습니다. 첫 번째 문제는, 경제 개혁이 세기의 전환기에 진전을 보인 후 지지부진해진 점입니다. 정치 개혁은 더욱 뒤처져 정치권력이 자원의 배분을 장악했습니다. 상호 제약하여 균형을 이루지 못하고 감독을 제대로 하지 않아 부패 문제가 갈수록 악화되었으며 국민의 반발이 거세졌습니다. 이 때문에 발생한 두 번째 문제는, 체제 자체의 장애물이 제거되지 않아 수년간 논의한 경제발전의 방식 전환에 그다지 진척을 보이지 못한 점입니다. 정부 투자와 거

액의 신용대출이 국내 경제의 성장을 주로 견인하자 에너지와 자원의 소모가 엄청나며 환경오염비용이 엄청났습니다. 세계금융위기의 충격으로 중국 경제는 지속적이고 안정적으로 성장하는 것도 큰 위협을 받았습니다.

가장 걱정되는 점은 개혁의 동력이 부족하다는 점입니다. 한편으로 행정적으로 독점과 권력의 지대 추구로 이익을 얻은 사람들이 자신의 기득권을 지키기 위해 개혁 과정에서 의도적으로 방해하거나 대중을 호도해 개혁이 지연되도록 합니다. 심지어 그들은 '개혁'이나 '거시조절'이라는 미명 아래 자신의 권력과 (합법적인) 부패 사슬(지대)을 확장합니다. 다른 한편에서는 개혁 전에 구체제를 지지하던 사람들이 부패와 빈부격차에서 비롯된 국민의 정당한 불만을 이용해 농본農本주의적 급진 사상과 편협한 민족주의적 발언으로 사람들이 개혁에 반감을 가지도록 유도하고 있습니다.

이런 상황에서 최근에 '기이한 현상'이 발생했습니다. 독점행위와 행정 권력이 자원배분과 미시적 경제활동에 간섭해 지대를 추구하는 행위가 늘고 이어서 부패가 만연하게 된 것입니다. 그런데도 잘못된 방향으로 여론을 호도해 시장화를 위한 개혁에 오히려 비판이 쏠리게 되었고, 행정상 간섭과 국가 독점의 정당성이 커졌습니다.

2004년부터 국가주의인 구체제로 회귀하자는 주장이 점차 커지고 있습니다. 세계금융위기가 발생한 이후 이러한 경향이 더욱 두드러졌습니다. 일부에서는 세계가 심지어 정부가 경제와 전체 사회를 강력하게 통제하는 중국식 모델을 채택해 자신을 구원해야 한다고 여깁니다. 그래서 일부 우호적인 외국 인사는 "중국이 부유해지기 전 먼저 교만해질 위

험이 있다"라고 지적했습니다.

왕딩딩 경제성장의 방식 전환이라는 관점에서 전체 개혁의 동력이 어디에 있는지 찾아야 한다고 생각합니다. 경제학자 마이클 포터의 견해에 따르면, 한 나라의 경제발전은 크게 4단계로 나뉩니다. 첫째, (생산)요소 견인 단계, 둘째, 투자 견인 단계, 셋째, 혁신 견인 단계, 마지막으로 넷째, 소비 견인 단계입니다. 중국은 현재 둘째 단계에 와 있습니다. 그렇지만 앞으로 혁신 견인 단계에 진입할 수 있을지는 제도와 문화 등 좀 더 심층적인 요인에 달려 있습니다.

(개혁개방을 한) 1978년부터 중국은 노동력이 충분했습니다. '인구 보너스'가 중국의 경제성장에 끼친 공헌은 약 15퍼센트입니다. 그러나 개혁개방정책이 중국의 경제성장에 끼친 공헌은 50퍼센트 이상으로, 일부 학자는 이를 '개혁 보너스' 혹은 '개방 보너스'라고 부릅니다. 나머지 35퍼센트는 장우창張五常이 말한 것처럼 정책 운영에서 큰 실수가 없었던 이유로 돌릴 수 있습니다.

그러나 2013년이 되면 중국의 인구 보너스 효과도 끝납니다. 그 이후는 왕펑王豊과 메이슨이 최근에 발표한 통계 보고서에 따르면, 전체 인구 중 노동 가능 인구의 비중이 하락하여 부양지수가 변동합니다. 그러면 중국인의 연평균 소득성장률이 매년 0.5퍼센트씩 떨어집니다. 그렇다면 중국 경제가 앞으로 30년 동안 두 자릿수의 고성장을 유지하는 것은 비현실적인 기대입니다.

중국은 가능한 한 빨리 혁신이 견인하는 발전 단계로 진입해야 합니다. 그러나 혁신은 먼저 지식의 저장량과 성장률에 달려 있으며, 지식의

저장량이 증가하는 것은 인적자원에 대한 투자와 직결됩니다. 다시 말해 교육과 건강에 대한 의존도가 크다는 것입니다. 그런데 최근 들어 노동보수(노동의 상대적 가격)가 크게 낮아졌지만 정부의 조세수입과 기업수익이 빠른 속도로 증가했습니다. 노동자 절대다수의 소득은 정상적인 교육비와 의료비를 지출하기에도 부족합니다.

이러한 사태가 발생한 데는 역사적인 배경이 있고 또 오늘날 정치적인 원인도 있습니다. 예를 들면 집권당은 정체성을 착각해 중국 정부가 노동자의 자유로운 권익 수호 운동을 전력 지원하는 것을 막았습니다. 오랫동안 우리는 임금 협상에서 '파업'이 가장 중요한 무기가 된 적이 없습니다. 우리는 중국 사회에서 파업이 발생해서는 안 된다고 잘못 생각합니다. 국민소득에서 임금이 차지하는 비중이 턱없이 낮은 데는 또 다른 원인이 있습니다. 바로 지방정부 간에 '투자 유치' 경쟁이 치열하기 때문입니다. 그 결과 정부는 투자자의 이익 보호에 치중하고, 심지어 자본과 결탁하여 나머지 노동자를 착취했습니다. 제 생각에 앞으로 수십 년 동안 중국 경제의 발전에 가장 큰 위협 요인은 '관료독점자본주의', 다시 말해 정실자본주의입니다. 2003년부터 이런 불안한 추세가 빠르게 확산되었습니다. 만약 제때 바로잡지 못한다면 우리 경제가 지닌 활력을 앗아갈 뿐만 아니라 혁신견인 발전 단계로 진입할 가능성을 제로로 만들 것입니다.

'불균형의 함정'에서 벗어날 수 있는가

사회자 왕딩딩 교수님이 개혁의 동력 문제를 '성장 방식의 전환'이라는 관점에서 설명해주셨습니다. 그렇다면 중국 경제는 왜 경제성장의 방식

을 전환해야 하며 성장 방식의 전환의 내용은 무엇입니까? 무엇에서 무엇으로 전환하는 것인가요?

가오상취안 중국은 경제성장에서 차지하는 투자 의존도가 지나치게 큽니다. 이것은 큰 문제입니다. 개혁개방 초기에 GDP에서 투자가 차지하는 비중은 25퍼센트 정도였습니다. 그런데 2004년이 되자 이 수치가 44퍼센트를 초과하여 일찌감치 미국, 독일, 프랑스, 인도 등 일반적으로 비중이 20퍼센트 정도인 국가들보다 훨씬 높았습니다.

2008년 10월 이후 세계금융위기의 영향으로 수출이 큰 폭으로 둔화되었습니다. 중국은 적극적인 재정정책과 적절히 완화된 통화정책을 사용해 높은 성장세를 이어갔습니다. 그 이후 '4조 위안'에 이르는 투자 계획을 실행하고 국유은행에서 천문학적인 대출을 받아 중국의 투자증가율이 급격히 상승했습니다. 2010년 2월 21일 공업 및 정보화부의 리이중李毅中 부장은 해당 부서가 모인 간부 대회에서 '경제 형세 전문 보고서'를 발표했습니다. 2009년 중국의 전체 고정자산투자는 22조 5000억 위안으로 증가율이 무려 30.1퍼센트였습니다. 그런데 2009년 중국의 GDP를 대략 계산해보면 33조 5400억 위안입니다. 이 계산에 따르면 2009년은 투자율이 67퍼센트에 이릅니다. 그러나 투자율이 대폭 상승했다고 해서 투자 효율의 상승으로 그대로 이어지는 것은 아닙니다.

우징롄 투자의 비율이 초고속으로 상승하여 투자·소비구조에서 왜곡 현상이 나타났으며 부정적인 결과가 두 가지 발생했습니다. 하나는 주민의 소비수준 향상이 둔화되고 다른 하나는 최종 수요가 부족한 것입니

다. 이 두 가지는 국민경제가 지속적으로 그리고 조화롭게 발전하는 것을 심각하게 저해합니다.

오랫동안 중국 경제는 자원 투입에 의존해 발전했습니다. 특히 투자 견인 형태입니다. 개혁개방 이후에도 이러한 현상은 근본적으로 변화하지 않았습니다. 그러나 중국은 20여 년 동안 고속 성장을 이어왔습니다. 그 이유는 우리가 일본 등 동아시아 국가(및 지역)의 경험을 배우고 정부가 주도하는 수출주도형 전략을 채택했으며, 순수출로 구성된 외부 수요로 내수를 보완하여 GDP의 고속 성장을 뒷받침했기 때문입니다.

수출주도형 성장은 '불변으로 만변萬變에 대응한다'는 식의 정책이 아닙니다. 발전의 초기 단계에서 노동력에 대한 대량 수요가 있고 자원이 그다지 부족하지 않으며 환경도 그런대로 감당할 수 있을 때 이런 정책이 긍정적인 효과를 발휘합니다. 중국을 포함하여 아시아 국가들이 바로 이런 방식으로 경제 도약을 실현했습니다.

그러나 이런 전략은 결국 자국 국민이 만들어낸 부로 수입국(주로 미국)에 보조를 해주는 격입니다. 즉 못사는 사람이 부자에게 보조를 하는 것입니다. 또 수출이 수입을 초과해 얻은 것은 상대국이 발행한 종이 화폐입니다. 외환의 잔액이 지나치게 많을 경우 (국내)통화의 초과 발행, 지나치게 높은 부채비율, 자산의 거품 발생 등 거시경제에 일련의 악영향이 나타날 것입니다.

경기주기의 상승 단계에서는 부실자산의 위험이 조용히 쌓이지만, 경기주기가 하락하는 단계에서는 혹은 외부 충격이 있을 때는 금융 시스템에 체계적인 위기가 발생합니다. 이 같은 결과 일본, 한국, 타이완이 과거에 뼈아픈 교훈을 얻었습니다. 바로 이런 상황에서 중국 정부는 투

자와 수출이 견인하는 조방粗放형 성장 방식에서 과학기술의 발전과 생산성을 높이는 집약형 성장 방식으로 전환할 것을 제시했습니다.

사회자 1990년대에 중국은 '경제성장의 방식 전환'을 내세웠는데, 이제는 '경제발전의 방식 전환'으로 바꾸었습니다. 그렇지만 10여 년 동안 조방粗放형 성장의 문제점은 여전히 해결되지 않았습니다. 무엇이 문제인가요?

우징롄 일찍이 1996년에서 2000년까지의 제9차 5개년 계획 기간에 성장 방식을 조방형에서 집약형으로 전환하기로 규정했습니다. 2006년에서 2010년까지의 제11차 5개년 계획에서는 성장 방식의 전환을 다시 언급했을 뿐만 아니라 구체적인 전환 방식까지 열거했습니다. 그렇지만 지금까지 일부 지방을 제외하면 효과가 두드러지지 않습니다. 왜 이런 상황이 발생했을까요? 보아하니 그 이유는 다름 아닌 두 가지입니다. 첫째, 전환 과정에서 수많은 체제 내적인 장애물을 만났기 때문입니다. 둘째, 혁신과 창업에 유리한 경제 환경과 법치 환경이 아직 조성되지 않았기 때문입니다.

성장 방식의 전환에서 부딪히는 체제 내적인 장애물이란 과거 계획경제가 남긴 구태의연한 방식이 아직도 사라지지 않았다는 것입니다. 구체적으로 보면 다음과 같습니다. 1) 각급 (지방)정부는 토지 등 중요한 자원을 배분할 수 있는 권한을 여전히 보유하고 있습니다. 2) GDP의 성장 속도가 각급 정부 공무원의 업무 실적을 평가하는 주요한 기준이 되었습니다. 3) 현행 정부회계 제도에서는 각급 정부의 재정 상황과 물질의

생산 증가가 긴밀히 연계되어 있습니다. 4) 토지, 자본, 노동력 등 생산 요소의 가격이 시장화되지 않아 행정 당국에서 가격을 설정하는데 일반적으로 계획경제의 관례대로 가격을 낮추고 있습니다. 이처럼 가격이 왜곡되어 희소한 자원을 많이 낭비하는 결과를 초래했습니다.

다른 한편 중국이 산업의 발전을 이루는 데 한 가지 문제가 남아 있습니다. 바로 발명된 신기술이 산업화·상업화하기가 매우 어렵다는 점입니다. 30년의 개혁개방을 거쳐 중국은 기술개발 능력이 크게 향상되었습니다. 새로운 기술이 계속 발명되고 일부 기술은 세계 선진 수준에 도달했습니다. 그러나 산업화와 상업화의 길은 여전히 멀고 험난한 상황이 아직도 눈에 띄게 개선되지 않았습니다.

삼망융합三網融合, 즉 전화망·방송망·인터넷망의 통합, 무선통신, 디지털TV, 신에너지 산업이 발전하는 데서 이런 현상을 발견할 수 있습니다. 중국은 세계 최대의 (해외) 시장 보유국으로 수년간의 개혁을 경험한 뒤 거의 모든 분야에서 제조업의 기반을 확충했습니다. 또 풍부한 기술 인력을 양성했습니다. 따라서 최근 기술 발명이 크게 늘고 있어 세계적인 경쟁력을 갖춘 신흥 산업을 충분히 일으킬 수 있습니다. 그러나 선진 수준의 산업도 앞서 말한 체제 내적인 장애물에 부딪혔던 것입니다.

이러한 체제 내적인 장애물을 없애고 혁신과 창업에 유리한 경제 환경과 법치 환경을 구축하기 위해 시장화를 위한 경제개혁이 지속적이고 실질적으로 이뤄져야 합니다. 그리고 입헌민주주의를 시행하기 위한 정치 개혁도 추진되어야 합니다. 개혁이 추진되지 않는다면 발전 방식의 전환 역시 성공하기가 아주 어려울 것입니다.

"국유제가 발전하면 민간경제가 퇴보하지만 국유제가 축소되면 민간경제가 확장된다"

사회자 세계금융위기가 발생한 뒤 국가가 (대주주로서) 지배하는 중국의 금융 시스템은 상대적으로 폐쇄되고 개방이 그다지 이루어지지 않았기 때문에, 또 혁신적인 금융상품이 비교적 적기 때문에 이번에 크게 영향을 받지 않았습니다. 이러한 사실은 본래 중국의 금융 시스템이 발달하지 않은 결과이기도 합니다. 그런데 일부에서 중국이 '위기를 넘어섰다' 혹은 홀로 승승장구한다는 식으로 받아들이고 있습니다. 동시에 전력, 통신, 석유, 석탄, 금융 등의 산업에서 국유기업 혹은 국유 지분이 우위에 있는 기업이 '독보적인 위치'를 차지하고 투자와 성장의 주력이 되었습니다. 그리고 은행 시스템은 이번 경기 부양의 엔진이 되었습니다. 2009년에 GDP 성장률 8퍼센트를 달성하기 위해 각 대형 중앙기업이 은행의 지원을 받아 투자를 확대하자 민간투자와 경영이 위축되었습니다. 더욱 주목할 만한 사실은, 최근 들어 국유경제의 행정적인 독점이 제약을 받지 않을 뿐만 아니라 오히려 일부 업종에서 '국가가 진출하고 민간이 퇴출되며' '신新국유화' 현상이 나타나기도 했습니다. 대형 국유기업의 개혁이 눈에 띄게 발걸음이 느려지면서 지분구조에서 최대 주주가 독보적인 지위를 차지하고 경쟁 구도에서 어느 한쪽이 농단하는 문제가 여전히 해결되지 않았습니다. 지금 국유경제의 위치와 국유기업의 개혁 문제 등에서 심각한 갈등이 점차 드러나고 있습니다. 그 이유가 무엇입니까?

가오상취안 시장화 개혁을 추진한 지 30년이 흘러 행정적인 독점 조직이 한편으로 추상적인 '국가의 이익'이나 '대중의 이익'이라는 미명하에

경제적 권리를 넘어서는 특권을 유지하거나 혹은 더 많이 획득하려고 합니다. 다른 한편으로 이러한 특권을 이용해 시장에서 수익을 추구한 결과 사회와 시민의 불만이 갈수록 커지고 있습니다.

지금 대중은 행정적인 독점에 대해 다음 네 가지의 강력한 불만을 제기합니다. 첫째, 독점 부문의 수익이 사회 평균보다 훨씬 크다는 것입니다. 수많은 연구 자료를 보면, 통신, 금융, 보험, 물·전기·가스 공급의 업종은 대부분 국유기업이 독점하고 있으며 직원의 평균임금도 다른 업종의 2~3배에 이릅니다. 임금외 소득과 직원복지 혜택까지 합치면 실질 소득의 격차는 더 커집니다.

둘째, 독점 부문의 높은 수익이 사회로 환원되지 않았습니다. 1994년에서 2008년에 이르기까지 중국 내 국유기업의 수익이 국가에 모두 귀속되지 않았습니다. 이 말은 국민은 국유기업이 독점한 이점을 누리지 못했으며 국유기업이 독점하도록 했던 처음의 취지를 위반했다는 뜻입니다. 지금 시범적으로 시행중인 '국유기업 배당'도 보편화되지 않았으며 수익 또한 전국인민대표대회의 실질 심사를 받는 대상에 포함되지 않았습니다.

셋째, 독점 부문이 제공하는 상품과 서비스의 가격이 지속적으로 상승해 사회, 개인의 생활비용과 생산비용이 덩달아 상승했지만 이에 대해 효과적인 감독과 규제가 이루어지지 못했습니다. 국가경제와 민생이 관련된 많은 분야에서 가격 공청회 제도price hearing system 역시 '가격 상승'의 국면을 바꾸지 못했으며, 공청회 자체가 이루어지지 않은 경우가 더 많았습니다. 그나마 일부는 형식에 그쳤습니다.

넷째, 독점 부문은 시장경쟁의 압박이 없기 때문에 일반적으로 서비

스의 품질을 개선하려는 동기가 크지 않습니다. 물·전기·가스 등 공공 사업 분야에서 국내 서비스의 시장가격은 국제가격을 따라갔지만 서비스의 품질이 함께 상승하지 않아 문제가 불거졌습니다.

그러나 앞서 말한 문제가 존재하지만 일각에서는 중국에서 '국유경제의 비중이 낮아지고 민간경제의 비중이 높아지는' 문제가 발생했다고 생각합니다. 이들의 분석에 따르면, 지금 중국의 민간기업인은 497만 명으로 1956년의 16만 명보다 30배 이상 증가했습니다. 이들은 자산계급(부르주아)이고 착취계급이기 때문에 '계급투쟁'을 전개해야 한다는 것입니다. 시장화 개혁이 가속화되자 공유제 경제의 비중이 하락하고 민간경제의 비중이 상승하는 것이 필연적인 결과가 되었습니다. "공유제 경제의 비중이 하락하고 비공유제(민간)의 비중이 상승했기 때문에 중국이 사회주의 국가가 아니라고 말할 수 없습니다. 계급투쟁을 확실히 해나가야 합니다."

실제로 자칭린賈慶林 전국정치협상회의 주석이 2009년 말 비공유제 경제인 표창식에서 다음과 같이 말했습니다. "중국에서 비공유제(민간) 경제가 GDP에서 차지하는 비중은 절반 이상이며, 전국 도시와 농촌의 신규 취업자 중에서 80퍼센트가 비공유제 분야에서 일하고 있습니다. 또 전국 65퍼센트의 특허, 75퍼센트 이상의 기술혁신, 80퍼센트 이상의 신제품 개발이 모두 비공유제 기업에서 이루어졌습니다."

제 생각에 국민 재산과 비공유제 경제가 사회의 총자산에서 차지하는 비중이 증가하는 것은 필연적인 추세로 사람의 의지로 제어할 수 있는 일이 아닙니다. 왜냐하면 비공유제가 발전하려면 외자가 들어와야 하고 공유제 경제의 비중이 필연적으로 하락해야 하기 때문입니다. 동시에 소

득분배 시스템의 개혁과 공공 서비스의 균질화가 실현됨에 따라 국민의 재산소득도 점차 증가할 수 있습니다. 이것은 걱정스러운 일이 아니며 시장경제의 필연적인 결과입니다.

우징롄 집권당의 목표에 따르면, 중국은 2020년까지 완벽한 사회주의 시장경제 체제를 정착시키는 것입니다. 이른바 시장에서의 교환이라는 것은 자주적인 시장 주체가 재산권을 서로 교환하는 것을 말합니다. 따라서 완벽한 시장경제 체제의 전제는 재산권을 명확히 하고 재산권이 침해받지 않도록 보호하는 것입니다.

'소유제 구조를 조정하고 개선'하기 위해 15차 당대회(1997년)와 제15기 4중전회(1999년)에서 '유진유퇴有進有退(전진도 하고 후퇴도 한다)'와 '유소위유소불위有所爲有所不爲(해야 할 일과 해서는 안 될 일이 있다)' 원칙을 세워 국유경제의 구조를 전략적으로 조정하는 방침을 정했습니다. 그러나 최근 들어와 정부가 통제하고 또 자원을 점유하는 등 과거로 회귀하는 현상이 나타났습니다.

광공업과 부동산시장에서 '국유기업이 발전하고 민간기업이 후퇴하는 현상'이 발생해 많은 비난을 받고 있는 것 외에 토지자원의 예를 들고 싶습니다. 현행 법률에서는 도시의 토지는 국가가 소유하고 농촌의 토지는 농민집체農民集體가 소유한다고 규정합니다. 1990년대 초기부터 도시화가 가속화되면서 정부가 대량의 농촌 토지를 수용해 도시 건설에 사용했습니다. 10여 년 동안 신규 도시 건설용지 중 80퍼센트 이상이 농민집체의 토지였습니다. 그런데 토지 수용 과정에서 농민이 토지재산권의 주체로서 정부와 대등하게 거래한 것이 아니라 정부의 배타적인 권력이

동원되었습니다. 이런 제도하에서 정부는 농민이 소유한 집체토지를 강제로 수용했고 시장가격대로 토지보상비를 지급하지 않았습니다. 정부는 해당 농지의 연간생산액에 따라 보상했으며 최고 보상 기준도 1년 생산액의 30배에 불과했습니다. 그렇지만 많은 지역에서 보상 기준이 실제로는 1년 생산액의 고작 10배 정도였습니다. 각급 지방정부는 '토지를 저가로 사들여 고가에 되파는 방식'으로 농민에게 돌아갈, 듣기로는 '20~30조 위안'의 이익을 챙길 수 있었습니다. '국유제가 발전하고 민간 경제가 후퇴하는' 규모가 얼마나 큰지 정말 놀라울 정도입니다.

'12·5' 개혁의 다음 행보

왕딩딩 2010년이나 혹은 이보다 2년 이른 금융위기가 시작될 때부터 중국은 더 복잡한 상황에 놓였습니다. 하나는 투자 확장과 자원 소모에 의존한 성장 방식을 지속하기가 힘들어진 것입니다. 다른 하나는 앞으로 몇십 년을 생각해볼 때 중국 경제가 매우 높은 수출의존도를 유지할 가능성이 크지 않다는 것입니다. 따라서 중국 경제의 성장 방식 전환 문제가 전례 없이 급박해졌습니다. 전 비관적인 편에 속합니다. 전 중국이 관료주의에서 벗어나고 이미 익숙해진 조방형 성장 방식에서 탈피해 기업과 개인이 자유롭게 혁신하고 발전하는 방식으로 전환해야 한다고 생각합니다. 그러나 이에 대한 중국 정부의 노력을 전혀 찾아볼 수 없었습니다.

2010년은 과거를 잇고 미래를 창조하기 위한 중요한 해입니다. 2010년에 중국은 12·5 계획을 연구 및 수립해야 하며 앞으로 5년뿐만 아니라 10년의 발전까지 준비해야 합니다. 이를테면 통화정책의 조정, 환율의 시

장화 개혁, 토지제도의 개혁, 노동력 및 인구정책의 조정 등 중요한 문제에서 심도 있는 정책 조정이 필요합니다.

가오상취안 1984년에서 2005년까지 중국은 줄곧 국유기업 개혁을 개혁의 핵심 과제로 삼아 전체 경제 시스템을 개혁하고자 했습니다. 그러나 시장화 개혁을 30년 넘게 추진한 뒤 전체 경제에서 국유경제의 비중이 눈에 띄게 낮아졌지만 국유기업의 개혁이 다른 분야의 개혁을 선도하지는 못했습니다.

2005년에 저는 정부 지배 구조의 개혁을 다음 개혁의 주요 내용으로 삼아야 한다고 제안했습니다. 정부가 (경제를) 지배하는 구조에 대한 개혁이 추진된다면, 금융 시스템과 토지시장에 대한 정부 간섭을 효과적으로 억제할 수 있습니다. 정부 지배 구조의 개혁을 추진해야 지방에서도 충동적인 투자 관행이 사라지고 '중앙정부가 발전을 계획하고 지방정부가 건설하는' 현재의 고충을 개선할 수 있습니다. 정부가 서비스형 정부로 전환하고 공공 서비스의 균질화와 국민의 재산과 정치적 권리를 보장해줘야 (경제활동에서) 든든한 기반이 생깁니다.

정부의 역할 전환과 지배 구조 개혁의 핵심은 정부가 시장과의 관계를 어떻게 재정립하는가의 문제입니다. 중국에서 현재 정부의 공공 서비스 공급 기능을 강화하고 시장에서 경쟁과 자원 배분과 같은 기본적인 기능이 더 충분히 발휘될 수 있도록 할 것인지 아니면 경제에 대한 정부의 직접적인 통제를 강화할 것인지가 근본적인 방향 설정의 문제입니다.

최근 중앙정부는 '경제발전 방식의 전환 가속화'를 과학적인 발전관을

실천하는 중요한 목표와 전략 행동으로 삼는다고 발표했습니다. 12·5 기간 동안 이것을 기조로 개혁을 추진해야 합니다. 첫째, 이번 개혁은 경제 시스템의 개혁일 뿐만 아니라 사회·정치·문화 시스템의 개혁을 포괄합니다. 말하자면 '사위일체四位一体'의 개혁입니다. 둘째, 정부의 역할 전환을 특별한 위치에 두어야 합니다. 과거의 경제성장 방식을 전환하기가 힘든 이유는 주로 체제 내적인 이유 때문입니다. 여기에는 재정과 조세 제도, 가격설정 제도가 포함되고 또 정부 구조, 고위 공무원의 심사 시스템이 빠지지 않습니다. 각 지방정부는 GDP 증가와 투자 유치, 프로젝트를 따내는 데 온갖 노력을 아끼지 않습니다. 이렇게 해야 업무 실적이 올라가는 상황은 반드시 개선되어야 합니다.

정부 개혁의 핵심은 정부의 행위에 대한 감독과 함께 균형을 강조해 정부의 기능을 실제로 바꾸는 것입니다. 각급 정부는 각급 인대人大(의회)의 감독을 받아들이고 전체 수입과 지출에 대한 실질적인 심사를 수용해야 합니다. 동시에 투자 분야를 선택하거나 행정 심사와 승인 기준을 만드는 것도 간접적인 통제 수단이 됩니다. 따라서 정부의 행위를 정한 규정은 법률로 권한을 부여하는 과정이 반드시 필요합니다. 그리고 정부의 정보를 공개해 시민과 사회의 감독을 받아야 합니다.

정부의 개혁은 정치 시스템을 개혁할 때의 핵심입니다. 앞으로 10년 동안 정부가 (경제를) 지배하는 구조를 개혁하고 직능을 전환할 때, 인민대표대회의 권한을 강화하고 공산당이 각급 (지방)정부와 분업하고 협력하는 것과 보조를 맞추어 당내 민주주의와 기층민주주의를 실천해야 합니다. 그리고 시민이 순차적으로 정치에 참여하도록 해 최종적으로 입헌민주주의에 기반을 둔 정치 시스템을 구축해야 합니다.

앞으로 경제발전 방식을 전환할 때 정부의 역할은 유리한 (기업) 환경을 조성하는 것이지 스스로 주체가 되어서는 안 된다고 생각합니다. 반드시 기업이 주체가 되어야 하며, 정부는 정책 환경, 법률 환경을 잘 조성해 경제 발전 방식의 전환을 촉진해야 합니다. 동시에 고위 공무원의 업무실적심사 제도와 기준도 개혁해야 합니다. GDP를 유일한 평가 지표로 삼아서는 안 되며, 오염 배출과 에너지 절약을 계도한 정도가 어떠한지 녹색경제와 순환경제circular economy(재활용)를 어떻게 발전시켰는지 그리고 탄소저감형 경제의 발전 상황이 어떠한지 민생사업을 어떻게 추진하는지를 중점적으로 심사해야 합니다.

동시에 국유경제에 대한 미신을 타파하고 혼합소유제國家 소유와 민간 소유를 결합한 것 경제의 발전에 힘써야 합니다. 시장경제를 구성하는 여러 성분 중에는 어떤 것은 발전하고 어떤 것은 후퇴하며, 살아남는 것이 있는가 하면 사라지는 것이 있습니다. 이는 시장경제 법칙에 따른 필연적 결과이자 정상적 현상입니다. 관건은 국유경제와 민간경제의 비중이 변화하는 것을 이데올로기와 연관시키지 않는 것입니다. '국유경제는 사회주의이고 비국유(사유)경제는 사회주의가 아니다'라는 교조敎條에서 벗어나야 합니다.

국유경제는 자신이 있어야 할 자리에 있어야 합니다. 이에 대해 중앙정부는 유한한 국유자본을 국가안보와 국민경제의 동맥이 되는 분야와 산업에 집중하겠다고 이미 발표했습니다. 이것은 옳은 선택입니다. 국유경제를 중국 공산당이 (장기) 집권하는 기반으로 삼아서는 안 됩니다. 제가 보기에 공산당이 집권할 수 있는 기저에는 세 가지 '민民'이 있는데, 바로 민심, 민생, 민의입니다. 그중 민심이 핵심으로 민심을 얻은 자가

천하를 얻고 민심을 얻기 위해 민생 사업을 잘 추진해야 합니다. 민심을 얻기 위해서는 반드시 민의를 존중하고 국민이 행복한 삶을 구가할 수 있도록 해야 합니다. 이것이 바로 공산당의 집권 기반입니다.

'공유제 경제가 주체다'라는 말을 정확히 이해하고 수량형에서 기능형으로 전환해 공유제의 범위를 확대해야 합니다. 공유제의 비중이 하락하는 것을 두고 사회주의를 하지 않는 것으로 여길 때 생기는 논란을 피하기 위해 중앙정부는 앞으로 발표하는 정책 문건에서 '공유제 경제를 주체로 함'을 '공유제 경제가 주도함'으로 바꿀 것을 제안합니다. 혼합소유제의 발전에 힘쓰고 국유제와 비공유제가 공생하며 서로 의존하고 상호 발전을 촉진하며 함께 발전하는 구도를 만들어야 합니다.

물론 교육, 보건, 주택, 사회보장 등 민생 분야에서 정부는 공공 서비스에 대한 투자를 확대할 뿐만 아니라 교육, 문화, 보건 등에서 시스템의 개혁을 가속화해야 합니다. 그리고 정부 투자의 효율을 실질적으로 높이고 민간자본이 공공서비스 분야에 투자하도록 유치하며 국유 사업체와 공공서비스의 비용 지불자, 공급자가 한통속이 되는 폐단을 없애야 합니다. 아울러 공공 서비스의 경쟁력을 높여 공공 서비스의 효율과 품질을 향상시켜야 합니다.

우징롄 요즘 중국은 경제개혁이 기본적으로 마무리되었고 정치 개혁만 남았다는 주장이 있습니다. 저는 이들이 경제개혁의 성과를 과도하게 평가했다고 생각합니다. 역대 당대회와 중전회中全會에서 경제개혁을 요구했지만 실제로 실현되지 않은 부분이 많습니다. 앞으로 경제개혁은 '국유제가 발전하고 민간경제가 후퇴하는' 현상을 먼저 억제하고 국유경

제의 구조조정을 지속하며 행정적 독점의 철폐에 힘써야 합니다. 그런 다음 국유기업의 재산권이 사회에 반환될 수 있도록 해야 합니다. 공공재와 준#공공재를 제공하는 국유기업에 대해서는 특수법인법을 제정해 기업으로서의 행위를 규제하고 엄격한 감독을 받도록 해야 합니다. 동시에 토지재산권 제도를 빨리 개혁해 농민에게 완전한 토지재산권을 부여하고 농민집체가 소유한 소작지, 주택지 등 '잠들어 있는 자산'을 유동자산을 바꾸어 농민의 자산(형)소득이 증가하도록 해야 합니다.

정부가 시장가격에 대해 행정적으로 간섭하는 것을 중단하고 법치를 기반으로 시장을 견고히 하는 것이 경제개혁의 중요한 임무입니다. 만약 초기에 좁은 범위에서 '아는 사람들끼리 형성한 시장'이 인간관계를 바탕으로 했다면, 광범위한 현대 시장은 법치가 기반이 되어야 합니다. 따라서 법치국가를 건설하면 한순간도 놓치지 않고 공정하게 법률을 집행할 수 있기 때문에 두 번 다시 발전이 지연되는 현상이 나타나지 않을 것입니다.

모든 개혁은 결국 국가 정권과 관련이 있습니다. 중국의 전체 개혁이 순조롭게 진행될지도 정부에 달려 있습니다. 오늘날 정부가 지배하는 자원이 지나치게 크다는 점이 문제입니다. 따라서 다음 개혁은 정부와 시장의 경계를 확실하게 정하는 것입니다. 경제를 직접 통제하는 만능형 정부에서 공공 서비스를 제공하는 정부로 반드시 전환해야 하며, 정부기관의 관리도 국민의 감독을 받아야 합니다.

왕딩딩 앞으로 어떻게 개선할지에 대해서는 두 가지 방향이 가능합니다. 하나는 '공산당 내 민주화'이고 다른 하나는 지방의 정치 시스템을

개혁하는 실험입니다. 가장 중요한 사실은 국민이 먹는 문제가 어느 정도 해결되자 더 많은 권리를 요구하고 있다는 점입니다. 이런 상황은 민간이 스스로 권리를 찾으려는 것이며 집단적 사건으로 정치적 의미가 큽니다. 또 중국의 정치 시스템을 개혁하는 기본 방향입니다.

어떤 국가든 역사적으로 보면 모두 위에서 아래로 민주화되었습니다. 평등한 권리는 거의 모두 위에서 아래로 확산되기 시작했습니다. 영국이 전형적인 예이며 하층으로 점차 확산되었습니다. 미국의 수정헌법 역시 이러한 과정을 반영했습니다. 제1차 수정헌법은 개인의 권리를 규정했습니다. 먼저 신체와 사상의 자유에서 출발하여 점차 언론의 자유로 확장되었으며 정치와 정신의 자유는 맨 마지막인 미국 헌법의 시민의 권리 제22조에서 보장하고 있습니다. 권리를 충실히 보장하는 것은 사실 헌법 정치의 문제입니다. 권리를 적극적으로 보장하면 법치는 대중의 생활 방식이 될 것이며 공허한 구호에 그치지 않을 것입니다. 그렇지 않다면 법치와 민주주의는 그저 지식인의 외침에 머무를 것이며 중국 자체로도 제도의 일부가 될 수 없습니다. 이런 권리 의식을 깨닫기까지 각급 지방에서 사회적 실험과 정치 문화의 변혁이 필요합니다.

관료자본주의 경향에 대항하고 이를 억제하기 위한 더 구체적인 행보에 대해 말씀드리면, 지방정부의 재정민주화 실험이 선행되어야 한다고 생각합니다. 민주적이고 투명하게 예산을 집행하는 것이 중요합니다. 이는 관료자본주의를 억제할 때 가장 실현 가능한 방법입니다. 만약 민주적으로 예산을 집행하지 않는다면 정부는 영원히 수입(세입)에 따라 지출(세출)할 것입니다. 그런데 우리는 이것이 잘못이라는 것을 알고 있습니다. 경제학자 제임스 뷰캐넌은 자신의 책 『민주재정이론』에서 우선 정

부의 지출을 옥죄고 예산을 배정한 뒤 지출해야 정확하게 세금을 거둘 수 있다는 것을 입증했습니다. 그런데 중국은 세금을 많이 거두었는데도 세수가 부족하다면 가진 돈보다 더 많이 썼다는 것인데 어찌 이럴 수 있겠습니까? 이것은 정부가 조세 징수에 있는 힘을 다하라고 제도적으로 격려하는 것과 마찬가지입니다. 중국 사회에서 민간은 정부의 어떤 힘에도 대항하지 않습니다. 정부는 제도적 지원을 받아 많은 세금을 거둬들이고 또 그것을 마음대로 지출합니다. 따라서 뷰캐넌이 말한 민주 재정의 제1의 묘책은 유권자가 반드시 정부의 재정지출을 틀어막은 다음 세금을 거두도록 해야 합니다. 지출을 많이 하지 않으므로 당연히 많은 세금을 거둘 수가 없습니다. 미국에서 독립전쟁이 일어난 계기가 무엇입니까? 저는 주위 친구들에게 앞으로 중국 경제의 갈등이 정치적 위기로 번질 때 세금과 예산을 독점한 권력이 도화선이 될 수 있다고 자주 경고합니다. 낙관적으로 보면, 민주적 재정이 더 발전하는 것은 '공산당과 정부가 분리'되는 것입니다. 이것은 정치 시스템 개혁의 두 번째 행보입니다. 그다음이 세 번째며 그리고 더 많은 개혁의 발걸음이 기다리고 있습니다. 물론 이와 함께 민간의 정치 참여가 필요하지만, 이렇게 되기까지 많은 시간이 걸릴 것으로 보입니다. 이번 샹산 좌담회에서 우리는 중국이 정부의 행동 방식과 사회질서를 운용하는 방식의 변혁을 미래 정책의 핵심 의제로 삼아야 한다는 점에 모두 공감했습니다. 공산당과 정부의 간부의 업적을 심사하는 시스템이든 노동, 토지, 자금 등 (생산) 요소의 시장화든 아니면 '투명한 재정활동'을 시행하든 공공 서비스를 균등화하든 모두 정부의 직능 전환과 사회 운용에서 효과적인 방식이 필요합니다.

사회자 30여 년간의 개혁을 열두 글자로 개괄할 수 있을 듯합니다. 즉 시장경제, 민주정치, 법치사회입니다. 앞으로 10년 동안 중국이 어디로 갈지는 13억 3000만 중국인의 절실한 이익에 관련될 뿐만 아니라 세계 안정과 번영에도 직접적으로 영향을 끼칠 것입니다. 다음 행보에서 중국은 '전체 개혁'의 틀을 재건하고 단기, 중기, 장기의 개혁 목표가 조화를 이루도록 하며, 시장경제개혁의 방향을 명확히 잡고 정치의 민주화를 추진하며 아울러 탁월한 식견과 기백을 바탕으로 법치사회를 건설해야 합니다. 중국이 사회 안정의 기틀을 닦았을 때 국민이 행복한 삶을 영위할 수 있습니다.

피할 수 없는
자본 전쟁

중국에서 온 인수자

샤오야칭 전 차이나알코 사장과
쉬한징 전 중국유색금속수출입공사 사장과의 인터뷰

●

기자 자오젠페이趙劍飛, 천주陳竹, 옌장닝嚴江寧, 장바이링張伯玲, 둥링시董凌汐, 양웨楊悅
시기 2009년 3월 2일

2009년 봄 중국 기업들이 해외 자원의 인수에서 신기록을 세웠지만
한편 기록 수립을 막으려는 장애물에 대비해야 했다.

2009년 춘절이 막 지난 뒤 시장조사 업체인 딜로직Dealogic이 발표한
통계에 따르면, 중국과 관련 있는 해외 인수합병은 22건으로 협상 금액
만 163억 달러에 달했다. 인수합병의 주요 대상은 자연자원이며 인수 금
액의 비중은 전체 인수에서 97퍼센트를 차지했다. 자금의 흐름도 한곳
으로 집중되어 오스트레일리아가 총 인수 금액의 90퍼센트에 이르렀다.

이것이 중국 (기업)이 사들인 기록의 전부는 아니다. 최근 사람들의 이
목을 가장 많이 끌었던 불과 한 건의 거래가 금액 면에서 앞서 말한 중
국의 해외 인수합병 총액을 이미 넘어섰기 때문이다.

2월 12일, 차이나알코는 전환사채轉換社債 인수와 합자기업 설립 등의
방식으로 오스트레일리아의 최대 광업 그룹 중 하나인 리오틴토Rio Tinto
에 195억 달러를 투자한다고 발표했다.

불과 4일이 지난 2월 16일, 중국 우쾅五鑛그룹(이하 우쾅)은 현금 26억 호주달러(약 115억 위안)를 들여 세계 2위의 아연 생산업체인 오스트레일리아의 오즈미네랄OZ Minerals Limited 주식 전부를 인수할 예정이라고 발표했다.

일주일 정도가 지난 2월 24일, 중국 후난화링湖南華菱그룹(이하 화링)은 홍콩에서 오스트레일리아 3위의 철광석 채굴업체인 포테스큐금속그룹 Fortesque Metals Groups의 주식 2억 2500만 달러어치를 인수하고 주주인 미국의 헤지펀드 하빈저캐피털파트너스Harbinger Capital Partners에 2억 7500만 달러를 지불했다고 발표했다.

이와 동시에 중국은 에너지 분야에서 대규모 계약을 연달아 체결했다. 일주일 만에 러시아의 석유 기업인 로즈네프트Rosneft, 러시아 송유관 기업인 트랜스네프트Transneft, 브라질의 국영석유 기업인 페트라브라스Petrabras, 베네수엘라 석유회사, 미국의 석유화학 기업 엑슨모빌Exxon Mobil Corporation과 총계약액 450억 달러(약 3078억 위안)의 장기 석유 공급 계약을 차례로 맺었다.

중국 (기업)과의 계약이 집중적으로 발표되자 세계가 놀라움을 금치 못했다. 매각 의사를 나타낸 에너지 기업이나 광산자원 기업이 계속 나타났다. 매각 의사가 있는 거의 모든 기업이 인수할 가능성이 있는 중국 기업에 의사를 타진한 것이다.

다른 한편 중국이 '자원 수입의 큰손'의 이미지를 굳히자 전 세계에서 예상을 뛰어넘는 반대의 목소리가 들렸다. 그러자 사람들은 3년여 전에 중국해양석유유한공사China National Offshore Oil Corporation, CNOOC가 유노컬Unocal, 미국의 석유 기업으로 캘리포니아에 본사가 있음을 인수하려다 실패한

사건을 자연스럽게 연상했다.

인수 대상 기업의 정부, 민간, 동종업계 뿐만 아니라 해당 기업의 주주도 반대의 목소리를 냈다. 그들은 중국 기업이 (국제)자원가격을 의도적으로 통제하지 않을까 우려했고, 정부의 의지로 중국 기업이 인수에 나선 것이 아닌지 의심했다. 국제자원기업의 인수합병이나 에너지 거래에 이 정도로 대담하게 참여하는 중국 기업은 중국 정부의 연장으로 보였으며 따라서 인수자금의 출처를 더욱 의심했다.

이 같은 의문은 다시 한번 중국 기업의 인수합병 행렬을 가로막는 큰 장애물이 되었다. 특히 오스트레일리아의 광업 기업과 체결한 3건의 거래가 모두 (현지) 정부 및 주주의 승인을 마냥 기다리고 있다. 대체로 전문가들은, 의심의 목소리가 충분히 커진 이상 해외 기업의 인수합병에 대해 상당히 관대한 태도로 적극 받아들이는 오스트레일리아 정부라도 영향을 받을 수밖에 없다고 전망했다.

중국의 자원 인수 과정을 잘 알고 많이 경험한 사람의 입장에서 보면, 이번의 여러 인수합병은 국가가 의지를 가지고 막후에서 조종했다기보다 중국 기업이 몇 년간 준비해왔고 세계금융위기로 오히려 좋은 기회를 얻어 속속 참여한 것이다. 오랫동안 해외자원의 인수를 주저하며 쉽사리 결정을 내리지 못하던 중국 정부도 지난번에 자원가격의 폭등을 경험한 후 산업사슬에서 업스트림up-stream, 한 예로서 석유 산업의 사업활동중 원유 생산 부문 진출의 중요성을 인식하자 중국 기업이 해외자원시장에 진출하는 데 파란불이 켜진 것이다.

자원의 소비 대국인 중국이 석유와 철광석 외에도 구리, 알루미늄 등 유색有色금속철과 그 합금을 제외한 모든 금속과 그 합금을 수입하는 양이 해마

다 급격하게 증가했다. 중국 기업이 산업사슬의 업스트림에 진출하는 것은 경제 원칙에서 볼 때 당연한 결과다. 그러나 서구 세계가 중국 기업과 중국 정부 간의 복잡 미묘한 관계를 이해하도록 설득하며 중국 기업이 자원가격을 통제하지는 않을까라는 우려를 불식시키는 문제는 차이나알코, 화링, 우쾅 등의 기업 앞에 놓인 어려운 시험이다.

이 문제에 좋은 대답을 내놓는 기업만이 거래(인수)에 성공할 수 있을 것이다.

중국의 대규모 인수

샤오야칭肖亞慶은 양복을 입었으나 넥타이를 매지 않은 채 엘리베이터 앞에 서서 아래층으로 내려가려고 기다리고 있었다. 그는 옆에 있는 직원에게 가볍게 농담을 건넸다. "할 일이 많다네. 앞으로 월급을 못 받으면 차이나알코에 와서 밥은 먹어도 안으로 들어오지는 말게."

엘리베이터는 내려가고 있지만 50세의 샤오야칭은 인생에서 새로운 상승을 경험하고 있다.

2009년 2월 16일은 그가 사장의 신분으로 차이나알코 본사 건물에 마지막으로 출근하는 날이다. 다음 날 오후 샤오야칭은 국무원 부비서장으로 임명되었다. 중국의 공무원 서열에 따르면, 그는 차관급으로 직급이 오른 것은 아니지만 이전과는 전혀 다른 무대에 선 것이다.

과거 1년 여 동안 차이나알코의 대표(이사)였던 샤오야칭은 국제 언론에서 크게 주목하는 중국 기업인 중 한 명이었다. 그가 진두지휘하여 차이나알코는 먼저 미국의 알코아Alcoa와 손을 잡고 140억 5000만 달러를 출자한 다음, 리오틴토가 영국에 상장한 RTPRio Tinto Plc의 지분 12퍼센

트를 매입했다. 이어서 오스트레일리아의 대형 광산업체 중 하나인 리오틴토에 195억 달러(약 1312억 위안)를 투자한다고 밝혔다. 이 금액은 하이난성海南省의 2007년 GDP(1121억 위안)보다 많다. 2건의 투자가 모두 '사상 최대'의 규모였다.

그렇지만 해외 광산 시장에서 대규모 인수를 시도한 기업이 모두 샤오야칭처럼 좋은 때를 만난 것은 아니다. 샤오칭은 아마도 중국 기업의 해외 인수사에서 상징적인 인물로 기억될 것이다.

1980년대부터 중국은 오스트레일리아의 차나Channar 철광의 공동 운영에 참여(투자)하기 시작했다. 1990년대에는 알코아의 산화알루미늄 사업에 투자했다. 그뒤 우쾅이 캐나다의 최대 광산업체인 노란다Noranda Inc의 인수를 시도했고, CNOOC도 미국의 석유회사인 유노컬을 인수하려고 했다. 또 중국석유천연가스그룹China National Petroleum Corporation, CNPC이 카자흐스탄 석유를 인수했다. 만약 거래의 성패를 놓고 이야기한다면 중국 기업인 중 어느 누구도 해외 인수합병에서 이번처럼 뜨거운 주목을 받지는 못했다.

이 같은 영광을 누릴 수 있는 것은 중국 경제가 장기간 고속 발전을 지속해 자원과 에너지에 대한 수요가 엄청났을 뿐만 아니라 해외 인수합병에서 여러 차례 실패를 경험한 후 에너지와 자원 소비의 대국인 중국이 현재와 그리고 앞으로도 업스트림에 진출해야 한다는 공감대가 형성되었기 때문이다.

그러나 공감대도 여전히 초보 단계에 머물러 있다. 어떻게 해야 인수 대상 기업과 해당 국가의 적대적인 감정을 불식시키고 중국과 투자 대상국이 윈윈할 수 있을까? 이 질문은 샤오야칭과 같은 인수자가 반드시

풀어야 하며 중국 정부도 고민해야 할 중요한 문제다.

모험의 대가

"해외 사업에 나서서는 안 됩니다." 1990년대에 중국 최대의 해외 투자 계약자이자 중국유색금속공업총공사(이하 중국유색총공사)의 전 사장인 쉬한징徐漢京이 말했다. 이 말은 당시에 그의 후임자였고 현재 우쾅의 부회장을 맡고 있는 주광朱光에게 한 충고다.

개혁개방이 중국의 구호가 막 되어가던 시기에 중국 입장에서 해외 에너지와 자원자산의 중요성을 인식한 사람은 많지 않았다. 해외 투자와 기업인수는 더욱 뜬구름잡는 이야기로 여겨져 종종 입방아에 올랐으며 당사자를 비난하는 빌미를 제공했다. 따라서 먼저 해외 인수에 뛰어든 사람인 쉬한징은 '해외 사업에 나서서는 안 된다'는 생각을 하게 된 것이다.

기자는 2008년 8월 30일 쉬한징을 처음 만났다. 이날은 베이징올림픽이 폐막된 지 일주일도 되지 않은, 비온 뒤의 토요일이었다. 55세의 쉬한징은 머리가 많이 세졌고 커다란 금테 안경을 썼다. 빨간 깃에 자주색 반팔 폴로 티셔츠와 트레이닝 반바지를 입고 운동화를 신어 마치 방금 헬스장에서 나온 것처럼 보였다.

베이징 젠궈먼建國門 밖의 어느 한국 식당에서 쉬한징은 된장찌개를 먹으며 자신의 광산업의 꿈과 함께 우여곡절이 많았던 지난 시간에 대해 이야기했다.

중국유색총공사가 설립된 지 1년도 채 되지 않은 1984년, 31세의 쉬한징이 중국유색총공사 외사국에 들어와 번역 업무를 담당했다. 청두

전자과학기술대학교 영어과를 졸업한 그는 그전까지 대백과전서출판사에서 『브리태니커 백과사전』을 번역했다. 쉬한징은 이 일로 '시야를 넓힐' 수 있었다고 말했다.

쉬한징은 웃으면서 다음과 같이 말했다. "백과사전을 번역하기 전까지 저는 1921년에는 세상에 중국공산당이 창건한 일밖에 없었다고 생각했습니다. 그런데 백과사전을 보니 많은 일이 있었더군요."

이렇게 '시야가 넓어진' 사람은 쉬한징에 그치지 않았다. 1983년 중국 국무원 총리가 오스트레일리아를 방문할 때 중국국제신탁투자공사의 징수핑經叔平 부회장이 동행했다. 징수핑은 오스트레일리아 서부의 철광 자원에 깊은 인상을 받았다. 그래서 그는 중국이 국내외 자원을 둘 다 활용해야 하며 국민경제가 발전하기 위해서는 자원 분야에서 해외투자를 늘려야 한다고 건의했다. 국무원은 징수핑의 건의를 지지했다. 이때는 세계 광산시장이 불경기여서 광산 대국인 오스트레일리아는 중국의 투자를 적극 환영했다.

1989년 중국유색총공사는 오스트레일리아에 대표사무소를 세우고 쉬한징을 대표로 파견했다. 그가 오스트레일리아에 가기 전에는 야금부 산하의 중국야금수출입총공사(이하 중야수출입)가 이미 국무원의 지휘하에 오스트레일리아에 진출했다. 1987년 11월, 중야수출입은 오스트레일리아 CRA(리오틴토의 전신) 산하 철광석 공급 회사인 해머슬리 Hamersley와 차나 철광의 공동 경영 합의를 체결했다. 이것이 중국의 해외자원 투자의 첫 번째 사례다. 같은 해 중국국제신탁투자회사는 오스트레일리아 포틀랜드 알루미늄 생산회사의 지분 10퍼센트를 인수했으며 나중에는 22.5퍼센트까지 늘렸다.

차나 철광은 공동 경영 프로젝트에 2억 달러를 투자했는데, 그중 60퍼센트는 오스트레일리아측이 출자했고 중국은 40퍼센트를 출자했다. 중국측은 매년 1000만 톤의 철광석을 일괄 구입해 판매하기로 약속했다. 철광석은 총량이 2억 톤이 되거나 2012년이 되면 계약이 종료된다.

그러나 중국강철그룹SINO STEEL의 전 부회장이자 중야수출입에서 차나 투자 업무를 담당했던 둥즈슝董志熊은 투자 프로젝트를 시작할 당시 중국 내에서 논쟁이 치열했다고 기억했다. "어떤 사람은 불평등조약을 체결했다면서 40퍼센트의 지분을 왜 모두 일괄 매입해야 하는가라고 물었습니다. 국무원에서 승인한 뒤에야 투자 프로젝트가 비로소 성사되었습니다."

최근 국제철광석가격이 해마다 상승하자 차나 투자가 중국강철그룹의 주요 수익원이 되었다. 그러나 광산업이 불황이던 1990년대에 수백만 톤의 철광석을 내다 팔기는 정말 어려웠다. 둥즈슝은 다음과 같이 회고했다. "다른 방법이 없었으므로 야금부가 매년 회의를 열어 기업에서 사가도록 강력하게 압력을 넣었습니다. 기업은 외상으로 철광석을 샀기 때문에 연말이면 자금 압박이 상당했습니다."

이런 상황에서 해외 광산 투자가 민감한 주제가 되었다. 둥즈슝은 기자에게 다음과 같이 말했다. "중야수출입이 나중에 남아프리카에 철광석 투자를 하면 중국에 매년 500만 톤의 철광석을 장기간 공급할 수 있을 것으로 보였습니다. 그러나 차나 투자 이후 누구도 투자 결정을 감히 내릴 수 없었죠."

중국철강공업협회(이하 중강협) 단상화單尚華 사무총장이 기자에게 말했다. "당시는 기업이 해외자원을 확보하는 것에 대해 국가적으로 지원

이 그리 크지 않았습니다. 주된 원인 중 하나는 당시만 해도 중국의 외환보유액이 부족했기 때문입니다. 기업이 해외에서 인수합병을 하려면 외환이 필요한데 그때마다 특별 승인을 받아야 했습니다. 1992년에 서우강首鋼이 페루의 마르코나Marcona철광을 인수할 때 국무원의 특별 승인이 있었습니다. 이런 상황은 1990년대 말에 와서야 바뀌었습니다."

이외에도 당시 정부 부서에서는 중국의 국내 자원을 이용해야지 해외에서 광산을 개발하거나 인력을 배치하는 데 돈을 써서는 안 된다는 시각이 있었다. 그래서 해외에 나가 광산을 인수하는 것은 '바보 같은 짓'이라는 비난을 받을 때도 있었다. 단상화가 말했다. "당시는 인수합병에 대해 인식이 높지 않던 때여서 국가가 정책적으로 국내외 자원을 동시에 이용하는 방안을 고려하지 않았습니다."

1990년대 내내 중국의 해외투자 건수는 손꼽을 정도다. 1992년 서우강이 1억 2000만 달러를 들여 페루의 마르코나 철광의 지분 98.4퍼센트를 인수한 이후 회사 경영이 어려웠다. 1994년에 중국의 안산강철鞍山鋼鐵은 오스트레일리아 포트만Portman과 합자해 오스트레일리아 서부의 쿠리야뉘싸이庫里亞諾賽 철강을 개발했다.

거침없는 쉬한징은 국내 여론에도 불구하고 중국 조사 팀을 오스트레일리아로 보내 자원을 탐사하기 시작했다. 1994년 쉬한징이 중국유색총공사의 부회장이 되고 2년 뒤 회장이 되었다. 그는 웅크린 몸을 활짝 펼 준비를 했다.

쉬한징은 본사에서 내준 3000만 달러를 들고 1995년 오스트레일리아에 가서 중국유색총공사에서 전액 출자한 중국광업국제유한공사Sino-Mining International Investment, SMII(이하 중광국제)를 설립했다. 중국 최초로

해외 광업 투자를 위한 플랫폼을 구축한 것이다.

쉬한징은 기자에게 다음과 같이 말했다. "중광국제를 설립한 목적은 두 가지입니다. 하나는 외자를 이용해 중국이 부족한 자원을 확보하는 것으로, 당시는 산화알루미늄을 먼저 선택했습니다. 다른 하나는 외자를 이용해 중국에 시범 광산을 개발하는 것입니다."

중광국제의 첫 번째 대규모 투자는 1996년 말 알코아와 오스트레일리아 WMC의 합작프로젝트인 AWACAlcoa Worldwide Alumina and Chemicals로 산화알루미늄 인수 프로젝트였다. 투자 합의안에 따르면, 중국유색총공사는 알코아에 2억 4000만 달러를 미리 지불하고 알코아는 매년 중국유색총공사에 원가대로 40만 톤의 산화알루미늄을 공급한다. 계약기간은 30년이며 총 계약액은 당시 21억 달러로 추산했다.

이 계약은 이때만 해도 중국 최대의 해외투자 프로젝트였다. 당시 중국유색총공사 외사국에서 근무하던 자오전강趙振剛이 알코아 산화알루미늄 프로젝트의 승인 신청을 맡아 연구보고서를 작성했다. 그는 다음과 같이 회고했다. "중국유색총공사의 우젠창吳建常 회장, 계획부 류완링劉萬岭 등의 지원을 받아 거래가 최종 승인을 받을 수 있었습니다."

투자 합의안에 따르면 중광국제는 앞으로 3년 동안 세 차례에 걸쳐 알코아에 대한 투자를 늘리고, 그때마다 산화알루미늄의 공급량을 20만 톤씩 상향 조정하여 최종 공급량은 매년 100만 톤이 된다. 그러나 20세기 말 중국의 유색공업 시스템이 해체 위기에 몰리자 세 차례의 추가 투자 약속을 이행하지 못했다. 100만 톤으로 생산량을 늘리지는 못했지만 중국유색총공사와 이 회사의 자산을 인수한 우쾅은 알코아의 40만 톤 산화알루미늄 프로젝트에서 충분한 수익을 올려 일찍이 투자금을 회수

했다.

그러나 중국 유색업계 해외투자의 선구자였던 쉬한징은 그 영광을 누리지 못했다. 나중에 다른 이유로 조사까지 받았고 결국 국유기업에서 쫓겨났으며 결혼 생활도 파탄을 맞았다. 쉬한징은 현재 해외에 상장한 기업인 시노골드마이닝(SINO GOLD MINING, 오스트레일리아거래소 코드: SGX, 홍콩거래소 코드: 01862)에서 상무이사로 재직하고 있다.

중광국제가 남긴 것

1998년 국무원은 산하 기관을 개편하기로 결정하고, 중국유색총공사 등 9개 부서와 위원회를 폐지하고 유색금속국을 발족했다. 중광국제 역시 유색금속국의 관리 대상으로 편입되었다. 2000년에는 유색금속국도 폐지되고 우쾅이 중광국제의 산화알루미늄 프로젝트를 넘겨받았다. 그렇지만 산시陝西의 젠차링煎茶岭 황금개발 프로젝트는 우쾅의 관심 밖이었다.

중광국제는 나중에 당국에 의해 (다른 곳에) 인수되었다. 2002년에는 시노골드마이닝으로 개명했으며 같은 해에 오스트레일리아 거래소에 상장했으며 2007년 홍콩 거래소에 상장했다. 시노골드는 현재 중국에서 유일하게 성공한 외자 골드 기업이라고 할 수 있다.

시노골드의 쉬한징 상무이사는 현재 중국 업무의 책임자로 일하고 있다. 그는 자신이 중광국제를 설립할 때 생각했던 두 번째 목표인, 중국에서 시범 광산을 개발하는 일에 최선을 다하고 있다. 그의 첫 번째 목표였던 외자를 이용해 중국에 부족한 자원을 확보하는 일은 이루어지지 않았다. 그래도 적어도 위로가 되는 사실은 중국이 현재 유색산업 분야

에서 해외인수합병에 적극적인 사람들 중 상당수가 그가 설립한 중광국제와 인연이 깊다는 점이다.

중광국제가 설립한 초기에 쉬한징은 오스트레일리아 맥쿼리 은행 Macquarie Bank에서 3명의 핵심 인력을 빼내왔다. 그는 이들이 중광국제를 경영할 때 서구 기업과 똑같이 따라하도록 했다. 당시의 CEO는 맥쿼리 은행의 주요 금융상품 책임자인 닉 커티스였다. 커티스 밑에 있던 제이컵 클레인이 이사회의 이사를 맡았는데 1999년부터 COO로 일했다. 맥쿼리의 기업융자부의 마이클 코스그로브는 개발 업무를 책임졌다. 이후 클레인이 시노골드의 CEO가 되었고 마이클 코스그로브는 지금 AACIAsian American Carbon, Inc.의 CEO가 되어 중국에서 광산 모험(개발)을 계속하고 있다.

지금까지 중국 정부의 일부 공무원의 입장에서 보면 쉬한징은 논쟁의 여지가 큰 인물이다. 그러나 중국의 유색금속업계 사람들은 중광국제가 노력하여 중국의 유색금속 기업의 국제화가 첫발을 내딛을 수 있었다고 생각한다. 더 중요한 사실은 앞으로 중국 기업이 대규모 해외인수합병을 진행할 수 있는 경영자와 실무자를 많이 길러냈다는 점이다.

당시 중광국제 이사회의 간사이자 코스글로브의 업무를 도왔던 왕원푸王文福가 기자에게 다음과 같이 말했다. "서양 사람이 중광국제를 철저히 관리했지만 쉬한징은 구체적인 업무에는 간여하지 않았습니다. 중국 유색총공사에서 계획부에 파견한 청강程剛 부주임도 이사회에 참석했습니다. 1996년부터 지금까지 이 기업은 중국 광산 기업의 국제화를 위해 많은 인재를 양성했습니다."

2009년 42세를 맞은 왕원푸는 차이나알코 해외지주회사 사장으로

차이나알코의 리오틴토에 대한 주식관리 및 출자 프로젝트팀의 핵심 인물 중 한 사람이다. 당시 중국유색총공사 계획부 해외처 소속으로 중광국제 이사회 간사를 겸임했던 자오전강은 현재 차이나알코 해외개발부 주임으로 재직중이다. 중광국제에서 일했던 사람들은 그뒤 중국유색총공사가 해체되자 다른 광산 기업으로 흩어졌다. 그들이 소속한 새로운 기업이 수행한 여러 차례 해외 탐사는, 해외 자원 및 기업 인수에 대한 중국 정부의 인식 변화와 보조를 같이했다.

1999년 전후에 중국유색총공사의 런던 주재 직원인 타이위郗宇가 중광국제에 합류했다. 뒤이어 산화알루미늄 프로젝트가 우쾅으로 넘어가고 우쾅이 2004년에 캐나다의 광산 기업인 노란다를 인수하려고 할 때 핵심 추진자 중 한 사람이 되었다.

우쾅의 좌절

2004년 봄, 캐나다의 최대 광산 기업인 노란다의 CEO 데렉 판넬이 브룩필드자산관리Brookfield Asset Management Inc의 베이징 주재 대표인 양젠전陽建珍의 전화를 받는 자리에서 중국 기업이 노란다의 인수에 참여하기를 원한다는 소식을 들었다. 판넬은 전화에서 의심스럽다는 듯 물었다. "중국 우쾅이라고요? 어떤 회사죠? 그들에게 돈이 있습니까?" 브룩필드는 노란다의 지분을 42.7퍼센트나 보유해, 판넬은 어쩔 수 없이 이 소식에 관심을 기울였다. 이 일은 나중에 세계를 놀라게 한 우쾅의 노란다 인수의 시작이었으며 당시 중국 기업이 해외에서 시도한 최대 규모의 인수 건이었다. 2004년 40억 달러가 넘는 노란다의 인수를 추진하고 이끌었던 사람은 당시 유색금속 업무를 주관했던 우쾅의 주광朱光

부회장이다.

시간이 흐르자 중국은 이제 해외 인수에 대해 지난날처럼 관련 이야기만 들어도 깜짝 놀라거나 하지 않는다. 기업이든 정부든 중국 경제가 20여 년 동안 고속 성장을 지속하면서 에너지와 광산자원에 수요의 잠재력이 엄청나다는 것을 직접 확인했다. 중국해양석유와 우쾅을 포함한 선두 그룹은 더 큰 무대에서 비즈니스 기회를 찾고자 했다.

캐나다 토론토에 본사가 있는 노란다는 당시 구리 생산 세계 9위, 니켈 생산 세계 3위, 아연 생산 세계 3위였으며 알루미늄의 생산 능력도 상당하다. 채굴비용이 가장 낮은 것은 아니지만 품질이 뛰어나다.

당시 우쾅은 중국에서 가장 큰 5대 금속금, 은, 구리, 철, 주석 무역회사였지만 총자산은 40억 1000만 달러, 순자산은 12억 달러로 노란다의 절반에도 못 미쳤다. 순수한 무역회사였기 때문에 우쾅은 가격변동의 위험에 노출되었다. 이 때문에 우쾅의 먀오겅수苗耕書 회장은 '실물 쪽으로 사업을 전환'하며 '자원을 확보'하라고 지시했다. 일찍이 중국 기업의 해외 인수합병에 참여한 적이 있는 업계 내 인사가 기자에게 다음과 같이 말했다. "간과해서는 안 될 사실 한 가지는 2003년 국무원에 국유자산 감독관리위원회가 설립되자 국자위의 리룽룽李榮融 주임이 중앙기업중앙 정부가 관리·감독하는 국유기업은 규모와 역량을 키워 3년 안에 업계에서 3위 안에 들 것을 요구했다. 이로써 중앙기업은 각자 미래를 위한 출구를 찾아야 하는 압박을 받게 되었다.

우쾅이 노란다를 인수하는 것은 '실물 사업으로 전환'하기 위한 '시금석'과도 같았다. 만약 성공한다면 앞으로 합병을 당하는 위험에서 벗어날 수 있는 것이다. 그해 9월 우쾅은 경쟁입찰에서 42억 달러에 노란다

주식 전부를 인수하겠다는 최종안을 내놓았다. 이것으로 브라질의 발레Vale, 남아프리카공화국의 앵글로아메리칸Anglo American Corporation 등 세계 거대 광산 기업을 제치고 노란다와 일대일로 협상할 수 있는 권리를 따냈다.

그러나 뱀이 코끼리를 삼키듯 모기업의 규모보다 더 큰 거래액 때문에 캐나다 현지뿐만 아니라 중국 정부 내 심사기관조차 의심의 눈초리를 거두지 않았다. 결단을 내리지 못하고 망설이는 사이에 유색금속 (국제) 가격이 폭등해 노란다의 주가가 급등하자(『차이징』 지 2004년 22호 「노란다 인수 풍파」 참조) 우쾅이 제시한 42억 달러로는 거래가 성사되기 힘들어졌다.

그 당시 거래에 참여한 한 인사가 다음과 같이 말했다. "당시 우쾅이 가장 큰 어려움에 부딪힌 이유는 국가발전개혁위원회가 우쾅을 좋게 보지 않아 승인을 받기가 힘들었기 때문입니다. 발전개혁위원회의 어느 공무원은 우쾅은 플랫폼이 매우 작은 단순한 무역회사며 광산자원을 생산하고 기업을 이끌어갈 만한 인재가 없다고 생각했습니다. 그래서 차일피일 미루며 승인해주지 않았습니다."

우리가 알기로는 발전개혁위원회는 우쾅이 국내 몇몇 철강 기업과 컨소시엄을 형성해 공동 인수할 것도 요구했다. 독자 협상 시한이 끝나기 전에 발전개혁위원회는 중신中信그룹이 나서서 우쾅을 대신해 인수하도록 주선했으나 노란다측에서 거절했다.

그렇지만 일부에서는 우쾅이 당시 중국 고위층의 내락을 받지 못한 이유 중 하나는 은행융자로 인수 자금을 마련한 것이라고 분석했다.

우쾅의 독자 협상 기한이 2004년 11월 16일로 끝나기 전에 먀오경수

회장이 퇴직 연령을 다 채워 회사를 떠나게 되었다. 이로써 우쾅의 경영진은 노란다 인수를 추진할 동력을 또다시 잃고 말았다.

결국 2005년 9월에 노란다는 스위스의 엑스트라타Xstrata에 우쾅이 제시한 가격보다 무려 5배가량 높은 192억 달러에 인수되었다. 인수가 실패하자 우쾅 인수팀은 사기가 크게 떨어졌다. 관련 인사는 "더없이 노력을 기울여도 아무 소용도 없이 거래가 성사될 수 없었다는 생각이 들었습니다"라고 말했다.

당시는 무모해 보였지만 지금은 기회조차 얻기 힘든 인수 건이 주관부처의 우유부단으로 결국 성공 직전에 실패로 끝났다. 노란다 인수가 좌절되자 우쾅의 '사기가 바닥으로 떨어지고' 자원 분야의 인수에서 더이상 큰 거래 소식이 들리지 않았다. 우쾅의 인수 팀은 그뒤 뿔뿔이 흩어졌다. 당시 꿈을 안고 우쾅을 이끌었던 주쾅은 다른 이유도 있고 해서 인수가 실패한 후 경영계에서 자취를 감췄다. 그는 여전히 우쾅의 고급 부회장이라는 직함을 갖고 있지만 지금까지 구체적인 업무를 맡은 적이 없다.

중국은 배가 고프다

우쾅의 노란다 인수는 실패로 끝났지만, 이 일은 중국 광산업계에 여전히 중요한 의미가 있다. 노란다를 인수하려고 시도한 것은 중국의 광산 기업이 국제인수합병에 직접 참여하는 시발점이자 해외기업을 인수하는 것에 대해 중국 기업이 인식을 바꾸는 계기가 되었다. 몇 년 뒤 세계 광업시장이 부침을 거듭하고 기업 간 인수합병이 계속되었으며 자원가격이 끝없이 치솟자 중국 기업은 업스트림에 참여하는 것이 중요하다

는 것을 깨닫게 되었다.

이때까지만 해도 많은 중국 기업이 자원 인수의 중요성을 알지 못했다. 예전에 철강 기업의 해외 투자를 주관했던 공무원이 우리에게 다음과 같이 말했다. "1990년대에 야금부가 바오강寶鋼, 우강武鋼, 마강馬鋼 등 철강 기업을 불러 오스트레일리아, 브라질 광산업계와 협력하도록 했습니다. 그렇지만 기업측에서는 크게 흥미를 보이지 않았습니다. 당시 기업들은 철광석의 시장 전망을 낙관하지 않았으며 철광석을 개발 생산한 이후에 판로를 찾지 못할까 우려했습니다."

다른 한편으로 2000년 전후에 중국이 '쩌우추취走出去, 해외진출'를 국가 정책으로 삼았지만 해외 인수를 주관하는 정부 공무원이 심사 권한을 앞세워 해외 인수 프로젝트의 운명을 여전히 좌지우지했다. 그 결과 권력으로 사리사욕을 채우는 현상을 피할 수 없었다.

1996년부터 국가계획위원회 외자사外資司 해외투자처에서 일하기 시작한 허롄중何連中 처장이 전형적인 예다. 2003년 조직 개편 이후 허롄중은 발전개혁위원회 외자사의 부국장급인 시찰 보좌관으로 임명되었다. 그는 2005년 법률과 기율 위반 혐의로 감찰기관에 입건되어 조사를 받았다. 그간 해외 인수 기회를 놓친 책임이 주관 부처의 심사와 인가와도 관련이 있는 것을 피할 수 없었다. 허롄중은 2007년 뇌물수수죄로 12년형을 선고받았다.

2004년에는 오스트레일리아의 광산 모험가이자 FMG의 CEO인 앤드루 포레스트가 중국에서 투자자를 찾으려고 했지만 매번 난관에 부딪혔다. 당시 국가발전개혁위원회의 주무부서 공무원의 태도가 강경했는데 중국야금과공 그룹이 중국의 철강 기업을 대표해 협상에 참여해야 한다

고 지정했다. 그뿐만 아니라 중국측이 절대적인 지분을 확보해야 한다고 까지 요구했다. 그 결과 서로 좋지 않게 끝났다.

그러나 장쑤江蘇 성 장자강張家港 시에서 우웨밍吳岳明이 설립한 펑리豊立그룹은 한 발 먼저 주당 1호주달러의 가격으로 FMG의 주식 700만 주를 인수했다. 당시 발전개혁위원회는 펑리가 지분을 인수한 것은 승인을 거치지 않은 위법 행위로 판단했다. 펑리는 우여곡절 끝에 인가를 받았다. 그뒤 FMG는 오스트레일리아 3위의 철광석 생산업체로 도약했고 펑리가 소유한 지분을 지금까지 보유했다면 차익이 엄청났을 것이다.

이때는 에너지든 광산시장이든 장기적으로 상승세가 나타날 기미가 보이지 않았다. 그렇지만 국제 광산시장이 1980년대와 1990년대에 통합을 거친 뒤 두 가지 추세가 뚜렷하게 나타났다. 첫째, 하나의 금속만 취급하던 광산 기업이 여러 금속을 동시에 취급하는 광산 기업으로 바뀌었다. 둘째, 지역성이 강한 광산 기업이 글로벌 기업으로 변신하여 결과적으로 광산자원의 집중도가 더 커졌다.

1995년 12월에 발족한 리오틴토는 RTZ와 CRA라는 두 광산 기업이 결합한 다국적 광산 기업이다. 브라질의 발레는 1997년에 민영화를 시작한 뒤 철광석 기업을 대거 합병했다. 2001년 6월에는 오스트레일리아에 상장한 BHP Ltd.와 영국에 상장한 Billiton Plc는 합병하여 BHP 빌리턴Broken Hill Proprietary Billiton을 설립했다. 위 세 기업이 전 세계 철광석 교역량의 70퍼센트 이상을 차지한다.

알루미늄 시장에서는 캐나다의 알루미늄 생산기업인 알칸Alcan이 2000년에 스위스의 종합 알루미늄 사인 알루스위세Alusuisse를 인수했고, 2004년 초에는 프랑스의 페시네Pechiney Aluminum까지 인수했다.

2007년 9월 리오틴토는 380억 달러를 들여 알칸을 인수했다. 광산자원과 에너지의 최대 소비국인 중국은 이때 국제 광산시장의 통합이라는 큰 흐름 속에서 공교롭게도 방관자가 되었다. 그리고 통합의 주된 목적이 바로 중국의 엄청난 '식욕'이라는 사실은 아예 인식하지도 못했다.

철광석을 예로 들어보자. 중국은 철광석의 50퍼센트 이상을 수입에 의존한다. 중국철강협회의 통계에 따르면, 2000년부터 중국은 철광석 수입량이 매년 20퍼센트가량 증가했다. 2008년의 경우, 국내 시장에서 철광석의 공급량이 빠르게 증가하는 상황에서도 철광석 수입량이 4억 4460만 톤이었다. 이 수치는 전년 대비로 6056만 4600톤, 15.81퍼센트나 증가한 것이다. 현재 중국이 해외에서 확보한 철광석 생산(가능)량은 4000만 톤으로 전체 수입량의 10퍼센트에도 못 미친다. 상대적으로 자원 빈국이면서도 철강 강대국인 일본의 경우, 해외에서 확보한 철광석 생산량이 전체 수입에서 차지하는 비중은 60퍼센트 이상이다.

중국은 '미쳐 날뛰는' 철광석 외에도 다른 유색금속을 해외에서 매년 대량으로 수입한다. 오스트레일리아의 투자은행인 맥쿼리의 류보야劉博雅 금속연구원이 한 말이다. "중국은 사용하는 구리의 75퍼센트 이상을 수입해야 합니다. 아연도 매년 사용량의 30퍼센트 가까이 수입하고 있습니다."

3대 철광석 생산업체가 생산량을 조절하는 가운데 2004년부터 철광석 가격이 연이어 상승하여 2005년에는 전년 대비 상승폭이 71.5퍼센트에 달했다. 2008년 리오틴토와 BHP빌리턴이 합의한 최고 상승 폭은 무려 96.5퍼센트였다. 브라질 발레의 카라자스Carajas 철광석의 경우, 2000년 합의 가격이 16.19달러/DMTdry metric ton에서 2008년에 81.36달러/DMT로

상승해 9년 만에 4배가 넘게 올랐다. 베이징 강롄鋼聯자문의 최고 책임자인 쉬샹춘徐向春은 "원자재의 가격이 이 정도로 상승하면 엄청난 것입니다"라고 기자에게 말했다. 뒤이어 앞서 언급한 공무원이 말했다. "철광석 가격이 폭등하여 기업이 쩌우추취의 발걸음을 내딛게 되었습니다. 현재 광물가격이 오르자 기업은 수입도 하지 못할까 우려했습니다. 그래서 해외투자 전략을 바꾸었습니다."

중국해양석유유한공사의 신호

비슷한 시기인 2005년 1월, 중국 최대의 국유석유천연가스그룹 중 하나인 중국해양석유가 미국의 유노컬 인수전에 참여할지 고민한 뒤 그해 6월에 180억 달러가 넘는 인수 금액을 제시했다. 노란다에서 교훈을 얻었고 또한 국제 에너지, 자원시장의 동향이 변화하자 중국 정부와 기업도 지금까지 주저하고 지나치게 신중하던 태도에서 벗어났다.

중국 내에서 공감대가 형성되자 정부의 심사와 기업의 의지는 더 이상 문제가 되지 않았지만 새로운 복병이 나타났다. 중국해양석유가 정식으로 인수 제안을 발표한 날, 미국 의원 41명이 존 스노 재무장관에게 서한을 보내 중국해양석유의 (유노컬) 인수를 막아달라고 공동으로 요청했다. 이번에는 미국 정계와 여론의 강력한 인수 반대에 부딪힌 것이다.

미국은 먼저 중국해양석유가 국유기업인 점과 더불어 공급량을 통제하지 않을까 우려했으며, 심지어 유노컬의 심해 탐사 기술이 군사적인 목적으로 전용될지 모른다고 걱정했다. 중국해양석유는 이에 대해 어느 정도 준비를 해놓은 상태여서 미국에서 적극적으로 설득 활동에 나섰지만 반대의 목소리가 예상을 훨씬 뛰어넘었다. 결국 2005년 8월에 접어

들어 중국해양석유는 유노컬 인수 제안을 철회할 수밖에 없었다.

나중에 이 일을 돌아볼 때 중국해양석유의 많은 직원이 당시만 해도 중국해양석유가 성숙하지 못했고 준비도 부족했다고 솔직하게 인정했다. 유노컬을 인수하는 데 실패하자 중국의 정책 결정자들에게 메시지 하나를 확실히 전달했다. 바로 유럽과 미국의 에너지 자산을 인수하기까지는 걸림돌이 무척 많다는 것이다.

영국 던디 대학교의 에너지 석유 광공업 법률과 정책센터의 필립 앤드루스스피드 주임교수는 중국의 국유석유가스 회사들이 방향을 바꾸어 해외 에너지의 확보를 위한 다른 두 가지 방식을 고민하기 시작했다고 지적했다. 하나는 무역계약을 체결하는 것이고, 다른 하나는 해외 석유가스전 탐사와 채굴권을 확보하는 것이다. 이런 방식을 탐색하는 과정에서 중국은 비非서방국가의 석유가스 자원을 인수하는 것이 상대적으로 더 수월하다는 사실을 깨달았다.

지난 10여 년 동안 중국석유천연가스그룹CNPC을 선두로 국유석유 기업 3사가 중앙아시아의 카자흐스탄, 아프리카의 수단, 중동의 이라크, 남아메리카의 베네수엘라 등 세계 각지와 접촉했다. 앤드루스스피드 교수는 지금 중국석유천연가스그룹은 현지에서 규모와 내실에서 수준을 더 높인 업무를 추진하려 한다고 말했다. 이 역시 여러 경험에서 나온 선택이다. 석유가스 자원은 주로 중동 지역에 집중되어 있다. 그러나 이 지역에서 자원을 통제하는 측은 모두 국가 소유의 석유회사여서 권리를 획득하기가 아주 힘들다. 중앙아시아는 상대적으로 쉽고 또한 중국과 거리가 가까우며 정치외교 관계도 비교적 좋은 편이다. 아프리카의 상황도 비슷하다. 그래서 중국의 국유석유가스 기업들이 이 지역으로 눈을

돌렸다.

2008년 9월 이후 들린 인수합병 소식을 살펴보면 중국의 국유석유가스 회사의 인수합병의 목적은 대부분 유럽과 미국에 등록하거나 상장하는 것이다. 중앙아시아나 아프리카, 중동에서 자원과 채굴권을 확보한 주체는 중소 규모의 독립된 석유가스 기업이다.

중국과 관련 있는 에너지 동향을 추적 조사한 개인 석유전문가인 폴팅은 본지와의 인터뷰에서 다음과 같이 평가했다. "일부 국가는 중국의 석유회사 뒤에 정부가 있다는 사실을 문제삼을 수 있습니다. 하지만 다른 일부 국가에서는 문제가 되지 않고 오히려 장점이 될 수 있습니다. 왜냐하면 정부가 거래를 보증해주기 때문입니다. 저는 중국의 구체적인 전략에 대해서는 확정적으로 말할 수 없습니다. 하지만 중국은 이런 방향으로 가야 한다고 생각합니다."

앤드루스스피드 교수는 이렇게 말했다. "최근 10여 년간 중국의 해외 인수합병 전략을 종합해보면 1990년대에 중국 기업은 머뭇거렸습니다. 그뒤 갈수록 활발해졌고 어디든 기회가 있으면 시도해보고 어떤 기회든 시도했습니다. 최근 3~4년 동안 중국의 석유가스 기업이 방향을 어느 정도 방향을 정하고 적합한 방식을 찾는 것 같습니다."

BHP빌리턴과의 전쟁

적절한 기회를 찾기란 쉬운 일이 아니므로 기다리는 것 외엔 뾰족한 방법이 없다. 그뒤 몇 년 동안 세계 광산시장은 파란이 일고 인수합병의 물결이 거셌다. 모든 자원의 가격이 오르기만 했고 유가 역시 지속적으로 상승했다. 중국 기업은 적당한 시기에 인수 목적을 달성하기만 기다

리고 있었다.

2007년 10월, 세계 최대의 광산 기업인 BHP빌리턴이 세계 3위인 리오틴토를 전면 인수하겠다는 계획을 발표했다. 청천벽력과 같은 소식에 놀란 중국의 광산 기업들은 이제 막 꿈에서 깨어난 듯했다.

리오틴토는 철광석으로는 세계 2위의 생산업체로 현재 110억 톤의 철광석 매장량을 자랑한다. BHP빌리턴은 세계 3위의 철광석 생산업체며 현재 70억 톤의 철광석 매장량을 보유하고 있다. 만약 두 기업이 합병되면 세계 철광석 시장에서 차지하는 점유율이 34퍼센트를 초과해 세계 철광석 공급업체는 지금까지 BHP빌리턴, 리오틴토, 브라질 발레의 3파전에서 2파전으로 압축된다.

이 같은 위협이 현실이 되는 것을 막기 위해 중국 기업은 반드시 행동에 나서야 했다. 왕원푸가 말했다. "중국 기업의 반응은 복잡했습니다. 중국에 인수합병이 불리하다는 사실은 대체로 인지한 상태였습니다. 그렇지만 어떻게 대응할지에 대해서는 각자 생각이 달랐습니다."

BHP빌리턴이 리오틴토를 인수한다는 소식이 전해지자 많은 투자은행이 베틀의 북이 드나들 듯 양쪽을 오가며 중국 기업도 자기 소리를 내어 세기적인 인수합병에 참여해야 한다고 설득했다. 당시 외부에서는 바오강寶鋼을 대표로 한 중국의 철강 기업들이 참여할 것으로 예측했다. 왜냐하면 중국의 철강 기업들은 지난 몇 년 동안 철광석가격이 치솟아 어려움이 커서 업스트림의 지나친 독점 현상을 크게 우려하고 있기 때문이다. 그래서 2001년에 갓 설립되었고 '국가대표 기업' 중 순위가 바오강 등에 뒤지는 차이나알코가 먼저 나설 것으로 예측한 사람은 거의 없었다. 마찬가지로 차이나알코가 초창기에 중국 자원 기업의 해외인수합

병에 참여했던 사람을 모아 이번에 팀을 꾸렸다는 사실을 안 사람도 드물었다.

주광이 '은둔'함에 따라 2005년 말 우쾅의 노란다 인수전에 직접 참여했던 쉬펑許峰 부회장이 우쾅에서 나왔다. 다음 해 3월에는 또 다른 책임자였던 타이위 역시 우쾅을 떠나 차이나알코 해외지주유한공사의 부사장이 되면서 먼저 차이나알코에 합류했던 왕원푸와 자오전강 등 '유색금속 1세대'가 다시 뭉쳤다.

2000년 9월 차이나알코 준비 팀에서 상장을 조직하자 그해에 중국유색의 해외인수에 참여했던 베테랑 에이전트인 자오전강이 국가유색금속국을 떠나 상장 판공실에 합류했다. 그는 나중에 차이나알코 해외개발부 주임으로 임명된다.

알코아 산화알루미늄 투자 프로젝트를 책임졌던 왕원푸는 2003년 말에 우쾅을 떠나 이듬해 초 차이나알코에 들어와 해외지주유한공사의 사장이 되었다. 왕원푸, 타이위와 자오전강은 그후 차이나알코가 리오틴토의 주식 인수와 출자 프로젝트를 책임지는 '삼두마차'가 되었다.

이 마차를 이끄는 기수는 당시 49세밖에 안 된 샤오야칭이었다. 샤오야칭은 2004년 4월 차이나알코 그룹의 공산당서기 겸 회장으로 임명되었다. 중국에서는 직위가 차관급이다. 많은 사람이 젊은 차관급 중앙기업인의 미래가 전도유망하다고 여겼다.

100여 곳의 중앙기업 중에서 차이나알코는 가장 실력 있는 기업은 아니었다. 하지만 샤오야칭은 모험 정신과 상상력이 발동해 이번 기회를 놓치지 않았다. 2008년 1월 차이나알코가 사람들을 깜짝 놀라게 했다. 차이나알코는 알코아와 연합해 140억 5000만 달러를 출자해 런던 공개

시장에서 리오틴토 영국 회사의 지분 12퍼센트를 인수해 리오틴토의 최대 주주가 되었다(『차이징』 2008년 제4호 「차이나알코의 급습」 참조).

차이나알코의 인수 행동은 BHP빌리턴의 허를 찔렀을 뿐만 아니라 최종 결과도 차이나알코 내부에서 당초 예측한 것을 훨씬 뛰어넘었다. 거래에 참여했던 차이나알코의 관련 인사가 기자에게 솔직하게 이야기했다. "일을 진행하기 전만 해도 이 일이 성사되리라고는 우리도 스스로 생각하지 않았습니다. 그저 이 방향으로 한번 부딪쳐보자는 생각이었죠."

인수가 성공한 뒤 샤오야칭은 주변 직원에게 이제 시작에 불과하다고 말했다. 세계 3위의 산화알루미늄 기업을 이끄는 책임자의 판단은 정확했다. BHP빌리턴과 리오틴토의 합병이 실패하면 리오틴토의 주가가 대폭 하락할 것이므로 차이나알코는 이때를 충분히 대비해야 한다는 것이다.

그의 예언은 현실이 되었다. 경제위기가 터지고 2008년 하반기의 세계 광업시장이 급격히 움츠려들자 BHP빌리턴이 결국 리오틴토의 인수를 포기했다. 그러자 리오틴토의 주가가 한때 1주에 11파운드 아래로 떨어지고 차이나알코가 리오틴토에 투자한 주식도 장부상 손실이 엄청났다. 이때 샤오야칭은 BHP빌리턴과 리오틴토의 합병을 저지하고자 했던 리오틴토 주식 인수의 최대 목적이 이미 달성되었다고 대외적으로 거듭 강조했다.

그러나 부채에 허덕이던 리오틴토가 중국 기업에 또 다른 기회를 제공했다. 2007년에 리오틴토는 경쟁 상대였던 알코아가 제시한 275억 달러보다 33퍼센트나 더 많은 380억 달러에 캐나다의 알칸Alcan을 인수했다. 당시는 인수에 성공한 것이 눈부셨지만 지금은 리오틴토가 부채의 부담

을 겪는 주된 원인이 되었다. 리오틴토의 톰 알바니스 CEO는 순전히 중국 때문에 그때 인수했다고 말했다. 리오틴토로서는 '중국 기업'이 '구명대'가 된 지금에 이르러, 이 말의 의미는 상당히 크다.

2008년 12월, 리오틴토는 직원의 13퍼센트를 감원하고 2009년에는 자본 지출을 50억 달러나 삭감한다고 발표했다. 그러나 부채가 400억 달러에 이르며 그중 89억 달러는 2009년 10월이 만기이다. 따라서 리오틴토는 2009년 2월에 1년 치 실적 발표회를 갖기 전에 주주들에게 부채 상환 방안을 제시해야 했다.

2009년 2월 11일, 샤오야칭은 '전면에 등장'한 이후 드디어 그다음 발걸음을 내딛었다. 그날 밤 클리퍼드 챈스 변호사사무소의 런던 사무실에서 그는 자신마저 '상상조차 할 수 없던' 합의안을 체결했다. 차이나알코가 약 195억 달러의 현금을 동원해 자산과 전환사채 매입의 형식으로 리오틴토에 출자하기로 결정한 것이다.

2월 16일 오전, 베이징으로 돌아온 샤오야칭은 언론과의 인터뷰에서 다음과 같이 밝혔다. "우리가 리오틴토와 합작한 자산 내역은 현재 세계 전체의 광산 자산 중 최고 수준으로, 외신에서는 '왕관의 진주'라고 평가합니다."

차이나알코와 리오틴토가 자산 영역에서 합작한 것을 보면 구리, 철광석, 알루미늄 중에서도 최고 품질의 (천연) 자산을 거의 모두 포함한다. (오스트레일리아의) 해머즐리 산맥이 있는 필바라 지역은 세계 최대의 철광석 지대로 해머즐리는 그중에서도 최고 품질의 철광석이 매장된 곳이다. 칠레의 에스콘디다Escondida 구리 광산은 세계 최고 품질 및 최대 구리 광산으로 연간 생산량이 중국의 1년 구리 생산량의 2배나 된다. 오

스트레일리아 퀸즐랜드 주의 웨이파 보크사이트Weipa Bauxite는 세계에서 채굴 조건이 극히 양호한 알루미늄 광산 중 하나다.

차이나알코는 또한 철광석과 보크사이트의 안정적인 공급을 확보했다. 양측이 체결한 합의서에 따르면 차이나알코와 리오틴토는 판매합자회사를 공동으로 설립해 오스트레일리아 외의 지역에서 일정 비율의 웨이파산産 보크사이트의 판매를 책임지고 해머즐리 철광석의 30퍼센트는 중국에서 판매하기로 했다. 차이나알코는 일반적인 비즈니스 조항에 따라 웨이파 보크사이트를 25년간 공급받는다.

샤오야칭은 리오틴토와 합작한 또 다른 중요한 의미는 차이나알코의 경영 수준을 국제화하는 데 있다고 털어놓았다. "이번 합작으로 우리는 국제 자본운용, 국제적인 기업 인수합병, 기업 경영에 대한 새 인식을 넓히게 되었으며, (중국의) 대규모 중앙기업이 글로벌 기업과 격차가 엄청나다는 것을 확인했습니다. 합작이 정말 이루어지면 경영진 몇십 명을 리오틴토에 파견하여 일하게 할 생각입니다. 그러면 앞으로 차이나알코에 아주 귀중한 자산이 될 것입니다."

2월 11일, 샤오야칭과 알바니스가 영국 런던에서 합작투자서에 서명할 때, 차이나알코의 뤼유칭呂友淸 부회장, 해외개발부의 타이위 실무 부총재가 이끄는 또 다른 팀이 이미 오스트레일리아에 도착했다. 계약이 발표된 다음 날, 차이나알코는 오스트레일리아의 외국인투자심의회 Foreign Investment Review Board, FIRB에 교역신청서를 제출했다. 2월 17일에는 차이나알코 대표단이 외국인투자심의회 공무원에게 합작 내용을 설명했다.

합창에 지휘가 없다

2월 24일. '8'이 들어간 시각을 일부러 선택한 오후 4시 48분, 화링그룹의 리샤오웨이李效偉 이사장과 혈색이 좋아 보이는 앤드루 포레스트 FMG CEO가 홍콩의 샹그릴라 호텔 29층에 함께 모습을 드러내 출자합의서에 서명했다.

합의서에 따르면, 화링은 1주당 2.48호주달러, 총액 5억 5800만 호주달러에 FMG가 신규로 발행한 주식 2억 2500만 주를 매입한다. 동시에 화링은 6억 2700만 호주달러를 투자해 FMG의 2대 주주로 미국의 헤지펀드인 하빈저캐피털파트너스의 주식 2억 7500만 주를 매입한다. 1주당 2.28 호주달러인 셈이다.

거래가 마무리되면 화링은 FMG의 주식가치가 하락한 이후의 16.48퍼센트의 지분을 확보해 2대 주주가 될 것이다. FMG의 2대 주주이자 회사 설립자 겸 CEO인 포레스트가 보유한 지분은 약 30퍼센트다.

전체 계약 체결이 짧은 시간 안에 이루어지기는 했지만 해외 기자는 아무도 현장에 나타나지 않았으며, 후난의 몇몇 기자만이 자리를 메웠다. 이런 모습에서 이번 투자는 화링이 주도했음을 잘 보여준다.

체결 현장에서 포레스트는 무거운 짐을 벗은 듯 기자에게 다음과 같이 말했다. "지난 4년간 탐색과 교섭을 거친 후 FMG는 드디어 화링이라는 파트너를 만났습니다." 그는 4년 전에 중국에서 투자자를 찾을 때 겪었던 냉대를 잊지 못한 듯했다.

하지만 화링의 재정자문을 맡고 있는 도이치은행의 장슈핑長秀萍 이사는 기자에게 다음과 같이 강조했다. "화링은 협상에서 합의서에 서명할 때까지 약 3주간의 시간을 소비했습니다. 일반적으로 매입할 때 프리미

엄이 붙는 것과 달리, 이번에 화링이 제시한 가격은 FMG의 주가에 비춰 볼 때 대폭 할인한 것입니다."

이번에 화링은 1주당 평균 2.37 호주달러에 FMG의 주식을 매입했다. 이는 2월 23일 자로 거래가 정지되기 직전의 주당 2.83 호주달러보다 약 16퍼센트 할인된 것이다. 그렇지만 거래의 일시 정지 전 30일의 평균 주가가 2.18유로였던 점을 감안하면 9퍼센트의 프리미엄이 붙었다.

거래가 성사된 당일 저녁에 포레스트는 홍콩에 머무르지 않고 바로 시드니로 돌아갔다. 그러나 중국투자유한공사(이하 중투)도 FMG에 투자를 검토하고 있었다. 내막을 알고 있는 어느 인사는 FMG가 중투에 우선주를 매각할 의사가 있으며 거래 규모도 30억 달러에 육박할 것이라고 말했다.

화링이 FMG의 주식을 매입한 것은 차이나알코가 리오틴토에 출자를 선언한 후에 발생한 하나의 여파에 불과했다. 그 전인 2월 16일, 우쾅은 오즈미네랄에 전액 현금으로 인수합병하겠다는 의향서를 보냈다고 발표했다. 2주라는 짧은 기간에 중국측에서 오스트레일리아 기업들에 투자한 금액이 무려 212억 달러(약 1452억 위안)에 이르러, 2008년 전체 해외 투자 금액의 40퍼센트를 넘어섰다. 중국 상무부, 국가외환관리국이 대략적으로 통계낸 결과에 따르면, 2008년 한 해 동안 중국의 해외직접투자가 500억 달러를 돌파하여 521억 5000만 달러를 기록했다. 시장조사기관인 딜로직이 발표한 2월 23일자 통계에 따르면, 2009년 들어 중국 기업의 해외 인수 대상은 주로 천연자원이며, 이 기업들의 인수 금액은 모든 분야의 인수 금액에서 차지하는 비중 가운데 무려 97퍼센트를 차지한다. 자금의 흐름도 매우 편중되어 오스트레일리아 투자가 전체의 90퍼

센트를 차지했다. 상대적으로 2008년 천연자원 분야의 인수 비중은 60퍼센트였으며, 오스트레일리아 투자는 그해 전체 투자액의 7퍼센트에 불과했다. 2008년에 중국이 가장 많이 투자한 국가는 영국으로 전체 투자의 32퍼센트를 차지했다.

업계 사정을 잘 아는 어느 인사가 다음과 같이 털어놓았다. "지금 많은 기업이 해외자원을 인수하려고 합니다. 일부 프로젝트는 몇몇 중국 기업끼리 경쟁해야 하는 상황이죠."

중국 기업이 떼를 지어 몰려와 투자하려고 하자 투자측의 원래 주주와 (중국) 정부의 승인을 얻는 것에서 어려움이 컸던 거래가 더 뜨거워진 철판에 오른 셈이다. 중국 업계의 관련 인사들도 다수가 의아스럽게 생각하기는 마찬가지였다. "왜 상호 조율을 하지 않을까요? 마치 아무것도 고려하지 않았다는 듯 거래가 성립함과 동시에 바로 발표하여 오스트레일리아에서 정치적으로 반대의 목소리가 커지도록 하는 거죠?" 인수 업무에 참여했던 한 인사도 다음과 같이 말했다. "정부 부처와 기업은 자기 이익만 고려합니다. 그러나 이러한 이익이 반드시 국가 이익이 되는 것은 않습니다."

앤드루스스피드 교수가 기자에게 말했다. "이것을 두고 정부가 주도했다거나 정부가 추진했다고 생각하지 않습니다. 정부가 지원했다고 말할 수 있을 뿐입니다. 기업 스스로 규모의 확장을 원하며 천재일우의 기회를 놓치지 않겠다는 의지가 가장 강력한 동력입니다."

최근 들어 중국과의 관련 거래가 수적으로 집중되고 금액도 엄청난 데는 그만한 이유가 있다. 그중 많은 사례가 외부 경제환경이 변화한 것과 국내 심사 기준이 완화된 데 힘입어 수년간 끌어온 협상이 이제야 타

결되었기 때문이다.

FMG는 2008년 중국에서 투자자를 계속 찾았으며 상하이바오강, 장 쑤샤강沙鋼, 허베이강톄河北鋼鐵와 차례로 접촉했지만 결국 화링과 거래 에 성공했다. 사실 2000년에 쩌우추취라는 구호가 공식적으로 등장했 지만 업계는 최근에 들어서야 비로소 적극적으로 행동에 나섰다.

국가에너지국이 들어선 이후 2009년 2월 초에 개최된 첫 번째 전국 에너지 업무회의에서 에너지국은 중국의 에너지 국제 협력에 대한 활동 계획을 발표했다. 계획에 따르면 앞으로 3년 동안 중국은 에너지의 국제 협력을 다각적으로 지원하고 기업이 해외자원을 개발하는 것과 인수합 병을 격려한다. 그리고 대규모 해외 에너지 투자 프로젝트에 대해서는 대출이자의 보조, 우대대출, 재무에서 차지하는 출자비율의 상향 조정 등 지원정책을 실시한다. 이 밖에도 외환보유액의 일정 비율을 활용하 여 해외 에너지 탐사와 개발을 지원하는 전문 펀드를 조성하여 석유기업 의 해외 자원 확보를 돕는 방안을 연구할 계획이다.

국가에너지국의 장궈바오 국장은 이번 회의에서 대외개발과 협력을 강화하고 기업이 자신의 장점을 활용해 해외 석유가스 자산의 인수합병 에 적극 참여해 석유가스 자원을 더 많이 확보하도록 격려 및 지원하겠 다고 밝혔다.

최근 발표된 '철강산업 조정과 진흥 계획'(이하, '계획')에서는 다음과 같이 명확히 제시돼 있다. 1) 조건을 갖춘 대기업이 해외에서 독자 혹은 합자로 광산을 경영하고 이미 전 단계 작업이 끝난 해외 광산자원 프로 젝트를 조직적으로 시행하도록 지원한다. 2) 시장 진입 조건을 갖춘 중 점 주력 기업이 해외에서 자원탐사, 개발, 기술협력 및 인수합병하는 것

을 지지한다. 이에 따라 (중국 정부는) 국내 기업이 해외 광산자원을 인수하는 것을 지원하기 위해 '계획'에서 지정한 금융, 관리, 자금 등 영역에서 지원책을 마련했다.

이 같은 정책이 잇따라 수립되자 중앙기업에서 지방 국유기업, 국부 펀드에 이르기까지 중국의 인수자들이 하나같이 해외 인수에 강력한 의지를 보였다. 그러자 많은 외국 전문가가 이번 에너지 인수합병에서 중국이 우렁찬 대합창을 부르는 것은 정부의 의지가 반영된 집단행동이라고 확신하기에 이르렀다. 인수 의사가 수면 위로 사실상 드러나자 런던과 오스트레일리아 같은 일부 지역에서는 공황 심리까지 생겨났다.

사실 이 같은 일은 지휘자가 없는 대합창에 더 가까웠다. 우리가 이해한 바로는 해외 인수합병을 진행할 때 중국에서는 지금까지 통일된 협력위원회란 없었다.

중국 기업이 해외 기업을 인수합병하려고 할 때는 적어도 국가발전개혁위원회, 상무부, 외환관리국의 승인을 반드시 거쳐야 한다. 그중 발전개혁위원회는 주로 국내 기업 간 경쟁을 막고(이러한 상황은 사실 찾기가 어렵지 않다) 인수합병이 국가 전략과 산업 구도에 적합한지 심사한다. 상무부는 국가 전체로 무역의 균형을 유지하는 책임을 지고 있기 때문에 해당 국가에 대해 투자를 격려했는지, 반독점과 무역제재, WTO 소송과 관련이 있는지 확인한다. 중국은 외환보유액이 증가하자 과거에 외화 유출을 '결사적으로 반대했던' 태도에 변화가 나타났다. 그러나 외환관리국의 심사 절차는 여전히 필요하다. 중앙기업의 경우 국가자본위원회의 승인을 받아야 할 뿐만 아니라 상장기업은 중국증권감독위원회의 승인까지 받아야 한다.

앞서 언급한 몇 가지 심사 절차 중에서 핵심은 발전개혁위원회의 승인을 얻는 것이다. 2004년에 우쾅이 노란다를 인수하려고 할 때 발전개혁위원회가 인가를 차일피일 미루다가 끝내 인가하지 않았다. 그뒤 FMG가 중국과 협력을 시도할 때 발전개혁위원회에서 중국측이 절대 지분을 보유해야 한다는 요구를 굽히지 않았기 때문에 FMG는 결국 중국과의 합자 계획을 포기했다. 지금은 옛날과 상황이 다르다. 지금은 절대 지분을 보유했는가의 여부가 더 이상 중요하지 않다. 발전개혁위원회는 기회를 틈탄 '최저가 매수bottom fishing'에 대해서도 태도가 매우 적극적으로 바뀌었고 기업도 인수합병 의사가 더욱 강해졌다.

업계의 많은 인사가 중국 기업이 대규모 해외인수를 추진할 때 (중국측끼리) 협력이 부족하면 진행되던 협상이 결국 결렬되고 만다고 우려하기 시작했다.

맥쿼리의 류보야 금속연구원이 기자에게 다음과 같이 말했다. "현재 많은 중국 기업이 우르르 해외로 달려나가 자산을 매입하고 있습니다. 정치적 관점에서 보면 반드시 허가를 받을 수 있는 것도 아닙니다. 그렇다고 최종 성사 여부가 경제적인 관점에서 결정되는 것도 아닙니다."

공동 번영 추구

차이나알코와 리오틴토가 출자거래가 성사되었음을 발표하기 전인 2월 11일, 웨인 스완 오스트레일리아 재무장관이 해외투자를 심사할 때 앞으로 전환사채를 주식과 동등하게 대하는 내용을 담은 법안을 마련하겠다고 발표했다.

일부 전문가는 오스트레일리아 정부가 차이나알코가 리오틴토에 출자

하는 거래를 겨냥하여 이 같은 조치를 준비하고 있다고 생각한다. 왜냐하면 차이나알코와 리오틴토 간의 거래에는 72억 달러의 전환사채 거래가 포함되었으며, 이 같은 임시 조치가 나오게 된 것은 오스트레일리아가 받을 '충격'이 어느 정도인지를 그대로 보여주고 있다.

그렇지만 차이나알코측 인사는 거래가 성사되었음을 발표하기 전에 오스트레일리아 심사기관과 소통을 계속했다고 말했다. 오스트레일리아 재무부가 선택한 일시적인 정책 수정은 오스트레일리아 정부가 책임을 다하겠다는 뜻을 자국민에게 전달한 것으로 차이나알코의 예상을 벗어난 것은 아니다.

2008년 1월 리오틴토가 영국에 상장한 주식을 차이나알코가 인수할 때는 오스트레일리아 정부에 사전 연락하지 않고 매입 계약이 마무리된 뒤 신청서를 제출했다.

연이어 우쾅이 오즈미네랄을 전면 인수하고 화링이 FMG의 지분을 인수한다고 발표하자 오스트레일리아 정부는 승인을 결정할 때 이전보다 더 큰 압박을 받게 되었다. 오스트레일리아 현지의 노조와 국민은 중국이 오스트레일리아 천연자원을 집중적으로 인수하는 것에 대해 우려와 의심을 크게 드러냈다. 이같이 의심하는 것의 일부는 차이나알코가 리오틴토에 출자한 구체적인 내용 때문이며, 다른 일부는 중국의 대규모 투자가 그 이유다.

차이나알코가 리오틴토에 출자한다는 발표가 있은 지 얼마 지났을 때, 리오틴토의 2대 주주인 L&G투자Legal & General Investment Management가 리오틴토 이사회에서 주주 전체에게 신규 주식을 발행하는 등 다른 융자 방식으로 자금 조달의 어려움을 해결해줄 것을 요청했다. 그리고

우선주는 현재 가장 중요한 것으로 자사가 리오틴토와 합작한 것이 더욱 발전해 전체 주주가 모두 받아들일 수 있는 결과를 도출하기를 희망한다고 말했다.

리오틴토의 주주와 달리 오스트레일리아 정부는 국가 이익을 고려해 거래를 심사해야 했다. 스완 재무장관은 리오틴토와 차이나알코 간의 195억 달러 규모의 거래에 대해 매우 신중한 태도를 보였다. 다음은 그가 한 말이다. "정부는 리오틴토와 차이나알코가 거래한 구체적인 내용에 따라 결정하겠으며 국가 이익을 고려해 신중하게 처리할 것입니다. 차이나알코는 리오틴토의 고객이기 때문에 이번 거래를 엄격히 심사하겠습니다."

차이나알코와 리오틴토의 거래가 성사되었다고 발표한 다음 날, 오스트레일리아의 바너비 조이스 상원의원은 바로 반대 의견을 내며 다음과 같이 말했다. "그들은 오스트레일리아의 자산을 매입하려고 합니다. 그들이 이미 문 앞까지 왔을 때 그들에게 그들의 행동 방식을 싫어한다고 말하기는 어렵습니다. 가장 좋은 방법은 회사의 주요 고객과 소유자를 구분하는 것입니다."

상대적으로 광산이 소재한 지역의 지방정부는 차이나알코와 리오틴토의 거래를 환영했다. 웨스턴오스트레일리아 주의 콜린 바넷 주지사는 차이나알코가 소유한 리오틴토의 지분이 18퍼센트로 상승한 것을 지지한다고 밝혔다. 그러나 바넷은 지분이 더 이상 증가하는 것은 바라지 않는다고 했다. 퀸즐랜드 주의 애너 블리 주지사는 거래 사실이 발표된 지 얼마 지나지 않아 차이나알코를 지지한다고 말했다. "차이나알코와 리오틴토의 협의가 힘을 합치면 퀸즐랜드의 경제발전을 촉진하는 데 크게

도움이 될 것입니다. 거래가 지속되도록 연방정부가 승인해주기를 희망합니다."

웨스턴오스트레일리아는 오스트레일리아산 철광석의 주요 산지며 퀸즐랜드 주는 차이나알코와 합작해 현지에서 보크사이트를 개발하고 있다. 중국어를 할 줄 아는 케빈 러드 오스트레일리아 총리는 지금까지 중국–오스트레일리아 간 투자에 대해 어떤 입장도 표명하지 않았다.

오스트레일리아 야당의 광업 분야 대변인인 맥펄레인은 야당을 대표해 러드 총리에게 경각심을 잃지 말고 차이나알코의 출자 건을 열심히 그리고 신중하게 심사해야 한다고 조언했다. 야당에서는 외국 정부가 국유기업을 통로로 오스트레일리아에 들어와 민감한 정보에 접근하는 것을 우려했다.

잠재적인 제약 요소는 피인수기업의 주주, 노조, 상대국 정부, 인권기관 등으로 도처에 도사리고 있다. 핵심은 이익을 어떻게 조정하는가이다. 앤드루스스피드 교수가 말했다. "처음 중국해양석유가 유노컬을 인수하는 데 실패했을 때 사실 미국에서 국가 안보와 에너지의 안보 문제는 그다지 두드러지지 않았습니다. 왜냐하면 유노컬의 자산은 세계 각지에 흩어져 있으며 그것도 상당 부분이 아시아에 있습니다. 반대가 극심했던 이유는 유노컬의 미국과 캐나다 주주가 중국 기업이 대주주로 들어앉는 것을 걱정했기 때문입니다."

그는 지금 차이나알코가 똑같은 문제에 부딪혔다고 생각한다. 리오틴토의 주주가 반대하는 이유는 중국을 겨냥해서가 아니라 차이나알코의 거래가 완성된 이후 자신의 주주권이 희석될까 우려했기 때문이라는 설명이다. "이외에 오스트레일리아 (정부) 역시 걱정하고 있습니다. 리오틴

토는 오스트레일리아에서 손꼽히는 기업 중 하나입니다. 만약 소유권이 중국으로 넘어간다면 국가의 산업 안보에도 위협이 될 수 있습니다."

자원 기업은 운명과도 같은 특수성이 있다. 즉 자원 분야의 인수합병은 순수한 비즈니스가 될 수 없으며 국가 간의 신뢰와 호혜가 필요하다. 최근 중국은 러시아, 브라질, 베네수엘라와 대규모 원유 도입 계약을 체결했다. 이와 동시에 중국은 대규모 차관을 제공하여 상대국의 에너지 기업이 현금 부족의 어려움에서 벗어나도록 했다. 이외에도 중국은 이른바 미들·다운스트림 시장에 대한 약속을 내놓았다. 2009년 에너지 업무 간담회에서 에너지국은 앞으로 3년 동안 베네수엘라, 러시아에서 대규모 합자 정유 프로젝트를 적극 추진할 계획이라고 밝혔다.

호혜와 상생이 가능한 합작만 안정적으로 추진될 수 있다. 이 점은 중국과 러시아의 에너지 협력에서 극명히 드러난 사실이다. 중국은 250억 달러의 차관을 제공하여 러시아의 트랜스네프트가 태평양까지 이르는 송유관의 중국 라인 건설에서 겪고 있는 자금난을 해결하는 데 큰 힘이 될 수 있다. 그뿐 아니라 러시아의 석유회사가 서방은행에 갚아야 할 채무의 부담에서 벗어나는데도 도움을 줄 것이다.

양국의 기본 합의안에 따르면, 중국 라인을 통해 러시아는 중국에 매년 1500만 톤의 원유를 공급하고 일부는 중국러시아둥팡석화(톈진天津) 공사가 사용한다. 이 기업은 중국과 러시아가 2007년에 설립한 합자회사로 CNPC가 지분의 51퍼센트를, 러시아석유공사가 49퍼센트를 소유한다. 러시아 주재 외교관으로 중국과 러시아의 송유관 건설 협상에 여러 차례 참여한 적이 있는 중국산업해외발전과기획협회의 허전웨이和振偉 사무부총장의 말을 들어보자. "러시아가 이익의 절반을 확보했기 때

문에 서로 윈윈할 수 있고 합작이 더 안정화되었습니다."

금융과 유가가 영향을 미친 것 외에도 실제로는 일시에 자금 수요가 몰려도 대응할 수 있고 동시베리아에서 에너지를 개발하려는 러시아의 전략적 목표가 서로 맞아 떨어져 계약이 성사되었다. 딜로이트Deloitte에서 중국의 에너지와 자원 업무를 책임지고 있는 루야盧婭가 말했다. "외국 정부는 인수합병을 하면 자국민에게 어떤 좋은 점이 있는지 설명해야 합니다."

오스트레일리아 광산 기업의 어느 중국 주재 책임자가 기자에게 다음과 같이 말했다. "오스트레일리아 정부는 중국 기업이 오스트레일리아에 진출하는 정도는 중국의 개방 정도에 달려있다고 태도를 이미 명확히 밝혔습니다." 차이나알코에 새로 부임한 슝웨이핑熊維平 회장은 2월 28일 오스트레일리아로 날아가 차이나알코가 출자한 리오틴토 관련자들과 만날 예정이다. 떠나기 하루 전날 슝웨핑 회장이 언론에 다음과 같이 말했다. "이번 합의가 실제로 추진되기 위해 우리 팀을 이끌어나갈 것입니다."

왜 미중 대화가
더 효과적이지 못할까?

리처드 홀브룩 전 미국 아시아소사이어티 회장과의 인터뷰

●

기자 차오하이리曹海麗 **시기** 2008년 5월 12일

"저는 중국이 다른 나라에 해를 끼치지 않는 한
미국이 중국의 부상浮上을 두려워해서는 안 된다고 생각합니다.
중국이 발전하는 것은 피할 수 없으며 위협으로 간주해서도 안 됩니다."

리처드 홀브룩Richard Holbrooke 미 아시아소사이어티 회장은 미국과 중국이 '제4차 공동성명'을 발표해야 한다고 생각한다. 2주 전에 예순일곱 살 생일을 맞이한 리처드 홀브룩은 46년 동안 일해오면서 여러 직함을 가졌다. 직업외교관, 계간 『디플로맷The Diplomat』 편집장, 미 평화봉사단Peace Corps 지역단장, 투자은행가, 사회활동가 등. 지금은 아시아소사이어티 회장이며 비정부기구 단체인 GBCGlobal Business Coalition on HIV/AIDS, Tuberculosis and Malaria의 총재 겸 CEO로 일하고 있다. 이 밖에 칼럼리스트로서 많은 글을 썼다.

지금까지 여러 일을 했지만 홀브룩은 가장 즐거운 사람이며 미국 현대외교사의 중요한 몇몇 사건에서 족적을 남겼다. 1977년 막 대통령직에 취임한 민주당의 카터 대통령은 홀브룩을 국무부 동아시아태평양 담

당차관보로 임명했다. 이듬해 홀브룩은 미중 수교의 전 과정에 참여했고 미중 간 제2차 공동성명의 초안을 작성했다.

그뒤 공화당이 백악관을 장악한 12년 동안 홀브룩은 정부를 떠나 비즈니스 세계에 몸담았다. 먼저 공공전략 자문회사의 부회장으로 일했고, 다음에는 월가의 투자은행인 리먼브러더스의 상무이사로 재직했다.

클린턴이 대통령 자리에 오르자 홀브룩은 다시 정부로 돌아올 기회를 얻었다. 먼저 독일 주재 미국 대사로 임명되었고, 1년 후 미 국무부 유럽 캐나다 담당 차관보가 되었다.

그 사이 발칸반도의 정세가 악화되었다. 홀브룩은 클린턴의 특사로 보스니아에서 평화를 회복하기 위한 협상에 참여했다. 1995년 12월, 관련국들이 파리에서 역사적 의의를 지닌 데이턴 평화협정Dayton peace accords을 체결하면서 3년 반을 끈 보스니아 내전이 드디어 막을 내렸다. 홀브룩은 협정 체결 과정에서 수석 협상관으로서 '건축가'와 '불도저'라는 별명을 얻어 노벨평화상 후보로도 거론되었다.

유태인인 홀브룩은 '민주당의 키신저'로 불린다. 1997년까지만 해도 클린턴 대통령이 연임하면 홀브룩이 국무장관으로 승진할 것이라는 관측이 많았다. 그러나 클린턴 대통령은 매들린 올브라이트를 최종 선택했다. 1998년 클린턴 대통령은 홀브룩을 유엔 주재 미국 대사로 임명했다. 홀브룩의 유엔대사 임명안은 14개월이 지난 후에야 비로소 상원에서 가결되었다. 많은 전문가가 홀브룩을 유엔대사로 임명한 것은 일종의 사전 포석으로, 만약 고어 부통령이 2000년 대선에서 승리한다면 홀브룩이 국무장관에 오를 것으로 생각했다.

그러나 논쟁이 치열했던 대선이 끝나자 고어는 대통령이 되지 못했다.

민주당이 백악관을 내준 지 어느새 8년의 시간이 흘렀다. 지나간 8년은 미국 정치와 외교에서 변화가 컸던 시기다. '9·11테러'와 이후 미국이 주도적으로 벌인 두 차례의 전쟁—아프가니스탄 전쟁과 이라크 전쟁은 미국 국내의 정치 환경뿐만 아니라 미국과 세계의 관계를 근본적으로 바꾸어 놓았다.

8년이 지나자 홀브룩은 새로운 기회를 맞이하게 되었다. 만약 민주당이 2008년 대통령 선거에서 승리한다면, 새 정부의 외교팀에서 핵심 역할을 맞게 될 몇몇 인사 중 한 사람이 될 것으로 전망된다. 4월에 홀브룩이 베이징을 방문했을 때 『차이징』과 인터뷰하면서 미중 관계와 미국의 외교정책에 대한 자신의 견해를 밝혔다.

_____ 미국은 대통령 선거를 코앞에 두고 있는데 차기 정부가 대중 정책을 조정할 것으로 생각하십니까?

미중 관계는 세계에서 가장 중요한 양자 관계라고 생각합니다. 현재 3명의 대통령 후보가 있습니다. 공화당의 존 매케인, 민주당의 힐러리 클린턴과 버락 오바마는 기본적으로 양자 관계의 중요성에 모두 동의합니다. 그렇지만 세부적으로 의견 차이가 있을 것입니다. 경선 과정이 있다고 해서 정책을 수립할 때 반드시 좋은 기회가 되지는 않습니다. 왜냐하면 경선이 달아오르면 어떤 이슈이든 결국 간단한 구호나 내레이션의 형태로 압축됩니다. 실제로 정책을 결정하는 과정에서는 미묘한 차이가 많이 발생합니다. 예를 들어 작년에 있었던 토론에서 한 후보가 중국산 완구 제품을 자기 아이들에게 사주지 않겠다고 말하자 단상 아래에 있던 모든 사람이 뜨거운 박수를 쳤습니다. 사실 이 말은 아무런 의미가

없습니다. 이 후보는 중국산 완구를 사서 집으로 가져갈 가능성이 큽니다. 안 가져갈 수 없기 때문입니다.

다른 시각에서 볼 때 완구와 유독식품, 화학약품 등도 실제로 심각한 의제입니다. 광범위하고 일반적인 관점에서 바라보는 경우를 제외하면, 저는 미중 관계를 경선의 토론 의제로 삼지 않는 편입니다. 그렇지만 이렇게 하기도 쉽지 않습니다.

최근 중국을 몇 차례 방문했는데 중국의 공무원은 제게 지금 미중 관계는 균형 상태라고 긍정적으로 말했습니다. 저는 차기 미국 정부가 기후 문제와 같이 양국에 공통적으로 이익과 고민을 안겨주는 과제를 다루어 양자 관계를 강화할 수 있기를 희망합니다.

타이완 문제를 보면, 마잉주馬英九 정부가 들어선 것은 매우 긍정적인 진전이며 양안兩岸의 중국인에게 역사적인 전환점이 될 수 있는 기회를 제공했습니다. 대對타이완 관계에서 실질적인 진전이 있기를 바랍니다.

_____ 미중 관계에 대해 새로운 정의를 내려야 할 시기가 아닌가요?

새로운 정의를 내리는 것이 아니라 새로운 정신을 부여해야 한다고 생각합니다. 5년 전 저는 『워싱턴 포스트』에 기고한 글에서 미중 양국은 '제4차 공동성명'에 서명해야 한다고 주장하며 전략적 의제에 대해 언급했습니다.

미국과 중국의 첫 번째 공동성명(1972년)은 여전히 서로 인정하지 않는 상태에서 미중 관계의 기본적인 원칙을 확립했습니다. 두 번째 공동성명(1978년)은 양국 관계의 전면적인 정상화를 확정했습니다. 세 번째

(1982년)는 미국의 대對타이완 무기 판매에 관한 내용입니다. 현재 전략적 의제나 환경 문제를 아우르는 코뮈니케는 없습니다. 기후변화 문제는 우리가 가장 많이 진전을 기대할 수 있고 공동의 이익이 있는 분야입니다.

저는 중국이 다른 나라에 해를 끼치지 않는 한 미국이 중국의 부상浮上을 두려워해서는 안 된다고 생각합니다. 중국이 발전하는 것은 피할 수 없으며 위협으로 간주해서도 안 됩니다. 일부 미국인은 중국의 존재를 위협으로 여기며 일부 일본인과 인도인도 그렇습니다. 그러나 저는 중국이 발전하는 것이 세계에 새로운 기회를 제공한다고 생각합니다.

그러므로 우리가 더 효과적인 대화를 진행하지 못할 이유가 없다고 생각합니다. 저는 지속적인 대화가 구체적인 이해로 이어지기를 희망합니다. 그러나 이 모든 것은 새로운 미국 정부가 수립해야 비로소 가능합니다.

_____ 대선 뒤 미국의 외교정책은 어떤 방향으로 나아갈까요

이 문제는 누가 당선되는가에 달려 있습니다. 매케인 상원의원은 민주당의 힐러리와 오바마의 외교정책과 비교할 때 이라크 문제에서 가장 큰 차이를 보이고 있습니다. 매케인은 추가로 파병하여 전쟁을 승리로 이끌어야 한다고 강조합니다. 그러나 민주당의 두 후보는 모두 신중하게 철군해야 한다는 입장입니다. 이렇게 큰 차이가 있습니다.

두 번째 차이점은 이란 문제입니다. 두 민주당 후보는 모두 이란과 직접 접촉해 이라크, 아프가니스탄, 핵무기 등 모든 의제에 대해 대화하기를 원합니다. 매케인 상원의원은 이 문제에서 훨씬 강경한 입장입니다.

현재의 부시 정부와 다르게 3명의 의견이 크게 일치하는 주요 분야는

기후변화 문제입니다. 세 후보가 모두 기후변화는 실제로 진행되고 있으며 대응 조치를 취할 것이라고 말합니다. 그렇다고 해서 그들이 일치된 행동을 보일 것이라는 뜻은 아닙니다. 그러나 공화당의 입장에서는 확실히 엄청난 변화입니다. 3명의 후보가 모두 러시아를 대하는 부시 대통령의 태도에 비판적인 견해를 내놓았습니다. 그들은 하나같이 푸틴에 대해 부시가 더욱 강경한 태도를 취해야 했다고 생각합니다. 또 부시가 중요한 동맹국인 NATO와의 관계에서 잘 대처했다고 생각하지도 않습니다.

세 후보는 아프가니스탄 문제에서도 생각이 비슷합니다. 아프가니스탄 전쟁은 이라크 전쟁보다 길어질 것이며 심지어 14년 동안 계속된 베트남 전쟁보다 더 끌 것 같으므로 미국 역사상 가장 긴 전쟁으로 기록될 것으로 보입니다. 아프가니스탄 전쟁은 벌써 7년째 접어들었습니다. 3명의 후보 모두 앞으로 더 많은 노력을 기울이겠다고 다짐했습니다. 이 점은 중국에 매우 중요한 문제입니다. 왜냐하면 중국은 아프가니스탄과 국경이 일부 닿아 있기 때문입니다.

미국의 현 정부는 아프가니스탄 정책과 파키스탄 정책을 별개로 시행하며 두 정책을 효과적으로 통합하지 않았습니다. 미국은 레바논에서 이라크까지, 그리고 이란, 아프가니스탄, 파키스탄에 이르기까지 하나로 통합된 전략 개념을 적용해야 합니다. 또 중국이 이 전략의 수립에 참여하도록 해야 합니다. 미국은 중국의 지지와 이해가 필요합니다. 미중 양국이 (이 지역에서) 공동의 이익을 가지고 있기 때문입니다. 미국과 중국은 이란, 아프가니스탄과 파키스탄에 대해 공통된 이익이 있습니다. 우리는 전략적으로 이해할 필요가 있는데 이는 인도와 같은 큰 이웃 나라

에도 적용됩니다.

북핵 문제에서 이번에 미 행정부가 한 가지 올바른 일을 했습니다. 즉 중국이 제안한 '북핵 6자회담'을 지지한 것입니다. 저는 북핵 문제가 최종적으로 어떻게 해결될지 알지 못합니다. 그러나 미국과 북한이 비공식적으로 양자 협상을 하던 때보다 지금이 더 많은 진전을 이루었습니다. 이는 엄청난 발전입니다. 여기서 저는 『차이징』을 통해 중국 정부에 깊은 감사를 표시하고 싶습니다. 만약 중국이 지지하지 않았다면 이 모든 것이 불가능했을 것입니다. 다른 분야도 이번 경우를 본보기로 삼을 수 있습니다.

──────── 중국 정부는 곧 개최될 베이징 올림픽 준비에 많은 노력을 쏟아부었습니다. 최근 발생한 여러 문제에 대해 어떻게 생각하십니까?

베이징 올림픽이 최상의 스포츠 잔치가 되기를 희망하고 기대합니다. 제가 회장을 맡고 있는 아시아소사이어티는 베이징 올림픽을 힘껏 지지할 것입니다. 최근 발생한 일에 대해 이야기하자면, 올림픽을 신청할 당시에 중국은 개방적이고 투명하게 진행하여 언론에서 자유롭게 정보를 얻을 수 있게 하겠다고 밝혔습니다. 저는 사람들이 자신의 생각을 표현할 수 있는 일이 매우 중요하다고 생각합니다. 미국인은 언론 자유를 신봉합니다. 언론을 통제한다고 문제가 발생하는 것을 막을 수는 없습니다. 저는 개인적으로 미국이 정보를 다루는 방식을 좋아합니다. 이는 마치 '수많은 꽃이 어우러져 피어나는 것'과 같습니다. 기자님은 모든 꽃을 좋아하지는 않을 것입니다. 그렇지만 개방성을 유지한다면, 국민의 힘을 받아들이고 토론하는 가운데 서로 이해하고 발전할 수 있습니다.

유엔총회든 국가 경축행사든 어떤 중요한 회의라도 대중의 주목을 받고 자신의 생각을 표현할 동등한 기회를 사람들에게 제공해야 합니다. 이것이 개방된 사회의 일부 모습입니다. 비폭력적인 사회가 바로 건강한 사회입니다.

환율 전쟁에는
승자가 없다

도미니크 스트로스칸 전 IMF 총재와의 인터뷰

●

기자 리쩡신, 장지웨이張繼偉 **시기** 2010년 10월 11일

"저는 환율 조작으로 자국의 구조적인 문제를 해결할 수 있다고 생각하지 않으며,
통화 논쟁으로 자신의 구조조정 문제를 감추는 것에 찬성하지 않습니다.
왜냐하면 통화가 문제를 해결해주지는 않기 때문입니다."

시끄러운 '환율 전쟁'이 진행되는 가운데 도미니크 스트로스칸Dominique
Strauss-Kahn IMF 총재는 인터뷰에서, "가장 중요한 것은 미국이 어떻게
하는가다" "이웃 국가에게 해를 주는 정책은 피해야 한다" "위안화의 재
평가가 해답의 전부는 아니다"라고 말했다.

세계경제의 회복과 재균형의 전망을 기대해도 될까? 스트로스칸 IMF
총재는 차이신미디어의 경제 주간지인 『신세기新世紀』의 기자에게 "결국
문제는 미국이 어떻게 하는가입니다"라고 말했다.

2010년 9월 28일, IMF의 추계 연차총회가 열리기 전에 『신세기』 주간
기자가 워싱턴에 있는 IMF 본부에서 스트로스칸 총재를 인터뷰했다. 그
는 상황이 개선될 수 있을 것으로 내다보았다. IMF는 연차총회를 개최
하기 전에 발표한 「세계경제 전망」에서 세계경제의 회복이 여전히 어렵고

신흥시장은 자본의 유입으로 (자국) 통화가 절상 압력에 직면했다고 지적했다. 그리고 세계경제가 2010년과 2011년에 각각 4.8퍼센트와 4.2퍼센트 성장할 것으로 전망하며, '이전에 예측한 것과 기본적으로 일치하지만 성장세가 꺾일 위험이 여전히 크다'고 예상했다. 그동안 선진국의 경제성장률은 신흥시장보다 크게 낮았다.

이때 세계경제의 재균형을 논의하는 중요한 시기가 도래했다. 미 하원이 자국 통화를 저평가한 국가에 무역보복으로 대응한다는 내용을 담은 법안을 가결했다. 중국의 정부 당국자는 위안화의 절상을 압박하는데 참여하지 말라고 요구했다. 디플레이션이 계속되는 일본은 실질금리가 제로에 가깝지만 인도 등 신흥시장은 올해 수차례나 금리 인상을 단행했다. 동아시아와 라틴아메리카의 여러 국가도 외환시장에 개입하기 시작하여 자국의 통화가치를 경쟁적으로 낮추고 있다. 환율정책에서 빚어진 갈등은 이미 '전쟁' 수준으로 격상되었다. 불균형, 즉 위기가 발생한 이후 회복의 불균형이 그 원인으로 다시 지목되었다. IMF는 국내 경제나 대외경제가 모두 재균형의 발걸음이 지나치게 더디게 진행되고 있다고 지적했다.

우리와 스트로스칸 총재와의 인터뷰는 이번이 세 번째다. 첫 번째는 2008년 2월 15일 IMF 총재의 자격으로 처음 중국에 왔을 때다. 당시는 미국의 서브프라임 위기가 갈수록 심각해 결과를 예측하기가 힘들었다. 두 번째는 2008년 11월 4일로 리먼브러더스가 파산한 지 두 달도 채 되지 않았을 때다. 위기는 이미 전 세계로 확산되어 실물경제까지 영향을 미쳤다. 각국의 정책결정 당국자 간에 정책 공조를 위한 실질적인 노력이 없었을 뿐만 아니라 보호무역주의가 성행해 세계경제가 일시에 어둠

속에 잠겼다.

이번에는 금융위기의 그림자가 점차 지나가자 유럽의 국가부채위기가 가장 힘든 시기를 맞았다. 그런데 미국, 유로존과 일본의 3대 경제체는 회복세가 여전히 취약하지만, 신흥시장은 자본 유입량이 급증하여 이 때문에 자국의 통화가치가 절상되고 자산가치가 상승하는 어려움에 직면했다. 일부 국가는 국내외 상황을 고려해 새로운 경제정책, 환율 개입 혹은 반反 시장적 조치를 선택할지를 두고 고민중이다.

현재 위안화의 환율 문제는 논쟁에서 가장 눈에 띄는 표적이자 압박 대상이다. 지난번에 IMF의 언론 담당관이 '위안화 문제는 질문하지 말라'고 요청했다. 이 금기는 이미 깨졌으며, 스트로스칸이 하는 말은 세계에서 가장 중요한 국제금융기관 중 한 곳을 대표할 뿐만 아니라 각국이 시행할 정책 수단에도 커다란 영향을 끼칠 수 있다.

위기로 IMF가 바뀌었다. 스트로스칸이 개혁을 이끌면서 IMF는 세계 경제정책을 결정하는 중심으로 되돌아왔다. IMF가 추진한 '탄력대출제도Flexible Credit Line, FCL'는 기존의 경직되고 느린 대출 절차를 개혁해 경제 기초가 탄탄한 국가에 강력하고 빠르게 지원했다. 그 결과 멕시코, 콜롬비아, 폴란드가 차관을 쓰지 않고도 시장을 안정시킬 수 있었다. 그리스 재정(부채)위기에서는 IMF와 유럽연합이 힘을 합해 유로존에 1100억 유로(IMF에서 300억 유로 제공)를 지원했다. 국제정책의 공조에서 IMF는 G20정상회의에서 미래의 금융 시스템 개혁, 세계경제의 재균형을 위한 정책을 마련했다. 그 성과 중 하나가 위기 발생 초기에 턱없이 부족했던 2500억 달러의 IMF의 자본금을 1조 달러로 3배나 늘린 것이다.

현재 스트로스칸은 국제 공조를 어떻게 촉진하여 날로 격화되는 통화 전쟁과 무역 전쟁의 정서를 억제할 수 있을까, '강력하고 균형을 이루며 지속가능한 세계경제성장의 틀을 어떻게 구축할 것인가'를 놓고 고민하고 있다.

포스트 위기 시대에 IMF가 공정하고 믿을 만한 감독자, 협력자, 심판자, 집행자가 될 수 있을지의 여부는 IMF 자신의 개혁 과정에 달려 있다. 이를 위해서는 회원국의 신뢰를 확보해야 한다. 이상적인 계획을 실현하고 IMF의 합법성을 높이는 것이 스트로스칸의 책무라면 그의 무거운 짐은 결코 가벼워지지 않을 것이다. 다음 달 서울에서 열리는 G20정상회의에서 앞으로 국제금융의 관리·감독 체제와 경제성장의 틀을 논의할 예정이다.

중요한 것은 미국이 어떻게 하는가다

선진국과 신흥시장에서 경기회복이 얼음과 불처럼 전혀 다른 양상을 보이자 통화 분쟁과 무역 분쟁이 발생했다. IMF는 「세계경제 전망」에서 신흥시장과 개발도상국의 경제는 올해 7.1퍼센트 성장하고 내년에는 6.4퍼센트 성장할 것으로 전망했다. 이에 반해 선진국은 올해 2.7퍼센트 성장하고 내년에는 성장률이 2.2퍼센트로 떨어질 것으로 예측했다.

선진국 내부에서도 상황이 서로 다르다. 미국의 경기침체는 2009년 6월말에 공식적으로 끝났다. 그러나 GDP 성장률은 2009년 사사분기에 상당히 높은 5.6퍼센트에서 2010년 이사분기에 1.7퍼센트로 떨어졌다. 실업률도 18개월 연속 9퍼센트 이상을 기록하여 회복의 기미는 있지만 취업 상황이 눈에 띄게 개선되지 않았다. 이에 대처하기 위해 FRB는

8월 10일 양적완화 조치로 시중에 흘러갔던 자금을 자연스럽게 회수하던 조치를 잠시 중단했다. 게다가 9월 21일에는 '인플레이션을 조성하겠다'고 선언하여 추가 양적완화 조치는 기정사실이 되었다.

대서양 반대쪽인 유로존의 국가부채위기는 여전히 진행중이다. 유럽연합과 IMF가 손을 맞잡고 대규모 구제에 나섰지만 그리스, 포르투갈, 이탈리아에 이어 최근에는 아일랜드와 스페인마저 은행이 위기에 몰리면서 국채금리가 급격히 상승했다. 한편 긴축재정정책은 국내 정치 세력의 강한 반대에 부딪혔다(예로서 최근에 발생한 유럽의 대파업). 다른 한편으로 트리셰 유럽중앙은행 총재가 정치적인 압력을 이기지 못하고 결국 국채를 매입하기 시작했다. '유럽식' 양적완화는 또 다른 지폐인쇄기가 정식 가동한다는 의미다.

선진 각국의 재정정책이 조정될까? 아니면 서로 자극할까? 유로존이 허리띠를 졸라매는 긴축정책을 실제로 시행될 수 있을까? 지나친 긴축으로 회복이 지연되지는 않을까? 미국과 유럽이 양적완화를 지속하면서 세계 유동성과 신흥시장에 끼친 영향을 어떻게 평가해야 할까?

_____ 세계경제의 회복은 나라마다 양상이 다르며 이 때문에 정책도 다른 점을 어떻게 봐야 할까요? 특히 선진국끼리 그리고 선진국과 신흥시장 간에 정책적인 갈등이 있습니다.

당신의 말에 동의합니다. 세계경제의 중요한 특징은 바로 회복할 때 보조가 다르다는 점입니다. 아시아, 라틴아메리카, 아프리카에서 회복의 조짐이 보이고 있습니다. 현재 유럽은 상황이 좋지 않아 회복이 매우 느립니다. 그러나 결국 가장 중요한 문제는 미국이 어떻게 할 것인가입니

다. 미국은 여전히 불확실성이 남아 있습니다. 우리가 처음에 예측한 대로 될 것인지(우리는 비교적 낙관하고 있습니다), 경기회복이 다소 더딜지라도 정상 궤도로 돌아오고 있는지, 그것도 아니면 경기 후퇴의 위험이 어느 정도 있는지 여부에 대해서는 적어도 삼사분기나 사사분기에 대한 정보가 더 많이 확보돼야 판단할 수 있을 것입니다.

각국은 상황이 다르기 때문에 대응책도 각기 다릅니다. 지금은 위기가 막 발생했을 때와 전혀 다른 상황입니다. 당시 전 세계는 비슷한 시기에 비슷한 위기를 맞았습니다. 그래서 모든 국가가 같은 방향으로 통화정책과 재정정책을 추진했습니다. 지금의 위기는 빠르게 지나갈 것이므로 상황이 변화하는 것은 자연스러운 일입니다.

그러나 우리가 계속 강조하고 싶은 것은 서로 다른 정책을 선택하더라도 공조가 필요하다는 점입니다. 예를 들어 상호평가mutual assessment, G20 회원국의 정책 방향이 공동의 목표에 합치하는 여부를 서로 평가하는 방식 절차를 이용할 수 있습니다. 정책 공조라고 해서 정책의 통일성을 의미하지 않으며, 지역마다 정책이 같아야 한다는 뜻도 아닙니다. 공조란 각자가 자기 일을 잘하면 모두에게 더 나은 시스템을 구축할 수 있다는 뜻입니다.

_____ 유럽의 부채위기가 이미 끝났습니까? 아일랜드발 위기가 새롭게 터지지 않을까요?

지금 촉각을 곤두세우며 아일랜드의 상황을 지켜보고 있습니다. 그렇지만 아일랜드의 GDP가 유로존에서 차지하는 비중은 1퍼센트에 불과합니다. 아일랜드에서 문제가 터질 가능성은 분명히 있지만 유로존 전체로 번질 가능성은 낮습니다. 저는 두 가지 상황이 모두 해결이 가능하다

고 생각합니다.

더 걱정스러운 사실은 유로존 경제가 성장이 충분하지 않다는 점입니다. 금융위기는 기본적으로 끝났지만 사회에 끼친 영향, 특히 실업 문제가 아직 해결되지 않았습니다.

_____ 유럽의 부채위기를 해결하는 과정에서 IMF와 유럽연합의 협력을 어떻게 평가할 수 있을까요? 이번에 위기를 해결한다고 허리띠를 지나치게 졸라맨 것은 아닐까요?

첫 번째 질문에 대답하자면, 그리스의 경제위기를 해결할 때 IMF와 유럽연합, 유럽중앙은행이 협력을 잘했다고 생각합니다. 특히 지금은 쌍방이 협력하는 데 필요한 조건이 모두 갖추어진 때입니다.

긴축재정에 대해 말씀드리면, 이 문제는 국가마다 상황이 다릅니다. 일부 국가는 확실히 벼랑 끝에 서있어 한껏 허리띠를 졸라매야 합니다. 모두 그리스의 경우를 잘 아실 것입니다. 그러나 다른 국가는 여유가 다소 있습니다. 이들은 중기를 기준으로 재정을 재점검해야 하지만 그렇다고 급히 행동에 나설 필요가 없습니다. 지금 수요를 더 진작하면 됩니다.

_____ 일부 국가가 경기부양을 지속하면 세계 유동성이 급증하게 됩니다. IMF는 이들 국가를 규제할 수 있습니까?

경제 상황이 악화되면 선진국은 꼬리 부분에서 위험이 커질 것입니다. 그러면 그들은 느슨한 통화정책을 다시 선택해 경기하강을 막을 수밖에 없습니다. 지금 이런 상황이 발생했는지 여부는 확신하기가 힘듭니다. 그렇지만 그들은 그렇게 할 만한 능력이 있어야 합니다.

물론 그에 따른 영향이 있을 것입니다. 미국의 통화정책은 세계 전체에 확실히 영향을 끼칩니다. 따라서 앞으로 몇 달 동안 미국 경제의 흐름을 정확히 판단할 필요가 있습니다. 우리는 상황이 호전될 수 있다고 생각합니다. 물론 누구도 백 퍼센트 확신할 수는 없습니다. 그렇지만 미국의 민간 부문에서 수요가 줄어들어 경기부양을 계속해야 하는 문제이므로 미국을 탓할 수는 없습니다. 미국이 회복이 정체되거나 (경기가) 후퇴하는 것은 모든 국가에게 불리합니다.

통화 논쟁은 구조적인 문제를 가릴 수 있다

스트로스칸 총재가 말한 대로 위기가 어느 정도 지나가자 각국은 자국의 정치적인 필요에 따라 움직이기 시작하여 세계 수준의 정책 공조의 동력이 약화되었다. 최근 미국 신문에서 '무역 전쟁' '화폐 전쟁'이라는 말이 자주 등장하면서 그렇지 않아도 취약한 세계경제의 회복세에 먹구름을 드리웠다.

2010년 9월 29일, 미 하원은 찬성 348명, 반대 79명으로 HR2378, 즉 '환율개혁 촉진을 위한 공정무역법안(라이언-머피 법안)'을 '압도적으로' 가결했다. 이 법률은 무역 상대국의 통화가치가 저평가되어 미국 업계에 실제로 손해를 입힌 것이 입증되면 미 상무부가 反보조금 무역구제 조치를 시행할 수 있다고 규정했다. 중국이 이 법안의 첫 번째 타깃이다.

물론 올해 안에 법안이 (상원에서) 통과될 가능성은 낮지만 미국 정부는 산업계와 국민의 더 큰 압력에 부딪혀야 한다. 하원에서 마련한 법률안은 미 상무부가 反보조금 구제 조치의 수위를 결정할 때 IMF의 방

식과 결론을 참고하도록 규정했다. 이 때문에 IMF가 스포트라이트를 받게 되었다.

다행히 협상의 문이 아직 닫히지 않았다. 이 법안을 지지하는 미국의 많은 의원이 말한 대로 이 법률을 제정하는 목적은 (상대국의) 변혁을 이끌어내는 데 있지 제재를 가하는 데 있지 않다.

명백한 증거 중 하나는 하원 법안의 최종판에 담긴 어조가 다소 누그러졌다는 점이다. 초안에는 (저평가되었음이 입증되면) 상무부가 조치에 나서도록 '요구한다'였는데 행동을 취할 '권한이 있다'로 바뀐 것이다. 통화 가치가 저평가된 것이 확인된다고 하더라도 미국 산업계나 기업이 독자적으로 신청해 안건별로 심리를 거치게 된다.

비슷한 예가 있다. 브라질 정부는 대통령 선거를 앞두고 2009년 한 해 동안 레알real화가 30퍼센트 이상 절상된 것에 대응하기 위해 10월 4일 외국인 투자 자금에 대한 금융거래세를 기존의 2퍼센트에서 4퍼센트로 올렸다. 9월에는 일본 정부가 외환시장에서 6년 여 만에 처음 개입해 2조 엔을 매각했다. 시장 참여자는 브라질, 일본 외에도 동아시아, 동남아시아, 라틴아메리카의 많은 국가의 중앙은행이 현재 외환시장에 개입한다고 추측한다.

일부 선진국의 입장에서 볼 때 (외국 정부가) 외환시장에 개입하고 심지어 '환율을 조작'하는 것은 자국에서 과소비와 쌓이는 무역적자, 실업률이 상승하는 주범이다. 그러나 신흥시장 국가는 부자 나라가 무책임하게 적자재정정책을 운용하고 마구잡이로 돈을 찍어 핫머니와 자산 버블, 인플레이션을 만들어낸다고 생각한다.

이에 대해 IMF는 어떻게 생각할까? 중요한 국제금융기관으로 어떻게

통화 전쟁, 무역 전쟁을 저지할 수 있을까? 스트로스칸 총재는 (세계경제의) 재균형과 위안화의 환율 문제로 자연스럽게 돌아와 전 지구적인 대처 방안을 지속적으로 모색했다.

_____ 미국과 유럽이 양적완화정책을 지속하자 어떤 사람은 이 국가들이 돈을 계속 찍어내 신흥시장에 큰 문젯거리를 만들어낸다고 말합니다. 이것은 (세계경제) 재균형의 큰 장애물이 아닙니까?

저는 미국과 유럽이 볼 때는 반대로 중국의 정책이 그들의 머리를 아프게 한다고 말할 것이라고 확신합니다. 이것이 바로 우리가 여기서 해결해야 할 문제입니다. 솔직히 나라마다 주권이 있고 자국 정책에 대해 정의할 수 있는 권리가 있습니다. 그렇지만 경제정책을 조율하면서 일국의 정책이 이웃 국가에 해를 끼치지 않도록 한다면 확실히 더 나은 결과를 얻을 수 있습니다. 그래서 IMF가 위안화가 저평가되었으며 환율조정이 올바른 방향이라고 계속 말하는 것입니다. 이는 세계경제뿐만 아니라 중국 자신을 위한 것입니다.

중국 정부가 수출 주도형에서 내수 주도형으로 경제성장 방식을 바꾸기로 하자 위안화의 가치 재평가와 새로운 목표가 방향이 일치하게 되었습니다. 왜냐하면 인플레이션을 억제하고 국민의 구매력을 증진하는 데 도움이 되는 등 장점이 많습니다. 그렇지만 최근 지켜본 결과 위안화의 절상 폭이 더 커지고 속도가 더 빨라질 수 있어야 한다고 생각하게 되었습니다.

한편으로 위안화의 재평가는 일부 문제에 대한 해결책에 불과하며 전체 문제의 해답이 될 수 없습니다. 이것은 세계 전체의 정책 중에서 필요

한 일부분입니다. 위안화의 재평가 자체도 역할이 있지만 마찬가지로 일부에 불과한 것입니다.

선진국도 많은 일을 수행해야 정책 공조를 실현할 수 있습니다. 예를 들어 정말 흥미로운 사실인데 지난 몇 개월 동안 중국은 무역흑자가 감소했지만 반대로 미국의 적자는 감소하지 않았습니다. 이것은 제3의 국가가 중국의 흑자가 감소한 부분의 일부를 대신 가져갔다는 뜻입니다. 다시 말하면 중국의 흑자 감소분이 미국과 다른 국가의 적자를 충분히 상쇄하지 못했다는 것입니다.

이러한 점은 모두 우리가 G20정상회의에서 해결해야 할 핵심 문제입니다. G20 간의 협력은 우리가 더 큰 위기를 피할 수 있는 가장 좋은 방식입니다. 지금 문제는 급박한 위기가 점차 지나가고 대다수 국가가 예전으로 돌아와 자국의 내부 문제에 골몰한 나머지 협력의 좋은 점을 잊어버렸다는 점입니다. 이래서는 안 됩니다.

각자 자기의 일을 해야 합니다. 중국이 해야 할 일은 성장 방식을 조정하는 것입니다. 저는 이것이 매우 어려운 일이라는 점을 인정합니다. 오랜 시간이 흘러야 많은 문제가 해결될 수 있을 것입니다. 우리는 중국을 다그쳐서는 안 되지만 정확한 방향으로 나아가기를 희망합니다. 다른 국가도 마찬가지입니다.

_____ 또 다른 큰 문제는 이미 쌓아놓은 외환보유액을 어떻게 처리할 것인가입니다. 중국이 (보유 외화의) 다양화 전략을 취하자 또 다른 장애물이 나타났습니다. 예를 들어 일본은 중국이 일본의 국채를 추가로 보유하는 것에 동의하지 않는다고 했습니다. 이러한 일을 어떻게

평가하십니까?

이 문제를 둘러싸고 중국과 일본이 몇 년째 논쟁을 계속하고 있습니다. 단지 통화 문제만이 아닙니다. 지금 일부 통화가 부족 상태를 보이는데 이는 사실 세계 각국에서 모두 나타나는 현상입니다. 저는 환율조작으로 자국의 구조적인 문제를 해결할 수 있다고 생각하지 않으며, 통화 논쟁으로 자신의 구조조정 문제를 감추는 것에 찬성하지 않습니다. 왜냐하면 통화가 문제를 해결해주지는 않기 때문입니다.

지금도 논쟁이 계속되고 있습니다. 많은 국가가 자국의 통화가 고평가되었으므로 개입을 하면 좋겠다고 말할 수 있습니다. 그러나 지난 역사를 돌아보면 환율 전쟁은 결국 서로 해를 끼쳐 이득을 본 쪽이 아무도 없었습니다. 그래서 저는 이런 논쟁에 지나치게 많은 정력을 낭비하지 말고 방법을 함께 모색해 중기 기준의 환율을 찾은 다음, 기초 경제 여건을 조정해 문제를 해결하기를 제안합니다.

_____ 그렇다면 이미 엄청나게 쌓여 처리하기가 갈수록 어려워지는 외환보유액을 어떻게 관리해야 할까요?

외환보유액이 지나치게 많아 문제가 된다는 기자님의 이야기가 재미있군요. 어떤 나라는 외환보유액이 부족해 문제가 됩니다. 지금의 현실은 각국이 외환보유액을 쌓아 불시의 어려움에 대처하기 위해 필사적인 노력을 기울이고 있습니다. 이렇게 해야 통화 문제가 발생했을 때 방어막을 구축할 수 있다고 여깁니다.

어쩌면 우리는 이런 시스템을 생각해봐야 합니다. 현재를 살아가는 우리 모두에게 이렇게 많은 자원은 필요가 없습니다. 그래서 집중된 관

리자에게 자원을 맡기고 필요한 때에 사용할 수 있게 하는 것입니다. 깊이 고려해볼 만한 구상으로는 이런 자원을 방출해 다른 분야에 투자하고 동시에 집중된 비축 금고를 IMF가 관리하도록 하는 것입니다.

지금까지 모은 보유액은 위기가 발생했을 때 우리가 탄력대출 제도로 운용했습니다. 이것이 바른 방향입니다. 위기가 극심했을 때 멕시코가 IMF에서 500억 달러를 빌렸는데 이는 IMF를 가상의 보유 금고로 삼은 것입니다. 한 나라가 대출받을 필요가 있을 때 IMF에는 사용 가능한 자금이 있습니다. 궁극적으로 그들은 이 돈을 실제로 동원할 필요가 전혀 없습니다. 왜냐하면 차관을 받을 수 있다는 신호만으로도 리스크의 프리미엄이 하락하기 때문입니다. 바로 이런 시스템이 있기 때문에 멕시코는 외환보유액을 많이 쌓지 않아도 됩니다. 저는 이런 방식이 매우 중요하며 (세계 규모로) 실현이 된다면 각국에 해결책을 제공할 수 있을 것으로 생각합니다. 이렇게 되면 각국이 대량의 외환보유액을 적립하지 않아도 되며 그에 따른 문제에 대처하지 않아도 됩니다.

의석 문제는 조만간 해답이 있을 것이다

외환보유액 관리에 대해 이야기할 때 스트로스칸 총재의 눈빛에서 '자기 생각과 꼭 들어맞다'는 희열을 읽을 수 있었다. 화제는 미래의 국제통화 시스템에 대해서는 IMF가 관리하는 외환보유 체제를 만들자는 칸 총재의 대구상으로 자연히 옮겨졌다.

2009년 10월에 이스탄불에서 IMF 연차총회가 열릴 때만 해도 그리스의 경제위기가 심각하지 않았고 미국 경제도 강력한 회복세를 보여 금융위기가 이미 지나간 듯 했다. 칸 총재는 포스트 위기 시대의 국제통

화 시스템을 구상하기 시작하여 '세계외환보유금고'라는 그림을 그렸다. 그뒤 스트로스칸 총재의 구상은 많은 전문가가 '브레턴우즈 체제Ⅱ'라고 평가했으나 유럽의 부채위기와 미국의 경기둔화로 추진이 중단되었다.

올봄에 열린 IMF와 세계은행의 연차총회와 6월의 토론토 G20정상회의에서 스트로스칸은 이 주장을 다시 펼쳤다. 'FCL(탄력대출 제도)'을 확대하는 것은 더 신축적이고 완화된 '예방대출 제도(PCL)'이며, PCL에 힘입어 각국은 필요할 때마다 IMF 자금의 후방 지원을 확보할 수 있다고 말했다. 안타깝게도 찬성자가 거의 없었다. 아마도 스트로스칸 총재는 각국이 모두 인정하지 않기는 하지만 외환보유액을 적립하는 또 다른 동기인 수출로 이루어지는 소득, 성장, 취업 증대라는 엄연한 사실을 고려하지 않은 것 같다.

사실 외환보유금고든 다른 형태의 국제금융 시스템이든 회원국은 모두 주권의 일부를 양도해야 한다. 선결 조건은 각국이 IMF가 공정한 감독자, 심판자, 집행자라고 믿는 것이다. 따라서 IMF가 '세계의 최종 대출자'가 되려면 우선 신뢰를 얻어야 한다.

위기가 발생하기 전에 IMF의 틀은 세계경제와 금융구조 변화에 서로 걸맞지 않았고, 기존의 투표권과 대표성은 세계경제에서 신흥국가와 개발도상국의 비중이 꾸준히 증가한 현실을 반영하지 못했다. 결국 IMF는 신뢰를 잃었다. 위기가 진행되는 가운데 스트로스칸 총재는 IMF의 개혁을 일관되게 추진하고 IMF의 합법성을 높이고자 노력했다. 그 성과 중 하나는 IMF가 최소 5퍼센트의 지분을 신흥국가와 개발도상국에 배당하는 데 동의한 것이다.

그렇지만 난관 중 하나는 유럽을 필두로 발언권이 높은 국가가 투표

권과 대표성을 내놓지 않으려는 점이다. 지분 문제에 대한 거부 외에도 IMF는 상임이사국의 수를 지금의 24석에서 IMF 규정에 따라 20석으로 '줄여야' 한다. 그렇다면 미국은 어쩔 수 없이 자신의 거부권을 행사할 것이다. 유럽의 저항도 여전할 것이다.

IMF 내부에서 공감대를 형성하는 것은 첫걸음에 불과하며 이외에도 187개 회원국 입법기관의 심사를 하나하나 거쳐야 한다. 번잡하고 질질 끄는 이러한 과정은 사람들의 인내심을 계속 시험한다. 예를 들어 2008년에 지분 개혁이 통과되기까지 무려 2년에 가까운 시간이 걸렸다. 이처럼 1퍼센트도 채 되지 않는 지분 조정이 IMF 내 후발국에 얼마나 많은 실질 이익을 가져다줄 것인가? 스트로스칸 총재는 그 대답을 이미 찾은 것 같다.

_____ 말씀하신 대로 IMF가 관리하는 세계외환보유금고를 만들려면 각 회원국의 신뢰를 얻는 것이 선결 조건인데 IMF가 이것을 할 수 있습니까?

대답은 긍정적입니다. IMF는 합법성을 반드시 높여야 합니다. 여기서 논리적인 배경은, 세계화의 문제는 세계적인 방안이 필요하며 세계적인 방안에는 국제기구가 필요하다는 점입니다. 그리고 국제기구는 합법성이 필요하다는 것입니다. 우리가 IMF의 합법성을 논의할 때 사람들은 가장 먼저 국가별 지분을 떠올릴 것입니다. 이것은 매우 중요한 문제지만 유일한 문제는 아닙니다.

한 가지 변화는 이미 일어났습니다. 우리는 2008년에 한 차례 조정해 선진국이 신흥시장 국가에 지분을 넘기도록 했습니다. 우리는 지금 또

한 차례 조정하여 적어도 5퍼센트의 지분을 활력이 넘치는 신흥시장에 이전해 주려고 합니다. 다만 이것이 끝은 아니라고 생각합니다. 잘 아시는 대로 중국은 IMF의 가장 중요한 3대 주주 중 하나가 될 것입니다. 이 것은 놀라운 성과입니다. 의심할 바 없이 앞으로 20년, 30년 이후 중국의 지위는 더욱 높아질 것입니다. 우리는 구체적인 지분 문제는 '잠시 쉬어가는 것'에 불과하지만 실제로 중국은 이미 IMF의 중요한 주주가 되었다고 늘 말했습니다. 이런 점에서 볼 때 중국은 우리의 합법성에 대해 정확히 알고 있습니다.

그러나 합법성이 지분에만 국한되지 않습니다. 요즘 들어 저는 합법성이란 'IMF에서 일하는 중국인이 더 많아진 것을 의미한다'는 표현을 즐겨 사용합니다. 저는 중국인이 IMF에 와서 3~5년 일하거나 장기간 일하는 것을 매우 환영합니다. 제가 주민朱民을 특별고문으로 선택한 점만 봐도 잘 알 수 있습니다. 이 사실은 세계의 모든 나라에 IMF에서 중국이 더욱 중요한 역할을 맡았다는 신호를 보낸 것입니다. 지분이 중요하지만 정말 중요한 합법성을 평가하는 유일한 지표는 아닙니다.

_____ 주민의 역할이 무엇이며 또 그의 업무를 어떻게 평가하십니까?

IMF가 중국의 고위 공무원들을 받아들인 것은 올바른 결정이었습니다. 주민을 보면 특히 그렇습니다. 주민이 IMF에서 일한 지 얼마 되지 않았지만 IMF 직원이 모두 환영했습니다. 모두 그의 프로 정신과 능력을 확인했습니다. 그는 큰 도움을 주고 있습니다. 그를 선택한 것이 매우 만족스럽고 그가 우리와 함께 일하는 것이 정말 즐겁습니다. 저는 몇

주 뒤 주민 팀이 기획한 금융회의에 참석하기 위해 상해에 갑니다.

_____ 방금 IMF의 '지분과 의석' 중 지분 문제를 언급하셨습니다. 그러나 상임이사 수를 줄이는 문제에서 유럽측이 반대의 목소리를 내고 있는데요. 이 문제를 어떻게 보시나요?

회원국은 지금 '의석' 문제를 논의하고 있습니다. 저는 유럽이 이 문제에서 유연성을 보여 더 많은 개발도상국이 자기 의석을 차지할 수 있기를 원한다고 생각합니다. 이 문제는 회원국끼리 결정해야 하는 문제입니다. 앞으로 며칠 혹은 몇 주 안에 답이 나올 것으로 보입니다.

유럽인을 나쁜 사람으로 몰고 신흥시장이 영향력을 확대하는 데 반대한다고 말하는 것에 찬성하지 않습니다. 역사적으로 늘 그랬듯이 지위가 하락하는 것을 원하는 사람은 없습니다. 그렇지만 저는 유럽이 충분히 이해할 것이라고 생각합니다.

제2차
미중전략경제대화 분석
존 헌츠먼 전 주중 미국 대사와의 인터뷰

●

기자 왕쉬, 황산 **시기** 2010년 6월 7일

헌츠먼 주중 미국 대사는 가장 힘든 시기를 어떻게 넘겨야할지 물었을 때
다음과 같이 말했다. "농구 경기를 할 때처럼 휘슬을 불고 타임아웃을 외쳐
양측이 냉정을 되찾게 해야 합니다."

존 헌츠먼Jon Meade Huntsman, Jr.은 전형적인 주중 미국 대사가 아니다.
그는 정치인이다. 민주당이 집권한 오바마 정부 내에서 그는 보기 힘든
공화당 사람이다. 나이는 50세밖에 되지 않았지만 정치권에 몸담은 지
벌써 20년이 흘렀다. 레이건 정부에서는 백악관에서 일했고, 조지 부시
(아버지) 정부에서는 주駐싱가포르 대사를 지냈으며 부시 정부에서는 무
역대표부 부대표로 임명되었다. 2004년에 유타 주 주지사에 당선되었으
며 이어 재선에 성공했다. 헌츠먼은 공화당의 신예로 불리며 앞으로 대
통령 후보가 될 것으로 보인다. 이런 사람이 왜 대사가 된 것일까?

다른 시각에서 헌츠먼은 주중 대사에 특히 적합하다. 그는 모든 주중
미국 대사의 필수 과목인 타이완에 대한 이해가 깊다. 몰몬교도로 1987년
부터 1988년까지 타이완에서 포교활동을 했던 헌츠먼은 이 기간에 중

국어를 배웠을 뿐만 아니라 민난어중국어의 방언으로 주로 중국 푸젠 성과 타이완에서 쓰인다도 할 수 있다. 헌츠먼은 자식이 많은데 그중 한 명은 중국에서 입양한 딸이다. 역대 주중 미국 대사 중 헌츠먼은 중국과 가장 깊이 교류할 수 있는 사람이다. 그는 여러 해 동안 정계에서 경험을 쌓았고 남의 일을 방해하는 행동은 더욱 할 리가 없다. 6월 3일 오후 2시, 대사 집무실에서 헌츠먼은 본지 기자와 인터뷰를 가졌다. 미중전략경제대화, 타이완, 북한 등 모든 문제에 대해 이야기했다.

_____ 이제 막 끝난 제2차 미중전략경제대화를 어떻게 평가하십니까?

사람들은 모두 대화의 성과가 바로바로 나타나기를 기대합니다. 양국 관계에 중요한 변화가 필요하기 때문이죠. 미국 대표단만 봐도 14~15명의 내각 인사가 포함되었으며 모두 200명으로 구성되었는데, 그중 대다수가 중국에 온 것이 이번이 처음입니다. 따라서 양측이 탁자를 가운데 두고 앉아 인간관계를 발전시키는 것 자체가 미중 관계에서 중요한 투자를 하는 것입니다. 양국 관계를 증진하는 데 빼놓을 수 없는 것은 상호 신뢰입니다. 양국 관계는 신뢰가 돈독할수록 좋습니다. 양측이 빈번히 접촉하고 민감한 문제를 놓고 협상하며 자신의 생각을 밝히고 상대의 의견을 경청하는 일은 매우 유익합니다.

미국과 중국이 2010년 초 몇 달간 힘든 시기를 겪었지만 관계를 회복할 수 있었던 것은, 양국이 작년 말 워싱턴에서 제1차 미중전략경제대화를 시작했기 때문이라고 생각합니다. 미중전략경제대화가 양국 관계의 윤활유(추진, 이해, 선의의 촉진)가 되었습니다.

_____ 미중전략경제대화가 양국 간에 논쟁이 벌어진 주제와 관련해 어떤 역할을 했나요?

우리는 이 같은 플랫폼이 있기 때문에 이란과 북한 문제와 같은 민감한 주제를 놓고 토론할 수 있습니다. 이런 대화 방식은 전화를 걸거나 외교 서한을 전달하는 방식이 아닙니다.

민감한 문제를 주제로 토론을 하는 것 자체가 '성과'가 아닐까요? 확실히 그렇습니다. 우리는 중국의 생각을 이해할 필요가 있고 중국도 우리의 생각을 이해해야 합니다.

_____ 미중 관계는 G2가 아니며 접촉과 견제 중 하나를 선택해야 하는 단계를 넘어섰습니다. 많은 사람이 미중 관계를 새롭게 정의하고자 합니다. 새로운 정의를 내리셨나요?

전문가, 학자 심지어 일반 국민조차 미중 관계를 새롭게 정의내리려고 시도합니다. 이것은 양국 관계가 계속 변화하고 발전하기 때문입니다. 1975년에 부시 대통령이 이행한 것이 바로 제가 지금 맡고 있는 일입니다. 당시 미중 무역의 규모는 5억 달러에 불과해 미중 관계를 정의내리기가 쉬웠습니다. 매주 한 차례 베이징행 항공편이 있었고 학생들의 교류는 거의 없었으며, 양국 국민의 왕래는 1년 단위로 이루어졌습니다.

양국은 공동의 이익에 주목해야 합니다. 우리는 중대한 문제에서 늘 갈등을 빚을 수 있으며 부차적인 문제에서도 갈등이 생길 수 있습니다. 그렇지만 우리는 공동의 이익에 계속 주목해야 하고, 이를테면 이란과 북한 문제와 같이 각자 다른 관점에서 바라보는 중요한 문제에 주목해야 합니다. 공동의 이익은 바로 세계경제의 번영과 안정, 일자리 창출,

삶의 질 향상이라는 사실을 잊어서는 안 됩니다.

_____ 작년 한 해 동안 특별히 힘들었던 때가 있습니까?

저는 가장 힘들었던 때조차 중국과 대화의 끈을 이어갔습니다. 대화가 날카로워지고 양국의 인내심이 바닥을 보일 때도 우리는 상대를 존중하는 태도를 잃지 않았습니다.

제가 가장 힘들었을 때는 아마도 이번 겨울이 거의 끝나갈 무렵으로 양국 관계는 오히려 얼어붙었던 시기입니다. 양국 관계에서 좋은 면을 찾을 수가 없었죠. 이런 현상이 발생한 이유는 사람들이 갈등과 상호 비방만 지켜봤기 때문입니다. 따라서 농구 경기를 할 때처럼 휘슬을 불고 타임아웃을 외쳐 양측이 냉정을 되찾게 해야 한다고 생각합니다.

그러나 비평을 통해 자유롭게 사고할 수 있으며 사람들이 양국 관계에 대해 표현하고 싶은 생각을 그대로 드러낼 수 있는 좋은 점도 있습니다. 그뒤 양국 관계가 긍정적인 방향으로 바뀌는 것을 알 수 있었습니다. 이것은 마치 음악에서 화음을 찾은 것과 같습니다.

_____ 대사님은 사명이 무엇이라고 생각하십니까? 어떻게 해야 성공한 주중 대사가 될 수 있을까요?

이해를 증진하는 것입니다. 언젠가 이 일을 그만둘 때 저는 스스로 최선을 다해 양국이 서로 더 이해하고 신뢰하게 되었다고 말할 수 있기를 원합니다. 저는 다리 역할을 하면서 많은 일을 책임져야 했습니다. 여기서 상호 이해의 증진이 가장 중요합니다.

_____ 금융위기 이후 많은 사람이 중국 방식이 미국 방식보다 더 매력적이라고 생각하는 것 같습니다. 대사님은 아주 독특한 위치에서 중국을 관찰해왔는데 중국 방식이 앞으로 지속가능하다고 생각하십니까? 중국이 경제성장을 계속하는 데 발목을 잡지는 않을까요?

중국의 경제성장을 구체적으로 평가하고 싶지는 않습니다. 중국은 미국과 아주 다릅니다. 미국은 세계에서 가장 혁신적인 국가입니다. 사람들이 실리콘밸리는 왜 미국에 있는지 물을 수 있습니다. 이곳은 다른 어떤 나라에서도 해낼 수 없는 성공한 경제의 축소판입니다. 기자님은 미국에서 실리콘밸리 방식이 셀 수 없이 운용되고 있음을 알 것입니다. 우수한 대학이 실력이 막강한 연구개발센터와 협력하고, 자유시장에서는 자금 진입을 허용하여 위험을 충분히 감내하며 창의력을 활용할 수 있습니다. 실패를 기꺼이 받아들이는 것입니다. 미국에서는 수많은 기업이 개업했다가 파산합니다. 다시 일어섰다가 또 한 차례 실패하죠. 결국 몇몇 기업이 살아남아 사람들의 상상을 뛰어넘는 성과를 일구어냅니다.

월가는 최근 몇 년 동안 잘못을 저질렀습니다. 그 원인이 무엇이죠? 모럴해저드도 있고 금융이 리스크를 통제하지 못한 까닭도 있습니다. 다행히 미국은 지난 잘못을 바로잡고 다시 전진할 것입니다. 제2차 미중 전략경제대화는 미국 경제가 회복할 시점에 개최되었습니다. 미국 경제는 지난 몇 년 동안 큰 타격을 받았고 지금 재정비중입니다. 미국은 실패를 거울로 삼았으며 더 안정적인 길로 나아가고 있습니다. 이것은 미국과 중국이 무역과 투자에서 더 많은 교류를 할 것임을 의미합니다.

_____ 북한의 위기가 날로 고조되자 6자회담의 효과에 대해 회의적인 반응이 커지고 있습니다. 관련국이 다른 조치를 더 취해야 한다고 생각하십니까? 한반도의 정세 변화가 미중 관계를 더 복잡하게 만들 수 있나요?

북한의 최근 행보를 관찰하면, 유사한 사건이 일단 발생했을 때 동북아 국가로 관심이 집중되는 것을 볼 수 있습니다. 지금은 동북아 국가 모두 힘든 시기입니다. 우리는 지금 중국과 심도 있게 논의하면서 양국이 이해한 상황과 경로에 대해 의견을 나누고 있습니다. 중국은 흥미를 가지고 더 많이 듣고자 합니다. 이것은 중국이 진심으로 사건의 진실에 관해 더 많은 정보를 얻기를 원한다는 뜻입니다. 동북아 평화와 이 지역에서 예측 가능성을 높이는 것은 각국의 장기 이익에 부합합니다. 과거에 이 지역에 살았던 사람들은 몇 대에 걸쳐 전쟁의 아픔을 겪었습니다. 우리는 지금 이해 당사자들이 내놓은 정책 제안을 모두 확정해야 하며 장기적인 평화와 안정에 관심을 기울여야 합니다.

한반도의 정세 변화는 사실 미국과 중국을 한 방향으로 이끌었습니다. 이 점에서 전환기이기도 하지만 저는 기회에 가깝다고 생각합니다. 미중전략경제대화에서 미중 양국이 한반도 정세에 대해 과거에는 보기가 힘든 교류를 경험한 것처럼 말입니다. 양국이 언제나 의견의 일치를 보지는 못하더라도 더 긴밀하게 협력할 수 있습니다.

_____ 중국과 타이완이 경제협력 외에 어떤 분야에서 양안良案 관계의 발전을 촉진할 수 있을까요?

저는 30년 전에 처음으로 타이완에 가서 생활했습니다. 그때 기자님

이 매주 270편의 대륙 직항편이 있고 푸젠福建 성 사람과 타이완 사람이 다양한 여행 팀을 이루어 교류한다고 일러주었다면 저는 믿지 않았을 것이며, 믿을 사람도 없었을 것입니다. 그 당시 기자님이 30년 안에 양안 경제협력구조협정Economic Cooperation Framework Agreement, ECFA를 체결할 것이라고 말했다면 역시 아무도 믿지 않았을 것입니다. 그러나 지금은 이 모든 일이 이루어졌습니다. 이것은 정말 좋은 예입니다. 각자 적절한 방식으로 상호 신뢰 관계를 구축하고 공동의 희망을 만들어가며, 방금 동북아 문제에서 거론했던 것처럼 평화롭고 안정되며 예측 가능한 지역 환경을 조성하고 있습니다. 우리는 ECFA와 이미 시행된 다른 조치에서 교훈을 얻어야 하지 않을까요? 당연합니다. 강력한 경제 관계를 구축하기 위해 취했던 조치들을 사람마다 모두 면밀히 살펴보아야 합니다. 안보 영역도 마찬가지일 것입니다. 앞으로 몇 년 안에 유사한 행동이 나타나 안보 분야에서도 대화를 해나가게 될 것입니다.

* 디안笛安, 비판畢帆, 린첸야林倩婭가 이 글에 도움을 주었다.

제6장

내일은
어디로
갈 것인가?

국제기구의 개혁이
목적이 될 수 없다

티머시 가이트너 전 미국 재무장관과의 인터뷰

●

기자 후수리, 리쩡신, 중량鍾良 **시기** 2009년 10월 12일

"물론 개혁을 하다보면 예상치 못했던 결과가 나올 수 있고 또 혁신을 억제할 수 있습니다.
그러나 이것이 우리 앞에 놓인 가장 큰 리스크가 아닙니다.
가장 큰 리스크는 정치적인 의지를 늦추지 않고 개혁이 실제로 이루어질 수 있는가입니다."

개혁의 목표는 각국이 경제정책을 조정하여 합리적인 경제구조를 이끄는 데 있다. 미국은 금융과 재정에서 노력을 기울여 국제 투자자들이 미국에 맡긴 자산에 대한 우려를 불식시키고자 한다. 금융시장은 통일된 기준이 필요하지만 관리·감독을 국제적으로 일원화할 필요는 없다.

경제는 이미 회복하기 시작했지만 위기의 근원지인 미국에서 금융관리·감독 개혁 법안이 의회에서 표류중이다. 이 밖에도 대규모 경기부양계획, 거액의 금융지원안 그리고 '혁명적인' 의료개혁안의 시행으로 앞으로 10년 안에 9조 달러라는 '천문학적인' 재정적자를 낳을 수 있다. 미국에 닥친 어려움이 끝나지 않았다는 조짐이다. 세계적인 위기가 휩쓴 뒤 재건하는 과정에서 문제의 싹을 자르고 정책을 조정해야 한다. 이를 위해서는 세계 규모에서 더 효과적인 감독과 협력의 틀이 필요하다.

회복과 개혁, 협력 그리고 재균형 등의 문제에서 미국이 고민하는 내용은 무엇이며 출발선은 어디인가? 중국은 보유 외화자산이 안전한지 관심 있는데 국제금융기관의 개혁을 추진하는 과정에서 미국은 어떤 입장을 보일까? 세계은행과 IMF가 2009년도 연차총회를 개최한 기간인 10월 4일, 우리는 몇몇 국가의 언론과 공동으로 가이트너 미 재무장관을 인터뷰했다.

달러 안정과 세계의 기축통화

10월 4일 로이터통신은 브릭스 4개국이 IMF 연차총회에서 산유국과 소그룹 토론을 진행한 후 앞으로 (미 달러가 아닌) 다른 통화를 사용해 석유 거래대금을 결제하는 제안을 했다고 보도했다. 이 소식이 전해지자 달러화 가격이 폭락했다. 다음 날 사우디아라비아 중앙은행 총재가 '소문을 부인'하자 어느 정도 제자리를 찾았다.

기축통화로서 달러가 갖는 한계와 가능한 대체 수단이 있는지는 회의 참석자들이 크게 관심을 두는 화제였다. 우리도 가이트너에게서 해답을 찾고자 했다.

가이트너는 먼저 미국 자산의 높은 시장성과 안정성에 대해 미국과 세계의 투자자들이 신뢰를 계속 보이며 이는 미국의 이익에도 부합한다고 명확히 밝혔다. 미국과 중국은 이 부분에서 공동의 이익이 있다. 위기가 진행되는 전체 과정에서 세계 투자자들이 미국이 성장을 지속할 능력이 있다고 신뢰한 것을 어렵지 않게 알 수 있다. 또 이런 신뢰가 있었기 때문에 달러자산이 안정세를 유지할 수 있었다.

실제로 미국 경제에서 중요한 변화가 일찌감치 나타났다. 각종 비통

상적인 금융기관 구제 조치를 시행했음에도 미국의 무역적자가 GDP의 7퍼센트에서 3퍼센트로 줄어들었다. 가이트너는 이런 결과는 미국이 단순히 빚을 내 경제성장이 회복세로 돌아선 것이 아니라고 설명했다. 미국이 다른 나라에 진 부채도 확실히 줄어들었다.

달러화 안정은 세계기축통화의 안정을 의미하기 때문에 사람들이 꾸준히 비교적 관심을 기울이는 주제다. 달러의 지위를 재검토하고 특별인출권Special Drawing Rights, SDR을 기축통화로 삼자고 주장하는 것은 앞으로 국제금융 시스템에 나타날 변화를 고려한 것이다. 가이트너의 말처럼 "가능한 대체 수단을 고민하는 사람은 늘 있다."

그러나 어떤 개혁이든 경제정책의 근본 문제를 해결하지 않으면 기축통화가 무엇이든 아무런 도움이 되지 않는다. 가이트너가 말했다. "경제기초가 튼튼해야 결국 신뢰를 얻기 때문에 가장 기본적인 경제정책에 신경을 더 많이 쓰고 있습니다. 미국에 달러의 역할은 사실 특수한 부담이 따릅니다. 미국인은 이 책임을 이해해야 합니다. 따라서 우리는 투자자가 자신이 보유한 달러자산에 대해 장기간 충분히 신뢰하도록 해야 합니다."

미국의 거시경제정책의 지속가능성을 이야기하면 바로 재정적자의 문제가 떠오른다. 이 문제는 현재 미국 경제가 겪고 있는 어려움의 핵심이다. 가이트너는 미국은 재정적자를 지속가능한 수준까지 줄일 수 있음을 증명해야 한다고 말했다. 가장 좋은 방법은 금융 시스템을 재정비해 민간 부문이 다시 움직일 수 있도록 하는 것이다. 가이트너도 인정했다. "우리는 매우 힘든 결정을 해야 합니다. 이를 위해서 정치적으로도 의지를 가지고 이끌어나가야 합니다."

미국과 IMF의 의사결정 구조 개혁

연차총회에서 IMF의 실제적인 정책결정기구인 국제통화금융위원회 International Monetary and Financial Committee, IMFC는 경제의 비중이 고평가된 국가가 저평가된 신흥시장과 개발도상국에 적어도 5퍼센트의 지분을 양도하도록 결정했다. 주요 신흥시장 국가의 IMF 발언권과 대표성을 강조한 국가로서 미국이 유일하게 거부권을 보유하여 이 때문에 비난을 받았다.

미국이 IMF에서 유일하게 거부권을 행사하는 것에 대해 가이트너가 자주 질문을 받는 것은 당연하다. IMF는 중요한 결정을 내릴 때 85퍼센트가 찬성해야 비로소 가결되는데, 그중 미국이 16.77퍼센트의 투표권이 있기 때문에 거부권을 행사할 수 있는 것이다.

그러나 가이트너는 미국의 실제 지분(17.09퍼센트)과 투표권이 저평가되었다고 생각한다. 왜냐하면 세계경제와 금융활동에서 미국이 차지하는 비중이 이보다 훨씬 높기 때문이다. 이외에도 미국이 IMF에 대한 공헌뿐만 아니라 지역의 개발은행과 다른 국제기구에 자금과 다양한 지원을 제공하는데, 이러한 '공헌' 규모는 미국이 다른 기구에서 차지하는 비중보다 훨씬 크다는 것이다.

사실 15퍼센트의 투표권은 문턱이 높지 않다. 일부 국가가 어떤 문제에서 힘을 합치면 비슷한 효과를 얻을 수 있다. '브릭스 국가'든 다른 국가의 결합이든 사실상 거부권 행사의 효과를 기대할 수 있다. 가이트너는 문제의 핵심은 영향력이라고 말했다. 즉 다른 나라의 지지를 얻을 수 있는 개혁인가의 여부가 중요하다. 가장 중요한 IMF 업무 방식의 혁신과 IMF가 위기를 어떻게 대처할지의 문제에서 미국은 줄곧 가장 중요한 역

할을 도맡았다. 이는 금융안정과 신흥시장이 위기에 대처하기 위해서도 반드시 필요한 것들이다.

가이트너가 생각하기에 미국은 다음 몇 가지 방면에서 IMF에 영향력을 행사한다.

1) 미국은 국내의 경제 문제를 잘 처리하고 자신의 경제정책을 개혁해야 한다. 아울러 금융업의 미래를 관리하고 금융 시스템을 효과적으로 운용하는 것이 중요하다.

2) 국제 호소력을 높인다. 이는 미국뿐만 아니라 다른 나라에도 적용된다. 국제기구의 영향력에서 보면 자신의 주장을 내세울 뿐만 아니라 '목적을 이룰 때까지 절대 포기하지 않는다.' 그리고 국가 간의 갈등을 조정하고 각국이 수용할 수 있으며 국제경제 및 금융 시스템의 개선에 도움이 되는 제안을 협상 테이블로 가져간다.

3) 더 많은 회원국이 그들의 가치관, 이익, 여론이 국제기구에서 실현되고 있음을 믿게 한다. 이렇게 했을 때 사람들이 국제기구가 공정하고 효과적이라고 신뢰하여 참여도가 올라간다.

가이트너는 다른 나라의 이익과 가치관이 미국과 언제나 동일한 것은 아니며 미국의 정책이 잘못되거나 부족할 수도 있음을 미국인 스스로 점차 인식하고 있다고 인정했다. 이때 국제기구의 의사결정 규칙을 개선해 역사적으로 결정 과정에 책임감 있게 참여하지 못했던 신흥시장과 개발도상국이 더 많은 발언권을 갖도록 하는 것 자체가 전향적인 개혁이다.

따라서 더 강력하고 합법적인 IMF가 운영되기 위해 미국의 영향력이 줄어드는 것이 바탕이 될 필요는 없다. 양자는 서로 모순되지 않는다.

물론 경제성장과 안정은 각국 정부가 선택하는 정책에 달려 있지만 IMF는 자원과 감독의 틀을 계속 제공할 수 있다. 이것이 IMF의 의사결정 구조를 개혁하는 기본 원칙이다.

가이트너는 IMF가 지금보다 더 강력한 긴급대출 능력을 보유하기를 희망한다. 의사결정 구조를 개혁하는 과정에서 관건이 되는 것은 각국이 IMF에 자원을 제공하고 공헌할 때 '편안함을 느끼도록' 하는 것이다. 여기서 관련된 문제를 모두 토론하고 미국도 모든 생각과 제안에 대해 개방적인 태도를 유지한다.

이외에 어떤 형식의 국제 협력이라도 어느 국가가 자국의 이익에 위배되는 결정을 내리도록 강요할 수는 없다. 위기 속에서는 어느 국가든 그 국가의 지분이 어느 정도이든 '집단적인 전이 효과'가 나타나지 않는다는 것을 확인했다. 따라서 가이트너는 각국은 국가의 이익을 인식하는 것과 동시에 더 강력하고 지속가능한 성장의 틀을 구축해야 한다고 말했다. 간단하지만 매력적이고 실용적인 방법이 있다. 모두 자신의 일을 잘하면서 또 함께 협력해나간다면 국제기구가 효과를 발휘할 수 있다. 그러면 각국의 정책이 더 잘 연계되고 지속적으로 시행되어 리스크가 줄어들고 복지가 늘어날 수 있다.

예를 들어 G20정상회의는 다른 국가를 인정하는 것이다. 이번 위기가 매우 급박했고 심각했기 때문에 G20회원국이 함께 노력하여 경기침체가 악화되는 것을 가까스로 피할 수 있었다. 장기적으로 G20회원국은 닥쳐올 위기를 회피하기 위해 경제성장 방식을 전환하는 등 스스로

노력할 것이다. 현재 구조조정에 힘쓰고 있는 중국의 사례가 신흥시장과 개발도상국의 모범이 되고 있다. 이 때문에 현재 각국은 새로운 'G의 발명'을 하지 않는다. G20 자체가 실용주의의 반영이기 때문이다. 가이트너는 세계경제가 구조 개선, 정책 공조, 위험 감소라는 목표를 달성하면 국제기구의 구체적인 조직 형태나 의사결정 방식은 핵심적인 문제가 되지 않는다고 말했다.

금융관리·감독 개혁

국제금융의 관리·감독의 틀을 다시 짜는 개혁을 추진해야 한다. 그러나 가장 먼저 시스템의 개혁 구상을 내놓은 국가 중 하나인 미국은 자신의 개혁안이 의회에서 표류중이며 반대 세력마저 운집했다. 어떻게 해야 국제금융시장의 구조를 바꿀 수 있을까?

가이트너는 관리·감독을 강화하면 성장을 저해한다는 주장은 개혁을 반대하는 세력이 내뱉는 변명에 불과하다고 생각한다. "물론 개혁을 하다보면 예상치 못했던 결과가 나올 수 있고 또 혁신을 억제할 수 있습니다. 그러나 이것이 우리 앞에 놓인 가장 큰 리스크가 아닙니다. 가장 큰 리스크는 정치적인 의지를 늦추지 않고 개혁이 실제로 이루어질 수 있는가입니다. 만약 시장의 기반이 견고하지 않고 자금이 효과적으로 배분되지 못한다면 이른바 혁신도 지속가능하지 않을 것입니다."

금융개혁은 또한 국제 협력이 필요하다. 지금은 비상 시기다. 세계경기의 하강과 1990년대의 아시아 금융위기 이후 첫 번째 세계금융의 위기가 동시에 발생했다. 금융 시스템이 정상적으로 운용되고 자금을 효과적으로 분배하려면 안정이 더욱 필요하다.

따라서 가이트너는 시장이 스스로 이것을 완성할 수 없다고 말했다. "따라서 우리가 정의내리고 실천하는 일련의 표준이 필요합니다. 이것은 정부가 해야 할 일입니다."

그는 다음과 같이 강조했다. "지금 많은 사람이 어떤 국제기구를 구성하고 어느 나라가 '주도권'을 쥘지 이야기하는 데 열중합니다. 그러나 저는 이것이 문제의 핵심이 아니며 이런 문제에 신경을 지나치게 분산하면 안 된다고 분명히 말하고 싶습니다."

계속해서 그가 말했다. "금융개혁을 설계할 때 가장 중요하고 유용한 일은 방식 자체의 규칙입니다. 제한 조건이 무엇입니까? 어떤 인센티브 제도를 사용해야 할까요? 그렇다고 특별히 공식 조직이라는 틀로 정할 필요는 없습니다. 금융안정위원회Financial Stability Board, FSB와 IMF의 협력 틀로 이미 충분하며, 독립적인 시행기관을 다시 설립한다고 해도 효과를 기대할 수 없습니다. 각국의 독립된 정책이 서로 조화를 이룬다면 이것이 바로 현황을 타개할 수 있는 요체입니다."

가이트너는 이어서 다음과 같이 말했다. "경제가 회복한 뒤 개혁의 동력이 사라지는 것을 저 역시 어느 정도 우려하고 있습니다. 그러나 전체적으로 보면 아직도 낙관적입니다. 우리는 구체적으로 경험을 많이 해보았습니다. 협력의 전망은 매우 밝습니다. 마지막으로 여러분이 우리의 심판입니다."

중국 경제의 과열에 대해 신중한 태도가 필요하다

투자가이자 자선사업가, 사회활동가인 조지 소로스와의 인터뷰

●

기자 왕돤王端 **시기** 2010년 2월 22일

"만약 중국 경제가 조금 냉각된다면 재차 낙관할 수 있을 것입니다."

2월 3일 저녁, 홍콩 대학교 루유탕陸佑堂이 사람들로 북적거렸다. 금융계와 학계의 저명한 인사들이 '거물의 귀환'을 보고자 운집했다. 아시아 금융위기가 발생했을 때 홍콩 정부와 격전을 벌였던, 헤지펀드계의 대부인 조지 소로스George Soros가 홍콩을 다시 방문했는데 풍채는 여전했다.

12년을 돌아 이번에는 세계경제가 더 큰 위기에 빠졌다. 소로스가 강연중에 '이미 퇴임해' 투자 문제에 신경쓸 마음이 없다고 웃으며 말했지만, 시장에서는 그의 일거수일투족을 풍향계로 여기고 있다. 사실 금융위기 이후 소로스의 발언 하나하나에 시장이 민감하게 반응했다. 소로스가 퇴임을 선언한 것은 한 번도 아니며 가장 최근에는 21세기 초 인터넷 거품이 최고조에 이르렀을 때였다. 그러나 2007년 미국에서 서브프라임 위기가 발생하자 소로스는 기회를 틈타 미국의 서브프라임 관련

증권을 대규모로 싸게 사들여 한 번에 수십 억 달러의 순익을 올렸다. 그는 이번 위기가 발생한 이후 크게 성공한 투자자의 한 사람이 되었다. 소로스가 말한 '퇴임'이란 모두 아는 것처럼 노장이 때를 기다리는 것이다.

2009년 10월 중어우국제공상학원中歐國際工商學院에서 강연할 때 소로스는 국제경제가 대변동하는 속에서 중국 정부가 주도하는 방식이 미국의 국제자본주의 방식보다 더 효율적이며 위기중 최대 승리자가 되었다고 말했다. 시간이 흐르고 상황이 바뀌자 소로스는 더 이상 (중국에 대해) 낙관적인 태도를 유지하지 않았다. 그는 중국 경제는 과열되었고 인플레이션이 발생했으므로 위안화를 절상해 중국의 인플레이션을 외부로 내보내야 한다고 주장했다.

자산의 거품에 대해 소로스가 내놓은 것은 헤지펀드식 대답이었다. "자산의 거품이 발생한 것을 보면 기회를 틈타 물건을 살 수 있습니다. 왜냐하면 이는 시장의 큰 흐름을 보여주는 것으로 비이성적인 행위가 아니기 때문입니다. 그렇지만 거품이 들끓으면 즉시 물건을 팔아 이득을 취해야 합니다."

2월 4일 새벽, 소로스는 숙박하던 홍콩의 샹그릴라 호텔 56층에서 본지 기자와 인터뷰를 가졌다. 이 자리에서 세계경제, 중국 경제, 그리고 자본시장에 대한 견해를 솔직하게 밝혔다. 80세가 다 된 소로스는 밝은 회색 상의에 베이지색 캐주얼 바지를 입었다. 나이에 비해 여전히 총기가 넘쳤지만 토끼처럼 날쌘 금융계의 큰손으로는 잘 연상이 되지 않았다.

'경착륙'을 경계하라

_____ 며칠 전 세계적으로 자산에 거품이 형성되고 있다고 말

씀하셨습니다. 2009년 초부터 지금까지 유휴자본이 대거 중국으로 유입되었습니다. 또 중국은 완화된 통화정책과 경기부양책을 지속적으로 시행하고 있습니다. 중국에도 이미 자산 거품이 생겨났나요?

중국 은행들이 대출이 지나치자 중국 정부가 이를 억제하기 위해 적절한 조치를 이미 취했습니다. 이 조치는 주식시장에 분명히 영향을 줄 것입니다. 거시조절정책으로 경기과열을 막으려는 목적이 달성되지 않는다면 주식시장은 앞으로 압박을 계속 받을 것입니다.

거품이 생겼는지 여부를 판단하기란 어렵습니다. 사람들은 어디에나 거품이 있다고 늘 말합니다. 부양책을 실시하면 의심할 바 없이 자산가격이 오릅니다. 그러나 거품이 있는지 여부를 판단하는 기준은 앞으로 경제가 '경착륙'하는가 혹은 '연착륙'하는가 입니다. 만약 경제가 연착륙한다면 현재 거품이 없는 것이고 반대의 경우는 거품이 있는 것입니다. 따라서 지금 거품이 있는지 여부를 알고 싶다면 인내심을 가지고 기다려야 합니다.

──────── 그렇다면 지금의 거시조절정책을 분석하면 앞으로 경착륙할까요? 아니면 연착륙할까요?

이것은 복잡한 문제입니다. 먼저 정부가 대출을 막 제한하기 시작했을 때 대출 수요가 오히려 크게 증가할 것입니다. 앞으로 은행을 엄격하게 통제할 것이라고 예측함에 따라 사람들이 앞다투어 얼마든 빌릴 것입니다. 따라서 대출을 축소하는 정책을 시행할 때는 일정한 기간이 지나야 과열을 가라앉히는 효과가 나타납니다. 이 기간이 길어질수록 경제가 경착륙할 가능성도 커집니다.

만약 경제가 2011년 이전까지 빠른 속도로 계속 성장한다면 공급이 급격히 확대될 것입니다. 그렇지만 수요가 상대적으로는 감소해 생산 설비의 과잉 문제가 더욱 심각해질 것이며 이어서 경제가 경착륙하게 될 것입니다. 따라서 대출을 최대한 규제하는 현재 정부 조치의 고삐를 절대로 늦추어서는 안 됩니다.

_____ 중국 은행들이 2009년에 신규대출로 10조 위안을 풀었고, 올해는 약 7조 5000억 위안이라고 정부에서 공식 발표했습니다. 그렇다면 경기과열, 인플레이션에 이어 더 심각한 긴축정책이 뒤따르지 않을까요? 중장기적으로 중국 은행 시스템 전체의 부실대출 위험이 걱정되지 않습니까?

중국에서 경기과열, 인플레이션 등의 현상이 현재 진행중입니다. 이런 현상은 과열된 경기가 식을 때까지 지속될 것입니다. 대출이 폭발적으로 증가하면 어느 시점이 되면 (상당수가) 부실채권으로 분명히 바뀌게 됩니다. 그러나 이것도 역시 경제가 경착륙할 것인가, 아니면 연착륙할 것인가에 따라 달라집니다.

_____ 최근 어느 시기 이후 다수의 국제 투자자가 중국에 대한 태도를 조금 바꿨습니다. 이전에는 극단적인 낙관론이나 비관론이 팽배했는데 이제는 '중간'이거나 '다소 신중한' 모습을 보이고 있습니다. 현재 중국에 대해 어떤 입장이십니까?

저는 중국에 대해 매우 신중한 태도를 유지하고 있습니다. 만약 중국 경제가 조금 냉각된다면 다시 낙관할 수 있을 것입니다.

_____ '출구 전략'이 최근 세계적인 투자자들이 가장 관심을
두는 화제입니다. 중국인민은행(중앙은행)이 최근에 은행의 법정지급준비
율을 높였습니다. 시장에서 예측한 것보다 일찍 이러한 조치가 나왔는데
요. 어떻게 평가하십니까? '긴축주기'의 시작이라고 해석해도 될까요?

정부가 법정지급준비율을 높이는 것은 매우 강력한 조치입니다. 심지
어 중국 정부가 시장 반응보다 오히려 더 기민했다고 말할 수 있습니다.

_____ 중국의 부동산가격이 2009년 말에 급격히 상승했지만
정부는 최근에야 긴축 조치를 내놓았습니다. 그러나 중국에서는 부동산
가격을 통제하기가 쉽지 않다고 말하는 사람도 있습니다. 왜냐하면 중
국 대륙 전체에서 도시화가 진행되고 있고, 국제자본의 투자 수요와 현
재 커나가고 있는 중산층의 소비력이 상승하고 있기 때문입니다. 중국
부동산의 중장기적인 전망을 어떻게 보십니까?

주택시장이 매우 빠르게 성장하고 있지만 이는 언제나 주기적인 것입
니다. 따라서 조정이 가능합니다. 그렇지만 중장기적으로 보면 빠른 성
장을 지속할 것입니다.

_____ 위안화를 절상해야 세계무역의 불균형 문제도 해결할
수 있으며 중국이 인플레이션을 해결하는 데도 도움이 된다고 여러 번
주장하셨습니다. 그러나 위안화만 단독으로 절상될 경우 중국 정부는
'핫머니'의 유입 문제를 어떻게 처리해야 할까요?

국내 상황을 보든 국제 상황을 보든 중국 정부가 위안화의 절상을 용
인하는 것이 현명하다고 생각합니다. 핫머니의 유입을 막는 것은 중요한

문제입니다. 한 가지 해결책은 1회에 한해 절상한 다음 '크롤링 밴드 crawling band, 주요 교역국들의 통화를 바스켓으로 묶고 이 통화들과의 실질실효환율을 유지하기 위해 명목환율을 수시로 조정하는 방식'를 채택하는 것입니다. 이렇게 되면 위안화가 절상될 수도 있고 절하될 수도 있어 투기 세력을 차단할 수 있습니다.

그렇지만 중국 정부가 이렇게 할 가능성은 낮다고 생각합니다. 중국은 매우 신중해서 갑작스러운 변화를 좋아하지 않기 때문입니다.

미국이 걱정스럽다

_____ 현재 세계경제의 회복세를 어떻게 평가하십니까? 올해 경제가 더블 딥에 빠질 위험은 없을까요?

예상대로 회복이 더딥니다. 그런데 지금 부채비율 증가를 걱정하는 사람이 갈수록 늘고 있습니다. 그러면 부양책의 효과를 어느 정도 상쇄시키고 더블 딥의 가능성을 높입니다. 또 국가부채에 대한 우려가 이런 전망에 힘을 실어주었습니다.

_____ 포스트 위기 시대에 미국은 어떻게 자본을 유치해 경상항목의 적자를 메워야 할까요? 장기적으로 미국이 재정적자 문제를 어떻게 해결해야 할까요?

지금 미국의 경상적자는 감소하고 있으며 얼마 동안은 지속적으로 감소할 것입니다. 이러한 변화는 좋은 현상입니다. 그러나 동시에 고통이 따릅니다. 만약 달러 대 위안화의 환율이 변하지 않는다면 적자 감소의 목표를 달성하기가 상당히 힘들 것입니다.

_____ FRB가 올해 금리를 인상할까요? 만약 미국이 저금리정책을 유지한다면, 중국과 다른 나라들은 어떻게 대응해야 할까요?

저는 FRB가 올해 금리를 인상하지 않을 것이라고 생각합니다. 대규모 재정적자를 안고 있기 때문에 미국 정부는 재정으로 경기부양을 지속하기가 힘들 것입니다. 경기부양을 위한 통화정책이 한동안 계속될 것입니다.

만약 중국 정부가 위안화 절상을 받아들인다면 인플레이션을 미국으로 수출하게 됩니다. 그렇다면 FRB도 금리 인상을 고려할 것입니다. 중국 입장에서 보면 이는 경제가 건강하게 발전할 수 있도록 하는 조치가 됩니다.

그러나 미국 정부는 양적완화정책을 지속할 수 있습니다. 그렇다면 중국 정부는 금리를 인상하기가 힘들어집니다. 이것이 바로 중국 정부가 은행예금의 법정준비율은 높였지만 금리 인상으로 유동성을 회수하지 않은 데 대한 이유입니다.

중국과 미국의 새로운 질서

_____ 경제위기 이후 주요국이 세계의 불균형 문제를 포함해 세계경제의 기본적인 문제를 해결하기 위해 충분한 조치를 취했다고 생각하십니까?

그렇지 않습니다. 세계의 불균형 문제는 지금도 계속 확대되고 있습니다. 이런 배경에서 중국의 엄청난 경상수지 흑자가 더욱 두드러졌습니다. 이 때문에 위안화를 절상하는 압력이 사라지지 않는 것입니다. 지금은 불균형을 바로잡으려는 움직임이 아직 시작되지 않았습니다. 저는 세

계경제 회복과 중국의 지속적인 번영이 더 나은 국제 협력, 특히 미중 간 협력으로 가능하다고 믿습니다. 그러나 미중 관계는 최근 반대 방향으로 흐르는 추세를 보였습니다. 저는 이 점을 매우 우려합니다.

_____ 현재 세계가 기후변화와 녹색 에너지에 큰 관심을 보이고 있는데 이것이 새로운 동력이 될 것으로 생각하십니까? 이것이 내재적인 동력이 될까요? 그것도 아니면 새로운 게임이 될까요?

새 에너지는 확실히 세계경제의 신新성장 동력이 될 것입니다. 그러나 전제가 있는데 국제사회가 공감대를 형성하고 탄소배출량에 가격을 정해야 합니다. 만약 국제사회가 가격을 매기는 것에 공감하지 않는다면 누가 관련 분야에 투자를 하겠습니까?

_____ 지금의 관리·감독 제도의 개혁 흐름이 자본의 유입에 영향을 줄 것이라고 생각하십니까? 완곡한 형태의 금융보호주의가 되지는 않을까요? 금융관리·감독 개혁에서 가장 중요한 부분은 무엇이라고 생각하십니까?

저는 최근 특별인출권을 새 에너지의 투자에 사용하자는 제안을 한 적이 있습니다. 이 제안은 IMF의 지지를 받았습니다. 저는 중국이 이 제안에 찬성하기를 바랍니다. 스트로스칸 IMF 총재는 최근에 이 제안을 정식 발표할 것이라고 이미 말했습니다.

만약 국제사회가 국제 관리·감독 시스템에 공감대를 형성하지 않는다면, 기존의 다자간 시스템이 매우 위험해지며 그 결과 세계경제에도 악영향을 끼칠 것입니다. 최근에 열린 강연에서 저는 국제 관리·감독 체제

를 운영하는 원칙을 어떻게 마련할지 이미 제안했습니다(여기에는 관리·감독기관이 나서서 거품이 커지는 것을 막고 금융기관의 상품과 심지어 정부 차원의 대출까지도 감독하는 등 관리·감독을 강화하는 일련의 조치가 포함됨).

_____ 최근 위안화의 국제화를 논의하는 사람이 점차 늘어났습니다. 위안화의 국제화에 대해 중국 정부는 어떤 태도를 취해야 할까요? 어떻게 해야 국제화를 이룰 수 있을까요?

중국 정부는 자본 항목을 천천히 개방할 가능성이 큽니다. 저는 국제금융 시스템의 개혁으로 국제적으로 새로운 합의가 이루어질 것으로 낙관합니다. 여기에는 통화 시스템이 포함되며 새로운 브레턴우즈 체제가 탄생할 수 있습니다. 위안화가 국제통화가 되는 것은 우리가 기대하는 바입니다. 한편 과거의 세계화 이론은 시장이 스스로 관리할 수 있다고 주장합니다. 이것은 잘못된 생각입니다. 특히 미국과 영국이 관리·감독을 완화했을 때 다른 국가도 어쩔 수 없이 그대로 따라해 자본이 다른 나라로 빠져나가는 것을 막아야 했습니다. 과거의 통화 협력 시스템, 특히 IMF의 발언권 분배 방식은 이미 낡은 방식입니다. 지금 우리가 직면한 도전은 새로운 브레턴우즈 체제를 만들고 세계금융 시스템을 재설계하는 것입니다. 이 목표를 실현하기 위해 미국과 중국은 반드시 협력해야 합니다. 양국은 새로운 체제에서 지도적인 역할을 담당할 것입니다. 만약 미국과 중국이 생각이 다르다면 새로운 체제는 절대로 기대할 수 없습니다.

* 푸훙이浦泓毅, 천친陳琴이 이 글에 도움을 주었다.

미중 양국의
지도력을 낙관하다

크리스티아나 피게레스 '유엔기후변화협약' 사무총장과의 인터뷰

●

기자 차오하이리 **시기** 2010년 10월 1일

"우리는 미국과 중국을 포함한 모든 국가가 '코펜하겐협정'에서 한 약속을 이행하기를
바랍니다. 다른 한편으로 각국이 약속한 이산화탄소 감축량이 명백하게 부족합니다.
이래서는 세계의 평균온도가 최대 2도 이상 상승하지 않도록 하는 데 역부족입니다."

2010년 5월, 코스타리카 정부 내 기후변화 협상단의 일원이었던 크리
스티아나 피게레스Christiana Figueres가 사의를 표명한 네덜란드 출신의 이
보 드 보어의 뒤를 이어 유엔기후변화협약United Nations work Convention on
Climate Change, UNFCCC 사무총장에 정식으로 선출되었다. UNFCCC의
4대 사무총장이 된 피게레스는 라틴아메리카 출신으로는 최초로 이 조
직의 요직에 발탁되었다.

피게레스가 맡은 일은 '뜨거운 감자'다. 2009년 말 코펜하겐에서 열린
제15차 기후변화협약 당사국 총회에서 난장판이 한바탕 벌어졌다. 100여
개국의 지도자가 참석했지만 회의 결과는 아주 실망스러웠다. 2010년 말
멕시코 칸쿤에서 열릴 제16차 당사국 총회에 대해서도 비관적인 여론이
지배적이다.

2010년 9월 9일, 피게레스 일행이 10월 상순에 톈진에서 열리는 UNFCCC 장기협력행동 특별작업반Ad hoc working group on long-term cooperative action under the convention, AWG-LCA 제12차 회의와 '교토의정서' 특별작업반 제 14차 회의의 준비 작업을 하기 위해 베이징에 왔다. 피게레스로서는 이 번이 첫 번째 중국 방문이다. 9월 10일 오전 피게레스는 숙소인 베이징 시단메이쥐 호텔西單美爵酒店의 회의실에서 『차이신』의 『중국개혁中國改革』 기자와 특별인터뷰를 가졌다.

_____ 지금까지의 협상 진행 상황에 대해 먼저 소개해주세요. 갈등이 더 많았습니까, 공감대가 더 컸습니까?

공감대가 두터워지고 있다고 말하고 싶습니다. 아시겠지만 정부 협상 단이 코펜하겐을 떠날 때, 코펜하겐협정에 대해 전체적으로 공감대를 형 성했습니다. 물론 실망한 사람도 많았습니다. 지난 9개월여 동안 회원국 정부는 협정 체결의 긴박함과 중요성을 인식하고 협상을 개시하기 위해 노력했으며 모두 공감할 수 있는 영역을 확정하고자 했습니다. 이 밖에 도 협상 과정에 대한 신뢰도 깊어지고 있습니다. 우리는 칸쿤 회의에서 옳은 방향으로 실질적인 발걸음을 내딛을 수 있기를 희망합니다.

_____ 현재 주된 갈등이 무엇입니까?

갈등이 무엇인지보다 더 중요한 점은 공감할 수 있는 영역이 무엇인지 확인하는 것입니다. 공감대가 형성된 분야는 회원국 정부가 상호 접촉하 고 협상할 수 있는 출발점이 되기 때문입니다.

지금 상황으로 보면 공감대를 형성할 수 있는 분야는 다음과 같습니

다. 첫째, 기후협약의 기초가 되는 제도적인 틀을 구축하기 위해 기금을 반드시 조성해야 합니다. 그 이유는 개발도상국이 배출량을 줄이고 적응 계획을 수립하며 행동에 나서도록 돕기 위해서입니다. 둘째, 기술 이전 제도를 수립해 국가 간 기술 협력을 촉진하고 능력 계발을 실현해야 합니다. 셋째, (기후 변화에) 적응하는 행동의 틀을 빠른 시일 내에 마련하고, 개발도상국이 더 긴박하게 행동하고 국내 수요를 만족시키도록 해야 합니다.

이외에도 삼림녹화율이 현저히 낮은 국가를 어떻게 도울 것인지에 대해 공감대를 형성했습니다. 즉 그들이 직접 사태의 악화를 막을 수 있도록 돕는 것입니다. 사실 이 모든 것은 발리 로드맵에 포함된 것으로, 우리는 이것을 '제도 설계institutional architecture'라고 부릅니다. 이를 기초로 회원국 정부는 다음 기후 체제를 어떻게 구축할지 선택할 수 있습니다.

_____ 2009년부터 특히 코펜하겐 회의에서 서로 비방하고 책임을 전가하는 것을 많이 봤습니다. 칸쿤에서도 이런 상황이 재연될까요?

칸쿤 회의에서 구체적인 효과가 있기를 바랍니다. 앞서 말했던 것처럼 회원국 정부는 전진해야 한다는 긴박함을 인식했습니다. 또 이 세계에는 모든 문제를 한꺼번에 해결할 수 있는 특효약이 없다는 사실도 깨달았습니다. 모든 것을 망라한 협정을 체결해 모든 문제를 해결하기란 불가능합니다. 따라서 우리는 신중하고 점진적인 방식으로 앞으로 나아가야 합니다. 우리는 칸쿤에서 매우 중요한 발걸음을 내딛을 것으로 믿고 있습니다. 이와 동시에 회원국 정부는 칸쿤에 이어 다음 행동을 지속적으로 취해나가야 합니다.

_____ 조만간 열릴 톈진 회의에 대해 어떤 기대를 하고 계십니까? 톈진 회의는 중국이 처음 유치한 UNFCC 협상회의입니다. 이번 회의가 국제사회에 어떤 신호를 보낼까요? 협상 일정에 도움이 될까요?

우선 중국 정부가 톈진 회의의 유치를 적극적으로 제안하신 데 대해 깊이 감사드립니다. 이번 회의가 열리는 때는 시기적으로 중국의 국경절 기간입니다. 따라서 중국 정부와 중국 국민이 우리를 지지해준 것에 감사드리며 중국 정부가 보여준 호의에 감사드립니다. 우리는 중국 정부가 나서서 이번 회의를 유치한 것을 보고 중국이 협상의 추진을 수용했으며 칸쿤 회의에서 성과를 거두기 위해 힘을 싣겠다는 뜻으로 해석했습니다. 기자님이 지적한 것처럼 이 또한 중요한 공헌이자 신호입니다.

_____ 알려진 대로 온실가스의 배출 대국인 미국과 중국의 책임이 커서 사람들의 기대가 큽니다. 그래서 협상 과정에서 가장 중요한 국가로 지목됩니다. 그러나 2009 코펜하겐회의에서 두 국가가 지도력을 발휘하지 못해 많은 사람이 실망했습니다. 사무총장님은 올해 6월에 있은 인터뷰에서 미중 양국의 지도력을 낙관한다고 말했습니다. 지금 상황을 보면 미 상원이 올해 토론을 거쳐 기후 법안을 가결하기가 힘들어 보이며 한동안 성과를 기대하기도 어려울 것 같습니다. 그래도 여전히 낙관하십니까?

미중 양국의 지도력을 여전히 낙관합니다. 모든 국가 중에서 특히 미국과 중국은 국제적인 지도력이 있습니다. 미국을 이야기하면 칸쿤 회의 전에 국내법을 가결하지 못할 것으로 보입니다. 그러나 우리가 아는 것처럼 미국 정부는 관리·감독 조치의 절차로 국내 입법을 대체할 수 있

습니다. 그들은 이미 시행에 착수했으며 앞으로 계속 시행할 것입니다. 우리가 아는 바로는 국내에서 입법이 실현되지 않더라도 오바마 대통령은 코펜하겐에서 한 약속을 계속 지켜나갈 것입니다. 즉 2020년까지 2005년 대비 17퍼센트를 감축하는 목표를 실현할 것입니다. 따라서 우리는 미국이 이 약속을 지킬 것을 굳건히 믿습니다.

마찬가지로 중국 정부가 코펜하겐협정에서 했던 약속을 이행할 것이라고 믿고 있습니다. 우리가 이해한 바로는 사실 중국 정부는 약속한 것보다 더 높은 수준까지 이행할 용의가 있습니다. 물론 이것도 중국의 이익에 부합합니다. 따라서 두 나라가 코펜하겐협정에서 했던 약속을 이행할 것을 의심하지 않습니다.

이외에도 중요한 사실 하나는 두 나라가 수많은 다른 의제에서 유연한 태도를 보이고 있어 제3의 협상국과 전면적으로 합의를 도출할 수 있다는 점입니다.

_____ 예를 들면?

예를 들면, 두 나라가 주목하는 민감한 문제는 국내에서의 정부 책임과 투명성입니다. 양국은 아직도 이 의제를 놓고 대화를 계속하고 있습니다. 물론 이 의제는 선진국이 개발도상국에 자금 원조를 해야 하는 것과 깊은 관계가 있습니다.

_____ 중국이 할 수 있는 일이 무엇이며, 동시에 국내 이익을 고려해 그다지 타협을 기대할 수 없는 것은 무엇일까요?

지금 우리가 이해한 바에 따르면, 선진국은 교토의정서를 바탕으로

국제사회의 감독, 심의, 검증Measure, Report, Verification, 즉 MRV을 받아들일 것입니다. 개발도상국도 만약 국내에서의 감축과 적응 프로그램이 국제사회의 원조가 뒷받침되면 마찬가지로 국제적으로 감독, 심의, 검증을 받는 데 동의했습니다.

그러나 국내 재정으로 감축과 적응 행동을 지원하는 중요한 형태가 있습니다. 이는 재미있는 개념과 관련이 있는데, 특히 중국, 인도 그리고 다른 중요한 개발도상국이 국내 자본으로 국제 자문과 분석을 진행하는 것입니다. 이는 일반적인 MRV 절차와 달라서 투명성 문제가 제기됩니다. 이러한 내용은 모두 논의중이며 칸쿤 회의에서 협상의 중심이 될 것입니다.

한편으로 우리는 미국과 중국을 포함하여 모든 국가가 코펜하겐협정에서 합의한 약속을 이행하기를 바랍니다. 다른 한편으로 전체적으로 분명한 약속이 있습니다. 즉 세계 평균기온이 2℃ 이상 상승하지 않도록 하는 것입니다. 현재 선진국과 개발도상국이 총량에 대해서는 약속을 했지만 이것만으로는 세계의 평균기온이 최대 2℃를 상승하지 않는다는 것을 보장할 수 없습니다. 따라서 감축 약속이 매우 미흡합니다. 모든 국가가 이 문제를 진지하게 고민해야 합니다.

_____ 2009년 코펜하겐 회의에서 마지막 24시간 동안의 혼란과 일부 라틴아메리카 국가의 분노를 아직도 기억합니다. 라틴아메리카 출신 협상가로서 지금 UNFCCC 사무총장이란 중책을 맡게 되었습니다. 그렇다면 상대적으로 유리한 위치에서 비슷한 일이 다시 발생하는 것을 막을 수 있을까요? 코펜하겐 회의에서 어떤 교훈을 얻을 수 있었나요?

사람마다 코펜하겐 회의에서 얻은 교훈을 정리해보려고 합니다. 대회 사무처 역시 이 작업을 일찍이 시작했습니다. 저는 각국 정부가 모두 경험과 교훈을 정리하는 일을 시작했다고 믿습니다. 이런 의미에서 코펜하겐 회의는 매우 가치 있는 회의였습니다. 왜냐하면 올해 칸쿤으로 향하는 길에 경험과 교훈을 미리 알려주었을 뿐만 아니라 절차에 관한 원칙을 밝혀주었습니다.

유엔 체제에서 다자간 협상을 진행할 때 중요한 원칙은 전체성과 투명성입니다. 두 가지 기본 원칙이 코펜하겐 회의에서 잘 지켜지지 못했음이 분명하게 드러났습니다. 따라서 우리는 두 원칙에 대해 전혀 새로운 약속을 하고자 합니다. 우리는 이 두 원칙이 톈진, 칸쿤 그리고 이후에 있을 회의에서 잘 실현되도록 보장할 것입니다.

_____ 마지막으로 청정개발 체제Clean Development Mechanism, CDM의 개혁 상황에 대해 말씀해 주실 수 있나요? 업계 내의 일부 사람들은 2012년이 지나면 프로젝트에 기반을 둔 CDM이 사라질 것으로 예측합니다.

저는 CDM이 끝나기를 원하는 사람이 있다고 생각하지 않습니다. 회원국의 정부가 현재 CDM의 규모를 확대하기 위한 개혁을 어떻게 진행할지 논의하고 있다고 생각합니다. 이는 협상의 중심 내용 가운데 하나입니다. 그중 가능한 한 가지 사실은, 개발도상국에서 CDM으로 프로젝트에 기반을 둔 (이산화탄소의) 감축 기회를 계속 획득할 수 있다는 것입니다.

또 다른 가능성은, 거대한 개발도상국에 대해 감축 행동의 규모와 (감

축) 시장을 한층 확대하는 것입니다. 이것은 교토의정서와 UNFCCC를 기반으로 한 장기 협력 행동 협상에서 다룰 중요한 의제 중 하나입니다. 일부 국가는 지금의 CDM 운용 방식을 유지한 다음 새로운 시장을 개방하여 CDM을 보완하고자 합니다. 모든 선택은 협상 테이블에 놓여 있으며, 각국 정부는 여전히 이러한 선택을 진지하게 고민하고 있습니다.

현대화로
과거와 이별하다

이고르 슈발로프 러시아 제1부총리와의 인터뷰

●

기자 후수리, 황산 **시기** 2010년 9월 1일

러시아 제1부총리이자 '사실상의 수석경제학자'로 불리는
슈발로프가 인터뷰에서 말했다.
"이 나라는 정치, 사회, 경제를 포함해 모든 것이 바뀌어야 합니다."

크렘린궁은 모스크바에 있는 흰색의 6층짜리 직사각형 건물이다.
1970년대의 소련식 건물인 이곳은 러시아의 인민대표대회소비에트연합의 최
고 권력 및 입법기관가 있던 곳이다. 1991년 8월 겐나디 야나예프 부통령의
쿠데타가 실패로 끝났을 때, 보리스 옐친은 크렘린궁 앞의 탱크 위에 올
라 쿠데타에 반대하는 연설을 했다. 1993년 10월 옐친의 명령에 따른
군대가 바로 여기에서 러시아 국가의회Duma와 대치했고, 결국 유혈 사
태 끝에 진압했다.

'10월 사태' 뒤 새로 단장한 크렘린궁은 지금 러시아 정부가 청사로 사
용하고 있다. 크렘린궁 앞의 경호 구역을 지나 건물 안으로 들어가 엘리
베이터를 타고 6층으로 간 다음 다시 동쪽 계단을 내려와 5층 동쪽으로
이동하자 정부 지도자의 집무실 두 칸이 보였다. 이곳은 푸틴 총리와 슈

발로프 Igor Ivanovich Shuvalov 부총리가 각각 하나씩 사용한다.

　체격이 큰 슈발로프가 나와 일행을 맞으며 악수했다. 우리는 러시아식
대로 부친 이름까지 부르며 "안녕하세요, 이고르 이바노비치"라고 인사
했다. 그러자 그는 웃으며 "그냥 이고르라고 부르면 됩니다"라고 말했다.

　슈발로프의 집무실에는 20명이 둘러앉아 회의를 할 수 있는 긴 탁자
가 있었는데 우리는 그곳에서 마주 보고 앉아 이야기를 나누었다. 슈발
로프의 등뒤로 크기가 작은 푸틴의 초상화가 걸려 있었다. 슈발로프는
영어가 유창해 인터뷰하기가 편했으며 언론비서인 알렉산더가 동석했
다. 슈발로프는 얼마 전에 싱가포르를 방문했을 때 현지 기자와 인터뷰
한 것을 제외하면 이번이 외국 기자와의 첫 번째 인터뷰라고 말했다.
"중국에서 오셨기 때문입니다."

　슈발로프는 43세로 2년 전에 푸틴 내각의 제1부총리로 임명되어 푸틴
이 자리를 비우면 총리 역할을 대신한다. 따라서 얼마나 중요하고 신임
을 받는 자리인지는 충분히 짐작할 수 있다. 슈발로프는 노동자와 군인
을 거쳐 나중에 모스크바 국립대학교에서 법률을 공부했다. 대학을 졸
업한 뒤 변호사로 일하다가 외교부 공무원으로 발령받았다. 1990년대
후반부터 러시아국유자산위원회에서 근무했으며 이후 러시아 연방국유
자산위원회의 위원장이 되었다. 그뒤 장관에 올랐고 2003년부터 푸틴
대통령의 조력자가 되었다. 2008년 5월에 푸틴이 대통령으로 연임한 임
기가 끝나고 총리가 되자 슈발로프도 푸틴을 따라 제1부총리가 되었다.

　러시아 기업계의 친구인 안드레아는 우리에게 슈발로프가 경제를 잘
알고 러시아에서 '사실상 수석경제학자'이기 때문에 그를 인터뷰하는 것
이 좋겠다고 권유했다. 안드레아는 슈발로프가 부총리 자리에 있지만

정치가가 아니며 기술 관료라고 소개했다. 서방의 일부 전문가는 슈발로프를 가리켜 '비범한 자유주의자'라며 러시아 자유화정책의 추진자라고 평가한다.

"현대화는 모든 것을 의미한다"

모스크바 교외의 녹음이 우거진 지역에 사는 한 러시아인은 차를 타고 서쪽으로 가면 부자 동네가 나오며 그리고 '서쪽으로 갈수록 잘 산다'고 말했다. 회의의 마지막 날에 주최 측이 서쪽으로 40여 킬로미터 떨어진 교외의 '럭셔리 빌리지luxury village'에서 성대한 연회를 열었다. 통역은 이곳이 신흥 재벌이 거주하는 곳이라고 귀띔했다.

금요일 저녁 럭셔리 빌리지는 한적했다. 우리는 명품 매장이 즐비한 번화가에서 저녁을 먹었는데 식당의 인테리어가 독특했다. 번화하고 세련된 모스크바 시내를 이미 봐서인지 럭셔리 빌리지가 있다는 사실이 그렇게 낯설지만은 않았다. 몇 년 전 러시아 경제가 호황일 때 모스크바와 상트페테르부르크는 선두주자로서 혜택을 톡톡히 누렸다. 겉보기에는 유럽, 미국과 같은 선진국의 대도시와 큰 차이가 없었다.

러시아는 1999년부터 2008년까지의 10년 동안 연평균 경제성장률이 7퍼센트였다. 이 기간에 주식시장의 시가총액은 2배로 증가했으며 국민의 실질가계소득은 4배로 증가했다. 실업률은 12.9퍼센트에서 6.3퍼센트로 떨어졌으며, 빈곤율도 29퍼센트에서 13퍼센트로 감소했다. 국가 전체로 보면 빈부의 차이가 상당히 커졌음에도 중산층 인구가 전체 인구의 8퍼센트에서 33퍼센트 이상으로 증가했다.

그렇지만 우리가 만난 러시아의 정부, 기업계, 학계 인사들은 지금의

발전상에 만족하지 않았으며 이야기 도중에 미래에 대해 걱정하는 것을 읽을 수 있었다. 이른바 '자원의 함정'이나 '네덜란드 병Dutch disease, 자원에 거의 의존해 급성장을 이룩한 국가가 이후 물가 및 환율 상승으로 제조업이 경쟁력을 잃고 경제가 위기에 빠지는 현상이라는 견해가 러시아의 경제정책 결정자들에게 계속 영향을 끼쳤다.

2008년의 금융위기는 단일한 에너지 경제라는 러시아의 취약성을 그대로 드러냈다. 2000년 석유와 천연가스가 러시아의 GDP에서 차지하는 비중이 20퍼센트였는데 2005년에는 25퍼센트로 상승했다. 유가가 최고치를 경신하던 2008년에는 30퍼센트에 박했다. 국제원유가가 배럴당 10달러 하락할 때마다 러시아의 GDP는 3퍼센트 포인트 하락한다. 그래서 러시아는 2009년 GDP가 8퍼센트나 하락해 G20 국가 중에서 가장 큰 타격을 입었다. 전년 대비 변동(하락) 폭이 무려 13퍼센트나 되면서 G20 평균치인 GDP 변동률 4퍼센트보다 훨씬 높았다.

경제와 사회가 장기적으로 그리고 안정적으로 발전하기 위한 관건은 제도의 확립이다. 우리는 인터뷰에서 러시아가 최근 개혁 조치를 단행했다는 소식을 들었다. 그중 가장 긍정적인 것은 2001년에 시행한 세제개혁으로 13퍼센트의 단일세율로 과거 누진소득세 제도를 대체했다. 그러자 조세의 (해외) 도피가 크게 감소했고 국가의 재정 능력이 확충되었다. 이외에도 2001년에서 2004년까지 러시아 정부는 기업이 시장에 진입할 때 필요한 행정 심사와 등록 절차를 간소화했다. 한편 금융개혁을 추진해 민간 중소기업의 융자 수요를 충족시켜 긍정적인 효과를 크게 거두었다.

우리는 날카로운 비판도 많이 들을 수 있었다. 유가 상승으로 지속적

인 개혁의 동력이 상실되어 경제가 회복된 뒤 개혁을 주장하는 목소리가 최근 줄어든 것이다. 또 근본적인 문제에 대한 우려와 비난의 소리도 있었다. 즉 정부의 간섭, 부패의 만연, 법치의 부재가 모두 사람들의 근심거리였다.

UCLA의 대니얼 트레이스먼 정치학 교수는 곧 출판될 『회귀: 러시아, 고르바초프에서 메드베데프로의 여정』에서 오늘날의 러시아는 민주적인 제도와 구조를 갖췄지만 민주성이 불충분하다고 지적했다. 러시아의 금융권에서 18년이나 일한 서방의 투자은행가인 스티븐 제닝스는 『차이신』의 『중국개혁』 기자에게, 오늘날의 러시아는 과거에 찍힌 낙인에서 완전히 벗어나지 못했다고 전했다.

제닝스는 다음과 같이 말했다. "천년의 전제주의 역사를 경험한 국가에서 새로운 가치관이 자리잡는 것은 황무지에서 싹을 틔우는 것과 마찬가지입니다. 시민사회의 전통이 없는 현실은 새로운 가치 체계가 빠르게 발전할 수 없고 시간이 필요하다는 것을 말해줍니다." 제닝스는 뉴질랜드 출신으로 크레딧스위스Credit Suisse Founder Securities Limited에서 일한 적이 있으며, 현재는 르네상스캐피털의 CEO로 재직중이다. 그는 몇몇 서구 투자은행가와 함께 1990년대 중반에 르네상스캐피털을 설립했다. 지금은 러시아에서 가장 중요한 투자은행 중 하나로 발전했다.

러시아 경제를 이끄는 조타수는 이 모든 것에 대해 어떻게 생각하고 있을까? 2009년 9월에 취임한 메드베데프 대통령이 러시아의 '현대화 사업'을 제안하자 사람들은 표트르 대제의 '현대화' 주장을 떠올렸다. 우리는 '현대화를 이해'하여 몇 가지 문제를 제기하려고 했으나 슈발로프는 현대화를 새로운 개혁 추진의 의사일정이라고 부른다. 그는 '현대화

는 모든 것을 의미한다'라고 말했다. 이 말은 러시아는 변화해야 한다는 뜻이다.

_____ 2009년 9월 메드베데프 대통령이 러시아의 '현대화 사업'을 제안했는데, 이를 어떻게 해석해야 할까요? 의견을 듣고 싶습니다.

메드베데프 대통령은 취임한 직후 러시아 발전의 새로운 장정을 선언했습니다. 그는 러시아의 정치, 사회, 경제 등 모든 부분이 바뀌어야 한다고 생각합니다. 메드베데프 대통령은 특별히 「러시아, 앞으로」라는 제목의 글을 발표했습니다. 구소련이 해체되고 우리가 아주 힘든 15년의 시간을 보낸 것은 모두 아실 것입니다. 살아남으려면 우리는 새로운 것을 만들어내야 합니다. 그러나 이러한 시기에도 러시아는 지난날을 그리워하고 있습니다.

소련이 창조한 자산은 이미 노화되었고 구舊산업은 더 이상 경쟁력이 없습니다. 과학과 교육은 변화와 현대화를 기다리고 있으며, 국가재정과 경제는 새로운 관리 방식이 필요하고 비즈니스 활동도 새로운 환경을 요구하고 있습니다. 이렇게 많은 부분에서 변화가 시급합니다.

현재 사람마다 모두 현대화를 말하며 구체적인 계획이 있을 것으로 생각할 것입니다. 메드베데프 대통령은 실제로 상세한 설명서까지 가지고 있었습니다. 하나의 위원회와 다섯 개의 방향에 대해 들어본 적이 있을 것입니다. 러시아의 현대화와 밀접한 관계가 있는 다섯 개의 방향이란 제약업과 원자력 등입니다. 그러나 현실적으로 현대화는 사람들의 행동, 교육, 과학 등 모든 것을 의미하며, 사람들의 생활 전체와 관련 있습니다.

예를 들어 러시아에 발명과 창조에 재능 있는 과학자가 많지만 상업
화가 어렵습니다. 이스라엘과 미국에서 러시아 출신 연구원은 크게 환
영받으며 상당히 많은 러시아인이 부유한 삶을 살고 있습니다. 그러나
러시아 자체는 이 같은 인프라를 갖추지 못했습니다. 예를 더 들면 러시
아 기사는 운전할 때 안전벨트를 매지 않습니다. 왜냐하면 소련의 행동
방식에서는 안전벨트를 맬 필요가 없기 때문입니다. 우리가 현대화를 거
론하는 것은 바로 우리가 변화해야 함을 의미합니다.

_____ 수많은 변화를 이야기하셨는데요. 현재 러시아 경제가
직면한 최대의 도전은 에너지와 자원에 대한 의존도를 어떻게 낮추고 동
시에 혁신을 이끌어 내는가입니다. 러시아 경제의 다각화를 위한 구체적
인 계획이 있습니까?

자원산업이 대폭 탈바꿈해야 합니다. 그러나 혁신이 반드시 에너지에
만 관련이 있는 것은 아닙니다.

러시아는 약 40퍼센트의 (국민)소득이 에너지와 원자재 분야에서 나
옵니다. 우리가 신경제를 이야기할 때마다 에너지에 대한 의존도를 낮추
려고 합니다. 혁신을 이야기할 때는 아마 에너지 혁신이 우선 과제가 될
것입니다. 왜냐하면 러시아의 에너지 사용 효율은 뒤에서 셌을 때 1등
일 것이기 때문입니다. 우리는 더 좋고 저렴하며 안전하고 그리고 이산
화탄소 배출량이 더 적은 에너지를 사용해야 하며, 단위 생산당 에너지
소모량을 줄여야 합니다.

에너지와 혁신은 공존합니다. 그러나 다른 부문을 어떻게 발전시킬지
에 관해 구체적으로 물으신다면 저의 대답은 재정정책을 바꿔야 한다는

것입니다. 지금 우리는 비非에너지 분야에 대해 감세정책을 시행하고 있습니다. 에너지 소비가 큰 산업은 세율이 34퍼센트지만 다른 신흥 산업은 14퍼센트밖에 되지 않습니다. 동시에 우리는 새 산업을 발전시킬 때 관료 체제에서 비롯된 장애물과 엄청난 부패 문제가 도사리고 있음을 인식했습니다. 기자님의 질문에 대한 저의 답은 '그렇다'입니다. 우리는 구체적인 계획이 있으며 러시아와 다른 나라 사업가의 투자를 유치할 것인데 에너지 분야에만 국한된 것은 아닙니다.

_____ 구소련이 붕괴한 이후 지금까지 러시아의 경제발전을 어떻게 묘사할 수 있을까요? 과거와 현재를 어떻게 보십니까?

우리는 소련 경제에서 지금의 이른바 러시아 경제로 전환했습니다. 과거 15년 동안은 생존이 주된 목표였습니다. 우리는 소련 시대가 남긴 어려움 속에서 생존해왔습니다. 소련은 1991년에 해체되었지만 1993년 옐친 대통령과 의회가 충돌했습니다. 12월에는 러시아 신헌법이 시행되었습니다. 이때부터 우리는 새로운 러시아를 건설할 생각을 하기 시작했습니다. 1996년 옐친이 대통령으로서 재선에 성공했습니다. 옐친은 첫 번째 선거에서 득표율이 부족했지만 두 번째 선거에서 승리를 거두었습니다. 당시 우리는 소련이 새로운 체제로 전환되어 민주주의 원칙을 지키려고 시도해보고 사법부, 입법부, 행정부가 분리되는 진정한 삼권분립 체제도 시행해봤습니다. 그뒤 진정한 어려움이 점차 사라졌습니다.

1991년 전까지 소련 사람들은 국가에서 주는 보조금을 받을 수 있었지만 이해부터 모든 것이 사라졌습니다. 일반 서민은 연금이 나오지 않아 삶이 몹시 힘들었습니다. 새로운 것을 일으키고 발전시키는 과정에서

서민이 먼저 고통을 겪었습니다. 1996년까지도 많은 노동자가 월급을 받지 못해 공장에서 근로자에게 먹을 것을 간신히 나눠줘 가족들을 부양하도록 했습니다. 엄격히 말하면 2000년이 돼서야 비로소 가난한 세월이 끝나고 미래를 고민하기 시작했습니다.

2008년에 푸틴은 크렘린궁을 떠나기 전에 2020년 계획을 발표했습니다. 우리는 지나간 15년보다 더 큰 성과를 거두어 세계에서 가장 앞서나가고 가장 안락한 국가와 어깨를 겨루는, 편안하고 안전한 국가를 세우는 것이 목표입니다.

_____ 최근 러시아 경제개혁의 주요 임무는 무엇입니까?

우리는 더 유연하고 빠르게 개혁에 매진해야 합니다. 우리는 과거 소련 시대에 어떤 변화도 없었다는 것을 기억합니다. 가능한 빠른 개혁은 경제에 국한되지 않지만 경제부터 개혁을 시작해야 합니다. 우리는 매우 유연하게 새로운 것을 받아들이고 익숙해지는 법을 배워야 합니다.

'위기'와 '기회'

우리 대화의 주제가 자연스럽게 금융위기로 바뀌었다. 위기로 충격이 있었음은 모두 아는 사실이다. 러시아 정부는 그 충격을 어떻게 느꼈을까? 어떤 반성을 했을까?

_____ 세계금융위기는 러시아 경제에 직접적인 타격을 주었습니다. 그 심층적인 영향은 어느 정도라고 생각하십니까?

저는 오히려 러시아가 금융위기의 수혜를 입었다고 생각합니다. 한편

으로 우리는 금융위기로 어려움을 겪었습니다. 왜냐하면 우리는 막대한 외환보유액을 동원해 긴급 구제에 나서 작년에 간신히 버텼기 때문입니다. 그러나 다른 한편으로 사람들이 효율에 대해 진지하게 고민하기 시작했습니다. 정부와 재계도 산업 내 불필요한 인원을 어떻게 처리할지 함께 고민한 뒤 진정한 타협안을 찾았습니다. 즉 정부가 일정한 조건을 제시하고 능력 있는 사람들이 중소기업을 설립하는 것입니다. 그러면 기업은 공장에서 남는 인력을 점차 정리할 수 있습니다.

위기에 대처하기 위해 러시아 정부는 2009년에 '위기 대처 계획Anti-crisis plan'을 발표했습니다. 뒤이어 약 30억 달러를 출자해 실업자에게 실업보조수당을 주고 재교육과 재취업의 기회를 제공했습니다. 동시에 러시아 정부는 200억 달러를 출자해 실물경제를 지원했습니다. 이러한 정책 중 정부가 대기업에게 구제금융을 제공한 일은 크게 비난을 받았습니다. 이 기업들은 효율성이 낮고 수익 능력이 떨어집니다. 따라서 보조금으로 실업의 리스크를 잠시 낮출 수는 있지만 유한한 자원을 합리적으로 분배하지 못한 것입니다. 장기적으로 보면 러시아가 기업의 실력을 높이고 경제회복을 실현하는 데 전혀 도움이 되지 않기 때문입니다.

슈발로프의 주장에 따르면, 러시아는 위기가 일단 지나가면 더 유연한 노동시장을 운용해 기업이 잉여 인력을 정리하는 것을 허용할 계획이다. 나아가 대기업의 민영화가 다시 도입되고 중소기업에 대한 관리·감독을 완화하여 기업에게 더 많은 자율성을 부여한다. 슈발로프의 주장을 듣고 나면 자유화의 방향이 상당히 명확하게 드러난다.

그렇지만 신흥시장연구원 원장인 퍄오성후朴勝虎 교수는 러시아는 여전히 초보 단계며 제도가 아직 성숙하지 못했다고 지적했다. 퍄오성후

원장은 중국, 인도, 러시아 경제를 전문적으로 비교 연구한다. 그의 말을 들어보자. "러시아에서 400위 기업의 약 80퍼센트가 민간기업이라고 하더라도 정부는 어느 때든지 기업의 경영활동에 간여할 수 있습니다."

따라서 민영화를 고도화하는 일은 정부 활동의 개혁과 발걸음을 같이한다. 앞으로 험난한 과정이 기다리고 있다.

_____ 세계경제가 더블 딥에 빠지지 않을까 걱정되십니까?

우리는 흐름에 주목하고 있습니다. 불행히도 더블 딥이 진짜로 닥친다고 해도 러시아가 재차 큰 타격을 받지는 않을 것입니다. 우리는 충분한 외환보유액으로 이 난관을 넘을 수 있기 때문입니다. 그래도 더블 딥을 함께 피할 수 있기를 희망합니다.

중국과 일본의 뒤를 이어 외환보유액 세계 3위인 국가로서 2010년 4월까지 러시아의 외환보유액은 4560억 달러였습니다. 최고치였던 6000억 달러에서 조금 줄어든 것입니다. 금융위기 때 2000억 달러를 동원해 사용했기 때문입니다.

_____ 금융위기가 발생하자 러시아는 세계에서 가장 먼저 IMF의 특별인출권Special Drawing Rights, SDR이 더 큰 역할을 담당해야 한다고 주장했습니다. SDR의 기능과 IMF를 어떻게 평가하십니까?

우리는 SDR의 운용 방식이 IMF의 현 지분 배분 구조에서 독립되어야 한다고 생각합니다. 현재의 중국과 인도, 러시아, 브라질 정부는 오랜 시간 공동 입장을 논의해왔습니다. 우리는 SDR의 지출 문제에 대한 열의가 높습니다.

_____ 러시아가 경제를 자신하는 이유는 대량의 자원과 에너지 때문입니다. 그런데 1차 산품은 가격이 변동할 때마다 러시아의 경제에 충격을 줄 수 있습니다. 러시아는 앞으로 이러한 충격에 어떻게 대비할 것입니까?

우리는 지금 이러한 충격을 피할 방도가 없습니다. 이 문제는 앞으로 5년, 10년 심지어 15년에 걸쳐 해결해야 할 과제로 당장 효과를 기대할 수 없습니다. 우리는 충분한 외환보유액이 있습니다. 현재 러시아는 중국과 아시아 국가에 크게 주목하고 있습니다. 왜냐하면 이 국가들이 더 많은 에너지와 러시아 제품을 구매할 것이고 그 수요는 앞으로 계속 증가할 것이기 때문입니다. 물론 우리는 유럽과 다른 시장에 동시에 의존하고 있습니다. 만약 그들의 수요가 늘지 않는다면 바로 가격이 하락한다는 것을 의미합니다.

일단 기자님이 말한 변동이 발생하면 에너지와 자원가격이 다시 하락할 것입니다. 그러면 러시아 경제는 타격을 입을 것이며 외환보유액을 동원해 보충할 것입니다. 장기적으로 봤을 때 러시아의 재정(예산)정책이 더 이상 지금처럼 에너지산업에 의존할 수 없습니다. 전문가들은 현재 예산의 약 40퍼센트가 에너지 분야에서 나온다고 말합니다. 이상적인 상황에서는 에너지산업에서 얻는 수입이 지출예산의 10퍼센트를 초과해서는 안 됩니다. 에너지에서 발생한 나머지 수입은 모두 외환보유고에 비축해야지 지금처럼 지출하면 안 됩니다.

에너지 의존도를 낮추기 위해 우리는 다른 산업이 러시아에서 발전하도록 해야 합니다. 지금 러시아는 다른 산업에 더 좋은 비즈니스 기회를 제공할 수 있습니다. 러시아는 중국, 인도, 브라질과 함께 브릭스의 일원

입니다. 최근 러시아의 투자은행인 르네상스캐피털이 모스크바에서 회의를 열었는데 그들의 주장에 따르면, 세계를 어떻게 현대화해야 하는지에 대해 조만간 개발도상국이 자신의 시각을 제시할 것입니다.

저는 신경제 사고가 우리와 같은 나라에서도 생겨날 것이라고 생각합니다. 러시아는 자원이 풍부하고 국토가 광활하며 국민의 교육 수준이 높습니다. 아시아는 러시아의 전략적 파트너이기 때문에 이웃 국가가 상호 지원하면 새로운 경제 전략을 충분히 수립할 수 있습니다. 그중 가장 중요한 신호는 우리가 더 이상 마음대로 석유와 천연가스를 수출해 번 외화를 마음대로 쓸 수 없다는 점입니다. 만약 우리가 무절제하게 사용하지 않고 자금을 비축한다면 러시아는 조만간 새로운 생존의 길을 발견하게 될 것입니다.

러시아는 금융위기 이후 수많은 국제 무대에서 세계의 기축통화로서 달러의 지위를 약화시키고 IMF의 SDR를 비롯해 기축통화의 종류를 늘리자고 제안했습니다. 이는 한편으로 위기 기간에 FRB가 급진적인 양적완화 조치를 취한 것에 대한 대응이기도 하지만, 다른 한편으로 지리적인 전략을 고려한 발언입니다. 국제기축통화를 다원화하는 것은 국제금융기구에서 신흥시장과 개발도상국의 발언권과 대표성을 높이며 포스트 위기 시대에 쉽게 공감할 수 있는 견해입니다. 이 문제를 분석해보면 러시아가 왜 브릭스에 대해 큰 열정을 보이는지 잘 알 수 있습니다. 러시아 혼자의 힘으로 국제적 신금융경제구조와 나아가 정치 질서의 재편을 이끌어낼 수는 없습니다. 그러나 중국과 인도, 브라질이 합세한다면 상황이 달라질 것입니다.

_____ 러시아가 WTO에 가입하기까지 시간이 어느 정도 걸릴까요?

중요한 문제는 모두 해결되었고 이제는 정치적인 문제만 남았습니다. 메드베데프 대통령이 미국을 방문해 오바마 대통령과 회담할 때 진지하게 논의한 결과 저로서는 역불급이던 문제를 해결했습니다. 대표단이 귀국해 알려준 바에 따르면, 마지막 문제도 수월하게 해결되었습니다. 그러나 9월 30일 이전까지 모든 문제를 해결한다고 하더라도 이것이 WTO에 자동으로 가입하는 것을 의미하지는 않습니다.

다른 국가는 모두 미국의 입장을 고려합니다. 미국이 우리와 관계가 좋을 때에는 우리를 도와주지만, 관계가 악화되었을 때는 우리를 배척합니다. 우리는 이런 일에 이미 익숙합니다.

무엇을, 어떻게 할 것인가?

셰레메티예보 국제공항은 모스크바의 관문으로 해외 여행객에게 좋은 인상을 주기는 힘들다. 6년 전에 기자가 이곳으로 입국할 때 80분을 기다렸다. 이번에 다시 올 때는 90분을 기다렸다. 공항에서 시가지로 진입하는데 교통체증이 심각해 정말 짜증났다. 예컨대 기자가 출국할 때 러시아측 담당자가 호텔에서 공항까지 자동차를 타고 가도록 주선했지만 도중에 어쩔 수 없이 자동차를 포기하고 고속철도로 갈아타서야 탑승 시간에 맞추어 간신히 도착할 수 있었다. 이번에 러시아에서 서방의 투자은행가들과 이야기를 나눌 때 불평이 가장 많았던 부분이 바로 인프라 시설이었다. 인터뷰 중 러시아의 '모스크바 금융허브' 계획이 물거품이 되지 않기 위한 방법이 무엇인지 궁금했다.

_____ 러시아는 지금 모스크바를 세계의 금융허브로 만들기 위해 노력하고 있습니다. 어떤 조치를 취해 모스크바의 매력도를 높일 계획입니까? 또 서방의 금융위기에서 무엇을 배웠습니까?

(웃으며) 먼저 우리는 서방처럼 은행가를 비난하지 않습니다. 제 생각에 금융위기가 발생한 원인이 모두 은행의 잘못만은 아닙니다. 퍽 많은 문제가 동시에 발생했습니다. 저는 은행, 대부업체 등 금융 부문은 몸속의 피처럼 절대 없어서는 안 되는 것이며, 금융이 없다면 (경제)발전이 불가능하다고 생각합니다. 지금 러시아의 은행법은 상당히 진보적이며 신바젤협약을 이미 따르고 있고 은행의 운영도 매우 투명합니다.

많은 어려움이 있지만 러시아의 은행 시스템은 대단히 견실합니다. 많은 사람이 은행이 매우 많아 수를 줄여야 한다고 지적합니다. 그렇지만 숫자의 많고 적음이 중요하지 않습니다. 어려움을 극복하고 위기를 넘길 때도 우리는 주요 은행이 정상적으로 운영될 수 있도록 했으며 그 결과 한 곳도 파산하지 않았습니다.

모스크바는 자연스럽게 금융허브가 될 것입니다. 모스크바로 돌아온 사람이라면 모스크바가 빠르게 변화하는 도시임을 알게 될 것입니다. 모스크바는 매일 달라지고 있습니다. 우리는 모스크바를 금융허브로 발전시키려는 원대한 포부가 있습니다. 일부 동유럽 국가와 독립국가연합 회원국이 이에 대해 흥미를 보이고 있습니다. 그들은 자국에게 우호적이고 익숙하며 자본을 유치할 수 있는 곳을 찾고 있습니다.

_____ 아주 개방적인 조치입니다. 모스크바를 금융허브로 발전시킬 때 관리·감독을 어떻게 하실 생각입니까? 미국이 금융관리·감

독의 개혁을 진행하는 상황에서 러시아는 관리·감독의 틀을 어떻게 짤 생각입니까?

우리는 유럽연합의 관리·감독 방식을 참조해 공동경제시장을 구축하고 주요한 경제법규는 통일할 계획입니다. 은행의 경우는 유럽연합과 동일하다고 말할 수 있습니다. (러시아의) 중앙은행이 하는 일은 모두 신바젤협약의 적용을 받습니다.

_____ 러시아를 오갈 때 국제공항과 세관의 효율성이 낮다는 생각을 많이 합니다. 이를 개선할 계획이 있습니까?

우리가 운영을 잘못하기 때문에 셰레메티예보 국제공항을 매각할 생각입니다. 지금 두 곳의 투자은행이 정부를 대신해 일을 추진중입니다. 셰레메티예보 국제공항을 인수할 의사가 있는 투자자도 있습니다. 자문기관에서는 모스크바의 3대 공항인 셰레메티예보 국제공항, 도모데도보 국제공항, 브누코보 국제공항을 묶어서 매각하고, 합병 뒤 신설되는 회사의 지분은 상당 부분을 전략적인 경영자에게 넘겨야 한다고 제안했습니다. 투자자들이 볼 때 공항 하나를 사는 것은 동시에 세 곳을 매입하는 것만 못 합니다. 왜냐하면 이 공항들은 서로 경쟁 상대가 아니며 프랑크푸르트처럼 유럽의 항운 허브와 경쟁해야 하기 때문입니다.

_____ 최근 유럽에서 위기가 발생하여 사람들의 주목을 끌고 있습니다. 러시아는 그간 유럽연합을 방향타로 삼았는데 이번에 유럽 위기로 충격을 받지는 않았나요? 위기가 발생한 원인이 무엇이라고 생각하십니까?

유럽연합이 다시 단결해서 정말 다행입니다. 거액을 투입한 결과 IMF와 같은 시스템이 작동하기 시작했습니다. 물론 이것은 유럽 내부의 일입니다. 러시아의 주요한 비축 외환은 유로화와 달러입니다. 따라서 (유럽 위기는) 당연히 러시아에 엄청난 타격을 줄 것입니다.

동시에 우리는 카자흐스탄과 벨라루스와 연합하여 관세동맹과 단일시장을 형성했습니다. 아마도 앞으로 5년 안에 화폐까지 통일할 것인데, 전혀 새로운 화폐를 사용할 수 있고 러시아의 루블을 쓸 수도 있습니다. 나자르바예프 카자흐스탄 대통령은 이전에 3국이 완전히 새로운 화폐를 사용하자고 제안한 적이 있습니다.

단일시장을 형성하고 화폐를 통일하기 위해 우리는 긴축적인 재정정책을 펴 그리스, 포르투갈, 에스파냐(스페인)와 같은 상황이 발생하는 것을 피해야 합니다. 그들이 위기에 빠진 까닭은, 유럽연합의 가입 조항을 모두 지키지 않았고 예산의 적자가 줄어들지 않았으며 근로자의 근무 시간이 갈수록 줄어들었기 때문입니다. 이러한 사실은 하나같이 중요한 교훈입니다.

_____ 3국의 화폐를 통일한다고 말씀하셨는데요. 그럼 우크라이나는요?

처음 우리가 화폐를 통일할 생각을 했을 때는 4개국을 고려했습니다. 바로 우크라이나, 벨라루스, 카자흐스탄, 러시아입니다. 유시첸코가 우크라이나 대통령으로 당선되자 우크라이나는 그간의 단일화 작업을 모두 중단했고 회원국에서 탈퇴하기로 결정했습니다. 우크라이나는 주요 조약에 전부 조인했고 우리가 심사와 승인을 했지만 우크라이나가 번복

했습니다. 그래서 지금은 러시아, 벨라루스, 카자흐스탄 3국이 관세동맹을 맺고 있습니다.

우리는 언제나 두 팔을 활짝 벌리고 있으며 (관세)동맹의 참여 여부는 우크라이나에 달려 있습니다. 다른 한편으로 보면 우크라이나는 WTO 회원국이지만 우리 세 나라는 아닙니다. 지금 우리는 어떤 형식으로든 우크라이나와 협력할 수 있습니다. 하지만 우크라이나는 관세동맹에 참여할 수 없으며 이제는 이미 불가능해졌습니다.

러시아, 벨라루스, 카자흐스탄이 관세동맹 조약에 서명한 것은, 러시아가 (세계 대국은 아니지만) 지역 내에서 다시 대국의 지위를 회복하기 위한 전략의 중요한 한걸음을 내딛은 것이다. 최종적으로 루블이든 아니면 새로운 화폐를 사용하든 구소련권에서 가장 중요한 3국이 (관세)동맹을 맺어 경제의 단일화를 이룬 것은 러시아가 영향력을 다시 행사하기 시작했음을 의미한다. 우크라이나는 '오렌지 혁명2004년 우크라이나 대통령 선거 때 야당을 상징하는 오렌지색으로 여당의 부정 선거를 규탄하여 결국 재선거를 치르게 했던 시민 혁명' 이후 3국의 경제 단일화 과정에 참여하지 않았다.

사실 러시아, 벨라루스, 카자흐스탄의 관세동맹은 마지막 단계에서 우여곡절을 겪었다. 벨라루스는 러시아에 석유와 천연가스를 수출할 때 관세 면제를 보장해야 한다고 주장했지만 러시아는 조금도 양보하지 않았다. 러시아는 (관세)동맹 조약에 따라 3국이 2012년 화물, 노동, 투자를 포함한 단일한 경제시장을 정식으로 형성한 다음 상품수출관세가 비로소 면제된다고 주장했다. 결과적으로 러시아와 카자흐스탄만 2010년 7월 1일에 발효하기로 한 관세동맹조약을 체결했다. 벨라루스는 러시아

가 천연가스의 수송을 줄이는 방식으로 압력을 해오자 7월 6일에야 관세동맹조약을 체결했다.

중국의 이웃

인터뷰 전에 알렉산더 언론 비서가 우리의 '질문지'를 살펴본 뒤 슈발로프가 '담당하지 않기 때문에' 중러 관계나 자원 협력에 대해서는 할 이야기가 없다고 특별히 알려주었다. 그럼에도 우리는 이 주제를 다룰 방법을 고민했는데 슈발로프는 피하지 않고 침착하게 응수했다.

_____ 방금 통화 문제를 언급하셨는데요. 러시아와 중국이 무역 교류를 할 때 위안화를 결제통화로 사용하면 어떨까 하는 생각이 듭니다.

우리도 그런 생각을 했습니다. 1992년에 맺은 조약에서는 양국이 교역할 때 국제기축통화를 사용하기로 했습니다. 나중에 국경무역에서 다소 변화가 발생하여 위안화와 루블을 사용할 수 있었습니다. 저는 루블과 위안화로 무역을 하는 목표는 거의 달성했다고 생각합니다. 러시아에 있는 중국 은행(일반은행)은 중국과 거래하는 러시아 기업에 위안화를 제공할 수 있습니다. 이것은 매우 긍정적인 신호입니다. 위안화가 조만간 기축통화가 될 것이고, 그러면 세계경제가 건강하게 발전하는 데 도움을 줄 것입니다. 저는 루블은 지역의 기축통화가 될 것으로 봅니다. 이는 두 나라에 모두 큰 도움이 될 것입니다.

_____ 중국 기업이 러시아에서 위안화로 투자할 수 있습니까?

저는 가능하다고 봅니다. 그러나 공감할 수 있는 공정한 여건이 필요하며 양국에 모두 공평한 게임의 규칙이 무엇인지 이해해야 합니다. 만약 러시아인과 중국인이 모두 상대 국가에서 루블과 위안화로 투자할 수 있다면 쉽고 편리하므로 정말 좋은 일입니다.

_____ 중국과 러시아의 교역량이 증가하고 있는 것은 우리도 잘 압니다. 그러나 이 수치는 양국 관계에 대해 양호한 전망을 하는 것에 걸맞지 않다고 생각합니다. 2010년에 양국 지도자가 네 차례나 만났는데 마지막 한 번은 G20토론토정상회의였습니다. 앞으로 양국은 어떻게 해야 협력 범위를 확대할 수 있을까요?

우리는 양국이 '똑똑한 무역'을 하기를 바랍니다. 우리는 중국과 협력하기를 간절히 바라지만 러시아의 금속이나 산림자원을 수출하는 것만을 의미하지는 않습니다. 우리는 중국의 투자자가 러시아에서 투자하기를 희망하고, 또 러시아의 투자자가 중국에서 투자하는 일을 중국이 환영하기를 희망합니다. 이를 위해서 자산을 교차 보유하고 산업을 교차 보유해야 합니다. 우리는 서로 도와야지 서로 질투해서는 안 됩니다. 이 점이 매우 중요합니다.

양국의 지도자가 만나 협상하면 국민들도 서로 왕래합니다. 20년 혹은 30년 전에 저는 양국은 관계가 돈독한 친구였다고 생각하지는 않습니다. 그러나 지금 다시 생각해보면 러시아와 중국의 관계는 아주 우호적이며 전략적인 의의가 큽니다.

러시아가 21세기 초에 다시 부상하고 세계의 중심이 서양에서 동양으

로 이동함에 따라 러시아의 '쌍두 독수리double-headed eagle' 전략이 다시 추진되었다. 신흥시장은 자원의 생산지이자 자금 그리고 지식과 기능의 발원지가 되었다. 러시아의 알루미늄 기업이 2010년 1월 홍콩에 상장하자 러시아의 자원기업이 아태亞太 지역 자본시장의 자금을 활용하기 시작했다는 평가를 받았다.

세계금융위기의 영향을 받아 2009년 중국과 러시아는 무역총액이 2008년의 568억 달러에서 약 400억 달러로 감소했다. 그러나 올해 일사분기에 양국 무역액이 162억 달러를 기록해 전년 동기 대비로 57퍼센트 증가하여 2008년 금융위기 초기의 무역 수준을 기본적으로 회복했다. 양국 비즈니스 협력의 핵심인 에너지 분야는 몇 년을 고전한 끝에 전기를 마련했다. 2009년 2월 양국은 '차관과 석유를 교환하는 협정'을 체결했다. 중국은 앞으로 러시아에 총액으로 250억 달러의 장기차관을 제공하고 러시아는 2011년부터 2030년까지 매년 1500만 톤씩 모두 3억 톤의 석유를 송유관을 통해 중국에 공급한다.

중국과 러시아의 무역 결제 중 특히 국경무역의 결제는 양국이 모두 관심을 두는 핵심 내용이다. 루블과 위안화가 중러 무역의 결제에서 차지하는 비중은 약 1퍼센트며 양국이 모두 비중을 늘릴 의향이 있다. 2010년 4월 27일 중국은행이 이날부터 중국 내에서 루블 대 위안화의 직접환율에 따라 루블화의 위안화 교환 서비스를 제공한다고 발표했다. 사람들은 이 조치가 중국과 러시아가 무역 결제시 자국 화폐로 결제하는 시기가 실제로 도래한 것으로 받아들인다.

* 산저우單舟, 양위안샤오楊遠嘯가 이 글에 도움을 주었다.

후수리와 『차이징』

●

과거 중국 매체는 국가기관에 의해 통제되고, 그 지침에 따라 움직이는 선전기구의 역할을 해왔다. 중국에서 매체의 성격이 변하기 시작한 것은 개혁개방 이후라고 볼 수 있는데, 연구자들은 보통 그 시기를 중국 정부가 문화적 역량 강화를 꾀하는 데 집중한 1990년대로 보고 있다. 그러나 변화의 양상이 매체집단과 국가 이익의 결별을 의미하는 것은 아니었다.

이런 분위기 속에서 후수리가 1998년에 창간한 재무경제지 『차이징』은 주가조작, 불법 은행업무, 분식회계 등에 관한 획기적인 기사와 과감한 폭로로 '암흑과 함정의 폭로자'라는 평가를 받으며 중국 언론계에 혁신을 가져왔다. 중국인은 경제신문의 보도에 '상업 보도'라는 말을 쓰지 않고 '차이징 보도'라는 말을 쓸 정도였다.

『차이징』은 특히 경제 신문이 지향해야 할 보도 방향과 담론 방식에 큰 영향을 끼쳤다. 그리고 당시 경제지 기자들이 제대로 이해하지 못해 겉만 핥았던 재무 분석의 경우, 후수리를 비롯한 『차이징』 기자들은 재무제표를 읽고 그 무미건조한 숫자로 구성된 세관 기록의 이면을 파헤칠 줄 아는 능력을 선보였다.

물론 『차이징』이 빛을 발하는 데에는 구성원들의 뛰어난 개인 능력과 후수리의 리더십도 한몫했지만, 『차이징』 창간 당시, 중국 개혁의 새로운 골간이 주식시장, 금융계, 경제정책으로 모아졌다는 점도 간과할 수 없을 것이다.

『차이징』은 언론인 양성기관으로서도 욕심을 보였는데, 후수리가 만든 『차이징』 장학금'은 중국에서 기자를 양성하는 전문적인 교육 시스템으로 자리잡았다. 이는 곧 『차이징』의 경험과 가치관을 업계 표준으로 만들어 중국 여론과 정책에 영향력을 행사하려는 움직임이기도 했다.

그러나 『차이징』의 적극적인 재정 후원자 왕보밍과 후수리의 사이가 중국 정부의 편집 간섭, 온라인-오프라인 환경에 대한 시각 차, 편집 관련 인사들의 언론사 내 지분 요구에 따른 견해 차이로 틀어지면서 후수리와 그의 동료들은 『차이징』을 나오게 된다.

이후 2009년 후수리와 『차이징』 출신 기자들은 차이신 미디어를 만들어 새로운 경제 담론 생산의 장을 마련했다. 이른바 '후수리 사단'의 새로운 도전이 담긴 차이신 미디어는 중국의 싱크탱크 중 하나인 중국(해남)개혁발전연구원이 운영하는 잡지 『신세기』를 인수해 『신세기 주간』으로 재창간했으며, 중국경제체제개혁잡지사가 발간하는 월간지 『중국개혁』의 편집 작업에 참여하면서 새 구성원을 꾸렸다.

후수리와 그의 동료들은 현재 『차이징』 활동기부터 보여준 중국 사회에서의 개혁 추진자, 전 세계적인 새로운 경제 대화에서 중국 대표로서의 소임을 지속적으로 수행해나가고 있다.

"『차이징』은 딱따구리와 같은 존재다. 우리는 영원히 나무를 쪼아댈 것이다. 이는 나무를 넘어뜨리기 위함이 아니다. 나무가 더 곧게 자랄 수 있도록 도와주려는 것이다"라는 후수리의 언론관은 이처럼 중국 언론의 새로운 축을 담당하고 있다.

* 이 글은 『독재의 유혹』(쉬즈위안 지음·김영문 옮김, 글항아리:2012), 『현대 중국의 지식생산 구조』(은종학 엮음, 길:2012) 중 최은진 「제6장 중국의 담론지형 형성과 변화」, 중국 경제 전문 블로그 〈한우덕의 13억 경제학〉을 참조했다. ─편집자 주

중국, 세계경제를 인터뷰하다

초판 인쇄	2013년 3월 11일
초판 발행	2013년 3월 18일

엮은이	후수리
옮긴이	최지희
펴낸이	강성민
기획	노승현
편집	이은혜 박민수 김신식
마케팅	최현수
온라인 마케팅	김희숙 김상만 이원주 한수진

펴낸곳	(주)글항아리	출판등록 2009년 1월 19일 제406-2009-000002호
주소	413-756 경기도 파주시 문발동 파주출판도시 513-8
전자우편	bookpot@hanmail.net
전화번호	031-955-8891(마케팅) 031-955-2670(편집부)
팩스	031-955-2557

ISBN   978-89-6735-045-1   03320

에쎄는 (주)글항아리의 브랜드입니다.

이 도서의 국립중앙도서관 출판시도서목록(CIP)은 e-CIP홈페이지(http://www.nl.go.kr/ ecip)와
국가자료공동목록시스템(http://www.nl.go.kr/kolisnet)에서
이용하실 수 있습니다.(CIP제어번호: CIP2013001296)